Bartolomé Bennassar
Cortez der Konquistador

BARTOLOMÉ BENNASSAR

Cortez der Konquistador

Die Eroberung des Aztekenreiches

Aus dem Französischen
von Harald Ehrhardt

Artemis & Winkler

Titel der französischen Originalausgabe:
Cortés. Le Conquérant de l´Impossible

Die deutsche Bibliothek – CIP-Einheitsaufnahme
Ein Titeldatensatz für diese Publikation ist bei
Der Deutschen Bibliothek erhältlich.

Umschlagmotiv: König und Königin in Florida
© AKG Berlin prüfen
Umschlaggestaltung: Groothuis & Consorten, Hamburg
Satz: Utesch GmbH, Hamburg
Druck und Verarbeitung: Bercker, Graphischer Betrieb GmbH & Co. KG, Kevelaer
ISBN 3-538-07133-0

Inhalt

Einleitung

Eine erstaunliche Persönlichkeit

Hernán Cortez ist eine historische Persönlichkeit mit Zügen des Fiktionalen und des Mythischen. Sein Auftreten als Gestalt der Geschichte erfolgte blitzartig. Noch im Alter von dreiunddreißig Jahren war Cortez ein Niemand, ein »unbeschriebenes Blatt,« abwesend in den Goldenen Büchern des Ruhmes. Wäre er geblieben, was er war, hätte er keinerlei Aussicht gehabt, je in den Annalen der Geschichte verzeichnet zu sein. Ausgeschlossen aus Handbüchern und Enzyklopädien, ohne Abbild, nicht existent in der Einbildungskraft der Menschen. Im geheimen Innern seines Herzen träumte Cortez aber von einer großen Zukunft.

Um das Jahr 1507 oder 1508 lebte in »Neuspanien«, in einer kleinen Stadt auf der »Insel Española« (so nannte man damals Haiti), ein junger Notar, der aus Spanien, aus Medellín in der Estremadura, in die Neue Welt eingewandert war. Das Städtchen trug den Namen Azua, der Notar hieß Hernán Cortez. Eines Tages erzählte dieser Cortez seinen Freunden – mit einer Miene des Glücks und der Fröhlichkeit, die man sonst an ihm nicht kannte –, er habe einen merkwürdigen und wunderbaren Traum gehabt: In seinem Traum war die Ärmlichkeit, in der er lebte, plötzlich von ihm abgefallen. Gewandet in reichen Brokat, sah er sich umgeben von zahlreichen unbekannten Menschen, die ihm hohe Ehre erwiesen, da sie ihn für einen großen Herrn hielten. Die »Fürsten der indischen Länder« und alle Bewohner liefen zusammen und nannten ihn

Maestro Saldana, Hernán Cortes, Mexico, Nationalmuseum für Anthropologie und Geschichte. Giraudon.

Teutl, das bedeutet in der Sprache der Indios »Gott, Sohn der Sonne und Hoher Herr.« Und obwohl er über genügend Klugheit und christlichen Glauben verfügte, um zu wissen, dass man solchen Träumen keine Bedeutung zumessen darf, »so erfreute er sich doch daran, weil der *Traum* eins war mit seinen *Gedanken*«.[1] Bis dahin hatte er die Gedanken, die in seinem Innern schlummerten, aus gutem Grunde nicht offenbart, denn man hätte ihn wohl für verrückt gehalten, so sehr waren seine bescheidenen Verhältnisse vom Zustand in seinem Traum entfernt. Nach diesem Traum aber griff er eines Tages zu Papier und Tinte und zeichnete ein Schöpfrad, eine Noria. Auf die gefüllten Schöpfeimer schrieb er einen Buchstaben, auf die gerade zu leerenden einen anderen, auf die vollständig geleerten Eimer einen dritten und einen weiteren auf die, welche, sich mit Wasser füllend, am Rade aufstiegen. Auf die Spitze des Schöpfrades zeichnete er einen Nagel. Diejenigen, die diese verwunderliche Zeichnung sahen, versicherten, dass er – ergriffen von seiner Gabe der Vorahnung und dank seines subtilen Geistes – auf diese Weise die Wandlungen seines Schicksals und alle Ereignisse seines Lebens dargestellt habe.

Mit offenkundiger Befriedigung erklärte er dann seinen Freunden, er werde seine Mahlzeiten beim Schall der Trompeten einnehmen und er werde am Galgen baumelnd sein Leben beenden. Und von da an begann er seine großen Ideen zu enthüllen, obgleich das Schicksal auf seinem Weg zahlreiche Hindernisse aufbauen werde, denn man sagt, Ansehen und Wissen lassen sich nur unter großen Mühen erlangen.[2] Jedoch: die Stunde des Hernán Cortez war nahe.

Mit zweiunddreißig Jahren starb Don Juan d'Austria, eine andere legendäre Figur dieses gärenden Jahrhunderts, geboren 1547, zu Anfang des Jahres, an dessen Ende Cortez starb. Diesem illegitimen Spross Kaiser Karls V. war es trotz seiner kurzen Lebenszeit vergönnt, unsterbliche und staunenerregende Taten zu vollbringen, standen ihm doch aufgrund seiner Geburt alle Türen offen: Er schlug den Moriskenaufstand in Granada nieder, errang als Oberbefehlshaber der Heiligen Liga den Sieg über die Türken bei Lepanto und stieg damit zum Lieblingshelden Europas auf, er eroberte die maurische Feste Tunis, und er machte in den lauen neapolitanischen Wintern schönen Damen den Hof. Die Päpste träumten davon, den brillanten jungen Mann aus dem Hause Habsburg, dem ja die legitime Erbfolge in Spanien oder Österreich verwehrt war, als König eines rekatholisierten England zu inthronisieren, indem sie ihn ins Bett von Maria Stuart verkuppelten. Zu Lebzeiten schon stand Don Juan auf den Podesten des Ruhms, sein Konterfei schmückte Tapisserien, wurde auf Kupferstichen und Medaillen verewigt. Mit dreiunddreißig, vierunddreißig Jahren war Cortez dagegen unbekannt, erst in seinem siebenunddreißigsten Jahr wurde er berühmt und blieb es bis in unsere Tage, ja er ist viel berühmter geblieben als jener Don Juan d'Austria, dessen Glorienschein längst verblasst ist.

Das seit mehr als einem Jahrhundert unabhängige Mexico unternahm viele Anstrengungen, Cortez zu vergessen, ihn zu negieren und die Tragödie der Eroberung (und es war wahrhaftig eine Tragödie!) samt ihrem emblematischen Protagonisten aus der mexicanischen Geschichte zu verbannen, um allein die Bilder und das Erbe der amerikanisch-indianischen Kultur für die Nachwelt zu bewahren. Das Geschichtsbild des Landes wird beherrscht von den epischen Gesten und Gallionsfiguren der Unabhängigkeit und des Widerstandes, symbolträchtigen Gestalten wie dem Priester Hidalgo, dem Reformer Benito Juárez, den Revolutionären, an ihrer Spitze Emiliano Zapata, gefolgt von Pancho Villa, Venustiano Carranza, Álvaro Obregón und schließlich Lázaro Cárdenas. Die öffentliche Meinung Mexicos bleibt entschlossen, die drei Jahrhunderte spanischer Kolonialherrschaft auszublenden, ungeachtet einiger hellsichtiger Intellektueller wie Silvio Zavala, Carlos Fuentes oder Octavio Paz und obwohl Architekturdenkmäler und außergewöhnliche Werke manch beredtes Zeugnis von der Bedeutung dieser Epoche ablegen. Sie weigert sich, den

Diego Rivera, Cortez landet in Vera Cruz, Ausschnitt aus dem Wandgemälde in Mexico, Nationalpalast.

Mann wahrzunehmen, der die Zerstörung einer Welt ins Werk setzte und dabei zum Geburtshelfer einer anderen Welt wurde. Aber die Wirklichkeit ist starrköpfig: Zur großen Nation geworden, musste Mexico irgendwann die Gesamtheit seiner Geschichte zur Kenntnis nehmen. Es war unmöglich geworden, das Schweigen der Verdrängung, die Verneinung des Hernán Cortez aufrecht zu erhalten, der im Guten wie im Schlechten zum Protagonisten eines neuen Schicksals, einer Epochenwende geworden war.

Die großen »muralistas«, die Wandmaler des 20. Jahrhunderts, boten ihre eigene Lösung an: Sie führten Cortez wieder in die mexicanische Geschichte ein, indem sie ihm die Rolle des Bösen zuwiesen. Auf Hunderten von Quadratmetern, im Zentrum der Fresken, die von der Geschichte des Landes erzählen, in Ciudad de México, in Guadalajara, in Morelia, in Cuernavaca und in anderen Städten tritt der »Konquistador der Konquistadoren« als Verbrecher, als Schurke auf: da steht der Cortez mit den blutbesudelten Händen, wie ihn Diego Rivera in seinem großen Fresko *Traum an einem Sonntag Nachmittag im Park von Alameda* dargestellt hat; es war für das Hotel Prado in Ciudad de México bestimmt und findet sich jetzt, dank des nationalen Ruhmes von Diego Rivera, auf dem Monumentalfresko am Regierungspalast in Mexico. Das Fresko zeichnet die gesamte mexicanische Geschichte nach. Im Palast zu Cuernavaca, in dem der *conquistador* lange Zeit residierte, präsentiert Rivera eine kräftige, zwar nicht gänzlich unwahre, so doch unzulässig vereinfachende Karikatur des spanischen Capitáns, wie er, inmitten einer völlig gesichtlosen Schar von geharnischten Pikenieren, einer Folterung beiwohnt. An anderer Stelle überwacht er hoch zu Ross indianische Arbeitssklaven, die gebeugten Rückens und im Schweiße ihres Angesichts Zuckerrohrstauden ernten. Bei den Epigonen des Muralismus, so bei Alfredo Zalce in Morelia oder in den Wandmalereien an der Bibliothek von Pátzcuaro (der alten San Francisco-Kirche), tritt Cortez als Zentralfigur der Eroberung auf. In einer genialen Vision macht Clemente Orozco im Gewölbe des Hospitals Cabañas in Guadalajara aus den *conquistadores* Männer aus Eisen mit unsichtbaren Gesichtern, fremdartige Apokalyptische Reiter, deren Pferde mit Geierschnäbeln ausgestattet sind, damit sie besser das Fleisch der Indianer in Stücke reißen können.

Aber es ist derselbe Orozco, der am besten die Art und Weise zum Ausdruck bringt, wie Cortez die Geschicke Mexicos verändert hat, wenn er im Treppenaufgang des alten Jesuitenkollegs von San Ildefonso, der heutigen Bergbauakademie in Ciudad de México, den Eroberer im Bett der Malintzin, der Malinche, der Doña Marina – wie immer man die Gefährtin des Konquistadors auch nennen mag – zeigt: die Ankündigung und die Realität der Rassenmischung. Fernando Benitez drückt diesen Umstand so aus: »Cortez ist, wie auch Cuauhtémoc, unser Großvater, der weiße Großvater, und um seine Enkel zu verstehen, ist es notwendig, sich die Geburt der neuen Gesellschaft vor Augen zu halten.«

Natürlich findet man in Mexico noch andere Spuren von Cortez: Sein Porträt in dem von ihm gegründeten Jesushospital, von dem eine Kopie im Nationalmuseum für Geschichte in Chapultepec zu sehen ist. Die Bronzestele, die an die berühmte Episode vom 3. November 1519 erinnert, an die Überschreitung des 3.580 Meter hohen, seitdem Paso de Cortez genannten Passes, von dem aus die Spanier zum ersten Mal das gewaltige Tal von Mexico erblickten; das mit Wappen geschmückte Haus des Cortez in Oaxaca, einem Teil seiner Markgrafschaft. Und selbstverständlich ist er in Tlaxcala gegenwärtig, jener Stadt, die allen aztekischen Eroberungsversuchen widerstand und deshalb zum unverbrüchlichen Verbündeten von Cortez wurde, ein Ensemble von Fresken, das den Capitán aus der Estremadura aber nicht weniger abschreckend darstellt.

Es ist vergeblich, sich eine andere Geschichte vorzustellen, ein Mexico ohne Cortez, ohne das Eindringen der Europäer. Es wäre ebenso fruchtlos, in dem Mann aus Medellín den Botschafter einer fortgeschrittenen Zivilisation zu sehen, einen Boten der Missionierung und der Vereinigung der *heidnischen* Völker (zu denen die *Mexica* nicht zählten) unter Christus, auch wenn Cortez in seinen *Relationen* und seinen Briefen diese Rolle und diese Verantwortung vor der Geschichte eingefordert hat. Es wäre auch sinnlos, Cortez des Genozids zu bezichtigen, den er zu vermeiden suchte, sobald es in seiner Macht stand, denn er verstand das neue Königtum nicht ohne die zahlreichen Völker, die es bewohnten und deren Existenz es zu erhalten galt, aus dem einfachen Grund einer klugen Politik. Dies geht aus seinen schriftlichen Äußerungen deutlich hervor. Und hier, uns ganz nahe, stellt Carlos Fuentes Cortez an die erste Stelle: ein großartiger Text, der fiktive Dialog zwischen den beiden Martín – die *Söhne des Conquistador*, der Mestize und der Spanier, der Bastard und der Legitime – drückt die verblüffende Zwiespältigkeit des Menschen Cortez aus, in Seiten voller Scharfblick, voller Hellsichtigkeit, die Fachhistoriker nur beneiden können.[3]

Wie kann man sich bei der Abfassung einer Cortez-Biografie, die ja auch ein historisches Werk werden soll, der Faszination dieses wahrhaft außergewöhnlichen Menschen entziehen? Das Überraschende im Fall Cortez ist nicht die Ausführung selbst, sondern der Glaube, dass sein Unternehmen zu realisieren sei! Wie konnte er nach dem Verlust von Tenochtitlán, das gegen die Übergriffe und Grausamkeiten während seiner Abwesenheit revoltiert hatte, und nach dem Verlust der Hälfte seiner Soldaten glauben, es sei möglich, diese riesige Stadt zurückzuerobern angesichts einer Bevölkerung in Waffen, die inzwischen erkannt hatte, dass die Spanier weder unsterblich noch unbesiegbar waren? Wie konnte er mit nur einigen hundert Spaniern ein Reich unterwerfen, das von Millionen von Menschen mit einer hoch entwickelten Kultur bewohnt war, ausgestattet mit einer gesellschaftlichen Hierarchie und gut funktionierendem Informationssystem? Wie konnte er der Entfesselung von Neid, Eifersucht, Verleumdung entgegentreten, die all diejenigen – und es waren viele – an den Tag legten mit der Absicht, Cortez bei Karl V., keineswegs ohne gute Argumente, anzuschwärzen? Wer ist also dieser Mann, dessen Intelligenz sogleich die Gelegenheit beim Schopf ergriff, sich der Sprachkenntnisse der Malintzin zu bedienen, dessen politische Fähigkeiten administrative Lösungen erfanden, ohne dass er als Rebell angesehen wurde, und der die Konflikte und den Hass unter den Völkern Zentralmexicos geschickt auszunutzen wusste? Dessen geniale militärische Begabung bereits bei seinen ersten Feldzügen klar zu Tage trat und der am ehesten mit Cäsar vergleichbar wäre?

Und es gibt noch viele weitere Fragen dieser Art: Warum dieser entschlossene Wille, an der von Velázquez vorbereiteten Expedition teilzunehmen, zumal bei einem Manne, der an der Entdeckung der Neuen Welt keine sonderliche Anteilnahme gezeigt hatte? Der sich aber später mit aller Kraft auf ein gefährliches, unnützes, ruinöses und schließlich zerstörerisches Unternehmen in Mittelamerika stürzt, der für das Gelingen einer neuen Expedition das »Meer des Cortez«, den Golf von Kalifornien, entdeckte. Hatte er es nötig, »alles zu riskieren, um alles zu gewinnen«? Hatte er in sich » neben dem kleinen Christengott ... einen Heidengott ... weltlich, wild und gnadenlos, der ihn zum Handeln trieb«? Wer war dieser Mann, »ein großer Eroberer von frischem Blute«, immer auf der Jagd nach Frauenkörpern, Spanierinnen, Indianerinnen, Mestizinnen, was kümmerte es ihn? Der ein gutes Dutzend Kinder zeugte, dann eine vornehme Dame heiratete, sie jedoch – obwohl von ihrer Schönheit hingerissen – möglicherweise nicht verführte, weil es ihr, so lässt sich vermuten, an Fröhlichkeit fehlte und sie nur dazu benutzte, ihm legitime Kinder zu gebären?[4] Wer war dieser einmal grausame, dann wieder generöse Mann, der jahrelang die Indianer schamlos ausbeutete, der aber angeklagt wurde, weil er sie gegenüber den spanischen Siedlern beschützt haben soll, der vor aller Welt bekräftigte, die Mexica seien ein ebenso vernünftiges, mit einer guten Zivilisation ausgestattetes Volk wie die Völker in Europa? Wer war dieser Mann, verantwortlich für vorsätzliche Massaker, immer bereit, sich am Handel mit Sklaven zu beteiligen, der aber, »um sein Gewissen zu erleichtern«, in seinem Testament einige Wiedergutmachungen verfügte: Freilassung der Sklaven, Rückgabe von Ländereien an »ihre natürlichen Herren«, Entlohnung der Indianer mit Geld für die ihm erwiesenen persönlichen Dienste, und noch weitere Verfügungen, die Martín, der Erbe des Majorats, überging? Wer war dieser Mann, der Karl V. auf der unglücklichen Expedition nach Algier im Jahre 1541 begleitete und als einziger vergeblich die Fortsetzung des Feldzugs predigte, weil er – wie immer – fest an den Sieg glaubte? Wer war dieser wehmütige, von den Geschäften des Königs ferngehaltene Höfling? Wer ist dieser sechzigjährige Humanist inmitten einer kastilischen oder andalusischen Gruppe von

Dichtern, die vom Todesgedanken und den bedrängenden Fragen des Seelenheils umgetrieben werden? Das Leben und die Taten von Cortez regte zu einer ungeheuren Zahl wissenschaftlicher Untersuchungen an. Die zahlreichen, um 1985 herum veranstalteten internationalen Kongresse und Kolloquien zur Feier des 500. Geburtstages des berühmtesten der Konquistadoren haben ohne Zweifel die historischen Forschungen über Cortez weit vorangebracht, aber es bleibt noch viel zu tun.[5]

ERSTER TEIL

Der Eroberer

I. HERNÁN CORTES TRITT AUS DEM SCHATTEN

Mexico: eine Offenbarung

Im Sommer des Jahres 1520 hielt sich Albrecht Dürer einige Zeit in der großen Hafenstadt Antwerpen auf. Dort überkam ihn eine der stärksten Gemütsregungen seines Lebens, und er fühlte sich gedrängt, davon in seinem Reisetagebuch Zeugnis abzulegen:

»Ich habe die Dinge gesehen, die man dem König aus dem neuen Land des Goldes überbracht hat. Eine große Goldsonne von einem Faden Länge und einen silbernen Mond der gleichen Größe; (...) Die Menschen dieses Landes haben eine ganze Sammlung wunderbarer Waffen, von Zierat, herrliche Schilde, von außergewöhnlichen Überdecken und Stoffen und alle Arten bewundernswerte Gegenstände für den Haushalt, schöner anzusehen als ein Wunder. All diese Dinge sind sehr kostbar und haben einen Wert von 100 000 Gulden. In allen Tagen meines Lebens habe ich nichts zu Gesicht bekommen, was mich mehr bewegt hätte, denn unter jenen Gegenständen habe ich Dinge von wunderbarer Kunstfertigkeit gesehen, und ich habe den hohen Erfindungsreichtum der Menschen dieser fernen Gegenden bewundert.«[6]

Albrecht Dürer war einer der größten Künstler seiner Zeit, und sein Urteil war das eines Experten. Im Jahre 1520 war er fast fünfzig Jahre alt: als Sohn und Schwiegersohn eines Goldschmieds hatte er selbst die Goldschmiedekunst erlernt. Auf

Goldener Halsschmuck (aztekisch/Mixteca-Puebla), 14.-frühes 16. Jh. (vor 1521). Derartige kostbare Halsbänder in Form von Schildkrötenpanzern sind in den Inventaren der aztekischen Schätze, die von den Konquistadoren nan die Höfe Europas geschickt wurden, erwähnt. Washington, Dumbarton Oaks.

seinen Reisen, vor allem nach Italien, hatte er alle Arten von Geschmeide bewundern können. So ist die Bewegung, die er beim Anblick der von den *Mexica* gefertigten Kunstwerke empfand, doch von einiger Aussagekraft.

Diese Objekte, die Dürer in Begeisterung versetzten, waren die ersten Geschenke des Hernán Cortez an seinen Souverän, von dessen Wahl zum Kaiser er noch nichts wusste. Dem Inventar dieses ersten Schatzes war ein vom Eroberer selbst geschriebener langer Brief beigefügt, der zwar nicht überliefert ist, aber für den der zehn Tage zuvor, am 10. Juli 1519 redigierte sogenannte Vera Cruz-Brief als Ersatz gelten kann, denn er wurde von Cortez an den *ayuntamiento*, die Ratsversammlung der neuen, vom *conquistador* gegründeten Stadt Villarica de Vera Cruz, ausgefertigt. Die Zusammenstellung der Gegenstände, welche seine Gesandten Alonso Hernández de Portocarrero und Francisco de Montejo im Jahre 1519 dem Kaiser zusammen mit diesem ersten Brief übergaben, zeigt bereits das Urteilsvermögen und die Fähigkeit des Hernán Cortez, denn er präsentierte eine reiche Sammlung mexicanischer Kunstobjekte.[7] Man muss davon ausgehen, dass Karl V. von der Schönheit und dem Raffinement dieser Stücke beeindruckt war, denn er nahm einige davon mit in die Niederlande und erlaubte damit Albrecht Dürer – als erstem unter den Künstlern seiner Zeit – das schöpferische Genie der Menschen der Neuen Welt zu entdecken.

Nach Dürer erlebte der italienische Humanist Pietro Martir d´Anghiera, offizieller Chronist der Katholischen Könige und dann Karls V., denselben Kulturschock, als er 1523 in Valladolid die von Cortez zusammen mit seiner zweiten *Carta de relación* aus Mexico übersandten Geschmeide, Silberschmiedearbeiten und Stoffe betrachtete.[8] Unglücklicherweise wurde der größte Teil dieser zweiten Schatzsendung, die wesentlich bedeutender war als die erste (es existiert darüber das Inventar) von dem französischen Piraten Jean Florin (Fleury) geraubt, der die spanischen Schiffe abgefangen hatte. Aber die Stücke, welche die Abgesandten des Hernán Cortez, Alonso de Ávila und Antonio de Quiñones, hatten retten können (darunter aus Goldfäden gewebte Kleidungsstücke als Opfergaben für aztekische Götter), genügten, die Bewunderung des Pietro Martir zu erregen: Im Juni 1523 schrieb er an den Erzbischof von Cosenza und versicherte, dass diese Schmuckgegenstände Zeugnis ablegten von der Existenz »eines gebildeten, mit scharfem Verstand versehenen und sehr fähigen Volkes«. Diese zweite Lieferung enthielt zudem 117 schöne Kompositionen aus Vogelfedern und Edelsteinen, die für dreizehn Kirchen und Klöster bestimmt waren (darunter die Liebfrauenkirche von Guadalupe, Santiago de Compostela in Galicien, San Salvador in Oviedo, Santa Clara in Tordesillas, das

Franciscus-Kloster in Medellín, Cortez' Geburtsort) sowie für dreiundzwanzig religiöse und weltliche Würdenträger, darunter den Grafen von Medellín, den Onkel eines von Cortez' Begleitern, der Herzog von Alba, Admiral und Konnetabel von Kastilien; weiterhin wurden bedacht der kaiserliche Sekretär Francisco de los Cobos, der Kardinal von Tortosa (der Lehrer Karls V. und zukünftiger Papst Hadrian VI.) und die Bischöfe von Burgos und Palencia.[9]

Zum großen Ärger von Cortez, der auf diese ungewöhnliche Weise die Welt mit einer unbekannten Zivilisation und überhaupt mit deren Existenz bekannt machen wollte, erreichte dieser Propagandakunstgriff niemals sein Ziel, denn die Piraten, die dem spanischen Schiff bei den Azoren auflauerten, erbeuteten die Kunstwerke. Die Übersendung des Aztekenschatzes zielte auch darauf ab, den Einfluss des Gouverneurs von Cuba, Diego Velázquez, in Spanien zu erschüttern, der inzwischen, unterstützt von Bischof Rodriguez von Fonseca, zum Intimfeind des Eroberers geworden war. Aber die Rückeroberung von Mexico im Jahre 1523 hatte Cortez gerettet. Am 15. Oktober 1522 hatte Karl V. ihn durch das Edikt von Valladolid zum Gouverneuer und zum Generalkapitän Neuspaniens gemacht. Mit einem Mal wurde Cortez berühmt und war zu einer der Trumpfkarten des Kaisers geworden: Er selbst bat den Eroberer im Dezember 1523, ihm »die größtmögliche Menge Goldes« zu schicken, damit er die hohen Kosten ausgleichen könne, die ihm seit seiner Wahl zum Kaiser entstanden waren.[10]

Anfänge einer Expedition

In einem Zeitraum von drei oder vier Jahren hatten die Geschicke Cortez' eine andere Wendung genommen. Der junge unbekannte Advokat aus Azua hatte sich seinen goldenen Traum erfüllt, der ihn in einer Nacht auf der »Insel Española«

auf das Rad der Fortuna geflochten hatte. Wahrhaftig, der Hidalgo aus Medellín war alle Risiken eingegangen.

Indessen, als Cortez und seine Gefährten im Juli 1519 ihren ersten »Bericht« an Karl den V. schickten, in dem der zukünftige Eroberer im hellen Lichte erschien, ist die Partie noch lange nicht gewonnen. Noch bevor er seine Männer in dieses tollkühne Unternehmen hereinzog, und vor dem Ende außergewöhnlicher, unvorhersehbarer Ereignisse – dem unvergänglichen Ruhm – , musste Cortez zu seinen Gunsten noch eine politische Schlacht schlagen, zumindest einen Aufschub erreichen, bevor die Waffen seine Taten rechtfertigen oder verdammen würden. Die Texte von 1519 und vom Anfang 1520, ein subtiles Gemisch aus Wahrheit und Unwahrheit, die dem jungen Kaiser und seiner Entourage den Namen Cortez ins Bewusstsein rufen, ohne allerdings den hohen Einsatz und noch weniger seine in Spanien noch gänzlich unbekannte Bedeutung klar zu umreißen, erlauben es immerhin, die Bedingungen der Eroberung Mexicos und die Rolle des Mannes aus Medellín zu verstehen. Es ist bei diesem Stand der Dinge eine geradezu unerhörte Rolle, auch wenn diese Texte seine außergewöhnlichen Kenntnisse der Institutionen und Gesetze Spaniens bezeugen sowie der rechtlichen Formalien, die beachtet werden müssen, damit er, Cortez, nicht als Rebell angesehen wird.[11]

Die am 18. Februar 1519 von Hernán Cortez angeführte Expedition von Cuba an die mexicanische Küste geht auf eine Entscheidung des Gouverneurs von Cuba, Diego Velázquez, zurück. Schon zuvor hatte es andere Expeditionen gegeben: die von Francisco Hernández nach Yucatán 1517, die eher ein Misserfolg war, obwohl sie einiges Gold mitbrachte, sodann die von Juan de Grijalva, die mit vier Schiffen am 8. April (oder 1. Mai?) 1518 von Matanzas aus aufbrach. Mit dabei war Antón de Alaminos,einer der erfahrensten Steuerleute seiner Zeit. Grijalvas Rückkehr zögerte sich lange hinaus, und der beunruhigte Velázquez schickte eine Karavelle unter dem Befehl des Cristóbal de Olid aus, um ihn zu suchen. Die Karavelle fuhr die Küste Yucatáns ab, ohne Grijalva zu finden. Während dieser Zeit kehrte einer der Capitáne Grijalvas, Pedro de Alvarado, nach Cuba zurück, um Hilfe zu holen. Er brachte eine bedeutende Menge Gold mit, die den Gouverneur zum Handeln anreizen sollte. Wirklich beeilte sich Velázquez auch, eine neue Expedition zu organisieren und ernannte Hernán Cortez zu ihrem Kommandanten Die auf den 23. Oktober 1518 datierten Instruktionen des Gouverneurs an Cortez sind überliefert. In der Vorrede und den Artikeln 15 und 17 wird in der Tat die Rettung Grijalvas und Olids als Hauptzweck des Unternehmens genannt, aber Artikel 19 sieht Tauschgeschäfte (*recate*) vor, Artikel 25 das Einholen von geheimen Informationen (*el secreto de las dichas islas y tierras*), während in Artikel 26 die feierliche Inbesitznahme von entdeckten Inseln und Ländern vor einem Notar und zahlreichen Zeugen angeordnet wird.[12] Obwohl Grijalva und dann auch Olid noch vor Aufbruch der neuen Expedition zurückkamen, wurde das Unternehmen dennoch nicht aufgegeben. Der Rettungsauftrag war ja nur ein Ziel unter anderen – und zweifellos nicht einmal das wichtigste, wie sich rasch herausstellen sollte.

Nachdem er einmal zum Kommandeur der Expedition ernannt worden war, bemühte sich Cortez intensiv um die Aufstellung einer schlagkräftigen Mannschaft. Es wird bestätigt, dass seine eigenen Investitionen die des Gouverneurs bei weitem übertrafen, obwohl ursprünglich eine paritätische Aufteilung der Kosten vorgesehen war, wie die dem Notar Vicente López vorgelegten Dokumente bezeugen.[13] Kurz, Cortez investierte sein gesamtes Vermögen in die Vorbereitung des Unternehmens: in den Kauf von Schiffen, in die Rekrutierung von Mannschaften, in die gesamte Ausrüstung, in den Ankauf von Pferden und Kanonen, in Lebensmittelvorräte (mehrere hundert Schweine, sechstausend Lasten Mais oder *yuca*), in die Waren für den Tauschhandel und schließlich in die Versorgung der Soldaten und Seeleute vor der Abfahrt. So hatte

Cortez sieben der aus elf Schiffen bestehenden Flotte ausgerüstet und Velásquez lediglich drei; das letzte Schiff gehörte Juan de Sedeño. Die Größe der Expedition und die mobilisierten Mittel und Mannschaften belegen eindeutig die weitreichenden Ambitionen des Gouverneurs Velázquez. Aber der Eifer des Hernán Cortez und dessen eigene Investitionen alarmierten ihn. Der Gouverneur fürchtete, Cortez könnte auf eigene Rechnung tätig werden (das war in der Tat seine geheime Absicht), so wie er es selbst bei der Eroberung Cubas auf Kosten Diego Colóns getan hatte, und er bereitete sich möglicherweise bereits auf die Einsetzung eines neuen Expeditionskommandanten vor, als ihm Cortez mit der Vorverlegung des Aufbruchs zuvorkam und so tat, als sei er nicht vor den Absichten des Gouverneurs gewarnt worden. Bis zur Gründung von Vera Cruz gerierte er sich als Beauftragter des Gouverneurs, dessen Anhänger sich ja auch in der Armee des Capitáns aus der Estremadura befanden.

Einige Autoren haben beobachtet, dass Cortez sogleich die Rolle des Chefs übernahm. Er hatte jedoch keinerlei Erfahrungen mit dem neuen Kontinent aufzuweisen, im Gegensatz zu den etwa zweihundert Überlebenden der Grijalva-Expedition, darunter Grijalva selbst, weiterhin Pedro de Alvarado und seine Brüder,Alonso de Ávila, Francisco de Montejo, Cristóbal de Olid ... Es war ihm aber starke Überzeugungskraft gegeben, Erfindungsreichtum und Fähigkeit zum Dialog. Er zwang seine Truppe zu einer Disziplin, die sie nicht gewöhnt war, namentlich im Umgang mit den Indianern: dieses Verhalten sollte ausgezeichnete Resultate bringen, bereits beim ersten Kontakt auf der Insel Cozumel, dann in Yucatán und Tabasco. In diesen ersten Wochen erwuchs Cortez die Hilfe zweier nicht zur Expedition gehöriger Personen, die für den Verlauf der Eroberung ausschlaggebend sein sollte: *Jerónimo de Aguilar,* ein Spanier, der mehrere Jahre als Gefangener unter den Mayas gelebt hatte und deren Sprache verstand, und wichtiger noch: *die Malintzin,* eine Indianerin, die Cortez vom Kaziken von Tabasco mit zwanzig weiteren Frauen als Geschenk erhalten hatte; sie sprach die Mayasprache von Yucatán und zugleich auch das Nahuatl. Von ihr wird noch zu reden sein.

Die Überschreitung des Rubicon

Es war in San Juan de Ulua, wo Cortez *seinen* Rubicon überschritt. Aber er überquerte ihn auf seine Weise, auf eine Art, die den Anschein der Legalität wahrte. Was er vom Königreich des Hochlandes und dem Herrn dieses Reiches erfahren hatte, den dessen Abgesandter Teutlitl wie einen wahren Fürsten schilderte, und was er all den kostbaren Geschenken entnehmen konnte, hatte in ihm den unwiderstehlichen Willen geweckt, das Abenteuer zu versuchen – obwohl ihm Moctezuma über Teutlitl unmissverständlich zu verstehen gegeben hatte, er verspüre keinerlei Lust, den Fremden zu empfangen. Zudem sollte ihn Teutlitl davon abbringen, sich auf den Weg nach Mexico-Tenochtilán zu machen. In dieser Phase nach seinen ersten Erfolgen hatte Cortez unverbrüchliches Vertrauen zu seinem guten Stern, er fühlte sich vom Schicksal auserwählt, das in ihm den tiefen und ernsthaften Glauben nährte, er könne mit der Hilfe Gottes, mit Mut, Kühnheit und mit der ihm eigenen politischen Begabung das Unternehmen erfolgreich zu Ende bringen. Seine lang erwartete Stunde war gekommen. Aber auch wenn er sich auf die Unterstützung einer Mehrheit seiner Soldaten verlassen konnte, die in ihm den Mann ihres Schicksal erblickten, fehlte es dennoch nicht an Abtrünnigen: Die Anhänger des Gouverneurs Velázquez meinten, es sei genug getan worden, und man müsse umkehren.[14]

Die von Cortez selbst gewählte Lösung, bei der er jedoch so tat, als akzeptiere er sie nur widerwillig – nachdem er seine gesamte geniale Überzeugungskraft eingesetzt hatte, sie herbeizuführen – , bezeugt seine hervorragende Kenntnis der *Siete Partidas*, des im 13. Jahrhundert erlassenen grundlegenden Gesetzbuches König Alfons' des Weisen. Viktor Frankl und John H.Elliott haben das außerordentliche Geschick betont, mit der sich Cortez auf dieses Gesetzbuch beruft, »um die sehr schwierige Situation nach dem Bruch mit dem Gouverneur von Cuba zu rechtfertigen und zu legitimieren.«[15] Wir müssen uns an dieser Stelle mit den Umständen des Bruches befassen, um dann wieder zur Expedition des Hernán Cortez zurückzukehren.

Wir wissen, dass in den *Instruktionen von Velásquez an Cortez* vom Oktober 1518 ausdrücklich gesagt wird, der spanische *Capitán* solle von allen Gebieten, die er betrete, im Namen des Königs Besitz ergreifen, aber kein Artikel gab die Anweisung, die Gebiete zu besiedeln (*poblar*), das heißt dauerhafte Niederlassungen mit Verteidigungsanlagen und Bewohnern zu gründen. Es gab in diesem Punkt keine Eindeutigkeit, umso mehr, als in der Vorrede zu den »Instruktionen« gesagt wird, Hernán Cortez fahre unter dem Mandat des Gouverneurs mit dem Ziel, zu kolonisieren (»iba por el dicho señor *adelantado* en nombre de Sus Altezas a *poblar* las dichas islas e tierras e a descubrir otras ...«/ *der besagte Herr wird ausgeschickt, im Namen Ihrer Majestäten die besagten Inseln und Länder zu besiedeln und andere zu entdecken*[16]). Bernal Díaz del Castillo bezieht sich ausdrücklich auf diese Mehrdeutigkeit, wenn er schreibt, Cortez' Rekrutierungskampagne in Cuba sei genau unter diesen Voraussetzungen erfolgt (»dio pregones en Cuba que venia a *poblar*«/ *er ließ in Cuba öffentlich verkünden, dass er besiedeln wolle*), während die Soldaten verstanden hätten, es sei nicht sein Auftrag gewesen, dies auch auszuführen, sondern es habe sich nur um eine formelle Inbesitznahme gehandelt, um den Tauschhandel durchzuführen: es sollten dabei Lebensmittel, vor allem aber Gold und Edelsteine gegen Glaswaren, Spiegel, Kleidungsstücke, Werkzeuge und andere Gegenstände getauscht werden. Aber nur Cortez konnte den Handel mit Gold, Edelsteinen und Perlen betreiben. Die Preziosen sollten in einer Kiste mit zwei oder drei Schlössern verwahrt werden und der Aufsicht eines Kontrolleurs (veedor) und eines Schatzmeisters unterstehen, die von Cortez ernannt werden (Artikel 20); die Kiste solle dem Gouverneur übergeben werden, der ein Inventar für die Übersendung der Kiste an den König erstellen muss (Artikel 29: »enviarme todas las cosas de oro e perlas e piedras preciosas« / *man übersende mir alle Dinge von Gold, Perlen und Edelsteinen*).

Sehr geschickt hatte Cortez zugelassen, dass einige Soldaten den Tauschhandel auf eigene Rechnung betrieben und sich dabei bescheidene Goldmengen aneignen konnten. Die Parteigänger des Gouverneurs führten darüber Klage bei Cortez und erinnerten ihn daran, dass dieses Verhalten nicht im Einklang mit den Instruktionen stehe, denn nur er, Cortez, sei befugt, Gold und Edelsteine einzutauschen und einen Schatzmeister zu ernennen. Cortez tat so, als beuge er sich ihren Vorhaltungen: Er bat die Anhänger des Gouverneurs, einen Schatzmeister zu ernennen, verbot den Tauschhandel mit Gold, wies aber immer wieder darauf hin (mit Blick auf die Veteranen der früheren Expeditionen), dass die Soldaten Opfer gebracht hätten, Risiken eingegangen wären und Verluste erlitten hätten, ohne den geringsten Gewinn erzielt zu haben. Das von ihnen ertauschte Gold sei nur ein Geringes im Vergleich zu den Reichtümern, die man in diesem neuen Reich erobern könne.

Francisco de Montejo (einer der Anhänger des Gouverneurs Velázquez) war von einer Erkundungsfahrt entlang der Küste nördlich von San Juan de Ulua nach zwölf Tagen zurückgekehrt; das Schiff hatte Antón de Alaminos gesteuert: in zwöf Meilen Entfernung hatte er in der Nähe eines Eingeborenendorfes (Quiahuitzlan) einen guten, gegen den Nordwind geschützten Ankerplatz mit Trinkwasser, Steinen und Wald gefunden. Cortez schlug vor, die Mannschaften dorthin zu verlegen, denn in San Juan de Ulua fehlte es an Vorräten und die Mückenplage war äußerst störend. Von ihrem Erfolg in der Frage des Goldhandels ermutigt, widersetzten sich die Anhänger des Gouverneurs diesem Plan: Die Expedition habe bereits

35 Männer in der Schlacht von Tabasco und infolge von Verwundungen verloren; das Land sei nicht mehr sicher, und die Indianer bereiteten sich auf den Krieg vor; man habe eine schöne Menge Goldes und Juwelen eingetauscht. Es sei besser, nach Cuba zurückzukehren und nach Abzug des Königsanteils (*quinto*) und des Gouverneursanteils die Beute zu teilen.

Kluges Taktieren

Cortez indessen hatte diese Reaktion vorausgesehen und seine Leute hatten die Mannschaften nach einer Methode »bearbeitet«, die bei Bernal Díaz sehr anschaulich dargestellt wird: Als der Abend gekommen war, machten die Anhänger Cortez' (die Brüder Alvarado, Alonso Hernández Portocarrero, Alsonso de Ávila, Juan de Escalante, Francisco de Lugo etc.) eine Runde durch die Hütten der Soldaten und mieden dabei wohlweislich die erwiesenen »Velazquisten«. So erhielt Bernal Díaz Besuch von Alonso Portocarrero, Juan de Escalante und Francisco de Lugo, die ihm ihre Klagen vorbrachten: Cortez habe die Leute rekrutiert, um Siedlungen anzulegen, habe sie aber getäuscht, weil er dazu überhaupt nicht befugt gewesen sei, aber man könne ihn dazu bewegen, seine Meinung zu ändern. Besser als nach Cuba zurückzukehren, wo Velázquez ohnehin den größten Teil des Gewinns einstreichen würde, sei es doch, sich hier im Lande im Namen des Königs niederzulassen und Cortez zum Generalkapitän zu ernennen.

Velázquez' Parteigänger bekamen Wind von der Geschichte und erhoben großes Geschrei. Sie bezichtigten Cortez, den Instruktionen zuwiderzuhandeln, und überhaupt habe er nicht die Mittel, dauerhafte Siedlungen anzulegen. Cortez legte wiederum einen Beweis seiner überlegenen Gewandtheit ab: Er erklärte, nicht gegen die Instruktionen des Gouverneurs zu handeln und verkündete, man werde am nächsten Morgen nach Cuba aufbrechen. Aber die Mehrheit der Leute schwenkte um: Alle, die beschlossen hatten, das Unternehmen weiterzuführen, darunter auch Bernal Díaz, liefen zusammen und protestierten, sie warfen Cortez vor, sie getäuscht zu haben, der fälschlicherweise versichert hatte, er bekäme »Vorräte« von Seiner Majestät, um das Land zu besiedeln, »und sie forderten ihn auf, im Namen des Herrn und seiner Majestät«, die Besiedlung durchzuführen. Sie häuften Argumente auf: wäre mit der Besiedlung ein Anfang gemacht, würde weiterer Zuzug die Inseln überfluten; im gegenteiligen Fall würden sie die alarmierten Eingeborenen nicht noch einmal an diesen Küsten landen lassen. Diejenigen, die nach Cuba umkehren wollten, sollten es tun. Cortez ließ sich lange bitten und forderte einen Tag Bedenkzeit. Seine endgültige Zustimmung war dann von einer Inszenierung begleitet, die von seiner Kenntnis der Gesetze ein erneutes Zeugnis ablegte.

Die Stadt des Konquistadors

Die Rechtsprozedur wird in der auf den 10. Juli 1519 datierten *Carta de Vera Cruz* oder *Carta del cabildo* beschrieben, die zweifellos die Handschrift des Hernán Cortez trägt. Francisco López de Gomara und Bernal Díaz bestätigen sie bis auf einige Details übereinstimmend: Um dem Mehrheitsvotum der Soldaten zu entsprechen, gründet Cortez eine neue Stadt, Vera Cruz, und ernennt im Namen des Königs die *alcaldes* (Richter), die *regidores* (Schöffen) und, so sagt López de Gomara, »alle die anderen Amtsträger, die für eine gute Stadtregierung notwendig sind.« Damit konstituiert Cortez einen Stadtrat (*cabildo*) in der richtigen und gebührenden Form nach den Gesetzen Kastiliens und – selbstverständlich – vor einem Notar ... (immer befand sich ein Notar im Gefolge der *conquistadores*!). Cortez ernannte zu *alcaldes* Alonso Hernández de Portocarrero und Francisco de Montejo, die in Spanien später als die ersten *procuradores* oder abgesandte Repräsentanten des *cabildo* von Vera

Cruz auftreten sollten. Zu *regidores* ernannte er Alonso de Ávila, Alonso de Grado, Pedro de Alvarado und Juan de Escalante, zum *alguacil mayor* (oder Chef der Polizei) Gonzalo de Sandoval und zum Notar Diego de Godoy. Seine Parteigänger stellten im Rat die Mehrheit, aber Cortez war so klug, auch die Velazquisten, wie etwa Montejo, einzubeziehen. Die Mitglieder des *cabildo* leisteten nun ihre Eide, die Cortez im Namen des Königs entgegennahm. Nachdem der Rat ordungsgemäß eingesetzt war, verlangte er von Cortez, nunmehr die Befugnisse und Instruktionen des Gouverneurs Diego Velázquez vorzulegen. Darauf zeigten sich die Ratsmitglieder darüber erstaunt (oder genauer, täuschten vor erstaunt zu sein), dass die Befugnisse nicht mit der neuen Situation im Einklang standen: nach den im Brief des *cabildo* niedergelegten Bedingungen waren sie inzwischen »erloschen«. Cortez stimmte dieser Sicht zu und enthob sich seiner Funktionen, woraufhin die Ratsmitglieder feststellten, es fehle jetzt der dringend benötigte Feldhauptmann und Oberrichter (*justicia mayor*). Da sie niemanden fanden, der besser geeignet gewesen wäre, diese Aufgaben im Dienste Ihrer Königlichen Majestäten zu übernehmen als Cortez selbst, wählten sie ihn zum »*capitan y justicia mayor*«.[17]

So bekleidet Cortez wiederum seine vorherigen Funktionen, aber dieses Mal ist er von jeglichem Gehorsam gegenüber dem Gouverneur Diego Velázquez entbunden. Seinerseits leistet er vor dem *cabildo* einen Eid, der von den Ratsmitgliedern im Namen des Königs entgegengenommen wird, sowie auch vor dem Notar Diego de Godoy, den Cortez selbst ernannt hatte. Bernal Díaz del Castillo weist darauf hin, dass sich Cortez klugerweise lange bitten ließ, eine Wahl anzunehmen, die er sich selbst sehnlichst gewünscht hatte, und er bemerkt im Vorbeigehen, dass diejenigen, die Cortez wählten (darunter Bernal Díaz selbst), den Fehler gemacht hatten, ihm den fünften Teil des noch zu erwerbenden Goldes, nach Abzug des Königsanteils (*quinto*), zuzusprechen. Diese Vergünstigung – als Gegenleistung für Cortez' Investitionen, seine Aufwendungen

– wurde formell in der vor dem Notar Diego de Godoy am 5. August 1519 geschlossenen Übereinkunft zwischen der Stadtrat (hier *ayuntamiento*) von Vera Cruz und Cortez festgehalten.[18] Im Gegensatz zu Gomara und offenkundig auch zu den Redaktoren der *Carta del cabildo* verhehlt Bernal Díaz nicht, dass diese – wenn auch gesetzeskonforme – formale Manipulation heftigen Widerstand seitens der Velazquisten hervorrief.[19] In der Folge sollte sich diese Opposition wiederholt bemerkbar machen, vor allem, als Cortez den Marsch auf Mexico anordnete.

Die Vorgänge in Vera Cruz hatten sich also zum Vorteil von Hernán Cortez gestaltet. Jetzt ging es darum, der mit Sicherheit zu erwartenden Antwort des Gouverneurs von Cuba vorzubeugen. Deshalb entsendet der Cabildo von Vera Cruz unverzüglich zwei Repräsentanten zum Hof des Königs, um ihre Sache dort zu vertreten. Die zwei procuradores, von Cortez mit weiteren Anweisungen ausgestattet, führen den bereits erwähnten Brief des cabildo mit sich sowie reiche Geschenke an den König, von denen einige Exemplare die Bewunderung Albrecht Dürers erregten. Der lange und ausführliche Brief enthält eine Aufstellung aller von Cuba aus gestarteten Expeditionen zum neuen Kontinent sowie deren Ergebnisse. Die Rolle des Gouverneurs Velázquez erscheint in dem Brief in durchaus schlechtem Licht und wird als Statthalter der Hieronymiten als Titulargouverneuren der Insel dargestellt und als eine Person, deren ganzes Denken auf den Erwerb von Gold ausgerichtet ist. Die Redaktoren des Briefes betonen, er habe die Expedition unter dem Kommando des Hernán Cortez wegen des Goldhandels (rescate) und wegen der Suche nach Juan de Grijalva ausgeschickt, ohne den Rat der Brüder Gubernatoren des Jerusalemordens (Hieronymitenorden). Er hat sie nicht einmal darüber in Kenntnis gesetzt, und er habe kaum ein Drittel der Kosten des Unternehmens übernommen![20]«

Dagegen ist Cortez' Verhalten über jeden Zweifel erhaben: Er ist vor allem begierig, »dem König zu dienen«, dessen Größe er bei allen Treffen mit den Kaziken herausstreicht. Cortez kümmert sich um das Los der spanischen Gefangenen und konnte die Freilassung von Jerónimo de Aguilar erreichen, der nun zu einem äußerst wertvollen Dolmetscher geworden war. Aufgrund seiner Tapferkeit hat er die Schlacht von Tabasco entschieden. Das neu entdeckte Land in der Umgebung von Vera Cruz ist reich, und gegen Naturalien lässt sich eine Menge Gold eintauschen; darüber hinaus sind die Indianer dieser Region bereit, zu Vasallen des Königs von Spanien zu werden. Deshalb, so führt der Brief aus, sei es nicht im Sinne des Königsdienstes, sich an die Instruktionen des Gouverneurs Velázquez zu halten, der befohlen habe, so viel Gold wie möglich zusammenzuraffen und nach Cuba zurückzukehren, wo er, nach Abzug des königlichen Fünftels, den gesamten Gewinn der Expedition eingestrichen hätte.

»Die Edlen, *caballeros* und *hidalgos*, welche zu dieser Armee gehören, eifrig darauf bedacht, unserem Herren und Euren Königlichen Majestäten zu dienen, willens, Eure Königliche Krone zu verehren, Euren Besitz zu erweitern und Eure Einkünfte zu erhöhen, haben sich mit Kapitän Fernan Cortez beraten und haben erklärt, dass dieses Land gut sei und dass es, nach den von Kaziken herbeigebrachten Proben, sehr reich sein muss (...). Es erwies sich folglich als das Beste, im Namen Eurer Königlichen Majestäten dort eine Stadt zu gründen und zu besiedeln und dort die Gerichtsbarkeit einzuführen ...[21]

Dem Brief folgt ein Bericht über die Ernennung der Amtleute des *cabildo* der neuen Stadt, über die Wahl des Capitáns Cortez, wobei auch dessen Eignungen erwähnt werden. Die Redaktoren des Briefes, die sich selbst alcaldes und regidores der neuen Stadt nennen, sind »mit allen übereingekommen und haben entschieden, dem König alles an erworbenem Gold, Silber, Juwelen zu übersenden und nicht nur den *quinto*, der dem König zusteht«[22], eine für die meisten Männer schmerzliche Entscheidung, denn die Beute war ihnen ja wichtig –, es war aber ein geschickter Schritt. Nach einer Beschreibung der neuen Stadt und ihres Umlandes ersucht der *cabildo* von Vera Cruz den König, dem Gouverneur von Cuba keinerlei Autorität über die neue Stadt und ihr Umland zuzusprechen. Das gibt Anlass, aufs Schärfste dessen Verwaltung der Ferdinandinsel (Cuba) zu kritisieren und sogar, im Gegensatz zu ihm, einen »Rechtsentscheid des Hofgerichts« zu verlangen.[23] Der Brief schließt mit dem Inventar des Schatzes, den die *procuradores* nach Spanien bringen sollen.

Hofintrigen

Cortez und seine Anhänger hatten mit großer Schnelligkeit reagiert. Die Karavelle mit den Repräsentanten von Vera Cruz und Cortez konnte Spanien unter Führung des erfahrenen Steuermanns Antón de Alaminos ohne Zwischenfälle erreichen. Aber dieser Vorstoß führte nicht zum durchschlagenden Erfolg am Königshof. Der Vorsitzende des Rates für die Indischen Territorien (respektive des Vorläufers dieses Gremiums), Bischof Juan Rodríguez de Fonseca, gehörte zu den Anhängern des Gouverneurs Velázquez und intervenierte bei Karl V. gegen Cortez, so dass der junge Kaiser die Abgesandten Hernández de Portocarrero und Montejo, verstärkt durch Martin Cortez de Monroy, Cortez' Vater, erst im März des Jahres 1520 empfing. In der Zwischenzeit hatte der Gouverneur von Cuba seine Gegenoffensive gestartet: Von den Ereignissen in San Juan de Ulua und Vera Cruz informiert und alarmiert, hatte Velázquez am 12. Oktober 1519 an Rodríguez de Fonseca geschrieben und sich über den »Ungehorsam des Cortez« und über die Verlegung der ihm anvertrauten Armee beschwert. Dieser Brief wurde im Oktober oder November begleitet von einer Intervention des Kaplans des Gouverneurs, Benito Marin, den Velázquez nach Spanien geschickt hatte, um eine »Entdeckungskapitulation« zu erwirken, da man durch die Fahrt des Hernández de Córdoba von der Bedeutung Yucatáns, das man damals noch für eine Insel hielt, erfahren hatte.

Benito Marin sollte die von Alvarado erworbenen Juwelen einigen einflussreichen Personen bei Hofe übergeben; er erhielt Unterstützung von Gonzalo de Guzmán, der von Velázquez den *procuradores* von Cortez hinterhergeschickt worden war. Schließlich bat Velázquez den Lizentiaten Figueroa in einem Brief vom 17. November, sich beim König für seine Position zu verwenden. Angesichts der Unterstützung, die Velázquez bei Hofe genoss, war die Partie noch lange nicht gewonnen, trotz der Trümpfe, die Cortez inwischen in der Hand hatte.[24]

Unter dem Vulkan: Cortez im Jahre 1519

Die wenigen vorangegangen Seiten sind geeignet, den unvorbereiteten Leser ein bisschen zu verwirren: Die Eroberung Mexicos – sicher eines der außergewöhnlichsten Abenteuer der Menschheit – war also nicht von Spanien aus eingeleitet worden, wie etwa die Fahrten des Columbus oder die erste Weltumseglung, die eben in diesem Jahr 1519 begann. Mehr noch: diese Eroberung wurde ohne Zutun der Krone bewerkstelligt, die davon überhaupt nichts wusste. Am Anfang unterschied sich die Expedition durch nichts von den unmittelbar vorangegangenen unter Hernández de Córdoba und Grijalva, wie die bereits erwähnten Instruktionen des Velázquez an Cortez vom 23. Oktober 1518 bezeugen.[25] Gewiss, Cortez' Hintergedanken wurden offenkundig durch die Höhe seiner Investitionen, die Größe seiner Truppe, das Mitführen von Pferden etc. Aber wie sahen diese Absichten genau aus? Nichts erlaubt anzunehmen, dass Cortez bei der Abfahrt aus Cuba die Eroberung Zentralmexicos (des aztekischen Mexico) im Auge hatte, aus dem einfachen Grund, dass er davon eigentlich keine Kenntnis hatte!

Dank einer eingehenden Analyse des zeitlichen Ablaufs konnte Demetrio Ramos, einer der besten spanischen Spezialisten der großen Entdeckungen, die Entstehung des Projekts erhellen. Der Mann aus Medellín denkt bei seinem Aufbruch lediglich daran, sich selbst als »Entdecker« an Velázquez' Stelle zu setzen, der ihm selbst andere Kandidaten vorziehen möchte, wie etwa den Komtur von Porto Rice, Antonio de Sedeño, der 1518 eine Flottille auf der Suche nach der Meerenge, der Passage, ausgesandt hatte. Der Gouverneur von Cuba hat darüber hinaus nicht zufällig den erfahrensten Navigator von allen herausgesucht. Das ursprünglich von Velázquez konzipierte Unternehmen des Hernán Cortez ist »immer noch den alten Voraussetzungen verpflichtet, unter denen Columbus seine vierte Fahrt vorbereitete«. Die Grundidee basiert auf dem Glauben an die Nähe des asiatischen Kontinents, von Cipango (Japan), Cathay (China), den Gewürzinseln (Molukken), der verheißungsvollen Länder eines märchenhaften Reichtums. Es musste mithin eine Passage gefunden werden, die erlaubte, auf dem Seeweg den asiatischen Kontinent und vor allem die 1513 von Núñez de Balboa entdeckte Südsee zu erreichen. Demetrio Ramos weist mit Recht darauf hin, dass Cortez auch noch nach der Eroberung von Mexico mit der Frage der Passage intensiv beschäftigt war, zumindest bis 1525. Ein durchaus gerechtfertigtes Projekt, denn Magellan hatte noch nicht die ungeheuren Weiten des Pazifik entdeckt. In seiner ursprünglichen Konzeption war das Unternehmen des Hernán Cortez ein rein maritimes Projekt.[26]

Moctezumas Reich

Cortez hatte keine genauen Vorstellungen von dem Reich, das er erobern sollte. Er vermutete keineswegs die Existenz eines so bedeutenden und gut organisierten Staatswesens. Er hatte folglich kein präzises Projekt vor Augen. Am Anfang noch undeutlich, offenbarten sich ihm erst nach und nach – durch die Kontakte zu den örtlichen Kaziken und zu den Abgesandten Moctezumas – die Reichtümer, ja die Wunder Mexicos. Erst dann fasste Cortez einen gänzlich neuen Plan, erst dann setzte sich in ihm die Idee fest, das Abenteuer zu wagen und in das Landesinnere vorzustoßen, den Marsch auf die Hauptstadt zu unternehmen, zu diesem geheimnisvollen Tenestecan oder Tenustitan oder Temistitan (jeder verstand den Namen auf seine Weise!). Und mit der ihm innewohnenden Überzeugungskraft gewann er die Unterstützung, ja die Ergebenheit von Männern, die ihn nicht enttäuschen sollten: Alonso Hernández de Portocarrero, Pedro de Alvarado und seine vier Brüder, Alonso de Ávila, Juan de Escalante, Gonzalo de Sandoval und noch manche andere …

Die Bemühungen Moctezumas, den Konquistador von einem Besuch bei ihm abzuhalten, die offenkundige Hartnäckigkeit des eingeborenen Machthabers, stachelte nur noch die Neugier im Lager des Cortez an, und die prächtigen Geschenke des Aztekenherrschers hatten eine Wirkung, die dieser keineswegs beabsichtigte. Außerdem hat Cortez seine Gesprächspartner rasch so verstanden, dass die Herrschaft Moctezumas brüchig, gefürchtet, sogar umstritten ist – und das war eine Erkenntnis von weitreichender, von fundamentaler Bedeutung. Jetzt weiß Cortez, dass er, will er Erfolg haben, sich die Uneinigkeit der mexicanischen Völker zu Nutze machen muss.[27]

Cortez hat seine Entscheidung getroffen und deshalb in Vera Cruz alles daran gesetzt, den Bruch mit Diego Velázquez zu vollziehen. Deshalb auch hat er seine Vertrauten nach Spanien geschickt, an ihrer Spitze Antón de Alaminos, der als Informant fungierte. Denn die Entdeckung Mexicos verändert die Zielrichtung und die Bedingungen der zukünftigen vertraglichen Vereinbarungen.

Ein reifender Plan

Als Mann der Tat, der die Fähigkeit hat, einen neuen Gedanken sogleich auszuführen, beschließt Cortez die Eroberung. Aber er hat noch keinen Plan: Er kennt das Land nicht, hat keine Landkarte zur Verfügung, ist sich im Unklaren über die Entfernungen, die Gebirge, die Flüsse. Er vermutet, dass die sprachlichen Unterschiede, von denen er einige bereits kennengelernt hatte, nichts anderes bedeuten als eine ethnische Vielfalt – eine Karte, die man getrost ausspielen konnte. Den eigentlichen Eroberungsplan wird Cortez in langsamem Tempo entwickeln, stets im Zusammenhang mit einem umsichtigen Vormarsch, der immer wieder auch für längere Zeit zum Stehen kommt – um Informationen zu sammeln, um eingehende Verhandlungen zu führen –, der von einigen unvermeidlichen Kämpfen unterbrochen wird, von beunruhigende Verlusten unter den Mannschaften, die aber durch wertvolle Allianzen wieder wettgemacht werden. Auf diese Weise werden die Spanier gut drei Monate für eine Strecke von 100 oder 120 Meilen (400 oder 500 Kilometer) benötigen, die zwischen ihrem Ziel und der mexicanischen Küste liegen, an der Cortez am 8. November 1519 gelandet war.

Als aber Cortez die Trumpfkarte der Zwietracht unter den Indianern auspielen wollte, geriet er auf Grund der Umstände, unter denen er sein Unternehmen vorantrieb und wegen des Grolls des Gouverneurs Velázquez selbst in die bedrohliche Lage, bei der Krone in Ungnade zu fallen oder zumindest Ziel einer militärischen Expedition des auf Rache sinnenden Gouverneurs von Cuba zu werden. Das hätte seine Glaubwürdigkeit zerstört und den Mexica vor Augen geführt, dass es sich beim Ursprungsland der Invasoren keineswegs um ein Reich der Einigkeit handelt. Es war genau diese gefährliche Situation, welcher sich der inzwischen in Mexico etablierte Cortez durch die Ankunft der Armee des Pánfilo de Nárvaez gegenübersah, den Velázquez gegen den *conquistador* ausgesandt hatte. Mit anderen Worten: Um der Ungnade seines Königs zu entgehen, war er zum Erfolg verdammt. Er, der dabei war, seinen Ruf, sein Vermögen, sein Leben in einem gänzlich hypothetischen Unternehmen zu verspielen, musste sich, um zu triumphieren, als genialer Politiker und Kriegsherr erweisen. Wer also war dieser in Spanien nahezu unbekannte Mann ohne militärische Erfahrungen, der – quasi unvermittelt – die Fähigkeit bewies, einige hundert Männer in ein Unternehmen mit ungewissem Ausgang hineinzuziehen?

Porträt eines Konquistadors

Das am meisten glaubhafte Charakterporträt des Konquistadors ist ohne Zweifel das des Bernal Díaz del Castillo, seines Gefährten in fast allen seinen Unternehmungen. Gewiss, Bernal Díaz schrieb seine *Wahre Geschichte* am Ende seines Lebens, vermutlich zu Beginn der 1550er Jahre. Einer der Gründe, die ihn dazu bewogen, zur Feder zu greifen, war seine Verärgerung über die Schrift *La Conquista de Mexico* des López de Gomara, in der dieser alle Verdienste um die Eroberung Mexicos Hernán Cortez zuschrieb und die Rolle und die Leistungen seiner Gefährten gering erachtete. Bernal Díaz kannte Cortez sehr gut, hegte große Bewunderung für ihn (er nennt ihn bisweilen »unseren Cortez«) und versuchte, ihm Gerechtigkeit widerfahren zu lassen. Hören wir ihn selbst:

Bernal Díaz bemerkt jedoch, dass Cortez allzu eigensinnig war, vor allem im Krieg, und bereit war, äußerste Risiken einzugehen, trotz der Ratschläge seiner Begleiter, wovon Bernal einige Beispiele liefert (unter anderem einige Episoden aus der verheerenden Expedition von Las Hibueras). Weiterhin deutet er an, dass Cortez das Würfel- und Kartenspiel liebte und dass er »auf übertriebene Weise den Frauen zugetan war und sich sehr eifersüchtig gegenüber seinen Frauen verhielt« (man beachte den Plural). Er fügt jedoch hinzu, er würde niemals aufhören, von seinen Großtaten zu erzählen, wenn er schon beabsichtige, sie vollständig darzustellen. Es wird deutlich, dass der alte *Konquistador* eine lebhafte Bewunderung für jenen außergewöhnlichen Menschen bewahrte, an den er in seiner Jugend sein Schicksal gebunden hatte.[28]

Jedoch, Bernal Díaz kannte nur den Cortez der Eroberung, den Capitán und Politiker in voller Aktion. Zu der Stunde aber, als Cortez sein Chance wahrnahm und eine Tat geradezu epischen Ausmaßes vollbrachte, aus der das spanische Imperium erwachsen sollte, stellt sich die Frage: Woher kam dieser Mann, woher nahm er diese außergewöhnlichen Fähigkeiten? Er hatte zuvor nichts dergleichen getan und schien nicht dazu gemacht, jemals einen Platz in den Annalen der Geschichte einzunehmen. Wie hatte er die lange Zeit bis zu seiner Stunde zugebracht? Fünfunddreißig Jahre zählte er im Jahre 1519.

II. DIE UNBEKANNTE HÄLFTE EINES LEBENS

Ein merkwürdiger Umstand: Das an Ereignissen reiche Leben des Hernán Cortez hat keineswegs die Neugier der ersten Geschichtsschreiber »Indiens« geweckt. Selbst Francisco López de Gomara, der in enger Vertrautheit mit dem Konquistador lebte, dessen Freund und Kaplan er in den letzten Jahren seines Lebens war, scheint diese Situation nicht genutzt zu haben, um Informationen über die frühen Lebensjahre von Cortez zu erhalten. Gomara widmet dann auch lediglich sieben Seiten den Jahren 1485–1518 und nur zwei Seiten der Jugendzeit in Spanien![29] Francisco Cervantes de Salazar, der mit Cortez im Jahre 1543 zusammentraf, ist ebenso einsilbig. Es sieht so aus, als verdiente die Person Cortez erst verstärkte Aufmerksamkeit, nachdem er seinen »Einzug in die Geschichte« gehalten hatte. Die Historiografen der Neuen Welt bezeugen einiges Interesse an seinem Leben auf den Antillen (in Santo Domingo, dann in Cuba), denn schließlich dienten die Inseln als Sprungbrett für seine Eroberungen, sie zeigen aber ein beachtliches Desinteresse an seinen neunzehn (oder einundzwanzig) ersten Jahren.

Kindheit eines Hidalgos

Wir müssen uns auf einen allgemeinen Überblick über die Kindheit des Eroberers beschränken. Man weiß, dass er 1485 als Spross einer *Hidalgo*-Familie geboren wurde: kleiner Adel, kleines Vermögen! Hernáns Vater, Martín Cortez de Monroy, »obwohl aus alt-christlichem Geschlecht, sehr bescheiden und arm«, wie Las Casas sagt, und seine Mutter Catalina Pizarro Altamirano waren beide adliger Abstammung, wobei Catalina möglicherweise von älterem Adel war. Martín Cortez hatte sich einige Jahre zuvor der Rebellion seines Verwandten Alonso Cortez de Monroy, des *clavero* (Kastellans) des Calatrava-Ordens, gegen Königin Isabella die Katholische angeschlossen, doch besitzen wir keine Hinweise, dass er deshalb Nachteile erlitten hatte. Die langandauernde Vakanz in der Leitung der spanischen Ritterorden war seinerzeit von der Königin dazu ausgenutzt worden, die Verwaltung dieser Orden ihrem Gemahl Ferdinand zu übertragen, der dadurch die unruhige Ritterschaft besser kontrollieren konnte. Wie dem auch sei: Die Familie des Hernán Cortez führte ein sehr bescheidenes Leben; ihr Besitz scheint sich auf eine Mühle, auf Bienenvölker und einen Weinberg beschränkt zu haben. Die daraus erwirtschafteten jährlichen Einkünfte dürften einige tausend spanische Maravedí (Marabotino) nicht überschritten haben.

Hernán, der einzige Sohn des Paares, war von schwächlicher Konstitution: Sein Kindheit war geprägt von häufigen Erkrankungen, und nichts ließ den ausdauernden, unermüdlichen Soldaten erahnen, der Mexico, die Dschungel von Honduras und die Wüsten des Nordens durchqueren sollte, der sich von mehreren Verwundungen erholen und zweimal sein Leben retten sollte, weil er ein guter Schwimmer war – und der schließlich im Bett sein Leben beenden würde. Gomara versichert, Cortez sei mehrfach dem Tode nahe gewesen und habe sein Überleben nur dem Schutz des Heiligen Petrus zu verdanken, den seine Amme Maria de Esteban unter den Zwölf Aposteln zu seinem persönlichen Schutzpatron erwählt hatte. Cortez' Verehrung des Heiligen Petrus ist auch an anderen Stellen bezeugt, und hier liegt vielleicht ihr Ursprung.

Das ist auch schon alles, was man über das Kind weiß. Wann schrieb er die ersten Buchstaben? Woran hatte er Spaß? Womit spielte er? Wie sah seine religiöse Erziehung aus? Wie war sein Verhältnis zu seinen Eltern, zu Kindern seines Alters? Nichts von alledem ist bekannt. Salvador de Madariaga, der die Schweigsamkeit der Quellen durch den Rückgriff auf die Phantasie ersetzt, sieht den jungen Cortez zusammen mit seinem Vater auf der Hasenjagd, lässt ihn an der Spitze einer Schar von Lausbuben durch die Gassen rennen. Warum auch nicht? Hatte sich seine Vorliebe für Glücksspiele (Karten, Würfel), die Cervantes de Salazar erwähnt, schon damals gezeigt? Vielleicht.

Als er vierzehn Jahre alt war, beschlossen Martín und Catalina, ihren Sohn nach Salamanca zu schicken: die dortige Universität war bereits eine der berühmtesten in ganz Europa. Man nutzte die Anwesenheit des Magisters für Grammatik Núñez de Valera, Ehemann von Martíns Halbschwester Ines de Paz, um den jungen Hernán dort im Lateinischen unterweisen zu lassen ... Dieses Vorhaben deutet darauf hin, dass der Junge bereits gewisse intellektuelle Anlagen gezeigt hatte, und die Enttäuschung, ja der Zorn seiner Eltern, als er schon nach zwei Jahren nach Hause zurückkehrte, ohne seine Studien bis zum Bakkalaureus vorangetrieben zu haben, zeigt, dass sie Hernán dazu bestimmt hatten, die Laufbahn eines *letrado* (Gelehrten Rates und Hofsekretärs) einzuschlagen, also einen Rang in der *gente media*, der die Katholischen Könige die Rechtspflege und die öffentlichen Angelegenheiten anvertraut hatten, anzustreben. Einige Autoren meinten in der Tat, Cortez habe den Grad des Bakkalaureus der Rechte erhalten, wenn auch, wie Bernal Díaz de Castillo (»ich habe sagen hören«), mit einigem Vorbehalt, und Gomara betont, die Enttäuschung der Eltern sei umso größer gewesen, als ihr Sohn »einen scharfen Verstand hatte und Begabung in allen Dingen aufwies«. Einen Universitätsgrad erwähnt er an keiner Stelle, und sicherlich hätte er nicht versäumt, darauf hinzuweisen, um das Bild seines Helden in schönerem Licht erscheinen zu lassen. Im übrigen beanspruchte Cortez niemals den Titel eines Bakkalaureus, der ihm in Neuspanien ohne Zweifel von Nutzen gewesen wäre. Aber auch wenn Hernán Cortez ohne Diplom aus Salamanca zurückgekommen ist, hat er doch in der Universität Rechtskenntnisse erworben, die er in der Folgezeit geschickt anwendete, weiterhin eine gewisse Kenntnis des Lateinischen, wie von verschiedener Seite bezeugt, sowie eine Beherrschung der Redekunst, einer ausgefeilten Rhetorik, wie eine genaue Analyse der *Cartas de relación* belegt.[30]

Welche Gründe gab es für die unvorhergesehene Unterbrechung seiner Univeritätsstudien? Cervantes de Salazar führt Krankheiten an, das Quartfieber. Oder die von Tante Ines geforderte strenge Disziplin. Oder der Geldmangel. Verdruss über den Schulbetrieb. Die Verlockungen eines anderen Lebens? Vielleicht von allem ein wenig. Aber auch wenn keine der Antworten der Wahrheit nahe kommt und auch wenn wir nicht wissen, wie der junge Mann in Salamanca seine Tage verbracht hat, besitzen wir dennoch eine erste Gewissheit: es gibt keinen Zweifel, dass er seine Studien wirklich durchführte, dass er eingehende grammatische Unterweisungen erhielt – ganz einfach die seines Onkels, denn, wie Demetrio Ramos deutlich machte, war Cortez nicht in der Universität eingeschrieben (matriculado), sondern er empfing vorbereitende Kurse für ein zukünftiges Studium. In den Jahren 1499–1501, als Cortez in Salamanca studierte, gab es noch keine Grammatikschulen; sie entstanden erst um die Mitte des 16. Jahrhunderts. Zudem bewahrte Cortez stets seinem Meister gegenüber Bewunderung: er hatte Alonso de Ávila ein Geschenk und einen Brief zugedacht, aber das Geschenk wurde zusammen mit manchem anderen vom Piraten Jean Florin geraubt.[31]

Die Untersuchung der cortesianischen Texte ist ein äußerst aufschlussreiches Unterfangen; Interesse verdienen hier vor allen anderen die *Cartas de relación*, aber auch andere, wie seine *Instruktionen* an die nach Spanien entsandten *procuradores* Alonso Hernández de Portocarrero und Franciso de Montejo, seine in Tlaxcala erlassenen Militärordonnanzen, seine an die Bewohner von Neuspanien gerichteten Regierungsungsordonnanzen, sein vertraulicher Brief (*carta reservada*) an Karl V. vom 15. Oktober 1524 etc. Wie Angel Delgado beobachtete, weist Cortez' Stil und Syntax eine lateinische Stilisierung (*»sabor latino«*) auf, die sich in der häufigen Platzierung des Verbs am Ende eines Satzes manifestiert und Hinweise auf grammatische und rhetorische Unterweisung liefert, wie beispielsweise die wiederholte Verwendung von Nebensätzen, die durch die Konjunktion *que* eingeleitet werden, lange, mit *porque* (weil) eingeleitete kausale Nebensatzperioden, und immer wieder der Rückgriff auf parallele Konstruktionen, Antithesen, Synonyme, Homonyme, Wiederholungen, der häufige Gebrauch des Adjektivs *dicho* vor Nomina, Eigennamen und Appellativa, die vorher bereits genannt worden waren. Kurz, auf Cortez' Schreibstil ließe sich durchaus der Begriff »Rechtsstil« anwenden. Seine Tätigkeit als Notar, die er einige Monate nach seinem Aufenhalt in Salamanca in Valladolid bei dem Königlichen Ratsnotar erlernt hatte, dann seine Jahre in Santo Domingo und Cuba haben ohne Zweifel diese stilistischen Tendenzen weiterentwickelt. Dass jedoch Cortez trotz seiner Jugend als Notar angestellt wurde, hängt gewiss mit seiner in Salamanca erworbenen Meisterschaft in der Grammatik zusammen. Eine durchaus seltene Erscheinung in der Welt der Konquistadoren.[32]

Gelehrter oder Soldat?

Die unerwartete und unwillkommene Rückkehr des sechzehnjährigen Knaben in das Elternhaus brachte einige Unruhe in die Familie: *»ruidos y enojos«* (Lärm und Ärger, um nicht zu sagen Zorn), räumt López de Gomara ein, der den junge Hernán als »unruhig, stolz, ausgelassen, mit einem Hang zu den Waffen« charakterisiert, »was ihn die Entscheidung wählen ließ, diesen Weg einzuschlagen.«[33] So also nahm Hernán Cortez den Diskurs des Don Quijote über die Wissenschaften und die Waffen vorweg: Seine Zurückweisung der Wissenschaften, aus welchem Grunde auch immer, legte ihm die Karriere im Waffenhandwerk nahe.

Unter diesen Umständen eröffneten sich dem jungen Mann zwei Möglichkeiten: Italien oder die Neue Welt. Er konnte als Rekrut in eine der Kompagnien eintreten, die unter dem Oberbefehl des »Gran Capitán« Gonzalvo von Córdoba, des einstigen Bezwingers von Granada, dank der neuen Kampftaktik des *tercio* die Eroberung des Königreichs Neapel gegen das rivalisierende Frankreich bewerkstelligten. Oder er konnte sich nach »Indien« einschiffen, dessen Anziehungskraft enorm war, nicht zuletzt wegen der Verheißung des Goldes. Gerade in dieser Zeit, zu Beginn des Winters 1501–1502, rekrutierte der aus der Estremadura stammende Nicolas de Ovando Mannschaften für die karibischen (»indischen«) Besitzungen. Er war Großkomtur des Alcántara-Ordens und war am 3. September 1501 zum Generalgouverneur der indischen Länder und zum Nachfolger von Bobadilla ernannt worden. Ovando hielt sich einige Zeit in Cáceres auf, und eine Reihe junger Leute, die der Familie Cortez nahestanden, hatten sich dem neuen Gouverneur angeschlossen. Es scheint, dass Hernán zu ihnen gehörte. Er konnte hoffen, im Gefolge des Gouverneurs »ein Betätigungsfeld zu finden, das seinen Ambitionen entsprach«.[34]

Indessen, bevor er sich auf den Weg zu den Ruhmeshallen des Mars aufmachte, buhlte der junge Cortez um die Gunst der

Venus. Es waren eher unglückliche Liebesabenteuer, die den Galan in eine teils gefährliche, teils lächerliche Lage brachten. In seinem Bestreben, auf luftigen Wegen in die Kammer einer Schönen zu gelangen, kletterte der junge Mann über die Dächer und klammerte sich dabei an eine brüchige Mauer, die unter seinem Gewicht zusammenbrach. Da sich der jugendliche Liebhaber mit einem Schild bewehrt hatte (erwartete er die Begegnung mit einem Eifersüchtigen?), machte dieses metallische Utensil großen Lärm, als es gegen die Haustür einer alten Dame polterte. Diese jedoch legte sich unvorhergesehenerweise für den jungen Cortez ins Mittel, als er ohnmächtig am Boden lag und der Schwiegersohn der Alten ihn mit seinem Schwert zu durchbohren drohte: »Wir wollen erst sehen, um wen es sich handelt«, schlug glücklicherweise die alte Dame vor. Dank ihrer kam der enttäuschte Liebhaber mit dem Schrecken und einigen Wochen Bettruhe davon, denn sein unglückseliger Sturz hatte schmerzhafte Spuren hinterlassen. Aus diesem Grunde verpasste er die Abfahrt der Flotte Ovandos, die am 13. Februar 1502 in See stach.

Diese versäumte Gelegenheit veränderte die Absichten des jungen Mannes, und er beschloss, nach seiner Genesung sein Glück in Italien zu versuchen. Er verließ Medellín mit dem Plan, von Valencia aus nach Neapel überzusetzen, aber anscheinend erreichte er niemals die Gestade des Mittelmeers. Dieses Jahr ist ohne Zweifel das dunkelste im Leben des Hernán Cortez: López de Gomara handelt es nur in groben Zügen ab und begnügt sich damit festzustellen, dass es ein Jahr der Irrfahrten, der Prüfungen und Entbehrungen war. Juan Suárez de Peralta dagegen stellt die plausible Hypothese auf, der junge Cortez habe auf dem Weg nach Valencia Station in Valladolid gemacht und dort mehrere Monate lang im Dienst eines Notars gearbeitet. Salvador de Madariaga flüchtet sich wieder einmal in die Phantasie, um den »weißen Flecken« im Leben des Cortez auszumalen: will man ihm glauben, verspürte der zukünftige Konquistador die unwiderstehliche Anziehungskraft der

Häfen, wo man sich für »Indien« rüstete und Mannschaften rekrutierte; er soll sich an den Kais und in den Hafentavernen von Sevilla, Cádiz, Sanlúcar de Barrameda und Palos herumgetrieben haben, die von den phantastischen Erzählungen der Amerikafahrer erfüllt waren, von abenteuerlichem Seemannsgarn über Perlen, Gold und Juwelenschätze, Sirenen und Amazonen. Und aus diesem Grunde schließt unser Autor, der sich hier wieder Gomara anschließt, »kehrte Cortez wieder nach Medellín zurück, entschlossen nach Indien zu fahren. Seine Eltern gaben ihm ihren Segen und Geld für die Reise.«[35]

Santo Domingo: 1506 (1504?)–1511

Die Abreise des Hernán Cortez nach Santo Domingo entspricht der Logik der Zeit und des Raumes. Sie ist die gewöhnlichste, die am wenigsten überraschende Episode eines außergewöhnlichen Lebens. Viele junge Männer der Estremadura aus bescheidenen Verhältnissen, Hidalgos oder auch nicht, sehen in der Neuen Welt die Hoffnung auf ein besseres Leben; Cervantes hat in seiner exemplarischen Novelle »Der Eifersüchtige aus der Estremadura« die Erfolgsgeschichte eines solchen Estremadurers, der in reifem Alter als schwerreicher Auswanderer in die spanische Heimat zurückkehrt, plastisch geschildert. Einer dieser Indienfahrer, einer unter vielen, ist Cortez. Bernard Grunberg hat für Mexico 1212 *conquistadores* gezählt (bei einer Gesamtzahl von 2100). Er konnte die geografische Herkunft von mehr als der Hälfte Männer (sowie einiger Frauen) in seiner Liste nicht aufklären: er identifiziert 551 Herkunftsorte (oder Provinzen). Von diesen 551 kommen 85 (also 14,4%) aus der Estremadura. Das ist ein höherer Prozentsatz als der Anteil der Bewohner der Estremadura an der Gesamtbevölkerung Spaniens. Wenn auch die Städte (Badajoz, Cáceres, Mérida, Medellín) stark in dieser Auflistung vertreten sind, so sind auch die kleineren Marktflecken gut vertreten: Alcántara, Burguillos, Las Garrovillas, Frejenal und andere. An Cortez' Seite finden wir Pedro de Alvarado und seine vier Brüder, alle aus Badajoz, den zu früh verstorbenen Alonso Hernández Portocarrero, Juan Jaramillo, der Cortez im Bett der Malintzin mit dem Segen des Eroberers ablöste, Gómez de Paniagua, Juan Pantoja, Rodrigo Rengel, der Veteran der Cortez-Armee, Gonzalo de Sandoval, ein Hidalgo aus Medellín, einer der wagemutigsten spanischen Capitáne und Cortez' Vertrauter, der von ihm mit mehreren wichtigen Missionen beauftragt wurde und im Alter von dreißig Jahren starb, Francisco de Terrazas und viele andere ...[36]

Fand die Überfahrt des Hernán Cortez nun im Jahre 1504 oder 1506 statt? Bis in die jüngere Zeit galt das von López de Gomara angegebene Jahr 1504 als das wahrscheinlichste Datum, dem sich auch die meisten Historiker, etwa Salvador de Madariaga und Luis Martínez, anschlossen. Hugh Thomas indessen hat in den Notariatsarchiven von Sevilla ein Dokument entdeckt, eine Zahlungsverpflichtung des Hernán Cortez (elf Goldpesos) an Luis Fernandez, Eigner des Schiffes *Johannes der Täufer*, für die Passage von Sanlúcar de Barrameda nach Santo Domingo. Das Dokument ist zwar nicht präzise datiert (als Datum ist nur der 29. August angeführt), es erscheint aber im Register für das Jahr 1506 und findet sich zwischen zwei Dokumenten, die zweifelsfrei auf 1506 datiert sind. Die Frage könnte damit als gelöst betrachtet werden, aber es bleiben Zweifel, denn Cortez fuhr auf dem Alonso Quintero gehörigen Schiff *Dreifaltigkeit* nach Santo Domingo. Trotzdem wissen wir nicht, wie Hernán Cortez diese Zahlungsverpflichtung in Sevilla eingehen konnte, wenn er sich bereits seit 1504 in Santo Domingo befand. Das von Hugh Thomas aufgefundene Dokument könnte als entscheidend erscheinen, kollidierte es nicht mit einer Äußerung von Cortez selbst: In seinem Memorial an Karl V. von 1542 beginnt der *Konquistador* mit den Worten: »Der Markgraf Del Valle ersucht Eure Majestät, Er möge sich daran erinnern, dass er seit dem Jahre *vier* (1504), als er sich in die Indischen Gebiete begab, Ihm gedient hat und Ihm in den folgenden Angelegenheiten dient ...«[37]

Akzeptierte man die These von Hugh Thomas, müsste man die zwei zusätzlichen Jahre, die Cortez in Spanien verbracht hatte, mit Aktivitäten »ausstatten«: Der englische Historiker riskiert die These von einem Aufenthalt in Granada: durchaus vorstellbar, denn Cortez bezieht sich später auf diese Stadt, und er verlängert seine Lehrzeit als Notar in Valladolid. Diese Vermutung ist nicht unbegründet: eine längere Notariatspraxis könnte die erstaunliche Rechtskundigkeit des jungen Cortez erklären. Dennoch, ein starker Zweifel bleibt bestehen.[38]

Es bleibt unbestritten, dass sich Cortez in Sanlúcar de Barrameda auf einem Schiff aus Palos einschiffte, das einem gewissen Alonso Quintero gehörte. Es gehörte zu einem kleinen Konvoi von fünf Handelsschiffen. Die spanische Bevölkerung von Santo Domingo(damals *La Española* genannt) hatte sich bedeutend erhöht, insbesondere im Juni 1502 mit der Ankunft der Schiffbrüchigen der großen Armada unter Antonio de Torres (fast 2000 Personen), und die neuen Siedler hatten Bedarf an allen Produkten Spaniens. Deshalb versahen sich der Schiffseigner, die Besatzung (alle aus Palos) und die Passagiere mit Waren aller Art (Konserven, Wein, Branntwein, Öl, Tuche, Waffen, Papier, Metallwaren), mit denen sie bei ihrer Ankunft einen guten Gewinn erzielen wollten. Cortez machte da keine Ausnahme, indem er für diese Fracht einen Teil des Geldes verwendete, das ihm seine Eltern gegeben hatten. Bis Gomera verlief die Fahrt ohne Zwischenfälle. Die Kanaren waren die übliche Zwischenstation auf der Carrera de Indias; dort nahm man neue Vorräte auf, Trinkwasser und frisches Gemüse.

Die Weiterfahrt gestaltete sich wesenlich unruhiger. Schuld daran war der Schiffseigner Alonso Quintero, der zweimal versuchte, die anderen Schiffe abzuhängen, um schneller in Santo Domingo anzukommen und seine Ware besser verkaufen zu können. Das sollte ihm schlecht bekommen. Das erste Mal, unweit von Gomera, brach in einem Unwetter der Großmast, und

Quintero musste kläglich zum Hafen zurückkehren, wo seine Kollegen, die anderen Schiffsherren, edelmütig warteten, bis die Reparatur beendet war. Das zweite Mal kam das Schiff bei der Annäherung an die Antillen vom Kurs ab, obwohl es von einem Mitglied der berühmten Navigatorenfamilie Niño aus Palos gesteuert wurde, die sich bei den Fahrten des Columbus ausgezeichnet hatte. Die Vorräte an Verpflegung und Wasser wurden knapp, und nichts blieb dem jungen Cortez erspart: Angst, Verzweiflung und Furcht vor Kannibalen. Letztlich aber kam die Fahrt zu einem guten Ende. Quintero und die Seinen mussten in Santo Domingo lediglich die sarkastischen Bemerkungen ihrer Reisegenossen über sich ergehen lassen, denn die vier Schiffe waren bereits einige Tage zuvor in den Hafen eingelaufen, und man hatte in aller Ruhe die Waren verkaufen können – während auf dem Schiff Quinteros ein Gutteil der Lebensmittel inwischen verzehrt worden war.

Als Hernán Cortez in Santo Domingo anlangte, war der Gouverneur Ovando nicht anwesend. Der junge Mann hatte von ihm Unterstützung bei seiner Eingliederung in die Kolonie erhofft. Aber Medina, der Sekretär des Gouverneurs, nahm ihn herzlich auf und erklärte ihm die Spielregeln der Besiedlung: Jeder Spanier, der auf Hispañola siedeln wollte, erhielt ein genügend großes Stück Land, um sich dort ein Haus zu bauen und Ackerbau betreiben zu können sowie nach angemessener Zeit einige Indianer als *encomienda* gegen die Verpflichtung, fünf Jahre in der Kolonie zu bleiben. Diese Bedingungen, die durch das Recht der Nachbarschaft (*vecindad*) geregelt waren, bildeten die Grundlage des von Ovando eingeführten Systems. Er selbst war Großkomtur des Ritterordens von Alcántara und als solcher mit der *encomienda* vertraut, die sich in ihrem Ursprungsland freilich deutlich von dem auf indianischer Arbeit basierenden System unterschied. Der junge Las Casas, der 1502 mit Ovando nach Hispañola kam, profitierte selbst vor seiner »Bekehrung« von der *encomienda* und konnte daher die schädlichen Auswirkungen dieses Zwangsarbeitersystems ermessen. Nach der schwierigen Eroberung des östlichen Teils der Insel, des Higuey, konnte man dank des Goldes noch an eine rasche Vermehrung seines Vermögens glauben. Die unter indianischer Zwangsarbeit vorangetriebene Gewinnung des gelben Metalls erhöhte sich bis 1508. Bei der Rückkehr des Gouverneurs kam Cortez zu seiner Begrüßung und übergab ihm die in seinem Besitz befindlichen Empfehlungsschreiben. Vielleicht wollte sich der Gouverneur bei dem jungen Mann über die letzten Neuigkeiten aus der Estremadura, ihrer gemeinsamen Heimat, erkundigen? Cortez eröffnete ihm, er wolle sich an der Suche nach Gold beteiligen. Ovando versuchte ihn davon abzubringen: die Goldsuche sei eine harte Angelegenheit, und viele spanische Goldsucher und indianische Arbeiter seien bei diesem Abenteuer bereits ums Leben gekommen. Es scheint, dass der junge Mann aus der Estremadura dennoch seinem Traum gefolgt ist, vermutlich aber höchstens einige Monate.

Die Hypothesen hinsichtlich der Beteiligung von Cortez an Kriegsaktionen, welche die Eroberung von Santo Domingo beendeten und auf die er sich selbst bezog, scheinen zweifelhaft. Der wichtige Kriegszug von 1503 fand immerhin kurz vor seiner Ankunft statt. In Wirklichkeit gründete sich Cortez' zunehmende Reputation auf die Gewandtheit und Kompetenz, mit denen er seine Funktionen als Notar zur Zufriedenheit aller ausübte. Der Gouverneur wusste seine geistigen Fähigkeiten und seine in Salamanca erworbenen Rechtskenntnisse zu schätzen und hatte ihm diese *escribanía* zusammen mit einer beträchtlichen Anzahl Indianer übertragen und hoffte so, den jungen Mann dauerhaft an die Kolonie zu binden. Mit seinen indianischen Arbeitskräften widmete sich Cortez der Viehhaltung (in erster Linie Rinder und Pferde), einem wachsenden Wirtschaftszweig der Insel, und scheint es damit zu einem gewissen Wohlstand gebracht zu haben.

Nachdem er sich – entgegen seiner anfänglichen Absichten – drei oder fünf Jahre in Santo Domingo aufgehalten hatte, schien Cortez im Jahre 1509 bereit, ein neues Abenteuer zu wagen und sich an der Expedition des Alonso de Hojeda und des Diego de Nicuesa nach »Goldkastilien«, das heißt nach Mittelamerika, zu beteiligen. Allerdings verhinderte ein bösartiger Abszess, wohl ein Anfall von Syphilis, seine Teilnahme; das Zeugnis des Cervantes de Salazar lässt da kaum einen Zweifel aufkommen: »Seine Freunde sagten, es seien Anschwellungen der Lymphknoten, denn er sei stets den Frauen sehr zugetan, und die Indianerinnen, mehr noch als die Spanierinnen, stecken diejenigen an, die Geschlechtsverkehr mit ihnen haben.«[39] Diese lange währende Erkrankung – man sagt, Hojeda und Nicuesa hätten mehre Wochen auf Cortez gewartet – war ein Glück, denn wir wissen, dass die Expedition ein Misserfolg war, obwohl zu der Mannschaft Francisco Pizarro gehörte, der zukünftige Konquistador Perus, sowie ein hoffnungsvoller junger Mann, nämlich Bernal Díaz del Castillo; beide entkamen dem Desaster.

Cuba: 1511–1518

Das erste wichtige Eroberungsunternehmen, an dem Cortez im Jahre 1511, sieben (oder fünf) Jahre nach seiner Ankunft auf dem amerikanischen Kontinent, teilnahm, war diejenige, die Diego Colón (Columbus), der neue Generalgouverneur, dem Diego Velázquez anvertraute. Der älteste Sohn von Columbus, der eine Nichte des Herzogs von Alba geheiratet hatte, profitierte ohne Zweifel davon, dass er wieder, zumindest teilweise, in die Rechte seines Vaters eingesetzt worden war, denn nach dem Tod von Isabella (1504) und Columbus (1506) schien König Ferdinand der Katholische zunächst wenig geneigt, seine im Brief vom 14. März 1502 erneuerte Zusage einzuhalten. Diego Colón wurde also an Stelle Ovandos Ende 1508 zum Generalgouverneur ernannt, aber seine Kompetenzen wurden auf die von seinem Vater entdeckten Gebiete beschränkt: Das beflügelte die Ambitionen der zukünftigen Eroberer wie auch die Ambitionen der Krone. Darüber hinaus schuf die Gründung des ersten königlichen Obergerichtshofs (Audiencia) in Santo Domingo ein Gegengewicht gegen die Ansprüche des Columbus-Erben, der auch nach der Ernennung zum Generalgouverneur seine Prozesse gegen die Krone fortsetzte.

Gleichwohl ergriff Diego Colón die Initiative: Er bewilligte Juan Ponce de León die Kapitulation (den Dienstvertrag) zur Kolonisierung von Borinquen (Puerto Rico), das im Vorjahr erobert worden war. Er initiierte darüber hinaus die Eroberungsexpedition von Esquivel nach Jamaica (1509) und betrieb die Eroberung der großen Insel *Fernandina*, das heißt Cuba.

Diese Expeditionen müssen als eine Art Flucht nach vorn begriffen werden, als eine Reaktion der *conquistadores* angesichts der Ausblutung von Santo Domingo, die vor allem in einer hemmungslosen Profitgier zu suchen sein dürfte. Bei ihrer Entdeckung durch die Spanier war die Insel von mehr als 1 Million Indianer bewohnt (vielleicht 1 300 000, entgegen den übertriebenen Angaben von 3 Millionen bei Bartolomé de las Casas), erlebte aber bis 1510 einen dramatischen Bevölkerungsrückgang bis zu einigen 10 000. Gründe dafür sind schlechte Behandlung, die für die Indianer ungewohnte harte Zwangsarbeit und die Epidemien, vor allem die Pocken. Die Goldförderung hatte ihren Höhepunkt erreicht und sollte bald zum Stillstand kommen. Diese Situation regte die Suche nach neuem Land und neuen Reichtümern an. Zu den *pobladores* (Kolonisten) gehören die von Diego Velázquez angeworbenen dreihundert Spanier für die Eroberung von Cuba, darunter Hernán Cortez, Pedro de Alvarado und Bernal Díaz del Castillo.

Diego Velázquez de Cuéllar, Spross einer vornehmen Familie aus Segovia, hatte sich in den ersten Feldzügen gegen Neapel ausgezeichnet. 1493 war er Teilnehmer der zweiten Fahrt des Columbus und ist somit ein Veteran der amerikanischen

Unternehmungen Er übernahm den Gouverneursposten für den Ostteil von Santo Domingo, wo er mehrere Siedlungen gründete. Mit Zustimmung von Ovando verübte er im Jahre 1511 das Massaker an den Kaziken (indianischen Dorfvorstehern) von Xaragua, um einem Aufstand zuvorzukommen. Im Alter von sechsundvierzig Jahren wurde er 1511 vom neuen Gouverneur wegen seiner Erfahrungen und seiner guten Beziehungen zum Hof dazu ausersehen, die Cubaexpedition zu leiten: Der Bischof von Burgos, Juan Rodríguez de Fonseca, der in der Gunst Ferdinands des Katholischen stand, sowie der Sekretär Lope de Conchillos leiten zu dieser Zeit quasi exklusiv die westindischen Angelegenheiten, und Velázquez hatte es verstanden, sich ihr Wohlwollen durch geschickte Verteilung von Geschenken zu sichern.

Cortez' Beteiligung an der Eroberung Cubas war nicht mit militärischen Erfahrungen verbunden. Trotz ihrer Ausdehnung war die Insel Cuba wesentlich geringer bevölkert als Santo Domingo, und die friedfertigen Indianer der Insel leisteten aus Furcht vor Feuerwaffen und Pferden nur gelegentlichen Widerstand und flüchteten sich, wenn möglich, in die Berge. Zudem sollte Cortez eher administrative Aufgaben übernehmen: als Sekretär des Schatzmeisters der Expedition, Miguel de Pasamonte, war er beauftragt, für die Errechnung und Sicherung des Königsanteils zu sorgen.[40] Es ist ein kurzer Feldzug; Velázquz gründet einige »Städte«, darunter Barucoa (dann schon bald Santiago de Barucoa, dann Santiago de Cuba) im Südosten der Insel, wo er seinen Regierungssitz einrichtet. Seine krankhafte Dickleibigkeit schränkt mehr und mehr die Bewegungsfreiheit des Gouverneurs ein.

Wie häufig im Amerika der Eroberungszeit gründet sich die Macht des Gouverneurs über die spanischen Siedler auf seine Befugnis, ihnen über den Umweg des *repartimiento* »Indianer zu liefern«. Velázquez macht da keine Ausnahme, und Cortez profitierte von diesem Umstand: nach López de Gomara erhielt er Indianer aus Manicarao. Schenkt man diesem Autor

Glauben, benutzte er seine Arbeitskräfte für seine Tierzucht (Kühe, Schafe, Pferde) und für die Ausbeutung von Goldminen. Mit diesen Tätigkeiten gelangte er zu schnellem Reichtum, denn er konnte gut 2000 *castellanos* in die Gesellschaft investieren, die er zusammen mit Andrés de Duero gegründet hatte. Es ist merkwürdig, dass López de Gomara nicht die Schweinezucht erwähnt, die, wie es scheint, auf der Insel an erster Stelle stand.

Während der ersten Jahre seines Aufenthaltes auf Cuba, zumindest bis 1513, unterhielt Cortez die besten Beziehungen zu Velázquez, so dass er sich sogar in Santiago niederließ und zusammen mit Andrés de Duero als Sekretär des Gouverneurs fungierte. In der Folgezeit kühlte sich das gute Verhältnis ab: die Quellen legen nahe, dass dieses Zerwürfnis mit Fragen des Herzens und des Bettes, aber auch mit Fragen der Macht und des Einflusses zusammenhing. Junge und hübsche Spanierinnen waren rar in Westindien und deshalb äußerst gefragt. Im Gefolge der Gemahlin des Gouverneurs Diego Colón, Doña María de Toledo, befanden sich nun ein gewisser Juan Suárez aus Granada, seine Mutter und »drei oder vier« seiner Schwestern, junge, reizende Damen auf der Suche nach vermögenden Ehemännern, denn sie waren aus armem Hause. Diese sehr begehrten jungen Damen kamen kurz nach der Eroberung nach Cuba; eine von ihnen ging eine Beziehung mit Diego Velázquez ein, während eine andere, Catalina, Kammerfrau von María de Cuéllar, der Gattin des Gouverneurs, wurde. Hernán Cortez, immer auf der Jagd nach einem Weiberrock, vor allem wenn er von einer Schönen getragen wurde, machte Catalinas Bekanntschaft und verführte sie um den Preis eines Eheversprechens, und sie willigte natürlicherweise ein, sich zum Altar führen zu lassen. Cortez zeigte sich bei der Einlösung seines Versprechens zurückhaltend, selbst noch, als Velázquez auf Bitten der Schwester und anderer Personen, darunter Juan Suárez selbst, entsprechenden Druck ausübte. An diesem Punkt nun kommt der politische Faktor ins Spiel.

Velázquez verwaltete Cuba nach eigenem Gutdünken und hatte dabei allerlei Unzufriedenheit unter den Spaniern gesät, insbesondere im Zusammenhang mit der Zuteilung der indianischen Sklaven. Cortez seinerseits war bestrebt, sich einen Klientenkreis zu schaffen und widmete sich aufmerksam diesen Klagen. Die Gruppe der Unzufriedenen erfuhr von der Ankunft der Richter der Audiencia von Santo Domingo und wandte sich an Cortez, damit er ihre Beschwerde diesen Kronbeamten in Santo Domingo vortrage. So zumindest stellt es Las Casas dar: » … y no hallaron otro mas a mano y mas atrevido a cualquier peligro … sino a Hernán Cortés« (… und sie hatten nichts anderes in Händen und niemand Dreisteren in der Gefahr … als Hernán Cortez). [41]

Ein gefährliches Abenteuer?

Cortez musste nun zeigen, dass er bereit war, extreme Risiken einzugehen. In diesem Falle handelte es sich jedoch um ein doppeltes Risiko: zunächst ein Meeresabenteuer, denn es musste die gefährliche Meerenge zwischen Cuba und Santo Domingo überquert werden; dann ein politisches Pokerspiel, denn Cortez konnte nicht den Rückhalt übersehen, den Velázquez in Spanien genoss (1519, als es um einen größeren Einsatz ging, wird er diesen Rückhalt noch stärker ins Kalkül ziehen). Bei dieser Geschichte nun sind Zweifel angebracht, obwohl sie Las Casas kolportiert, der zu dieser Zeit in Cuba war, und die Salvador de Madariago ohne Zögern akzeptiert. Dass Cortez von der Unzufriedenheit wusste und ins Vertrauen gezogen wurde, ist glaubhaft. Dass er sich aber entschlossen haben soll, unter diesen Umständen allein eine gefährliche Überfahrt zu wagen mit einem Bündel kompromittierender Papiere im Gepäck, muss stark bezweifelt werden. Es kam dazu, dass der zukünftige Konquistador verhaftet und ins Gefängnis gesteckt wurde. Um diese Episode zu erklären, genügt es anzunehmen, dass Velázquez bereits von Cortez' Weigerung irritiert war, Catalina zu ehelichen, und von den Intrigen seines Sekretärs und seinen Kontakten zu den Gegnern Wind bekommen hatte. In solch engen Verhältnissen, wie sie in der spanischen Kolonie Cuba in den ersten Jahren herrschten, wo jeder jeden kannte, genügte eine kleine, vielleicht in böser Absicht lancierte Indiskretion oder auch Provokation, um denjenigen in Schwierigkeiten zu bringen, dem man schaden wollte.

Hat Cortez unter diesen Umständen wirklich den Galgen riskiert? Hat er hundert Peitschenhiebe erhalten, wie einer seiner Gegner behauptet, was sonst aber nirgendwo bestätigt wird? Es ist begreiflich, dass Velázquez nicht auf solche Klagegründe in seinen »Informationen« hingewiesen hätte, die er 1519 an Rodríguez de Fonseca und an den Lizentiaten Figueroa richtete, um sich über den »Ungehorsam« des Hernán Cortez zu beklagen, denn die Wahl des Hidalgo von Medellín zum Leiter der Expedition von 1519 hätte damit wie eine Inkonsequenz ausgesehen, wie der Beweis einer politischen Inkompetenz. Jedenfalls findet man nicht die geringste Spur dieser Episode in der gegen Cortez gerichteten umfänglichen Dokumentation anlässlich seines »Urteils über die Niederlassung«. Und man wird beobachten, dass es für Cortez genügte, in die Ehe mit Catalina einzuwilligen, um den Pardon des Gouverneurs Velázquez zu erhalten, der sogar als Trauzeuge fungierte und Cortez darüber hinaus zum Alcalden der Stadt Santiago ernannte. Wie es seinerzeit üblich war, besiegelten die beiden Männer ihre Versöhnung, indem sie Mahlzeit und Bett teilten. Nach Angaben mehrerer Autoren war Velázquez auch der Taufpate eines Mädchens, das Cortez auf Cuba vermutlich mit Leonore Pizarro hatte, und der man den Namen Catalina Pizarro gab. Selbst wenn Velázquez die Beleidigung verziehen hätte, eine solche Hochherzigkeit wäre im Falle eines so schwerwiegenden Verrates, wie ihn Las Casas (der Cortez nicht leiden konnte) berichtet, doch recht unwahrscheinlich gewesen.

Von da an stand es um das Verhältnis zwischen Cortez und Velásquez gut – bis zum Jahre 1518. Cortez' offenkundige Passivität gegenüber den Vorbereitungen der beiden großen Entdeckungsfahrten von 1517 und 1518 unter dem Kommando von Francisco Hernández de Córdoba, respektive Juan de Grijalva, ist erstaunlich, besonders, wenn man sich an die verpasste Teilnahme an der Expedition von Diego de Nicuesa von 1509 erinnert. Vielleicht gab ihm der vollständige Misserfolg zunächst des Alonso de Ojeda und dann des Diego de Nicuesa zu denken: letzterer verlor 1511 sein Vermögen und sein Leben in einem großangelegten Unternehmen mit 700 Mann, der größten jemals für eine Entdeckungsfahrt aufgebotenen Mannschaft vor Pedrarias Dávila im Jahre 1514. Die in Cuba kursierenden Geschichten über die Leiden von Ojeda und seinen Männern an der karibischen Küste, über die kriegerischen Eingeborenen, die Litanei der tragischen Todesfälle (Juan de la Cosa, Diego de Nicuesa), der Bericht des Bernal Díaz del Castillo, der die Lebensbedingungen auf dem Festland nicht ertrug und weniger noch die schlechte Stimmung unter den Männern, so dass er wieder nach Cuba zurückkehrte – all das gab Anlass, auf der Hut zu sein. Gewiss, der Lockruf des Goldes war übermächtig. Aber war es nicht besser, abzuwarten und zu beobachten, um dann im richtigen Moment zuzugreifen?

Es steht außer Frage, dass Cortez die neuen, auf Yucatán gerichteten Unternehmungen aufmerksam verfolgte. Über sie berichtet Bernal Díaz del Castillo in den ersten Kapiteln seiner *Historia verdadera.*[42] Die Expedition des Francisco Hernández de Córdoba umfasste 110 Soldaten, darunter »solche, die vom Festland (die mittelamerikanische Küste) kamen und solche, die auf der Insel Cuba keine Indianer besaßen.« Ein bezeichnendes Eingeständnis: es waren arme Abenteurer, mittellose Hasardeure, die bereit waren, sich in die Dienste eines reichen Mannes zu stellen (Francisco Hernández del Castillo besaß ein

»indianisches Dorf«), der Schiffe kaufen konnte (drei, davon eines von Velázquez), die notwendige Ausrüstung und die Mittel hatte, einen unentbehrlichen Navigator zu engagieren: Antón de Alaminos. Er hatte schon unter Columbus Erfahrungen gesammelt und nahm später an den Expeditionen des Cortez, des Camacho de Triana und des Juan Alvárez de Huelva teil. Die Bilanz war enttäuschend: gewiss, bei der Umfahrung der Halbinsel Yucatán entdeckten die Spanier Dörfer mit Häusern aus gut behauenen und gefugten Steinen und eine Bevölkerung, deren Kultur und technisches Können offenkundig der Kultur der Inselbewohner überlegen war. Aber sie wurden feindselig empfangen, wurden mehrmals in Kämpfe verwickelt und verloren die Hälfte ihrer Mannschaften: 57 Männer bei einer Gesamtzahl von 110, darunter auch der Capitán, der einige Tage nach ihrer Rückkehr an den Folgen einer Pfeilverwundung starb. Sie brachten wenig Gold mit, wohl aber zwei Indianer; einer von ihnen, Julianillo, versicherte, es seien noch große Mengen Goldes im Lande verborgen.

Diese Ergebnisse schienen Velázquez ausreichend, um die Initiative zu einer neuen Expedition zu ergreifen. Er rüstete vier Schiffe auf eigene Kosten aus und steuerte einen Teil der wertlosen Tauschgegenstände und des Proviants bei, während seine vier Capitáne – Juan de Grijalva, ein Verwandter Velázquez' und Chefkommandant der Flotte, Alonso Dávila, Pedro Alvarado und Francisco de Montejo – die Ausrüstung, das Cassiafruchtbrot und den Speck für ihre jeweiligen Schiffe lieferten. Nach Bernal Díaz waren die Capitáne *hombres principales* (Notable). Die erfahrenen Steuerleute, verstärkt durch Sopuerta de Moguer, hatten schon an der Expedition von 1517 teilgenommen. Juan de Grijalva verfügte jetzt über 240 Männer, die ihre Waffen selbst stellten, sowie einiges Tauschgut. Die beiden Indianer Julianillo und Melchorejo, die Hernández de Córdoba mitgebracht hatte, sollten als Dolmetscher dienen. Die Flotte stieß am 8. April 1518 in See und trieb ihre Erkundungen weiter voran als die vorige Expedition. Die Spanier vermieden dieses Mal das gefährliche Gebiet von Champoton, wo sie 1517 schwere Verluste erlitten und nur mit Mühe dem indianischen Angriff widerstanden hatten. Sie erreichten das Seegebiet von San Juan de Ulua, aber erst bei ihrer Landung in Tabasco hörten sie zum ersten Mal von Mexico und dem mächtigen Reich im Inneren des Landes: »Sie sagten, sie könnten uns nicht mehr Gold geben; aber weiter entfernt, in der Richtung des Sonnenunterganges, gäbe es viel davon, und sie sagten Colua, Colua, Mexico, Mexico, und wir wussten nicht, was dieses Colua sei, noch was dieses Mexico wäre.«[43]

Wir wissen, dass sich Velásquez sehr ungeduldig zeigte und Cristóbal de Olid auf die Suche nach Grijalva ausschickte. Wir wissen auch, dass nach der Abfahrt von Olid das von Grijalva zurückgesandte Schiff des Pedro de Alvarado mit den Verwundeten und einer beträchtlichen Menge Goldes in Cuba anlangte. Hernán Cortez war genau über die Einzelheiten dieser Expedition informiert. Er unterrichtete sich auch über die Gesandtschaft nach Spanien, mit der Velázquez seinen Kaplan Benito Marin beauftragt hatte. Dieser führte eine Anzahl Schmuckstücke aus Gold mit sich, um die Begehrlichkeit der Höflinge und des Königs selbst anzustacheln. Zudem hatte er den vordringlichen Auftrag, für seinen Herrn das Besiedlungsrecht für die neu entdeckten Gebiete zu erwirken sowie den Titel eines *adelantado*, also eines »Markgrafen« d.h. Militärbefehlshabers für die Grenzgebiete. Offenkundig war jetzt die Stunde des Hernán Cortez gekommen, und und er brachte es sehr geschickt dahin, dass die neue von Velázquez geplante Expedition ihm selbst anvertraut würde, umso mehr, als die Rückkehr Grijalvas und die Berichte seiner Gefährten ihn in seinen Ambitionen verstärkten. Diese Ernennung kam nicht von selbst. López de Gomara führt aus, das Unternehmen sei zunächst Baltasar Bermúdez angetragen worden, der habe aber abgelehnt; weitere Namen nennt er jedoch nicht. Bernal Díaz ist deutlicher: »Es gab da viele Debatten und Kontroversen.« Einige unterstützten Vasco Porcallo, andere Antonio

Velázquez Borrego oder Bernardino Velázquez, beide Verwandte des Gouverneurs. Die Mehrzahl der Soldaten wünschten unter dem Befehl von Juan de Grijalva auszufahren, »denn er war ein guter Capitán ... und wusste das Kommando zu führen.« Aber zwei von Velázquez' engen Mitarbeitern, der Sekretär Andrés de Duero und der Rechnungsführer Amador de Lares – beide hatten einen Vorausvertrag mit Cortez geschlossen – überzeugten den Gouverneur, den Mann aus Medellín zu wählen: Er hatte eingewilligt, die ihm zustehende Beute mit ihnen zu teilen, und vermutlich beteiligten sie sich auch an seinen Kosten. Bernal Díaz unterstreicht, die Wahl des Gouverneurs habe nicht uneingeschränkte Zustimmung gefunden, obgleich er nichts unterlässt, den neuen Capitán mit Lob zu bedenken.[44]

An der Schwelle

Als im Jahre 1518 die Stunde gekommen war, das Schicksal herauszufordern, hatte Cortez bereits die Hälfte seines Lebens hinter sich. Er ist dreiunddreißig Jahre alt, und es bleiben ihm noch zweiundreißig Jahre zu leben. Wer kann behaupten, sein Leben zu kennen? Wir wissen ja sehr wenig über ihn. Seine Studien ins Spanien und seine Notariatspraxis in Azua erklären seine Sprachgewandtheit, seinen Sinn für Rhetorik, seine Geschicktheit, mit der er sich im Labyrinth der Gesetze bewegt. Seine vierzehn Jahre in Santo Domingo und Cuba, im engen Umgang mit den Entdeckern, den »Kriegsunternehmern« auf dem mittelamerikanischen Festland, mit Richtern und Amtleuten der Krone, haben ihn für die Rolle eines Menschenverführers aufs Beste vorbereitet. Aber nichts deutete auf ein militärisches Genie hin, auf die Fähigkeiten zu strategischen Neuerungen, die es ihm beispielsweise ermöglichten, Mexico zurückzuerobern, ohne sich auf den Überraschungseffekt verlassen zu können. Er hatte damals nicht die geringsten militärischen Erfahrungen sammeln können, im Gegensatz zu einigen seiner Gefährten: ein Pedro de Alvarado, ein Bernal Díaz del Castillo, ein Francisco de Montejo konnten bereits auf mehrere militärische Unternehmungen zurückblicken. Wie erklärt sich die Leichtigkeit, mit der er seine Autorität geltend machte, wie die Hingabe, die er bei manchen seiner Männer erweckte, wobei er zugleich den unauslöschlichen Hass einiger Teilnehmer an dem großen Abenteuer auf sich zog? Sein politisches Fingerspitzengefühl, der Grund für seine unglaublichen Erfolge, war ebenfalls über jeden Verdacht erhaben. Ohne weiteres ließ sich seine Anziehungskraft auf Frauen voraussagen, die in einem Falle entscheidend sein sollte. Sein erstaunliches Charisma musste erst noch entdeckt werden.

III. CORTEZ UND DIE EROBERUNGSARMEE

Aus den Handbüchern zur europäischen Geschichte, die ja immer zu Simplifizierungen neigen, entnehmen wir, dass die Armee des Cortez aus 508 Infanteristen bestand sowie aus einigen hundert Seeleuten: Schiffsoffiziere, Steuerleute, Matrosen; sie verfügte weiterhin über 16 Kavalleristen mit ihren Pferden, 32 Armbrustschützen, 13 Arkebusieren, eine Artillerieabteilung mit 4 Falkonetten aus Eisen und 12 kleinen Bronzekanonen. Es ist diese Mannschaftsstärke, die Cortez selbst bei der Waffenschau in Cozumel zählt, der ersten Etappe auf seinem Zug nach Mexico. Es gibt da keine anderen Darstellungen: die Unterschiede sind unbedeutend. Gomara bezieht sich auf die Heerschau in Guaniguanigo auf Cuba am Vorabend der Abfahrt; er spricht von 550 Spaniern, davon 50 Seeleute, plus 200 indianische Träger und Diener. Bernal Díaz, unsere Hauptquelle für die Waffenschau in Cozumel, bei der er selbst anwesend war, sagt, er sei sich nicht sicher über die Anzahl der Arkebusiere.[45] Wir beziehen uns auf einen Brief von Gomara, in

Hernán Cortes zerstört die Götterbilder im Tempel von Vera Cruz. Historienbild des 19. Jahrhunderts. Paris, Nationalbibliothek. Coll. Viollet.

dem er schreibt: »Mit so geringen Kräften eroberte er ein großes Reich (...) Niemals zuvor hat ein Hauptmann mit einer so kleinen Armee vergleichbare Taten vollbracht, weder so viele Siege errungen noch sich ein so riesiges Reich unterworfen.«[46] Gomara legt uns nahe, das Unglaubliche zu glauben: in einigen Monaten soll es einigen hundert Männern gelungen sein, Zentralmexico zu erobern – ein von rund 20 Millionen Menschen bewohntes Reich mit einer hoch entwickelten politischen Organisation, einem effektiven Steuersystem und allgegenwärtigen Steuerbeamten, ein Reich, das fähig ist, mehrere 10 000 Kämpfer aufzubieten, Schöpfer einer verfeinerten Zivilisation, die trotz einiger makabrer Aspekte mehr als alles andere die Bewunderung der Eroberer hervorrief.

Will man das Unbegreifliche richtig verstehen, muss die Chronologie genau beachtet werden, seine Trumpfkarten – die Dolmetscher – Cortez' wichtigste Waffe, das heißt die Zersplitterung der indianischen Welt, ohne dabei die Rolle der

Waffen, den Einsatz seiner Männer und das strategische und taktische Genie des Eroberers zu vergessen.

Eine einfache Chronologie

Die Eroberung Mexicos vollzog sich in mehreren Etappen, die wir an dieser Stelle darstellen wollen.

Von Februar bis zum 8. August 1519 navigierten die Schiffe entlang der Küste von Yucatán, dann bis nach San Juan de Ulua und dem jetzigen Vera Cruz, das von Cortez gegründet wurde. Im Laufe dieser Monate gab es einige erbitterte Kämpfe in der Gegend um Tabasco, aber den Spaniern gelang es, ihre Verluste gering zu halten. Sie bedienten sich zweier Dolmetscher, deren Rolle von größter Bedeutung sein sollte: Ein Spanier, Jerónimo de Aguilar, der acht Jahre lang Gefangener der Indianer war und die Maya-Dialekte gut kannte, sodann eine hochintelligente, aus dem Volk der Nahua stammende Indianerin, die als Sklavin unter den Mayas lebte und zugleich die Mayasprachen und das Nahuatl beherrschte: die Malintzin oder Doña Marina, wie sie nach ihrer Taufe genannt wurde. Die Spanier befreiten in dieser Phase die Stämme der Totonaken, Bewohner der Golfregion, von der drückenden, aber noch nicht allzu lange andauernden Herrschaft der Mexica (der Azteken, wenn man so will). Vom totonakischen Kaziken von Cempoala, dem »fetten Kaziken« (*el cacique gordo*), erhielt Cortez 200 *tamames* oder Träger und 50 indianische Krieger. Bevor er sich auf den beschwerlichen Weg ins Landesinnere aufmachte, ließ Cortez unter Zustimmung seiner Soldaten die Schiffe auf Grund setzen, damit jede Flucht von dem Unternehmen unmöglich würde.

Vom 8. August bis 23. September zieht Cortez' Armee in Richtung Mexico. Sie zählt jetzt nur noch etwas mehr als 400 Spanier, denn die Gesamtverluste seit der Abfahrt von Cuba belaufen sich auf 35 Mann (im Kampf Gefallene, tödliche Verwundungen, Krankheiten), und eine Garnison von rund 60 Mann, meist Matrosen, wurde unter dem Kommando von Juan de Escalante in Vera Cruz zurückgelassen. Der Marsch ist hart: Es müssen Berge überwunden werden, bevor man die kalten Regionen erreicht, die nichts mehr mit den milden Küstengebieten zu tun haben. Cortez beschließt, den Weg über Tlaxcala zu nehmen, denn die Totonaken haben ihm gesagt, die Tlaxcaltken seien die Todfeinde der Mexica. Dennoch weisen die Tlaxcalteken hartnäckig Cortez' Friedensangebote zurück. Zwischen dem 2. und 5. September finden erbitterte Kämpfe statt: Tausende von Tlaxcalteken greifen die Spanier immer wieder an, bei Tag und bei Nacht. Bei einem Kräfteverhältnis von eins zu zwanzig oder dreißig glauben sich die Spanier verloren, obsiegen aber dank ihrer hervorragenden taktischen Aufstellung, dank ihrer Artillerie, die tiefe Breschen in die eng zusammengeschlossenen Reihen der Tlaxcalteken schlägt, und schließlich dank ihrer Kavallerie. Die Spanier zählen viele Verwundete, aber nur wenige Tote. Seit Cuba haben sie nun 55 Männer verloren. Zum Glück und dank der Hilfe »Unseres Herren« beschließt der Rat der vier tlaxcaltekischen Kaziken, Frieden zu schließen. Am 23. September zieht Cortez in tlaxcala ein.

Vom 23. September bis 12. oder 13. Oktober rasten die Spanier, versorgen ihre Wunden. Sie wissen, dass sie knapp der Katastrophe, einer totalen physischen Vernichtung entgangen sind. Wie sollten sie nicht – neben all der Faszination, der unwiderstehlichen Anziehungskraft dieser unglaublichen Welt, die sie Tag für Tag entdecken – nicht auch wirkliche Furcht und Angst um ihr Leben erfahren?[47] Aber sie ergreifen ihre Chance: Sie schließen ein Bündnis mit den Tlaxcalteken, das sich als entscheidend herausstellen soll. Die Gesandten Moctezumas versuchen die Allianz zu verhindern, mit der Behauptung, es handele sich dabei um eine Falle, und zugleich mit üppigen Geschenken an Cortez. Die Tlaxcalteken weigern sich standhaft, ihre Götterbilder zu zerstören, obwohl Cortez darauf beharrt. Der Geistliche, ein Pater des Mercedarier-Ordens, der die Armee begleitet, stützt die Position der Indianer: »Es ist nicht recht, dass wir sie zwingen, sich zum Christentum zu bekennen.«[48] Um das Bündnis zu besiegeln und die von den Spaniern gezeugten Kinder in ihre Hand zu bekommen, die als besonders tüchtige Krieger angesehen wurden, stellen ihnen die Tlaxcalteken einige Töchter der Kaziken als Ehefrauen zur Verfügung; Cortez verteilt sie unter seine Hauptleute (Pedro de Alvarado, Juan Velázquz de León, Gonzalo de Sandoval, Cristóbal de Olid, Alonso de Ávila). Schließlich bieten die Tlaxcalteken Cortez Tausende von indianischen Kriegern für die Eroberung Mexicos an. Er übernimmt fünf- bis sechstausend von ihnen.

Zwischen dem 12./13. Oktober und dem 8. November legen die Spanier mit kalkulierter Langsamkeit die Strecke von Tlaxcala nach Mexico zurück. Auf den Rat Moctezumas beschließen sie, den Weg über Cholula zu nehmen, das nur sechs Meilen von Tlaxcala entfernt liegt. Aber von den Tlaxcalteken, den geschworenen Feinden der Leute von Cholula, darüber informiert, dass man die Wege blockiert habe und man in Cholula feindlich gesonnen sei, gehen die Spanier mit äußerster Vorsicht vor. Am 18. Oktober richten sie unter den Notablen von Cholula ein wahres Blutbad an: dreitausend Menschen seien in zwei Stunden getötet worden, versichert Cortez; er sei damit, auf eine Warnung Doña Marinas hin, einem Massaker an den Spaniern zuvorgekommen, das die Kaziken von Cholula auf Moctezumas Anraten geplant hätten. Bernal Díaz wendet sich entschieden gegen Bartolomé de las Casas, nach dessen Darstellung die Spanier ohne ersichtlichen Grund das Massaker angerichtet hätten, lediglich aus Zeitvertreib und nicht aus der Notwendigkeit, das eigene Überleben zu sichern.[49] Jedenfalls ist es offenkundig, dass sich Cortez nach den Warnungen seiner tlaxcaltekischen Verbündeten gerichtet hat.

Moctezuma zeigt sich schließlich bereit, die Spanier in seiner Hauptstadt zu empfangen; sie halten dort am 8. November 1519 ihren Einzug. Das ist jedoch keine Eroberung. Es finden keinerlei Kämpfe statt: die Spanier werden festlich empfangen, aufs Beste untergebracht und verpflegt. Sie quartieren sich in der Hauptstadt der Mexica ein.

Vom 8. Novembert 1519 bis 10. Mai 1520 legen die Spanier einen langen Aufenthalt in Mexico ein. Am Vorabend ihrer Ankunft findet eine sehr umstrittene Episode statt: die Begrüßungsrede Moctezumas, deren Wortlaut, wenn er authentisch ist, nahelegt zu glauben, dass der Aztekenherrscher (*tlatoani*) die Spanier für Götter hält und in Cortez eine Reinkarnation der mächtigen Gottheit Quetzalcoatl sieht. Das würde die relative Passivität des Herrschers und seine wiederholten Versuche erklären, sich den Invasoren gewogen zu zeigen. Gleichwohl bleibt der Sinn der Ansprache – wenn sie denn wirklich gehalten wurde, was immerhin wahrscheinlich ist – ungewiss. Die zweite Carta de relación und der von Cortez angeregte Bericht Gomaras zitieren daraus einige Passagen, in denen ausdrücklich die göttliche Herkunft der Eroberer und die Identifizierung des Cortez mit Quetzalcoatl genannt werden. Bernal Díaz spielt selbst auf diesen Aspekt an: »Es scheint gewiss, dass wir jene sind, die ihre Vorfahren vor langer Zeit angekündigt haben, denn diese hatten gesagt, Männer würden kommen aus der Gegend des Sonnenaufgangs, um sich zu Herren dieses Landes zu machen, und wir müssten diese Männer sein, denn wir hätten so tapfer gekämpft.«[50] Die Spanier sind Zeugen großer Ehrerweisungen Moctezumas; sie besichtigen Mexico eingehend, die Märkte, die Plätze, die Kanäle. Sie sind tief beeindruckt, wie aus den langen und begeisterten Beschreibungen der Zeugen hervorgeht (so etwa Cortez und Bernal Díaz). Offenkundig besuchten sie auch die Tempel, haben es aber nach ersten fruchtlosen Versuchen aufgegeben, den

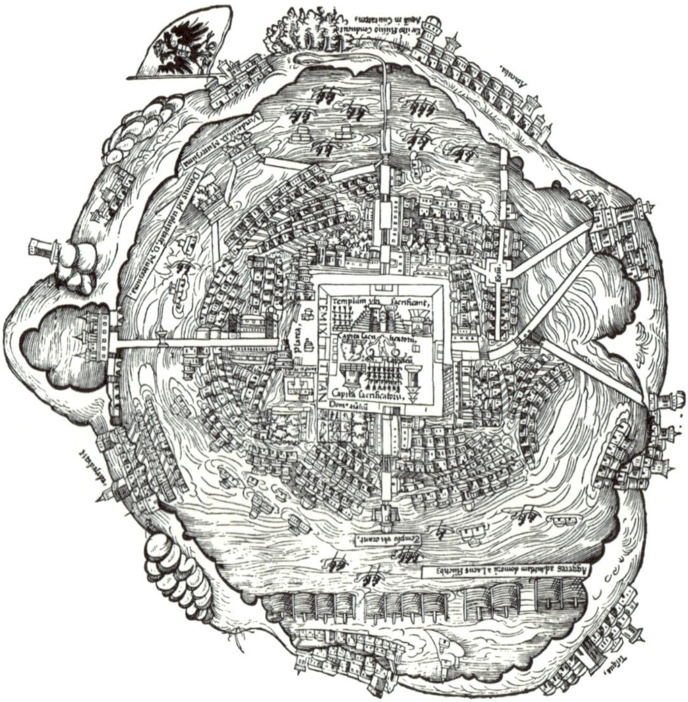

Plan von Tenochtitlán mit dem Templo Mayor, frühes 16. Jahrhundert (möglicherweise für Cortez angefertigt).

Götterkult abzuschaffen und begnügten sich damit, auf ihre Kosten eine Kirche zu bauen. Im Palast entdeckten sie den Schatz des Aztekenherrschers, den sogenannten Schatz des Axayacatl, des Vaters Moctezumas, dessen Reichtum Bernal Díaz in sprachloses Erstaunen versetzte.[51]

Nach Cortez war es am sechsten Tag, als die Spanier beschlossen, Moctezuma in ihre Gewalt zu bringen. Die These, Moctezuma sei bereits am Tag des Empfang festgesetzt worden, wie es einheimische, allerdings lange nach den Ereignissen aufgezeichnete Quellen wissen wollen, wird von allen Zeugen dementiert; die Meinung ist in der Tat abwegig, weil Cortez damit einen gewaltigen Fehler gemacht hätte. Bernal Díaz versichert, Cortez habe die Entscheidung auf Drängen seiner Vertrauten, seiner Hauptleute und zwölf Soldaten, darunter Bernal selbst, getroffen: Die Geiselnahme des Aztekenherrschers sollte die Sicherheit der Spanier garantieren angesichts der großen Anzahl Indianer in einer Stadt, die in dieser Situation zu einer Falle, zu einer »Reuse«, hätte werden können. Bei Cortez findet sich nichts zu dieser Version, sie ist aber die wahrscheinlichste, denn seit dem zweiten Tag hatten mehrere Konquistadoren diesen Standpunkt vertreten. Jedenfalls bestätigt er das Datum (den sechsten Tag des Aufenthaltes in der Stadt), und um das Misstrauen zu rechtfertigen, weist er auf den Zwischenfall in Vera Cruz hin, wo Juan de Escalante und sechs Spanier von einem, wahrscheinlich von Moctezuma ausgesandten Aufgebot der Mexica getötet wurden. Der Herrscher jedoch bestreitet seine Beteiligung und verspricht, die Schuldigen zu bestrafen; es handelte sich um vier Anführer, die auch wirklich in Mexico verhaftet und vor dem Palast verbrannt wurden, während man Moctezuma in Ketten legte, als die Hinrichtung noch im Gange war.

In Mexico spitzten sich die Spannungen zu, trotz der täglichen Treffens zwischen seinen Hauptleuten und dem *tlatoani*, trotz der gemeinsamen Spiele, sogar der – eher unwahrscheinlichen – Schachpartien. Von Moctezuma erhielt Cortez Informationen über die Lage der Goldminen, und es wurden Männer zu ihrer Erkundung ausgesandt. Aber Gerüchte besagten, Cacamatzin, der Herr von Texcoco und Neffe Moctezumas, würde eine Revolte vorbereiten: Die Gefangenschaft seines Onkels zog sich in die Länge, die Spanier hatten sich eines Teils des Königsschatzes bemächtigt und hatten angefangen, Gold zu Barren zu schmelzen, während sich ihr Druck auf das Land immer mehr verstärkte. Die Zeit für den Krieg war gekommen, und es musste ein Ende haben mit der Passivität Moctezumas.

In der Zeit zwischen dem 10. Mai und dem 30. Juni 1520 gab es mehrere dramatische Ereignisse. José Luis Martínez schreibt: »Als sich die Eroberung des Aztekenreiches ohne wesentliche Gewaltanwendung konsolidierte, bedeuteten die Episode um Nárvaez und Cortez' Abwesenheit von der Stadt eine neue Wendung in der Geschichte der Konfrontation zwischen Spaniern und Eingeborenen.«[52]

Anfang Mai hatte Cortez in der Tat erfahren, dass eine Armee aus Cuba unter dem Kommando von Pánfilo de Nárvaez in San Juan de Ulua gelandet war. Die Zahlen variieren, aber es handelte sich um die größte, bis dahin gegen Mexico in Marsch gesetzte Expedition: 800–1400 Mann, 80–90 Pferde, 100–150 Armbrustschützen und Arkebusiere, 12 Stücke Artillerie. Cortez erkannte sofort, dass Moctezuma, dessen Späher überall im Lande präsent waren, von der Landung unterrichtet war. Cortez ließ sich vor Moctezuma nichts anmerken und zeigte sich überzeugt, er könne sich mit den Neuankömmlingen ins Benehmen setzen, denn der Auditor von Santo Domingo, Vázquez de Ayllón, begleitete Nárvaez als Vermittler. Cortez muss jedoch rasch erkennen, wie bedrohlich die Lage ist, denn Narváez schickt Ayllón wieder nach Hause. Darüberhinaus fällt sein Verbündeter von Cempoala, der »fette Kazike«, von Nárvaez beeinflusst, von Cortez ab.

In dieser Situation führt Cortez einen außergewöhnlichen Handstreich durch. Er lässt in Mexico eine starke Garnison unter Pedro de Alvarado zurück, bricht am 10. Mai mit 70 Mann auf (darunter Bernal Díaz), nimmt in Cholua Juan Velázquez de León und seine Leute auf, dann nach einem Gewaltmarsch auch Gonzalo de Sandoval und die Seinen. Jetzt verfügt er über etwa 300 Mann, eine dreimal niedrigere Streitmacht als die des Nárvaez. Cortez sorgte dafür, dass einige Tage früher einige Vertraute mit genügend Gold zu den Artilleristen des Nárvaez geschickt worden sind sowie an einige andere Soldaten, die er gut zu kennen glaubt. In der Nacht des 27. Mai, bei starkem Regen, bemächtigt sich Cortez' Truppe des Nárvaez dank eines akrobatischen Kraftakts des Gonzalo de Sandoval: dieser erklimmt einen Turm, entwaffnet einige

Anführer und bewirkt den Anschluss der Nárvaez-Armee an die Streitmacht des Cortez – des Mannes, der sie mit Reichtümern und Ehren überhäufen wird. Cortez kann nun glauben, er habe einen entscheidenden Sieg errungen, zumal er die Schiffe der Nárvaez-Flotte zerstören lässt. Niemals zuvor hat er über eine so große Armee verfügt.

Aber das Rad der Fortuna dreht sich schnell. Boten überbringen dem Eroberer eine unheilvolle Nachricht: Pedro de Alvarado und seine Männer werden in Mexico belagert, eine große Rebellion der Mexica ist ausgebrochen. Genauere Angaben folgen rasch: der Aufstand ist die Reaktion auf ein Massaker Alvarados, der Würdenträger der Mexica im Großen Tempel umbringen ließ. Cortez begibt sich nach Tlaxcala, wo er seine Truppe zur Heerschau antreten lässt: Er hat jetzt 1300 Soldaten, 96 Pferde, 80 Arkebusiere und ebenso viele Armbrustschützen, 2000 indianische Krieger aus Tlaxcala. An der Spitze einer so beachtlichen Streitmacht ist Cortez zuversichtlich: die Kunde von seinem Sieg über Nárvaez hat Moctezuma schwankend gemacht, und er ruft zur Ruhe auf. Am 24. Juni steht Cortez vor Mexico und empfängt den Bericht seiner Hauptleute Juan Velázquez de León und Diego de Ordaz, die er zur Erkundung vorausgeschickt hatte.

Die Lage in Mexico ist aber doch Besorgnis erregender, als Cortez erwartet hatte, und wird noch schwieriger, nachdem Moctezuma unter obskuren Umständen umgekommen ist. Die Mexica sind entschlossen zu siegen oder zu sterben, und unter der Führung ihres neuen Souveräns Cuitlahuac kämpfen sie mit Verbissenheit und mit wachsendem Erfolg. Zahlreiche Spanier werden getötet oder verwundet. Cortez sieht ein, dass sein Heil nur im Rückzug liegen kann. Er beschließt ihn in aller Heimlichkeit. Das ist die berühme *Noche Triste* des 30. Juni. Aber die Mexica sind gewarnt, und die Marschkolonne wird auf dem Weg nach Tlacopan heftig angegriffen. Die Nachhut unter Pedro de Alvarado und Velázquez de León wird vom Gros abgeschnitten und verliert einen Teil ihrer Mannschaften. Pedro de Alvarado kann sich retten, vielleicht durch einen Sprung, der legendär werden sollte. Die Gesamtverluste, von Cortez mit 150 Spaniern, 45 Pferden, 2000 Indianern wohl zu gering angesetzt und von Bernal Díaz mit 870 Spaniern wohl zu hoch, wurden unterschiedlich bewertet, liegen aber wahrscheinlich bei 400 bis 600 Spaniern und etwa 4000 Indianern, in der Mehrzahl Tlaxcalteken. Der größte Teil des Schatzes ging verloren und versank beim Rückzug in den Wassern der Lagune. Cortez aber und seine Männer hatten genügend Stärke und taktische Intelligenz, um bei Otumba der Mexica-Armee eine schwere Niederlage zu bereiten: Cervantes de Salazar geht so weit zu behaupten, diese Schlacht sei die »denkwürdigste« der gesamten Konquista gewesen![53]

Vom 1. Juli 1520 bis 28. April 1521 kann sich die Cortez-Armee dank der Gastfreundschaft und der Hilfe der Tlaxcalteken ausruhen. Man fürchtete zwar auch hier einen Aufstand, aber die Tlaxcalteken lehnten eine von den Mexica vorgeschlagene Übereinkunft ab und blieben dem Bündnis mit den Spaniern treu. Das erscheint Bernardino Vázquez de Tapia wie ein Wunder: »Und wunderbarerweise befreite uns Unser Herr und erlaubte uns, sicher in Tlaxcala anzukommen; und wenn wir sie auf dem Kriegspfad angetroffen hätten, wäre ihnen niemand von uns, in unserem Zustand der Erschöpfung, verwundet wie wir waren, entkommen; aber weil sie gut sind, bewahrten sie Frieden und Freundschaft, so wie sie es mit dem Markgrafen vereinbart hatten.«[54] In diesem Punkt herrscht allseitige Einmütigkeit: das Festhalten an der Allianz durch Tlaxcala hat die Spanier gerettet.

Nun bereitet Cortez systematisch die Rückeroberung der aztekischen Hauptstadt vor: auf der diplomatischen Ebene durch Verhandlungen mit den anderen Völkern Zentralmexicos, um die Mexica zu isolieren, auf der militärischen Ebene durch eine bedeutende Verstärkung von den karibischen Inseln, die seine Mannschaftsstärke verdoppelt. In Tlaxcala lässt er Einzelteile von dreizehn »Brigantinen« bauen, in Wirklichkeit sind es sehr manöverierfähige Schaluppen, die über Land bis zur Lagune transportiert werden sollen. Die tlaxcaltekischen Krieger unterzieht er einem militärischen Training, um sie mit den taktischen Grundlagen auszustatten, die sie dann in der Schlacht um Mexico anwenden sollten. Es ist zudem möglich, dass Cortez mehrere Male versucht hat ein Treffen mit Cuauhtémoc, dem Nachfolger Cuitlahuacs, herbeizuführen, um ihn von der Notwendigkeit eines Friedens zu überzeugen, aber darüber wissen wir nichts Näheres. Zu Pfingsten des Jahres 1521, am Vorabend der Schlacht, lässt Cortez seine Truppen in Texcoco Revue passieren: Unter seinem Kommando stehen 650 Fußsoldaten, 84 Kavalleristen, 194 Armbrustschützen und Arkebusiere sowie zwanzig Kanonen, drei große Eisenkanonen und etwa fünfzehn kleine Bronzekanonen, dazu kommen 25 000 indianische Krieger, davon mindestens 16 000 Tlaxcalteken.[55]

Schlacht um Mexico

Vom 30. Mai bis zum 13. August entbrennt die erbitterte Schlacht um Mexico. Cortez führt eine amphibische Operation durch: ihr Ziel, die Verteidiger von Mexico in ihrer Stadt hermetisch abzuriegeln. Er übernimmt persönlich das Kommando über die Streitkräfte zu Wasser mit 300 Mann Fußvolk und den Artilleristen, denn die Kanonen sind auf die Brigantinen verteilt. Drei an Fußsoldaten, Arkebusieren und Kavallerie ungefähr gleichstarke Abteilungen sind dem Oberbefehl von Pedro de Alvarado (hier ist auch Bernal Díaz eingesetzt), Cristóbal de Olid und Gonzalo de Sandoval unterstellt. Jede dieser Abteilungen wird durch etwa 8000 Indianerkrieger verstärkt; diese Zahl bezeichnet das Minimum, denn Cortez und Solis nennen bedeutend höhere, vermutlich übertriebene Zahlen (75000 oder 80000 Indianer). Cortez hat umsichtige taktische Dispositionen getroffen, die ihn in eine vorteilhafte

Ausgangsposition bringen, aber die Mexica verteidigen sich heldenhaft, Haus für Haus, häufig Mann gegen Mann. Die Spanier verbrennen die eroberten Häuser, damit sie nicht in der Nacht von den Mexica wieder besetzt würden. Beim ersten Angriff gegen den Marktplatz erleiden die Spanier eine schmähliche Niederlage und verlieren an Terrain. Aber den Belagerten mangelt es an allem, vor allem an Trinkwasser, denn die Spanier haben den Chapultepec-Aquädukt unterbrochen. Außerdem werden die Mexica von einer Pockenepidemie heimgesucht, die wahrscheinlich von einem Soldaten oder einem Träger der Nárvaez-Expedition eingeschleppt wurde. Trotz allem lehnen sie lange die Friedensangebote der Spanier ab. Erst am 13. August ergibt sich Cuauhtémoc. Der Krieg ist beendet. Cortez kann jetzt mit Erfolg kleinere Armeeabteilungen in die benachbarten Regionen auschicken, die den Azteken nicht untertan waren (beispielsweise die Michoacán und Huasteken), und ohne Mühen ihre Unterwerfung erreichen.[56]

Diese, wenn auch kurze Aneinanderreihung der Ereignisse rückt die Vereinfachungen am Anfang des Kapitels in ein anderes Licht. Mit seiner ursprünglichen Armee hat Cortez zwei große Siege errungen: Den ersten Sieg, in der Schlacht um Tlaxcala, erfochten die Spanier gegen eine zwanzig- bis dreißigfache Übermacht, indem sie mit ungemein solidarischem Kampfgeist antraten und ihre Artillerie und ihre Arkebusen wirksam einsetzten, die in den dicht gedrängten Reihen der von den unbekannten Waffen verwirrten Krieger schwerste Verwüstungen anrichteten. Darüber hinaus wurde die bereits von früheren Kämpfen gegen die Indianer geschwächte Truppe ausgezeichnet geführt. Der zweite Sieg, bei einem Verhältnis eins zu drei, wurde durch den Überraschungsangriff vom 27. Mai 1520 über andere Spanier davongetragen. Aber weder die Verdoppelung seiner Mannschaften, noch die Unterstützung durch 2000 indianische Krieger, noch die Feuerwaffen verhinderten Cortez' Niederlage während der ersten Schlacht um Mexico, die durch die *Noche Triste* beendet wurde.

Und sein umfassender Sieg in der letzten Schlacht wäre nicht möglich gewesen ohne die Hilfe von Zehntausenden indianischer Krieger, darunter der Tlaxcalteken, der eingeschworenen Feinde der Mexica.

Es ist jedoch deutlich, dass die militärischen Erfolge des Hernán Cortez, trotz der eminenten Führungsqualitäten des Konquistadors, nicht allein als Krieg einer Elitearmee mit überlegener Bewaffnung gegen tapfere, aber schlecht bewaffnete und strategisch wie taktisch schlecht eingestellte Kämpfer gesehen werden darf. Es müssen vielmehr die verfügbaren militärischen Kräfte und ihre Kampfmethoden analysiert werden: Auf den ersten Blick gibt es dabei keinen Zweifel an der militärischen Überlegenheit der Spanier. Aber damit sollten wir uns nicht zufrieden geben.

Eine Elitearmee und ihre Struktur

Wir sollten vor allem nicht dem verbreiteten Irrtum verfallen, die Truppe des Cortez sei lediglich eine Ansammlung von disziplinlosen Abenteurern gewesen. Auch wenn Cortez den Eindruck eines »Kriegsunternehmers« macht, handelte es sich doch um eine wirkliche Armee, die als solche organisiert und geführt wurde.[57] Das bedeutet, dass sie sich einer strikten Disziplin unterwarf. Cortez hat diese Disziplin bei der ersten Gelegenheit eingefordert, als er den Steuermann Camacho in Eisen legte, der die Insel Cozumel angelaufen hatte, ohne auf den Rest der Flotte zu warten, und indem er Pedro de Alvarado einen Verweis erteilte, weil er den Eingeborenen einige Hühner und sonstige Gegenstände abgenommen hatte, ohne sie zu bezahlen; er musste die gestohlenen Güter wieder zurückgeben und Geschenke dafür anbieten.

In der Folge achtete Cortez stets darauf, dass seine Armee in guter Ordnung vorrückte, an der Spitze die Späher, dann jede Kompagnie (*capitanía*) an dem ihr zugewiesenen Platz in der Marschordnung, dazu eine besondere Begleitmannschaft für die Artillerie. Der Konquistador achtete besonders auf die Haltung seiner Truppe beim Einzug in eine Stadt, beispielsweise in Cempoala, der wichtigsten Stadt, bevor die Spanier ins Landesinnere vordrangen, dann in Quiahuitztlan. Es galt, die Indianer entsprechend zu beeindrucken.[58] Er verlangte von seinen Soldaten, dass sie bei einem Halt immer ihre Waffen bei sich trugen. Die in Tlaxcala verkündeten Truppenbefehle vom Dezember 1520, vor einem Notar aufgezeichnet und am 26. Dezember veröffentlicht, enthalten unter anderem Anweisungen über moralisches Verhalten (Verbot der Gotteslästerung, des Glücksspiels, des Diebstahls indianischen Eigentums); damit sollten Schlägereien zwischen den Soldaten und jede Infragestellung der Autorität des Hauptmanns verhindert werden. Weiterhin enthalten sie Regelungen über die Unterkunft, die Wachen und Kontrollgänge, die Zugehörigkeit der Soldaten zu den verschiedenen Einheiten. Die Bestimmungen regeln das Verhalten einer regulären Armee, mit einer Ausnahme: diejenigen Soldaten, denen als Sold nur ein Teil der zu erwarteten Beute zusteht, können die Armee verlassen, wenn sie zuvor die Erlaubnis ihres Hauptmann eingeholt haben.[59]

Die Organisation der Einheiten basiert höchstwahrscheinlich auf den Ordonnanzen von 1496 und auf den vom Gran Capitán, dem eigentlichen Schöpfer der spanischen *tercios*, durchgeführten Heeresreformen, von denen Cortez Kenntnis hatte. Obwohl Cortez' Armee am Anfang nicht mehr als 500 Mann zählte, unterteilte der Konquistador seine Truppe in fünf Kompagnien zu je einhundert Mann unter Führung eines Hauptmanns. Die ersten Hauptleute waren Pedro de Alvarado, Francisco de Lugo, Diego de Ordas, Alonso de Ávila und Alonso Hernández de Portocarrero. Jede dieser Einheiten bildete eine organische Formation, der zehn Armbrustschützen und Arkebusiere zugeteilt waren. Die Artillerie hatte ihren eigenen Chef, Rancisco de Orozco. Nach dem Vorbild eines Tercio verfügte Cortez' Truppe auch über einen »Feldmeister«, in diesem Falle Cristóbal de Olid.

Bei seiner Truppenschau in Texcoco vom 28. April 1521, am Vorabend der entscheidenden Schlacht, behält Cortez, der jetzt über rund tausend Mann verfügt, diese Grundordnung bei und gibt seiner Armee eine feste Struktur: Er formiert drei Abteilungen unter dem Kommandio von Pedro de Alvarado, Cristóbal de Olid und Gonzalo de Sandoval; die Abteilungen bestehen jede aus drei Kompagnien von 50 Fußsoldaten und 7 Arkebusieren; diese wiederum zerfallen in drei Gruppen zu je rund 20 Soldaten, an deren Spitze ein Korporal (*cabo*) steht; jede Abteilung, versehen mit einem Tambour und einer Fahne, wird durch 30 Reiter verstärkt, diese unterteilen sich in *cuadrillas* zu je 10 und verfügten zudem über 8000 ausgebildete Indianer, vor allem Tlaxcalteken. Die von Cortez selbst kommandierte Flotte wies eine spezielle Organisation auf: jede »Brigantine« (in Wirklichkeit eine große Schaluppe) hatte ihre Arkebusiere und ein Geschütz. Es fällt auf, dass Cortez von Anfang an die Notwendigkeit erkannt hatte, die Herrschaft zu Wasser zu erringen, denn jedes Haus in Tenochtitlán hatte zwei Ausgänge, einen zum Land hin, und einen zum Wasser. Bereits bei seinem ersten Aufenthalt in Mexico hatte er vier Schiffe bauen lassen, die allerdings von den Mexica in der *Noche Triste* zerstört worden waren.

Dieser Aufbau der Streitmacht erlaubte es, unmittelbare und den Soldaten einsichtige taktische Maßnahmen zu ergreifen. Das bewahrte die Spanier vor einem vollständigen Desaster in Tlaxcala, dann in Otumba und schließlich in der Noche Triste. Obwohl Cortez in militärischen Dingen keine praktischen Erfahrungen hatte, zeigt die von ihm geschaffene Heeresstruktur, dass der Konquistador umfassend die Neuerungen berücksichtigte, die im 16. Jahrhundert die spanische Armee zu einer gefürchteten Militärmacht hatten werden lassen. Aber Cortez war auch hier nicht nur Nachahmer, sondern selbst Erneuerer.

Die Bezeichnung »militärische Demokratie« ist auf seinen Führungsstil angewandt vielleicht übertrieben. Aber wenn auch Cortez fast immer seinen Standpunkt durchsetzen konnte, ist es doch bezeichnend, dass er Ratschläge einholte, Meinungen hörte, und nicht nur die seiner Hauptleute. Darüber hinaus gingen allen wichtigen Entscheidungen lange Debatten voraus, in denen kontroverse Positionen in voller Freiheit zum Ausdruck kommen konnten. Cortez erklärt und rechtfertigt seine Vorhaben, versucht zu überzeugen: so etwa in Tlaxcala nach den Kämpfen des 2., 3. und 5. September, als die entmutigten Soldaten den Rückzug vorschlugen; er überzeugt sie davon, dass dieser Rückzug ihr Prestige bei den bereits verbündeten Indianern, namentlich den Totonaken, ruinieren würde und einen allgemeinen Aufstand provozieren könnte. Bei der Rückeroberung von Mexico befragt er seine Hauptleute, bevor er den Angriff auf den Marktplatz am 30. Juni 1521 befiehlt, der sich dann als Misserfolg herausstellte: mehrere Dutzend Spanier ließen ihr Leben und einige wurden auf den Altären geopfert. Die Verantwortung für die Niederlage wird genauso geteilt wie die für den Sieg.

Cortez spricht zu seinen Leuten wie zu vernunft- und gefühlsbegabten Menschen, die des Respekts würdig sind. Er redet sie an mit »Meine Herren Soldaten« oder mit »Brüder und Ritter«, appelliert an ihr Ehrgefühl, an ihren Status als Christen – ein Konzept also, das selbstverständlich eine wesentlich größere militärische als religiöse Bedeutung hat! Diese Sorge um Rücksicht betrifft auch seine indianischen Verbündeten und findet in den cortesianischen Texten, aber auch bei Bernal Díaz, ihren Ausdruck in dem häufig benutzten »Unsere Freunde«.[60] Cortez umarmt die Kaziken und gibt ihnen den Ritterschlag.

Vor einem Kampf erklärt er seine Vorkehrungen, erteilt jeder Gruppe ihre Aufträge, definiert die Ziele und erklärt auch ihr mögliches politisches Vorgehen. Er überträgt seinen Hauptleuten wichtige Verantwortlichkeiten; sie haben sein

Vertrauen, obwohl er sich bisweilen in ihnen täuscht, so als er beispielsweise Alonso de Grado an die Stelle Juan de Escalantes setzt, der von den Mexica getötet wurde. Und vor allem kämpft er zusammen mit seinen Männern mitten im Handgemenge und geht große Risiken ein, die ihm eine Reihe von Verwundungen einbringen. Er beträgt sich wahrhaftig, wie es Jesús Salafranca ausdrückt, wie ein *primus inter pares.*

Welche Rolle spielte die Bewaffnung bei der offensichtlichen militärischen Überlegenheit der Spanier? Sie sollte weder geleugnet noch überschätzt werden, wie es bei zu vielen Historikern zu beobachten ist. Die Artillerie ist ohne Zweifel in den ersten Kämpfen und bis zur Schlacht von Tlaxcala entscheidend gewesen, Bernal Díaz del Castillo beschreibt, dass die vom Artilleriemeister Mesa dirigierten Schüsse die dichtgedrängten Haufen der indianischen Kämpfer auseinandergesprengt hätten, so dass ein direkter Kontakt mit den Spaniern Mann gegen Mann nicht allzu häufig eingetreten sei. Cortez benutzte die Artillerie auch als psychologische Waffe in der Form von Artilleriedemonstrationen vor Gesandtschaften der Eingeborenen. Aber mit der Zeit haben sich die Indianer an die Schüsse gewöhnt, umso mehr, als Moctezuma und seine Ratgeber darüber durch bildliche Darstellungen, regelrechte Bildreportagen seiner Späher, unterrichtet waren. Die Arkebusen waren gewiss wirksam auf eine Distanz von 200 Metern, hatten aber den Nachteil einer Schussfolge von bestenfalls 2–3 Minuten. Die Armbrustschützen benötigten für jeden Schuss 30–50 Sekunden, in dieser Zeit konnte ein indianischer Bogenschütze sechs bis sieben Pfeile abschießen. Die Pferde übten in den ersten Monaten der Eroberung einen großen Eindruck auf die Einheimischen aus, aber der Schrecken, den sie verursachten, legte sich mit der Zeit, und die Indianer lernten, wie man sie bekämpfte oder zumindest schwächte: Beispielsweise legten sie spitze Steine auf den Wegen oder auf den Straßen von Mexico aus.

Es ist wahr, dass sich die Blankwaffen der Spanier, Lanzen

und Schwerter aus gutem Stahl, als viel gefährlicher erwiesen, als die Holzschwerte mit Obsidianspitzen der Indianer. Cortez' Soldaten lernten schnell, sich durch einen Schildwall vor den Pfeilschwärmen der Indianer zu schützen und übernahmen auch die pfeilabweisenden, mit Baumwolle gepolsterten Westen der Indianer. Cortez benutzte die einheimischen Waffen, indem er sie der spanischen Waffentechnik anpasste: Er ersetzte die Obsidianspitzen der langen Speere durch Kupferspitzen. Bei einigen Gelegenheiten befahl er seinen Soldaten den Nahkampf Mann gegen Mann, so dass die Indianer nicht ihre langen Schwerter einsetzen konnten. Ohne Zweifel profitierten die Spanier auch von den Kampfmethoden der Indianer: Diese wollten vor allem Gefangene machen, um sie ihren Göttern zu opfern; sie versuchten daher eher, den Gegner zu verwunden, als ihn zu töten. Mit einiger Überraschung kann festgestellt werden, dass die Spanier in den Kämpfen zahlreiche Verwundete hatten, aber nur wenige Tote: so verursachten die Kämpfe von Tlaxcala vom 2. bis 5. September unter den Spaniern nur drei Tote, aber ungefähr 80 Verwundete, die sich dann fast alle wieder erholten dank dem Wunder indianischer Heilkunst. Es dauerte bis zur *Noche Triste* und der Entscheidungsschlacht um Mexico, dass sich die im Überlebenskampf stehenden Mexica entschlossen, sofort den Tod der Gegner herbeizuführen.

Cortez' militärisches Geschick erweist sich bei der Rückeroberung Mexicos: Er vollzieht zunächst eine amphibische Operation, indem er in Tlaxcala 13 Schaluppen von zwölf auf zweieinhalb Meter in Einzelteilen herstellen ließ, mit 70 cm Tiefgang, angetrieben durch 12 Ruderer, bewaffnet mit einer Kanone und mit 25 Fußsoldaten an Bord. Die Montage der Einzelstücke wurde am Ufer der Lagune vorgenommen, die Cortez zuvor hatte umzingeln lassen. Diese »Landungsboote« mussten ihre Aktionen mit den Landtruppen koordinieren; für sie hatte Cortez kleine hölzerne Angriffswagen bauen lassen, in denen bis zu 20 Mann Platz fanden, darunter Arkebusiere, Armbrustschützen und Sappeure mit Pickeln und Hacken. Den Mexica mit ihrer Tradition, vornehmlich Gefangene zu machen, stand Cortez als Erbe westeuropäischer Militärtradition gegenüber, die von Alexander dem Großen bis zum Gran Capitán Gonzalvo de Córdoba über Hannibal, Caesar und Vegez den Stand einer regelrechten Wissenschaft vom Kriege erreicht hatte. Es fällt auf, dass Cortez´ Armee mit ähnlicher Schnelligkeit Distanzen zurücklegt wie die spanischen *tercios* auf dem Weg nach Flandern. Und wenn es notwendig ist, können diese Marschleistungen noch erhöht werden, wie etwa bei dem in der Nacht durchgeführten Kommandounternehmen gegen Pánfilo de Nárvaez. Es kann überhaupt festgestellt werden, dass nächtliche Handstreichunternehmen recht häufig durchgeführt wurden.

Es ist bekannt, dass der Autor der Historia verdadera sein Buch zum Teil als Antwort auf López de Gomara schrieb, der in seiner Begeisterung für seinen Helden glauben machen wollte, die Eroberung sei allein das Verdienst des Hernán Cortez gewesen. Mit Blick auf Bernal Díaz sollten wir deshalb nicht vergessen, dass sich Cortez auf die Hingabe und das Talent einiger außergewöhnlicher Männer stützen konnte. Die meisten gehörten zu Cortez' Gefährten der ersten Stunde, und es ist bezeichnend, dass die meisten spanischen Opfer der Noche Triste Soldaten des Nárvaez waren: sie hatten weder die Erfahrung der ersten *conquistadores*, noch ihren Willen zu siegen und zu überleben.

Man könnte alle in einer Liste vereinen, und daraus würde ein regelrechter Katalog der Konquistadoren werden.[61] Einige von ihnen verdienen es, genannt zu werden: So etwa Pedro de Alvarado, der Amerika durchmessen hatte; wie Cortez wurde er im Jahre 1485 geboren, er stammt aus Badajoz und kam mit seinen Brüdern 1512 nach Santo Domingo. Er nahm an der Expedition Grijalvas teil, erforschte später den Isthmus von Tehuantepec, war *Konquistador* von Guatemala, fühlte sich von Peru angezogen, kehrte kurz vor Lima wieder um wegen Unstimmigkeiten mit Almagro. Ihn schmückte ein schimmerndes, fast rotes Haupthaar, weshalb ihm die Indianer den Beinamen *Tonatiuh* (Sonne) verliehen; er war ein wahrhaftiger Athlet (man schreibt ihm einen kühnen Sprung im Verlauf der Noche Triste zu, der ihm das Leben rettete), ein vollendeter Kavalier, heiter und generös. Doch wurde er 1529 zahlreicher Vergehen angeklagt: der Folterung von Cacamatzin, damit er ihm den Aufbewahrungsort des Aztekenschatzes verrate; der Brandschatzung von Dörfern in Guatemala; der Entführung von Frauen verschiedener Kaziken, Korruption.[62] Lediglich der erste der Vorwürfe ist verbürgt; Alvarado trägt jedoch eine zweifelsfreie Verantwortung für das Massaker vom Großen Tempel, das den Aufstand in Mexico auslöste. Nachdem er Ritter des Santiago-Ordens geworden war, ehelichte er eine Tochter des Kaziken von Tlaxcala, Luisa Xiconcatl, mit der er eine Tochter hatte; sie wurde mit Francisco de la Cueva, dem Vetter des Herzogs von Albuquerque, verheiratet. Mit anderen steht Alvarado somit am Anfang des hispano-mexicanischen Adels. Er hielt Cortez immer die Treue, auch wenn ihn seine Stellung als Gouverneur von Guatemala seinem Chef entfremdete.

Alonso de Ávila war ebenfalls an der Grijalva-Expedition beteiligt. Seine unverblümten Reden und seine Arroganz waren gefürchtet, er zeichnete sich aber in vielen schwierigen Situationen aus, so etwa beim Handstreich gegen Nárvaez, als er diesem die vom König zur Verfügung gestellten Lebensmittelvorräte raubte und auch in der Noche Triste als Kommandant von Cortez' Garde. 1522 betraute ihn Cortez mit der Überführung des Schatzes nach Spanien zu Karl V.; bei den Azoren wurde er vom französischen Korsaren Jean Florin abgefangen und verbrachte drei Jahre als Gefangener in Frankreich, bis er gegen Ritter, die bei Pavia in Gefangenschaft geraten waren, ausgetauscht wurde. Danach kehrte er nach Mexico zurück.

Der 1483 in Andalusien geborene Cristóbal de Olid erfuhr ein tragisches Schicksal. Er verfügte über ungewöhnliche Körperkraft, war unerschrocken, freigebig, aber hochmütig, wie ein Rangstreit mit Alvarado zeigt. Er war Analphabet und von begrenzter Intelligenz, zeigte sich aber absolut verlässlich in der Ausführung von Anweisungen und vollbrachte im Verlauf der Konquista erstaunliche Waffentaten. Allerdings überschätzte er sein Fähigkeiten als Truppenführer, und nachdem er eine Mission in Michoacán korrekt zu Ende gebracht hatte, glaubte er die Unzufriedenheit der später nach Mexico gekommenen Soldaten, die sich wegen der Verteilung der *encomienda* brüskiert sahen, zu seinen Gunsten ausnutzen zu können. So erhob er sich mit Zustimmung des Diego Velázquez gegen Cortez, der ihn mit der Eroberung Guatemalas beauftragt hatte. Olid wurde zum Tode verurteilt und 1524 hingerichtet.

Der bereits etwas ältere, aus Zamora stammende Diego de Ordaz blickte bereits auf weitreichende Erfahrungen in der Neuen Welt zurück, als er sich Cortez anschloss: Er hatte mit Alonso de Ojeda in Darién sowie bei der Eroberung Cubas gekämpft und hatte auch Grijalva begleitet. Auf Anweisung des Diego Velázquez sollte er Cortez überwachen und opponierte gegen die Gründung von Vera Cruz, aber Cortez konnte ihn auf seine Seite ziehen und von da an bewies er eine unverbrüchliche Loyalität. Mutig bestieg er den Vulkan Popocatepetl während eines Ausbruchs und bewährte sich auch in den härtesten Kämpfen. Er gehörte dem Santiago-Orden an, erforschte das Orinokogebiet und starb auf dem Rückweg.

Gonzalo de Sandoval, ein Hidalgo aus Medellín, war dem zwölf Jahre älteren Cortez in enger Freundschaft verbunden und erwies sich für ihn als »unverzichtbar«. Er galt als äußerst mutig, als vollendeter Kavalier, war wegen seiner Großzügigkeit und seiner Bescheidenheit bei den Soldaten beliebt und war in vielen, auch delikaten Missionen erfolgreich, vor allem gegen Nárvaez, dann in der Entscheidungsschlacht um Mexico, später in Tustepec, Colima, Pánuco. Er begleitete Cortez nach Honduras und erlag 1528 bei seiner Rückkehr nach Spanien – und nach einer langen Beichte (zweifellos weil er den Ruf eines Gotteslästerers hatte) – einer Krankheit.

Der Hidalgo Andrés de Tapia, auch er aus der Estremadura, war einer der Konquistadoren, der mit sechsundsiebzig Jahren ein hohes Alter erreichte. Wir begegnen ihm überall, auch in Kalifornien, er übte die Funktion eines Richters und Revisors aus und wurde von seinen Standesgenossen bei Rechtsstreitigkeiten zu ihrer Verteidigung herangezogen. Er fertigte zahlreiche Zeugnisse für seine Gefährten aus, wenn es um »Darstellung ihrer Verdienste« ging. Er war einer der Informanten des López de Gomara und verfasste selbst einen Bericht über die Eroberung Mexicos.[63] Er gründete aus seinem eigenen Vermögen den ersten Mönchskonvent in Mexico. Seine zahlreichen Nachkommen nahmen einen prominenten Platz in der kolonialen Gesellschaft Mexicos ein.

Im Gegensatz zu Andrés de Tapia hatte Juan Velázquez de León, Schwager von Diego Velázquez, nur ein kurzes Leben, denn als Mitglied der Nachhut bei der *Noche Triste* wurde er beim Übergang über die Brücken getötet. Sein Werdegang wirft ein Licht auf das Charisma des Hernán Cortez: Am Anfang der Konquista, vor allem in Vera Cruz, war er Cortez gegenüber feindlich gesonnen und wurde sogar in Ketten gelegt. Aber Cortez' Überzeugungskraft brachte ihn auf dessen Seite. Er blieb Cortez treu ergeben, und bis zu seinem tragischen Ende spielte er eine immer wichtigere Rolle in der Umgebung des Eroberers.

Diese Aufstellung belegt zur Genüge, dass sich Cortez auf eine Reihe wertvoller Unterführer und Helfer stützen konnte. Dennoch hätten das Genie des Eroberers Cortez, das Talent seiner Truppenführer und die offenkundige militärische Überlegenheit der Spanier nicht ausgereicht, das Unternehmen zu einem erfolgreichen Ende zu bringen. Von Bedeutung waren auch die Konflikte und die Gegensätze innerhalb der indianischen Bevölkerung sowie der Widerstand der unterworfenen Völker gegen die drückende Herrschaft der M*exica*. Wie aber konnten Cortez und seine Männer so rasch Erkenntnisse über diese Konflikte erlangen und sie zu ihren Gunsten einsetzen, obwohl sie die Sprachen der Einheimischen nicht kannten? Die Antwort ist einfach und trägt zwei Namen: Jerónimo de Aguilar und insbesondere Malintzin.

Jerónimo de Aguilar und Malintzin

Die Eroberung Mexicos ist zuallererst die Frucht einer intelligenten und geschickt eingesetzten Information. Die Mexica selbst waren begierig auf Informationen. Moctezuma bediente sich der *pochteca,* das heißt der durch das Land ziehenden Kaufleute, als bevorzugte Nachrichtenquelle. Der Herrscher und seine Berater hörten schon früh von merkwürdigen Wesen, die aus der Richtung des Sonnenaufgangs gekommen waren. Um mehr zu erfahren, schickte er einen seiner Kaziken, Tendile oder Teutlitl, an der Spitze einer Abordnung nach Chalchicoeca (das bald San Juan de Ulua heißen sollte), mit dabei war eine Gruppe von Zeichnern, die Darstellungen der Fremden anfertigen sollten. Es war die Osterzeit des Jahres 1519. Bernal Díaz beschreibt, wie die Zeichner den Körper und die Gesichtszüge des Cortez und aller seiner Hauptleute und Soldaten zeichneten; sie zeichneten auch die Pferde, die Schiffe, die Kanonen und ihre Kugeln, kurz, sie realisierten nach der Anweisung ihres Herren eine bildliche Wiedergabe der gesamten Cortez-Armee.[64] Aber Moctezuma und seine Ratgeber konnten nicht den Geist der Spanier lesen und konnten noch viel weniger wissen, dass Cortez Feinde in seinem eigenen Lager hatte. Das änderte sich nach der Landung von Nárvaez, und dafür mussten die Spanier ihren Preis bezahlen.

Von Anfang an und mit großer Hartnäckigkeit betrieb Cortez die Suche nach Informationen. Er erkannte die Notwendigkeit, so rasch wie möglich Dolmetscher zu seiner Verfügung zu haben, zumal sich die beiden Indianer Julianillo und Melchorejo, auf die er sich zu Beginn der Expedition stützte, als nutzlos erwiesen. Seit dem Kriegszug des Hernández de

Diego Durán, Landung von Cortes in Yucatán und Begegnung mit Malintzin/Marina. Manuskript der »Historia de las Indias«, 1579. Madrid, Nationalbibliothek. G. Dagli Orti.

Córdoba wusste er indessen, dass zwei Spanier in Yucatán als Gefangene der Indianer lebten. Es gelang ihm durch indianische Vermittlung, ihnen eine Botschaft zukommen zu lassen, auch wurden Tauschobjekte mitgeschickt, mit denen ihr Freikauf bewerkstelligt werden sollte. Einer der Spanier, Gonzalo Guerrero, hatte vollständig die indianische Lebensweise angenommen und weigerte sich, Frau und Kinder zu verlassen. Der andere aber, Jerónimo de Aguilar, war dazu bereit und kam in einem Kanu zur Insel Cozumel: er sah ganz aus wie ein Indianer, aber mit dem Ruf *»Dios y Santa María y Sevilla«* gab er sich sogleich als Spanier zu erkennen.

Jerónimo de Aguilar aus Écija hatte die niederen Weihen erhalten und konnte lesen und schreiben. Seit acht Jahren war er Gefangener eines Kaziken in Yucatán, wohin ihn ein Schiffbruch verschlagen hatte. Wie durch ein Wunder hatten er und Guerrero überlebt, denn alle seine Gefährten waren den Göttern geopfert worden. Er kannte die in Yucatán gesprochene Sprache, einen Maya-Dialekt, und konnte also während der ersten Phase des Eroberungszuges, vor allem in Tabasco, als *lengua*, als Dolmetscher dienen. Er erwies sich für Cortez als außerordentlich nützlich, überwarf sich aber aus unklaren Gründen mit dem Eroberer; er unterzeichnete sogar ein belastendes Zeugnis gegen Cortez anlässlich des *Hofgerichtsurteils* im Jahre 1529. Einige Autoren bezichtigen ihn, er habe bei bestimmten Gelegenheiten absichtlich die Worte derjenigen, die er übersetzte, falsch wiedergegeben.[65] Das ist allerdings nicht gesichert. Mehrere Monate lang jedenfalls fungierte er als sprachlicher Vermittler zwischen den Spaniern und der Malintzin, anders gesagt zwischen den Sprachen Nahuatl, Maya (der Muttersprache der Malintzin) und dem Kastilischen.

Die Malintzin ist »die faszinierendste Frauenfigur der amerikanischen Konquista«, wie es Georges Baudot ausdrückt. Mit Recht erstaunt ihn Cortez' außerordentliche Einsilbigkeit in bezug auf die Malintzin, »denn er hätte offenkundig die besten Gründe der Welt gehabt, sich darüber ausführlich auszulassen«[66] In der Tat finden sich nur zwei kurze Erwähnungen, in der zweiten und fünften Carta de relación; die Rolle der Malintzin, deren Name er nicht einmal nennt (»una india«), wird hier nur auf ihre technische Funktion als Dolmetscherin beschränkt. Diese Diskretion kann nur vorsätzlich gewesen sein: Allem Anschein nach wollte Cortez in den Berichten über sein politisches Geschick die entsprechenden Verdienste mit niemand teilen.

Aber alle anderen Akteure der Eroberung, die dieser außergewöhnlichen Frau begegnet waren, lassen ihr Gerechtigkeit angedeihen. Bernal Díaz del Castillo spart ihr gegenüber nicht mit Lob, rühmt ihre Rolle und präzisiert: »Und weil sie die Sprache von Guazazualco, das ist die Sprache Mexicos, kannte und auch die von Tabasco, während Jerónimo de Aguilar die Sprache von Yucatán und Tabasco sprach, welche dieselbe ist, verstanden sie sich gut, und Aguilar übersetzte für Cortez ins Kastilische, und das war der große Beginn unserer Eroberung«, sodass »sie Cortez immer mit sich nahm.«[67] Juan Suárez de Peralta, Francisco López de Gomara, Fray Francisco de Aguilar und andere betonen ausdrücklich den Einsatz der unter dem Namen Doña Marina getauften Malintzin, während andere (Andrés de Tapia, Bernardino Vázquez de Tapia etc.), ohne sie namentlich zu nennen, ihre herausragende Bedeutung als indianische Dolmetscherin unterstreichen. Dies gilt namentlich für ein von Georges Baudot entdecktes bemerkenswertes Dokument, einen in Mexico am 15. Februar 1552 von Luis de Quesada geschriebenen Brief. Quesada hatte die Tochter Doña Marinas aus der Ehe mit dem Konquistador Juan Jaramillo geheiratet; die Hochzeit fand mit Cortez' Zustimmung 1524 in Orizaba statt. In dem Brief heißt es nun: » Ich bin verheiratet mit Doña María, der einzigen und legitimen Tochter der Doña Marina, *India y Señora*, die viel bedeutete für die Eroberung dieses Landes.«[68]

Hugh Thomas lässt mit Recht keine Gelegenheit aus darzulegen, dass Cortez erst wegen der wertvollen Vermittlung Doña Marinas in der Lage war, mit seinen Gesprächs- und Verhandlungspartnern zu kommunizieren, ihnen seine Standpunkte zu erklären, ihre Reaktionen zu verstehen, er unterschätzt aber eklatant ihre Rolle, wenn er schreibt, sie sei gut und gerne »zehn Bronzekanonen« wert gewesen.[69] Sie war, wie wir sagen möchten, erheblich mehr wert! Die spanischen Quellen äußern sich da sehr viel enthusiastischer. Man lese beispielsweise den »Bericht über die Verdienste der Doña Marina«, den ihr Schwiegersohn Luis de Quesada und ihre Tochter Doña María Jaramillo im August 1542 in Mexico anfertigen und im März 1543 vollenden ließen. Ich habe dieses umfängliche Dokument im Westindischen Archiv (Archiv der Indien) eingesehen: natürlich muss man den Text als das nehmen, was er ist. Ein »Bericht über Verdienste« mit parteiischen Interessen. Im vorliegenden Fall ging es darum, die Verdienste der Doña Marina gebührend zu feiern, um ihr Erbe zu legitimieren und den Besitz ihrer Tochter und ihres Schwiegersohnes zu garantieren. Die Befragung der zwanzig Zeugen ist folglich in diesem Sinne ausgerichtet. In diesem Falle gingen doch einige von ihnen, die bei der Hochzeit von Juan Jaramillo und Doña Marina zugegen waren und sie mehr als zwanzig Jahre kannten über die vorgeschlagenen Antworten hinaus: so bekräftigt etwa Gonzalo Rodríguez de Ocaño, das »nach Gott sie selbst der Grund für die Eroberung Neuspaniens war«. Vor allem weil sie »la lengua de las lenguas«, sozusagen die Sprachenkundige aller Sprachenkundigen war: eine zutreffende Würdigung, denn sie beherrschte die Maya- und die Nahuatlsprachen und bald auch das Spanische. Die Zeugen betonen ihren »Fleiß«, ihren »Scharfsinn« und lassen keinen Zweifel an ihrer absoluten Loyalität gegenüber den Spaniern, Cortez und dem König; sie unterstreichen ihre Rolle bei der Bekehrung der Indianer, die ihr große Verehrung entgegengebracht hätten. Und sie fügen ein wichtiges Detail hinzu: niemals habe sie dem Drängen der indianischen Häuptlinge nachgegeben, den Wortlaut ihrer Äußerungen zu verfälschen, um damit Cortez und seine Leute zu täuschen. Von daher erscheint es eher abwegig, sich mit Hugh Thomas vorzustellen, sie habe ihren Übersetzungen unglaubwürdige Sinnentstellungen verliehen.[70]

Wenn die spanischen zeitgenössischen Autoren ohne weiteres anerkennen, dass sie in der Schuld der Malintzin stehen, so haben die Mexicaner lange Zeit in ihr eine verdammungswürdige Frau gesehen, welche »Verrat und Preisgabe der ureigensten Werte einer ursprünglichen und großartigen Zivilisation« begangen habe »zu Gunsten eines fremden Konzepts, das von den Eroberern erbarmungslos aufgezwungen wurde, die aus einer absonderlichen und unverständlichen fernen Welt unvermittelt aufgetaucht waren.« Nach Octavio Paz ist Doña Marina zu einer Figur geworden, welche »die von den Spaniern faszinierte, geschändete und verführte Indianerin repräsentiert« (...) Das mexicanische Volk verzeiht der Malinche ihren Verrat nicht (...).«[71]

Die eingehende Studie von Georges Baudot bringt Malintzin wieder in ihre Wahrheit zurück: Sie wurde unter einem unheilvollen Zeichen geboren (wir wissen, dass Zeichen am Tag der Geburt einen Mexica bis zu seinem Tod begleiten) und von ihrer Mutter verraten, die sie nach dem Tod ihres Vaters und ihrer Wiederverheiratung an Sklavenhändler aus Xicalanco verkaufte. Malintzin kam zu den Mayas und entwickelte sich zu einem Mädchen »von schöner Erscheinung und angenehmer Art« (Bernal Díaz) – und von außergewöhnlicher Intelligenz, denn sie erfasste schnell die Dimensionen und die Regeln des zu spielenden Spiels. Warum hätte sie sonst den Vorbehalt und die Verbitterung unterdrücken sollen, die sie gegen jene gleichgültigen Götter hegte und »die mit ihrer Lebenszeit spielten ohne ihr die geringste Chance zu bieten gegen diese starre Gesellschaft welche sie dazu verdammte, immer ausgeschlossen zu sein«? Die Werte ihres Volkes, die sie mit ihrem Anschluss an das spanische Unternehmen zerstören half, waren ja zugleich die Werte, die ihre Kindheit und ihre Jugend zerstört hatten. Den radikalen Charakter des kommemden Dramas konnte sie indessen nicht voraussehen. Darüber hinaus: Wenn Cortez sie wirklich verführte, dann verführte sie ihrerseits auch Cortez. Beide verband eine Liebesbegegnung, eine Leidenschaft von etwa drei Jahren; in dieser Zeit schenkte Malintzin einem Sohn das Leben, der von seinem Vater sehr geliebt wurde.

Seinerseits hatte Cortez seit seinem Treffen mit Teutlitl, dem Gesandten Moctezumas, am 24. April 1519 den unschätzbaren Nutzen der Malintzin erkannt. Geoges Baudot schreibt: »Der Dialog zwischen dem Konqistador und Malintzin stellte sich unmittelbar ein, und vom ersten Augenblick an entwickelte sich ein politischer Diskurs, den Cortez und Malintzin mit höchstem Können führten, den Malintzin in vollendeter Form selbst anregte und den sie mit vollkommener, kenntnisreicher Aufnahmefähigkeit mit jedem ihrer Gesprächspartner führen sollte.«[72] Das heißt Gespräche über die Gegensätze zwischen den verschiedenen indianischen Völkern, das Gespräch über die Rachegefühle der Tlaxcalteken gegenüber den Mexica, die Tlaxcala in seiner Gebirgsregion eingeschlossen und vom Salzhandel abgeschnitten hatten, Gespräche darüber, dass man die Spanier als übernatürliche Wesen auffasste. Zudem verstand sie es, als Indianerin und dank ihrer Sprachbegabung Hinterhalte und Fallen, wie die von Cholula, zu erahnen und aufzudecken. Als Geliebte des Cortez verwendete sie auf das Vorhaben große Energie, Zielstrebigkeit, die Bernal Díaz mit Erstaunen erfüllt: war sie es nicht, die in den dunkelsten Stunden den »zerschlagenen und wehklagenden« Spaniern ihren Mut zurückgab? Der Einfluss der Malintzin auf Hernán Cortez ist so groß, dass der Konquistador zum »Hauptmann Malinche« wird! Wohl ohne es zu ahnen (aber kann man da sicher sein?), trug Malintzin in sich das Schicksal Mexicos als einer »mestizischen Nation«. Aus eben diesem Grunde charakterisiert sie ein zeitgenössischer spanischer Historiker als »Mutter einer Rasse«.[73]

Ein zersplittertes Reich

Jetzt wird die Eroberung verständlicher, denn sie war nicht das Werk einiger hundert Spanier, nicht einmal einiger tausend, sondern ein Unternehmen, zu dem zehntausende Indianer auf unterschiedlichste Art und Weise beitrugen. Neben anderen gelangten zwei Historiker, der eine Spanier, der andere Mexicaner, zur selben Schlussfolgerung. Jesús Salafranca: »Bei allen seinen Kriegszügen verfügte Cortez über seine kleine Armee hinaus über beachtliche, verbündete indianische Kräfte, die zu Einheiten mit eigenen Befehlshabern zusammengefasst waren ...« Und nachdem er die Rolle der Indianer als Pioniertruppen gebührend herausgestellt hat, fügt er hinzu: »Ohne die systematische und wirksame Hilfe dieser einheimischen Arbeiter, Sappeure und Ingenieure wäre der Sieg der Spanier nicht möglich gewesen.« José Luis Martínez betont: »Cortez und seine Soldaten, seine Matrosen, seine Zimmerleute und Schmiede beschränkten sich auf die Planung der Strategie, auf den Einsatz ihrer Technik und die Überlegenheit ihrer Waffen und insbesondere auf die Organisation und Leitung der militärischen Aktionen (...) Die Eroberung Mexicos wäre indessen nicht möglich gewesen ohne die Unterstützung der Einheimischen und gewiss nicht ohne die Autorität des Hernán Cortez und das Engagement seiner Hauptleute und Soldaten. Cortez gelang es, die Unterstützung der Indianer zu gewinnen und zu organisieren.«[74]

Bei der Ausarbeitung von Cortez' indianischer Strategie erwies sich die Rolle der Malintzin immer wieder als ausschlaggebend. Das zeigte sich bereits am Beginn der Expedition. Als die ersten Totonaken in San Juan de Ulua vor Cortez erscheinen, erklären sie, sie seien von den Taten der Spanier in Tabasco unterrichtet, und sie wären schon viel früher gekommen, wenn sie nicht die Leute von Chulua, das heißt die Mexica, gefürchtet hätten. Doña Marina übersetzte, und von »Unterredung zu Unterredung erkannte Cortez, dass Moctezuma Feinde und Gegner hatte, worüber er sehr erfreut war.« Als die Spanier einige Tage später im totonakischen Quiahuitztlan einzogen, ist es wiederum Doña Marina, die Cortez die Klagen des *cacique gordo* von Cempoala über die Unterdrückung der Seinen durch die Mexica erklärt: diese hätten zwanzig ihrer Söhne und ihrer Töchter genommen, um sie ihren Göttern zu opfern, auch würden sie Steuern aus ihnen herauspressen. Und so erregte Cortez einiges Aufsehen, als er fünf Steuereintreiber Moctezumas gefangen setzte und den Totonaken seinen Schutz zusagte, wenn sie sich von der Oberherrschaft der Mexica befreien wollten und ihre Tributzahlungen einstellen würden. Diese Nachricht verbreitete sich in Windeseile unter den Völkern, die erst vor kurzer Zeit unter die Herrschaft Mexicos geraten waren.[75]

Wiederum durch die Vermittlung der Malinzin erfährt Cortez von der tiefen Feindschaft zwischen den Tlaxcalteken und den Mexica; in Cempoala und dann in Tlaxcala erläutert sie die Grundsätze der christlichen Religion, die es den Spaniern verbiete, Menschenopfer darzubringen; sie erklärt den von

Cortez befreiten Geiseln von Tlaxcala die Gründe seines Großmutes, von dem auch die Gefangenen der von den Spaniern eingenommenen Orte profitieren. Sie unterrichtet Cortez von den Prophetien, welche die Ankunft von Invasoren aus dem Osten voraussagen; von den Klagen der Tlaxcalteken über Mexico – Auftakt der großen Allianz zwischen Spaniern und Tlaxcala –: sie übersetzt die Informationen der Kaziken dieser Stadt über die Hauptstadt der aztekischen Konföderation, ihre Ressourcen, ihre Verteidigungsanlagen, über den Aquädukt von Chapultepec. Sie übermittelt die Warnung der Tlaxcalteken vor der Nachbarstadt Cholula, die unter aztekischem Einfluss stand. Sie teilt die Gerüchte mit, nach denen die Priester der Mexica Moctezuma geraten hätten, die Spanier in Mexico eindringen zu lassen, um sie dann zu vernichten.

Auf diese Weise bestens unterrichtet, entfaltete Cortez seine geschickte Verhandlungspolitik mit Friedensangeboten an alle indianischen Völkerschaften, mit denen er auf seinem Marsch nach Mexico in Berührung kam. Vergeblich versucht er, trotz wiederholter Angebote, den bewaffneten Konflikt mit Tlaxcala zu vermeiden, aber nach den schweren Kämpfen vom 2., 3. und 5. September, als sich die meisten Kaziken von der Unbesiegbarkeit der Spanier hatten überzeugen lassen – die eigentlich am Rande der totalen Erschöpfung waren –, ist er so klug, seine Friedensangebote zu erneuern und gleichzeitig die Gesandten Moctezumas zu empfangen. Das beunruhigte die einflussreichsten Kaziken, Xicontencatl den Alten und Maxixcatzin, zutiefst und bestärkte sie in ihrem Friedenswillen. Wir wissen, dass die Allianz mit Tlaxcala der Schlüssel für den endgültigen Sieg war, denn diese Stadt diente als Rückzugsraum nach der *Noche Triste* und als Basis für die Vorbereitungen der Rückeroberung. Darüberhinaus war die Beteiligung der tlaxcaltekischen Truppen beim Kampf um Mexico an Qualität und Quantität von großer Bedeutung. Somit bot die Feindschaft zwischen Mexico und Tlaxcala Hernán Cortez eine ungeheure Chance des »divide et impera!«; von der tiefsitzenden

Gegnerschaft konnte er sich bei der Schlacht um Mexico selbst überzeugen, als die Tlaxcalteken und die Mexica wüste Beschimpfungen und Provokationen untereinander austauschten.[76] Diego Muñoz Camargo, ein in Tlaxcala geborener mestizischer Autor, sucht vergeblich nach den Ursachen dieser tief verwurzelten Gegnerschaft und konstatiert lediglich, dass die beiden streitenden Parteien systematisch ihre jeweiligen Gefangenen ihren Göttern opferten. Er äußert die Hypothese, die Mexica hätten in ihrer Reichweite zum Zwecke beständiger militärischer Übung einen Feind haben wollen sowie ein Menschenreservoir für ihre Opfer an die Götter; allerdings gesteht der Autor selbst seine Zweifel an dieser Interpretation.[77]

Im Zuge seiner klarsichtigen Politik versuchte Cuauhtémoc nach der *Noche Triste*, die Tlaxcalteken von einer großen antispanischen Allianz zu überzeugen und versprach ihnen dieselben günstigen Bedingungen wie den Städten Tacuba und Texcoco. Seine Gesandtschaft nach Tlaxcala sprach in diesem Sinne: Hatten die beiden Völker nicht dieselben Götter und vergleichbare Traditionen? Gemeinsam würden sie sich der Eindringlinge für immer entledigen. Xicontencatl der Junge, der Cortez hasste, war sogar bereit, ein solches Bündnis einzugehen. Aber Cuauhtémoc wurde von der Geschichte verraten. Das Zerwürfnis zwischen den beiden Städten war zu tiefgreifend, zu sehr von gegenseitigem Misstrauen belastet. Die Ältesten unter den Kaziken, Xicotencatl der Alte und Maxixcatzin, urteilten, man könne den Mexica kein Vertrauen schenken. Diese Entscheidung rettete die Spanier – darüber sind sich alle Historiker einig.

Jesús Salafranca nimmt an, dass Cortez damit »reguläre Kolonialtruppen« bildete, Vorläufer der entsprechenden einheimischen Truppenteile, wie sie von den Engländern in Indien, von den Franzosen und Spaniern in Nordafrika drei oder vier Jahrhunderte später aufgestellt wurden. Bereits unter dem Kommando von Bernardo de Barrientos, der von Cortez in die Region Oaxaca gesschickt worden war, um Goldminen ausfindig zu machen, hatten die Chinanteken eine neue militärische Ordnung erhalten: sie stellten ein Kontingent von 1500 Mann auf, das gegen Nárvaez vorgehen sollte, mussten aber nicht kämpfen, weil die Angelegenheit rasch bereinigt wurde. Später, in der Zeit zwischen der *Noche Triste* und der Rückeroberung der Hauptstadt, erhielt die indianische Streitmacht aus Tlaxcala unter der Führung von Juan Márquez und Alonso de Ojeda *el Viejo* eine besondere Struktur. Beide Führer hatten die Sprache der Tlaxcalteken gelernt und standen in freundschaftlichem Verhältnis zu den Indianern.[78]. Die beiden »Hauptleute« veränderten die Bewaffnung ihrer Männer, indem sie die langen Lanzen mit Kupferspitzen versahen, die Mannschaft in unabhängig operierende Kompagnien aufteilten, den tlaxcaltekischen Kontingenten neue Kampftechniken beibrachten – und das offenbar mit vollem Erfolg, denn Cortez lobt ihre Qualitäten als Kämpfer und stellt fest, dass sie in der Folgezeit nur wenige Verluste erlitten. Bernal Díaz notiert mit einem gewissen Erstaunen anlässlich des Feldzuges von Tepeaca, der den Angriff auf Mexico einleitete, dass die Tlaxcalteken mit großer Tapferkeit kämpften, aber auch mit solcher Disziplin, dass sie bei zwei- bis dreitausend Mann nur drei Kämpfer verloren, während ihre Gegner hohe Verluste erlitten.[79] Schon zuvor hatte Cortez von einer Abteilung Tlaxcalteken beim Überfall auf die Armee Pánfilos de Nárvaez Hilfe erhalten.

Ohne Zweifel war die Unterstützung Tlaxcalas die wichtigste und beständigste. Aber auch andere indianische »Nationen« beteiligten sich an dem Bündnis: die Totonaken stellten die ersten Träger und einen Trupp Kämpfer, wollten jedoch am Zug gegen Mexico nicht teilnehmen, dagegen leisteten die Chinanteken, die sich schon vor der *Noche Triste* dank Barrientos angeschlosen hatten, ebenso die Leute aus Huejotzingo (traditonelle Verbündete der Tlaxcalteken), Chalco, Tamanalco, Xochimilco, unmittelbare Nachbarn von Tenochtitlán und Vasallen des Aztekenherrschers, dem Ruf Cortez' Folge und versammelten sich in Texcoco; später stießen noch die

Otomis dazu. Cortez beobachtete die Verzweiflung der Mexica, als sie sahen, wie diese Indianervölker, die sie als ihre Untertanen betrachteten, ihre Stadt zerstörten und ihre Häuser verbrannten.[80] Dieses Verhalten wirft einige Fragen auf: Wie war es um den wirklichen Einfluss der Mexica auf ihre Vasallen bestellt, wie weit wurde ihre Macht akzeptiert? Die Zerbrechlichkeit der »aztekischen Konföderation« erscheint offensichtlich. Auch wenn sich Cortez über die Rolle der Malintzin ausschweigt, so betont er doch umso deutlicher das Engagement der Indianer an seiner Seite, ihren Kampfeseifer, ihre äußerst wertvolle Hilfe, so als wollte er die Legitimität der Eroberung suggerieren und die Mexica als Unterdrücker darstellen, denen die anderen indianischen Völker die Gefolgschaft mit Nachdruck verweigerten.

Die Stärke der indianischen Mannschaften bei der Schlacht um Mexico ist umstritten: 25 000 Mann bei Bernal Díaz, 150 000 bei José Luis Martínez, was viel zu hoch gegriffen erscheint, 75 000 bei Cortez, wenn man die Mannschaftsstärke der drei Einheiten bei der Heerschau von Texcoco zusammenzählt – auf die sich allerdings auch Bernal Díaz bezieht. Gewiss könnten auch andere indianische Gruppen, die auf der Seite des Siegers stehen wollten, sich den Spaniern noch während der Schlacht angeschlossen haben.[81]

Jesús Salafranca betont darüber hinaus die wichtige Rolle der zahlreichen indianischen Hilfstruppen: Pionierarbeiten, Bau von Booten, Unterhalt von Wegen und nicht zuletzt ihr Einsatz im Sanitätswesen: Es waren Indianer, welche die Tragbahren herstellten, Verwundete bargen, die Toten beerdigten und die hoch entwickelte einheimische Heilkunst einsetzten, um Verwundungen zu heilen. Cortez profitierte in Tlaxcala, nach der Schlacht von Otumba, selbst davon, als sich seine Wunden gefährlich entzündet hatten.[82]

Und genau deshalb, weil es – unter der Führung des Hernán Cortez – »die Indianer waren, welche die Eroberung Mexicos durchführten«, konnte er im Laufe der folgenden

Jahre seinen Sieg konsolidieren und die Grundlagen für eine neue Nation legen.

IV. ZWISCHEN ZWEI WELTEN – CORTEZ, DER BAUMEISTER DER ZUKUNFT

Ich habe früher die These vertreten, nach der »es die 1520er Jahre sind, die unabweisbar das Aufkommen einer neuen Zeit markieren«, mehr noch als 1492 und die folgenden Jahre. Es brauchte einige Zeit, bis die Entdeckung des Columbus als das erkannt wurde, was sie wirklich war: die Auffindung eines neuen Kontinents. Bis zum Jahre 1507 dauerte es, dass die Geografen von Saint-Dié die Identifizierung von Amerika bestätigten. Und was noch wichtiger ist, »der Umbruch in den 1520er Jahren ist von größerer Bedeutung und hängt nicht allein mit der bedeutsamen Fahrt von 1492 zusammen«[83] Ich bleibe bei dieser Interpretation.

Die Weltlage nach 1520

Die 1520er Jahre zeichnen sich durch weitreichende Veränderungen aus. Dabei geht es nicht so sehr um die Wahl Karls V. zum Kaiser des Heiligen Römischen Reiches (1519), auch wenn die Thronbesteigung Suleimans des Prächtigen etwa zur gleichen Zeit (1520) die Konfrontation zwischen den beiden Großmächten der Zeit, dem Reich der Habsburger und dem Reich der Osmanen, beschleunigte. Viel wichtiger ist das Auseinanderfallen der lateinischen Christenheit im Zuge der lutherischen Reformation und der Verurteilung Luthers auf dem Reichstag zu Worms im Jahre 1521. Die nicht zuletzt durch die Reformation Luthers ausgelöste soziale Unruhen bewirkten ein Beben, bei dem der Deutsche Bauernkrieg von 1525 die tragischste Episode und der »Sacco di Roma« durch kaiserliche Landsknechte (1527) das am wenigsten vorhersehbare Ereignis waren. In den 1520er Jahren deutet sich auch eine wirtschaftliche Revolution an, durch den wachsenden Zustrom von Gold und später Silber aus Amerika, den Antillen und Mexico, und – dank der Portugiesen und ihres direkten Zugangs zu den Molukken (1522) – durch die Ausweitung eines weltumspannenden Handels mit teuren Nahrungsmitteln und Gewürzen. Und schließlich: ein Großunternehmen, die 1519 von Magellan (Magalães) begonnene und von El Cano 1522 vollendete Weltumseglung (die nur etwa 40 von 500 Männern überlebten), besiegelt die geografische Revolution: die (an sich bekannte) Kugelgestalt der Erde wird empirisch bewiesen und die Größe unseres Planeten wird nach oben korrigiert, die ungeheure Weite des »Südmeeres« (des Pazifiks) wird bei der Weltumseglung ersichtlich, auch wenn sie noch nicht exakt gemessen werden kann.

Das mit der Weltumfahrung zeitgleiche Unternehmen des Hernán Cortez ist zweifellos einer der wichtigsten Vorgänge der 1520er Jahre. Es handelt sich um einen Einschnitt von kaum zu überschätzender Bedeutung, denn es wurde eine alte Welt zerstört, um eine neue zu erschaffen. Es waren bei alledem noch schüchterne, konfuse, unsichere Anfänge, die Tragik und das Wunder einer der schmerzhaftesten Geburten am Ende dieses Sommers 1521, in einer zerstörten Stadt, wo die Asche eines großartigen Reiches erkaltete, und wo die *conquistadores* in den Trümmern eines indianischen Venedig vergebens ihrer von Staunen und Entzücken erregten Sehnsucht nachjagen – auf der Suche nach den »Sieben Städten von Cíbola« , nach dem Reich Quivira, nach dem Eldorado. Zwischen zwei Welten arbeitet Cortez an einem geradezu unwirklich anmutenden Werk, einem Mittelding zwischen der Utopie einer schöpferischen Vermischung der Rassen und der krassen Realität einer gierigen Suche nach Gold. Ein trügerischer Kompromiss selbstverständlich. Aber es ist nicht zu leugnen, dass eine neue Welt geboren wurde.

Aztekische Darstellung eines Menschenopfers zu Ehren des Kriegsgottes. Aus dem Codex Florentinus.

Seit den Anfängen der Eroberung hatte Hernán Cortez in voller Unerbittlichkeit seine feindliche Einstellung gegenüber der mexicanischen Religion kundgetan und seinen festen Willen artikuliert, die sichtbaren Zeichen dieser Religion zu zerstören und auszulöschen. Er duldete keinen Kompromiss des Christentums mit den ausdrucksstarken polytheistischen Kulten, die sich in oft Grauen erregenden Götterfiguren und Ritualen manifestierten, in Menschenopfern, von denen sich diese Gottheiten nährten und die dem Spanier wahrhaft blasphemisch und teuflisch erschienen. Die Bilder von zuckenden Herzen, aus denen noch das warme Blut floss, erschreckten die Soldaten der Konquista zutiefst, das bezeugen auch die Chronisten: mehr als den Tod selbst fürchteten die Spanier das zeremonielle Opfer, den Obsidiandolch, das gebräuchliche Instrument, mit dem man das Herz bei lebendigem Leibe herausschnitt, sowie das nachfolgende Verschlingen des Herzens. Sie wussten, dass dieser Schrecken begründet war: dieses grauenvolle Ende war das Los ihrer von den Mexica gefangenen Kameraden, insbesondere während der *Noche Triste*. Juan de Lara, Francisco Martín, Cortez' Stallpage, Pedro Gallego, Alonso de Monroy wurden in Xochimilco lebend gefangen genommen und im April 1521 den Göttern geopfert.

Obwohl die *conquistadores* selbst – und auch Cortez – an der einheimischen Bevölkerung oder auch an gegnerischen Landsleuten zahlreiche Grausamkeiten verübten, war doch nichts Heuchlerisches an dieser Haltung. Sie entsprach durchaus den üblichen Vorstellungen des christlichen Europa. Noch vor den Formulierungen der 22. Sitzung des Konzils von Trient am 17. September 1562 waren Cortez und seine Männer Anhänger der christlichen Idee, nach der die Sünden der gesamten Menschheit – durch die Menschwerdung Christi und den Martertod am Kreuz – mit einem einzigen und blutigen Opfer des Gottessohnes selbst hinweggenommen worden seien, so dass die religiösen Kulte der Christen und insbesondere die Heilige Messe wirkliches Vergießen von Blut nicht mehr nötig machten. Das Konzil von Trient sollte dekretieren: »In diesem göttlichen Opfer, das sich in der Messe vollzieht, ist Christus gegenwärtig und opfert sich auf unblutige Art, er, der sich selbst ein einziges Mal auf dem Altar des Kreuzes auf blutige Weise geopfert hat.« Das ist es, was Cortez seinen ersten indianischen Gesprächspartnern an den Ufern des Golfs von Mexico zu erklären versuchte, dann den Tlaxcalteken, als er einige Gefangene der Septemberkämpfe befreite und sie über die Malintzin wissen ließ, dass die Spanier nicht das Fleisch der Indianer verzehren und auch nicht die Herzen derjenigen, die sie töten.[84] Zu vielen Gelegenheiten lässt Cortez die Messe in Gegenwart von Kaziken feiern, nachdem man einen Altar mit Rosen und einem Kreuz errichtet hatte und sogar ein Bildnis der heiligen Jungfrau zeigte, in der Absicht, dem blutigen Ritual der Mexica ein friedvolles, auf der menschlichen Stimme und feierlichen Gesten beruhendes Ritual entgegenzustellen. So verhält er sich auch in Cingapaciga in der Nähe von Cempoala bei der Taufe von acht jungen Frauen, die den Spaniern vom *cacique gordo* und dem Kaziken Cuiesco angeboten worden waren. Das Zeremoniell dieser von Bartolomé de Olmeda zelebrierten Messe war mit Bedacht gewählt: brennende Wachskerzen vor dem Altar, Kreuz und Marienbild mit dem Duft »der Erde« beräuchert. Nach dem Friedensschluss in Tlaxcala und seinem Einzug in die Stadt lässt Cortez erneut eine Messe in Anwesenheit von Xicontencatl, Maxixcatzin und einiger anderer Kaziken feiern. In dem Quartier, das den Spaniern bei ihrem ersten Aufenthalt in Mexico von Moctezuma zugewiesen worden war, lässt Cortez eine Kapelle errichten, in der man jeden Tag eine Messe liest, bis der Messwein zur Neige geht; die Spanier müssen dann zwar auf die Eucharistie verzichten, aber sie beten lange knieend von dem Altar und den heiligen Bildnissen, um ihre Gastgeber damit zu beeindrucken: »Damit Moctezuma und seine Hauptleute es sehen (...), damit sie uns sehen, wie wir auf Knien vor dem Kreuz anbeten und besonders, wenn wir das Ave Maria singen.«[85]

Cortez' Offensive gegen die mexicanische Religion verzeichnete einen ersten Erfolg in Cempoala, als der Conquistador seinen Hauptleuten befahl, den Altar zu zerschlagen, auf dem die heidnischen Götterbilder standen. Der Bericht des Bernal Díaz del Castillo, wesentlich ausführlicher als der des López de Gomara, betont, dieses Vorhaben sei nicht leicht zu realisieren gewesen: Bernal Díaz erklärt, die Spanier seien schon bei einigen dieser widerwärtigen Opferfeiern zugegen gewesen und fügt hinzu: » Wir konnten es nicht mehr ertragen«; auf der anderen Seite erschien die Lage günstig, denn Cortez und seine Männer hatten den Totonaken die Steuereintreiber Moctezumas ausgeliefert. Aber der *cacique gordo* und seine Bundesgenossen konnten den Frevel nicht hinnehmen, die Zerstörung der Götter, die ihre Gesundheit schützten und ihnen gute Ernten schenkten, und so mobilisierten sie ihre Männer, »zahlreiche Krieger zur Verteidigung ihrer Götzenbilder«. Cortez drohte den Totonaken, sie der Rache Moctezumas zu überlassen, und aus dieser starken Position heraus befahl er seinen Leuten, die Götterbilder zu zerstören. »Wir sind hinaufgestiegen, etwa fünfzig Soldaten, und wir haben sie zerschlagen und ihre Götzenbilder sind in Stücke zerfallen – sie hatten die Gestalt von schrecklichen Drachen und waren so groß wie junge Stiere, andere waren von halb menschlichem Aussehen oder ähnelten großen Hunden von gefährlicher Art ...« Die Zerstörung der Götterbilder ruft bei den Kaziken blanke Fassungslosigkeit hervor, sie weinen, bedecken die Augen und flehen die Götter um Vergebung an; die indianischen Krieger greifen zu den Waffen, aber die Spanier ergreifen ihre Anführer, und so legt sich die Unruhe.[86]

Diese erste Episode offenbart zwei traumatische Erlebnisse. Das erste Trauma für die Spanier war die Entdeckung der Menschenopfer. Welches auch immer die wirkliche Anzahl und die Häufigkeit dieser Rituale war (eine umstrittene Frage), so steht es doch außer Zweifel, dass diese Opfer bei den Konquistadoren äußersten Widerwillen hervorriefen; schließlich kannten die Spanier die Kosmogonie der Azteken nicht und verstanden nicht, dass nach aztekischer Vorstellung so viel Blut notwendig war, um den Lauf der Welt und den allmorgendlichen Sonnenaufgang zu garantieren. Serge Gruzinski beobachtet: »Der Götzenkult ist die Hemmschwelle zwischen den beiden Welten (...). Das Schauspiel der Menschenopfer ist für die Invasoren eine ständige Quelle des Abscheus; seit der Expedition Grijalvas wissen sie, woran sie sind.«[87]

Das zweite Trauma ist das der Indianer, der unwidersprochene Tod ihrer Götter, die Passivität der Natur, die immerhin mögliche Komplizenschaft der Sonne mit den Eroberern. Serge Gruzinski sagt dazu: »Die Indianer erfuhren ihrerseits unermessliches Erstaunen, denn sie waren überzeugt, die Götter würden sich an den Eindringlingen rächen. Aber das Schweigen der Götter sanktioniert den Sieg und die Überlegenheit der Invasoren ...«[88] Diese Erkenntnis stellte sich jedoch nicht sofort ein. Die Erfahrung der Totonaken von Cempoala hatte keine Bedeutung für die unnachgiebigen Tlaxcalteken. Selbst noch nach dem Bündnis mit Cortez ließen sich die Kaziken nicht überzeugen, auch wenn sie respektvoll der christlichen Messe beiwohnten, wenn sie sich geduldig die Reden des Konquistadors anhörten, mit denen er ihre Götter und ihre Zeremonien anprangerte. Gegenüber Cortez äußerten sie sich durchaus vernünftig. Man solle ihnen Zeit lassen, um diese Religion, diesen zweifellos guten Gott und diese große Dame, von denen er ihnen erzählte, besser verstehen zu können. Aber »wie stellst du dir vor, dass wir unseren *teules* entsagen, die unsere Vorfahren so lange für ihre Götter gehalten haben, sie anbeteten und ihnen Opfer darbrachten? ... Die Priester (*papas*) haben nur das Beste von unseren *teules* erzählt und sie haben ihnen gesagt, wir sollten nicht vergessen, ihnen Menschen zu opfern, und wir sollten das tun, was bisher immer unser Brauch gewesen ist; wenn wir es nicht tun, werden sie unser Land durch Hungersnot, Krankheit und Krieg zerstören ...« Dieses Mal kam es für Cortez nicht in Frage, es mit Gewalt zu versuchen. Auf das Bündnis mit Tlaxcala konnte nicht verzichtet werden. Man musste abwarten. Davon konnten Bartolomé de Olmeda, »ein geachteter Theologe«, und einige andere Hauptleute Cortez leicht überzeugen. Olmeda wollte nicht, dass man die Indianer zur Bekehrung zwinge, vielmehr sollten sie vor allem unterwiesen werden; auch opponierte er gegen die Zerstörung der Götterbilder von Cholula sowie gegen die Errichtung von Kreuzen.[89]

Es ist offenkundig, dass Cortez bei seinem ersten Aufenthalt in Mexico keine Mittel sah, die Tempel einzureißen, die Götterbilder zu stürzen oder selbst die Menschenopfer zu verbieten. Will man Bernal Díaz glauben, hat Cortez versucht, zumindest den Verzicht auf Menschenopfer zu erwirken, als er dem gefangenen Moctezuma erlaubte, im Tempel des Huitzilipochtli zu beten. Er gab dem Aztekenherrscher eine Eskorte von vier Hauptleuten und 150 Soldaten mit sowie den Feldgeistlichen, damit sie eingriffen, falls doch blutige Opfer dargebracht würden. Aber die Aztekenpriester kümmerten sich nicht darum: sie hatten in der Nacht bereits vier Indianer geopfert. »Wir konnten uns mit ihm nur verbergen, denn Mexico und die anderen großen Städte, mit den Neffen Moctezumas, wie ich schon erwähnt habe, waren zum Aufstand bereit«, schließt Bernal Díaz.[90] Jedenfalls wiederholt Cortez Moctezuma gegenüber regelmäßig den Befehl, keine Menschenopfer mehr durchzuführen, und droht damit, eigenhändig die Götzenbilder zu zerstören, wenn man damit nicht aufhöre. Francisco López de Gomara versichert, Cortez selbst habe einige Götzenbilder im Großen Tempel umgestürzt; er habe auch eine von seinen Dolmetschern übersetzte Rede an Moctezuma, an dessen Adlige und Priester gehalten, einen Lobpreis auf den wahren Christengott, den Schöpfer aller Dinge, und heftige Angriffe gegen die Götter der Mexica geführt, die er »taub, stumm und blind« genannt habe; eine Rede, die bei den Priestern und Notablen einen tödlichen Hass gegen Cortez verursacht hätte. Es ist festzustellen, dass Bernal Díaz diese Rede mit keinem Wort erwähnt und dass sich Cortez in seinem Bericht an Karl V. darauf beschränkt zu sagen, er habe versucht, über seine Dolmetscher dem Moctezuma und seinen Mexica ihre Irrtümer vor Augen zu führen (zweite *carta de relación*), ohne auf eine feierliche Ansprache Bezug zu nehmen. Dafür behauptet Cortez im selben Text, er habe die Einstellung der Menschenopfer während seines gesamten Aufenthaltes in Mexico erwirkt. Es bereitet die größten Schwierigkeiten, dieser Darstellung Glauben zu schenken, vielmehr erscheint Cervantes de Salazar, der das Gegenteil behauptet, weitaus glaubwürdiger.[91]

Es ist offenkundig, dass die *Noche Triste* und der Sieg der Mexica, den sie zunächst als endgültig ansahen, eine Zunahme der Menschenopfer als Dank an die Götter bewirkte, zumal beim Rückzug zahlreiche Gefangene, Indianer und Spanier, gemacht wurden und damit viele potentielle Opfer zur Verfügung standen. Die siegreiche Gegenoffensive der Spanier, die Eroberung und die Zerstörung der Stadt Mexico läuteten dagegen das Ende der mexicanischen Religion ein. Nach der Schlacht stand kein Stein des Großen Tempels mehr auf dem anderen. Die in Mexico (Temistitán) am 20. März 1524 von Hernán Cortez promulgierten »Anweisungen für eine gute Regierung«, ordneten an – eingedenk, dass der Heilige Vater Seiner Majestät die Herrschaft über diese Völker hauptsächlich deswegen zugestanden hatte, damit sie zum »Heiligen Katholischen Glauben« bekehrt würden – , dass jedermann, der im Rahmen des *repartimiento* Indianer unter seiner Herrschaft hat, die Götzenbilder zerstören, ihre Wiedererrichtung verhindern und Menschenopfer verbieten muss; dieselben Personen sollen für die religiöse Erziehung der männlichen Kinder ihrer Indianer Sorge tragen und sie den Mönchen der nächstgelegenen Klöster anvertrauen, wenn ein Priester oder sonst eine dazu befähigte Person nicht verfügbar ist. Jeder *encomendero*, dem 2000 Indianer oder mehr unterstehen, soll einen Priester oder einen Ordensbruder für diese Unterweisungen in seine Dienste nehmen.

Angesichts des Datums dieser Anweisung handelte es sich dieses Mal um eine in die Zukunft blickende Maßnahme, die jedoch bezeichnend war für das cortesianische Projekt.[92] Serge Gruzinski unterstreicht diesen Aspekt: »Die Hauptsorge dieses Laien, die nichts von einem ideologischen Alibi an sich hat, ist weniger verwunderlich als es scheinen mag. Einmal, weil die 1520er Jahre reich sind an Fürsten, die sich um den Glauben und die Evangelisation kümmern (...), zum anderen haben die Katholischen Könige und insbesondere Isabella nur zu deutlich die spirituelle Dimension ihres Unternehmens betont, als dass Cortez dies hätte ignorieren können.«[93]

Bernal Díaz schreibt das cortesianische Evangelisationsprojekt auch den übrigen *conquistadores* zu. Er beansprucht das »Wir« bei der Forderung, Mönche, namentlich Franziskaner, auszusenden: »Cortez hatte über diesen Gegenstand, im Einvernehmen mit uns *conquistadores*, die wir Neuspanien gewonnen haben, an Bruder Francisco de Los Angeles, dem Franziskanergeneral, geschrieben, und gebeten, uns die Gnade zu gewähren, Mönche mit frommem Lebenswandel zu uns zu schicken (...) , damit die Einwohner dieses Landes erkennen, was wir ihnen sagten, als wir Krieg gegen sie führten; wir sagten ihnen, dass Seine Majestät Mönche schicken werde, die ein besseres Leben führten als wir selbst, damit sie die Gründe und die Predigtworte erkennen, deren Wahrheit wir ihnen versichert haben (...)[94] Die Erneuerung der Bitte um Entsendung von Mönchen »von gutem Leben und gutem Beispiel«, die Cortez selbst in seiner vierten *Carta de relación* mit großer Dringlichkeit vorbrachte und dabei um die Entsendung von Dominikanern bat, lässt sich nur verstehen, wenn die Abfassung des Berichts deutlich vor dem Ausfertigungsdatum und vor der Signierung erfolgte, also vor dem 15. Oktober 1524, denn die Ankunft von zwölf spanischen Franziskanern, unter ihnen

Bruder Toribio de Benavente, genannt *Motolinía,* datiert vom 13. Mai 1524: Bernal Díaz begrüßt ihre Ankunft mit tiefer Bewegung, und Cortez macht daraus einen feierlichen Empfang, um die Indianer mit seinem respektvollen Verhalten gegenüber den Mönchen zu beeindrucken. Vor diesen zwölf Franziskanern waren 1523 erst drei flämische Franziskaner in Mexico angekommen, und so sind Cortez' Worte »bis jetzt hat man davon nur wenige, fast überhaupt keinen gesehen« durchaus gerechtfertigt. Ab jetzt ging also das Projekt der Evangelisation in seine entscheidende Phase. Es sind die Franziskaner, die im Dienste der Akkulturation den Krieg der Bilder führen sollten, von dem im heutigen Mexico außergewöhnliche Zeugnisse erhalten sind.[95] Es kommt zudem nicht von Ungefähr, dass die Franziskaner stets die Partei Cortez' gegen seine Feinde ergriffen. Schon vor der Ankunft der zwölf Mönche hatte Cortez versucht, sich die Unterstützung der *encomenderos* zu Nutze zu machen, indem er ihnen auferlegte, die einheimischen Kultstätten und Götterbilder in ihren Besitzungen zu zerstören und dort Kirchen oder Kapellen und auch das Bildnis der Heiligen Jungfrau zu errichten.

Der zumindest relative Erfolg der von Cortez gewünschen franziskanischen Evangelisation, die Invasion neuer Zeichen: Kreuzwegstationen und Passionsdarstellungen Christi, Bilder der Jungfrau Maria und der Heiligen, später ein Netz von Kapellen, Kirchen und Klöstern, zuletzt gotische Kirchenschiffe, die von ersten Renaissancekirchen verdrängt werden, beantwortet nicht eine wichtige Frage: Wie konnten sich die Mexica und die anderen indianischen Völker auf kurz oder lang dem stillschweigenden Abschied von ihren Göttern fügen, wie konnten sie in ein Nichts eintauchen, wie sterbende Sterne, deren erlöschendes Licht nicht einmal mehr die Lebenden erreichte? Muss man nicht in der Erscheinung von Zeichen (darunter das Unwetter am 13. August 1521, am Abend der Kapitulation von Mexico), in Voraussagen, Prophetien, von denen die letzten einheimischen Quellen voll sind, eine Art Rechtfertigung der Götter und des Glaubens ihrer Anhänger erkennen? Bestand ihr Fehler lediglich in ihrer Taubheit, hatten sie die Vorzeichen der nahenden Tragödie nicht verstanden?[96]

Die Eroberung der Frauen

Die tödliche Krankheit, diese unbekannte Seuche, die während der Schlacht um Mexico die Reihen der indianischen Kämpfer dezimierte und auf wunderbare Weise ihre Gegner verschonte, war sie nicht auch ein Zeichen, dass sich die Götter abgewandt hatten? Die Mexica wussten nichts von den Pocken, die bereits auf den Inseln Hispañola und Puerto Rico gewütet hatten, und wussten auch nicht, wie man sie bekämpfen sollte. Wenn sie das Fieber ergriffen hatte, reagierten sie mit Untertauchen ins Wasser – ein falsches Remedium mit tödlichen Folgen. Wir wissen, dass die Bevölkerung der Küstengebiete des Golfes und des Pazifiks innerhalb weniger Jahre vernichtet wurde; die Menschen in den höher gelegenen Gebieten widerstanden etwas länger. Die Seuche verbreitete sich in rasender Geschwindigkeit. Bernardino Vázquez de Tapia sagt in seinem Bericht über seine Verdienste, die Pocken- und Masernepidemie habe maßgeblich dazu beigetragen, dass die Spanier ihren Krieg führen konnten. Serge Gruzinski stellt fest: »Die Pockenepidemie brach 1520 in der Umgebung von Vera Cruz aus und verbreitete sich im folgenden Jahr über das ganze Land«; von den 25 Millionen Einwohnern des Jahres 1519 sollten 1532 noch 16800000 und 1548 noch 7800000 übrig bleiben! »Auch dort, wo man niemals ein Pferd oder einen Spanier zu Gesicht bekam, wurden die Menschen von der Geisel der Seuche heimgesucht (...)«[97]. Die Pocken waren nur das Vorspiel für andere bakterielle Angriffe, die unter einer nicht-immunisierten Bevölkerung wüteten: die Masern im Jahre 1545, der exanthemische Typus oder *matlazahuatl* 1545, die Grippe 1557–1558 sollten in den folgenden Jahrzehnten den größten Teil der indianischen Bevölkerung Mexicos dahinraffen, vielleicht neun Zehntel davon, bevor sich die Zustände zwischen 1650 und 1700 langsam verbesserten.[98]

Cortez hatte daran keinen Anteil. Welches auch immer die Missbräuche der Eroberer waren, ihre gnadenlosen Ausbeutung indianischer Arbeitskraft etwa, die »Mordthese« jedenfalls hat man inwischen fallen gelassen. Cortez bewahrte die Erinnerung an die desaströsen Beispiele auf den Inseln. Hierauf bezieht er sich ausdrücklich in seiner vierten *carta de relación*: »Für uns, die wir die Erfahrung der Vergangenheit haben, erscheint es als ein sehr großer Fehler, in der Gegenwart nicht auf der Hut zu sein und nicht die Gründe zu berücksichtigen, warum wir – und das ist offenkundig – die Inseln verloren haben.« Einige Zeilen weiter oben schreibt er: »Es empfiehlt sich, nach der bestmöglichen Ordnung zu suchen, damit sich diese Länder bevölkern und damit die Spanier und die Einheimischen sich dort halten und fortbestehen können (...)«. In seinen »Anweisungen über gute Regierung« betont Cortez, es gezieme sich, »nicht nur die Indianer nicht zu vernichten und zu verlieren, sondern sie vielmehr zu bewahren und sie zu vermehren.« Erneut befasst er sich mit dieser Frage, ohne dabei Einzelheiten zu unterdrücken, in seinem Geheimschreiben (*carta reservada*) an den Kaiser zusammen mit seiner vierten *carta de relación*: Er ruft noch einmal die Entvölkerung der Inseln in Erinnerung und präzisiert: »Ich hüte mich mit Wachsamkeit, diesen Weg einzuschlagen (...). Ich erlaube nicht, dass man sie aus ihren Häusern hervorholt, um sie bei der Feldarbeit zu verwenden (...). Es scheint mir, dies ist ein Mittel, ihre Freiheit zu bewahren, und es besteht mehr der Grundsatz zu vermehren und zu bewahren, als zu entvölkern (...).« Diese Grundregel findet dann auch Eingang in seine Anweisungen von 1524 an seine *encomenderos*, auch wenn darin den *encomenderos* die Erlaubnis erteilt wird, die Indianer zum Viehhüten einzusetzen.[99]

Im übrigen waren die Spanier viel zu wenige, als dass ihr räuberisches Verhalten die Gesamtheit der indianischen Bevölkerung hätte ruinieren und sie dem Hungertod hätte preisgeben können, selbst wenn man auf dem Gebiet der Ernährung eine Konkurrenz durch die Einführung von Großvieh auf Kosten der Ackerbaukulturen berücksichtigt, wobei sich diese Konkurrenz aber erst am Ende des 16. Jahrhunderts geltend machte. Nach dem Fall der Stadt Mexico waren die Sieger wahrhaftig nur »Überlebende«. Die spanischen Opfer während der *Noche Triste* wurde, wie schon gesagt, von Cortez heruntergespielt, alle anderen Quellen multiplizieren die Verluste mit 3, 4, sogar 10. Andererseits erscheint es als unmöglich, die Verluste der Spanier bei der Belagerung Mexicos mit 50 festzusetzen, eine Zahl, die von López de Gomara und Cervantes de Salazar ohne Bedenken akzeptiert wurde. Allein Bernal Díaz erinnert sich an seine Angst, bei der Belagerung gefangen genommen und geopfert zu werden, und er bleibt dabei, mit eigenen Augen gesehen zu haben, wie mehr als 60 Spanier geopfert wurden: in den Kapiteln 62, 66 oder 78 liefert er entsprechende Aufzählungen. Die Aufstellung der *conquistadores* von Mexico bei Bernhard Grunberg, gut 1212 Referenzen, enthält mehrere hundert Eintragungen von *conquistadores*, von denen sich nach 1521 keinerlei Spuren mehr finden: die Mehrzahl muss im Verlauf der Belagerung getötet worden sein.[100]

Gewiss, Cortez hat die Spanier der Inseln aufgefordert, Neuspanien zu besiedeln. Und dieser Aufruf wurde gehört: er bewirkte, dass die Inseln von den Spaniern verlassen wurden. Andere Spanier kommen direkt aus dem Mutterland. Daneben aber ziehen sich viele *conquistadores* mit ihren neu erworbenen Reichtümern nach Spanien zurück. Oder sie geben sich einem neuen Traum hin: Peru übt in den 1530er Jahren eine unwiderstehliche Anziehungskraft aus. Zwischen 1530 und 1534 verlassen einige 500 Spanier das Territorium Neuspanien.

Aber schon entwickelt sich ein mestizisches Mexico. Es ist wahr, dass die Mexicaner selbst diese Vermischung gewünscht und gewollt haben. Von Anfang an, bereits in Tabasco, haben sie »die Schenkung der Frauen« praktiziert, ein in vielen Zivilisationen geübter Brauch, den man hier jedoch wörtlich genommen hat: In Cempoala war es überhaupt keine Frage, den Spaniern Frauen für häusliche Arbeiten anzubieten. Die acht Indianerinnen, sie alle Töchter von Kaziken, die man den Spaniern in ihren schönsten Kleidern anbot, und die sie nach ihrer Taufe auch akzeptierten, sollten die Freundschaft zwischen den Totonaken und den Spaniern besiegeln und den Konquistadoren Söhne gebären (*»hacer generación«*). Cortez verteilte sie unter seine Soldaten: die Schönste von ihnen (»sehr schön für eine Indianerin«, wie Bernal Díaz einräumt), Francisca, Tochter des Kaziken Cusco, wurde Alonso Hernández Portocarrero übergeben; über ihr weiteres Schicksal ist indessen nichts bekannt.

Es ist folglich abwegig, sich bestimmte naive Positionen der »antikolonialistischen« Diskussion, die anlässlich des 500. Jahrestages der Entdeckung Amerikas durch Columbus wieder auflebten, zu Eigen zu machen. Nach dieser Meinung sind sexuelle Beziehungen zwischen Spaniern und Indianerinnen weitgehend auf Vergewaltigungen zurückzuführen. Nun soll keineswegs die Realität von Vergewaltigungen geleugnet werden: welches kriegerische Unternehmen war je frei davon? Der Entscheidungskampf um Mexico war begleitet von vielen sexuellen Gewalttaten, das ist sicher. Auch haben z. B. die Soldaten des Francisco de Garay, die im Pánuco auf sich allein gestellt kämpften, zahlreiche Frauen vergewaltigt und sie oft anschließend getötet. In den meisten Fällen jedoch, namentlich in der von Cortez kommandierten Armee, waren Vergewaltigungen keineswegs die Voraussetzung von sexuellen Beziehungen zwischen Spaniern und einheimischen Frauen, denn diese Verbindungen wurden von Indianern und Indianerinnen im allgemeinen gebilligt. Wenn der schwedische Historiker Magnus Morner mit Recht schreiben konnte: »Auf gewisse Weise war die Eroberung der Amerikas durch die Spanier in erster Linie die Eroberung der Frauen«, dann war *diese* Eroberung im Grunde eine friedliche. Man muss begreifen – und das sagen die Tlaxcalteken *ausdrücklich* –, dass diese Spanier, diese von den Quellen der Sonne herkommenden unvorhersehbaren Wesen, als Sieger, als Menschen mit einem höheren Wesensgehalt, aufgefasst wurden: die Vereinigung indianischer Frauen mit diesen Siegern würde deshalb Kinder mit kriegerischen Tugenden hervorbringen. Später, in Peru, berichtet der Inka Garcilaso de la Vega, ein mestizischer Autor und Sohn einer Inkaprinzessin, in seinen »Kommentaren«, dass die Inkafamilien sehr damit einverstanden waren, wenn eine ihrer Töchter von einem Spanier schwanger wurde. Nach dem Fall von Mexico wollte Cortez Cuauhtémoc und seinen Kaziken, die die Rückgabe ihrer von den spanischen Soldaten »mitgenommenen« Frauen und Töchtern forderten, Gerechtigkeit widerfahren lassen, aber nur drei von ihnen – will man Bernal Díaz glauben – wollten ihre neuen Gefährten verlassen und nach Hause zurückkehren.[101]

Ohne Anspruch auf Vollständigkeit hat José María Garate de Córdoba 370 auf diese Weise angebotene Indianerinnen gezählt. Die Vorgänge in Tabasco und Cempoala wiederholten sich auch in Tlaxcala, dort aber mit größerem Pomp und mit wesentlich größerer Tragweite. Die Worte, die Bernal Díaz dem großen Kaziken von Tlaxcala, dem alten Xicotencatl, in den Mund legt, sind von beredter Einfachheit:

»*Malinche* (so wurde Cortez von den Indianern genannt), damit Ihr deutlich erkennt, dass wir Gutes wollen und Euch in allem zufrieden stellen wollen, wollen wir Euch unsere Töchter geben, damit sie Eure Frauen werden und Ihr Kinder zeugt, denn wir wünschen Euch zu Brüdern zu haben, Euch, die Ihr so gut und tapfer seid. Ich habe eine sehr schöne Tochter, die noch nicht verheiratet war; ich will, dass sie dir gehöre.«

Maxixcatzin und die anderen Kaziken sprachen ebenfalls in diesem Sinne. Am folgenden Tag kamen die großen Kaziken mit fünf schönen, gut gekleideten Mädchen zurück. Cortez bedankte sich, verlangte aber, dass sie in der Obhut ihrer Eltern blieben. Sodann setzte er den über diese Zurückhaltung erstaunten Kaziken auseinander, dass die Spanier sie nicht als ihre Frauen aufnehmen könnten, wenn sie nicht zuvor getauft wären. Er erklärte, er sei selbst verheiratet und übergab deshalb Luisa Xicontencatl dem Pedro de Alvarado, den er als seinen Bruder und Hauptmann vorstellte; die Nichte Maxixcatzins, Elvira, wurde Juan Velázquez de León zugesprochen, die übrigen tlaxcaltekischen Prinzessinnen kamen an Gonzalo de Sandoval, Cristóbal de Olid und Alsonso de Ávila. So glaubte sich Bernal Díaz zu erinnern, aber seine Erinnerung täuschte ihn.[102] Unter diesen Vermählungen ist allein die Verbindung zwischen Pedro de Alvarado und Luisa zweifelsfrei: das Paar sollte drei Kindern das Leben schenken: Tochter Leonore sollte später einen Cousin des Herzogs von Albuquerque heiraten, ein Bruder Alvarados, Jorge heiratete Lucia, die Schwester Luisas. Nach Diego Muñoz de Camargo jedoch boten die Tlaxcalteken Cortez und seinen Männern noch zusätzlich 300 Frauen an, Sklavinnen, die als Menschenopfer vorgesehen waren; Cortez akzeptierte schließlich auf Bitten der Malintzin, die ihm die schweren Nachteile bei einer Ablehnung der Geschenke vor Augen hielt. Derselbe Autor versichert, die tlaxcaltekischen Notablen hätten immer bereitwilliger ihre Töchter den spanischen Hauptleuten angeboten.[103]

Mit der Frauenübergabe von Tlaxcala befinden wir uns an den Ursprüngen des hispano-mexicanischen Adels. Aber es ist Isabel Tecuihpo Moctezuma, eine von drei an Cortez »vermachte« Töchter des aztekischen *tlaotani*, die den wichtigsten Beitrag zur Konstituierung dieses Adels leistete. Die Prinzessin, Witwe des Cuitlahuac, dann des Cuauhtémoc, schließlich die Mätresse des Hernán Cortez, mit der er die Tochter Leonore Cortéz y Moctezuma hatte, wurde in der Folge an drei *conquistadores* verheiratet; nur der letzte überlebte sie: Alonso de Grado, Pedro Gallego, mit dem sie den Sohn Juan Andrade Gallego Moctezuma hatte, schließlich Juan Cano aus Cáceres, der sie 1536 heiratete und dem sie fünf Kinder gebar: Pedro Gonzalo, Juan, Isabel de Jesús und Catalina Cano Moctezuma.

Die beiden Mädchen traten in ein Kloster ein, aber die Söhne wurden Stammväter. Ein merkwürdiges Schicksal![104]

Nach dem Beispiel seiner Mitstreiter – junge Männer, die mit offenkundiger Freude in diese angebotenen Verbindungen einwilligten –, trug Cortez auch das Seine zur Vermischung der beiden Völker bei. Er wartete nicht bis zur Einnahme Mexicos und bis ihm der entthronte Aztekenherrscher seine Tochter schenkte, denn schon nach Tlaxcala begann die Liebesbeziehung zur Malintzin, eine mehrere Jahre andauernde Leidenschaft, aus der Martín Cortez hervorging, der zukünftige Santiagoritter. Dieser Martín, den Cortez mehr liebte als seinen anderen Sohn, den mit seiner legitimen Gattin Juana de Zúñiga hatte, trug in sich das Drama und eine der Versuchungen der Epoche nach Cortez: die Abspaltung. Wir wissen, dass Cortez später María Malintzin dem aus Badajoz stammenden *conquistador* und guten Freund Cortez', Juan Jaramillo, zur Frau gab; er hatte mit ihr eine Tochter, die nach Spanien heiratete. Es ist gut möglich, dass Cortez auch mit María, einer anderen Tochter Moctezumas, geschlafen hat, oder auch mit mehreren dieser Töchter. Dessen wird er jedenfalls von Bernardino Vázquez de Tapia anlässlich des *Hofgerichtsurteils* beschuldigt.

In der Tat, vertragliche Eheschließungen zwischen den Eroberern und indianischen Frauen waren wahrhaftig nichts Außergewöhnliches. Das *Dictionnaire* von Bernard Grunberg, der meist nichts über das Privatleben der *conquistadores* ausfindig machen konnte, erlaubt es dennoch, 42 nahezu gesicherte Heiraten mit Indianerinnen zu identifizieren. Außer Alvarado, Juan Cano oder Pedro Gallego heirateten noch andere Spanier indianische Prinzessinnen, so etwa Sebastián de Moscoso aus Badajoz, der ein Mädchen aus Tepeaca heiratete und mit ihr drei Kinder hatte; oder Juan de Cuéllar, der Ehemann von Ana, Tochter des Königs von Tecoco; oder der Portugiese Pedro Martin Ruiman, der die Tochter des Kaziken von Teuila heiratete und mit ihr acht Kinder hatte. Diese ehelichen Verbindungen besiegelten den Eintritt von Spanieren in die indianischen Notablenfamilien und erleichterten maßgeblich den Genuss der von den *conquistadores* empfangenen *encomiendas*. Gegenüber den mit Spaniern abgeschlossenen 386 *encomienda*-Verträgen sind sie jedoch deutlich in der Minderheit.

Diese Heiraten propagierten den Vermischungsprozess in einem Großteil Mexicos: sie betreffen Tlaxcala und Puebla, Colima, Oaxaca, Tepeaca oder auch das Pánuco, sogar Guatemala und natürlich die Stadt Mexico selbst. Einige dieser Vereinigungen waren, wie schon gesagt, äußerst fruchtbar, so die Ehe zwischen Pedro Borgés und einer gewissen Catalina, von Juan Gómez de Almazan, der mindestens neun Kinder mit seiner indianischen Frazu hatte; von Alvaro de León aus Santander, der mit einer anderen Catalina sechs Kinder hatte, oder von Juan Pérez de Arteaga aus Palencia: sieben Kinder mit einer Angelina etc.

Die Vermischung beschränkte sich indessen nicht auf die nach 1526 unter franziskanischem Einfluss besonders häufigen Mischehen. Mehrere Spanier lebten lange Zeit im Konkubinat mit Indianerinnen, ohne jemals ihre Verbindung legalisiert zu haben: so Jerónimo de Aguilar mit Alvira Toznenetzin während seiner Gefangenschaft, so Ruy González, Juan de Nájera *el sordo*, der für die Legitimierung einiger seiner Söhne sorgte, oder Alonso Riero etc. Pedro de Alvarado hatte noch zahlreiche indianische Konkubinen, meist Töchter von Kaziken, obwohl er mit Luisa Xicotencatl verheiratet war.

Insbesondere aber vermehrten zahlreiche ledige oder verheiratete *conquistadores*, deren Ehefrauen in Spanien zurückgeblieben waren oder später nach Neuspanien nachkamen, die provisorischen Verbindungen und zeugten eine große Menge von Kindern, deren Spuren in den Quellen auffindbar sind. Und nicht wenige hatten eine Fülle von Kindern mit Indianerinnen, obwohl sie sogar in Mexico selbst mit Spanierinnen verheiratet waren. Die Beispiele sind Legion: Juan de Aguilar hatte wenigsten acht Kinder, deren Mütter wir nicht kennen; Antonio de Anguiano, der später der Polygamie bezichtigt wurde – ein sehr häufiges Delikt –, aber die bischöfliche Inquisition von Mexico (sie wurde erst 1571 durch einen besonderen Gerichtshof ersetzt) hätte viel zu tun gehabt, wenn sie alle Polygamisten hätte aufstöbern wollen!

Da ist noch der aus Burgos stammende Alonso de Contreras, der sich nicht damit begnügte, seiner Frau zehn Kinder zu machen, denn auf sein Konto gehen noch weitere vierzehn; desgleichen Juan Bautista Genovés, der mindestens zwei Bastarde unter seinen sechs Kindern zählte; Pedro Moreno hatte fünf Kinder mit seiner angetrauten Ehefrau Leonore de Nájera, aber auch zwei außereheliche Kinder mit der Indianerin Mari Brava. Der dreimal ordentlich verheiratete Ortiz de Zúñiga hatte noch drei außereheliche Kinder. Lorenzo Payo hatte vier. Juan de Herrera zählte ebenfalls vier Bastarde unter seiner äußerst zahlreichen Nachkommenschaft (vierzehn Söhne und Töchter). Alonso Pérez de Zamora hatte noch mehr aufzuweisen: siebzehn Kinder, darunter wohl sechs illegitime. Der ledige Gonzalo Rodríguez de la Madalena, in Puebla ansässig, zeugte mit Indianerinnen fünf Knaben und drei Mädchen. Bernardo de Santa Clara aus Salamanca hatte vier Kinder mit seiner angetrauten Ehefrau Teresa Cervantes, aber auch drei Kinder mit zwei indianischen Müttern. Diese Aufzählung könnte man fortsetzen: neben den mit Indianerinnen verheirateten Spaniern nennt Bernard Grunberg mehr als 60 *conquistadores* Mexicos, die außereheliche Kinder mit Indianerinnen hatten, und diese Zahl liegt wegen sonstiger fehlender Quellen ganz offenkundig noch weit unterhalb der Realität. Viele dieser Kinder heirateten wiederum Söhne und Töchter von *conquistadores*, darunter zahlreiche Mestizen.[105]

Der Prozess der Vermischung war in Gang gesetzt. Er entsprach ohne Zweifel Cortez' tiefer Überzeugung, denn er äußert an vielen Stellen den Wunsch, ja die Notwendigkeit, das Land zu »bevölkern«, sowohl in den normativen Texten (seinen Verfügungen) als auch in seinen Berichten an den Kaiser.

Er wusste sehr genau, dass die Anzahl der Spanier immer unzureichend bleiben würde, und dies bestätigte sich, als die Ausweitung der *conquista*, insbesondere nach Peru, den Zuzug von Europäern verminderte.

Man kann sich dennoch mit Serge Gruzinski fragen, ob die von den Franziskanern gepredigte »christliche Ehe«, anders gesagt »der brutale Übergang von der Polygamie zur Monogamie« nicht doch auch Ursache beklagenswerter Beispiele für menschliches Scheitern gewesen ist: »Die Zweitfrauen wurden zu verachteten Konkubinen und landeten auf der Straße, ihre Kinder wurden auf den Stand enterbter Bastarde reduziert, die keinerlei Zukunft hatten, und sie alle vermehrten die Zahl der Opfer der Eroberung. Desgleichen zerriss und veränderte die Kirche (...) das soziale Geflecht, das die Invasoren und die immer wiederkehrenden Epidemien bereits nachhaltig zerstört hatten.«[106] Ohne diese dramatischen Auswirkungen leugnen zu wollen, bin ich doch geneigt zu glauben, dass die jahrhundertealten Traditionen, Sitten und Gebräuche nicht so leicht zerstört werden konnten. Die Polygamie hatte wegen der Akzeptanz der beteiligten *conquistadores* und ihrer Kinder durchaus weiterhin Bestand. Das religiöse Netz war nicht so fest geknüpft, als dass es eine ausreichende Kontrolle hätte ausüben können; die Gerichtsurteile, wie auch die späteren Inquisitionsprozesse, belegen diesen Widerstand.

Vor dem Eingreifen des Königs: Die Regierung unter Hernán Cortez

Karl V. und seine Berater hatten nicht die geringste Absicht, Cortez die Regierung Neuspaniens zu überlassen. Nach ihrer Ansicht sollte eine Zivilregierung so rasch wie möglich die Regierungsgewalt des Eroberers und seines Clans ablösen. Aber dazu benötigte man Zeit, und während man auf grundlegende Entscheidungen wartete, musste man sich über die neue Regierungsform Gedanken machen. Nachdem die Kommission unter Vorsitz des Reichskanzlers Mercurio Gattinara die Gesandten Cortez (seine *procuradores*), das heißt seinen Vater Martín Cortez, Alonso Hernández Portocarrero und Francisco Montejo, aber auch die Abgesandten des Diego Velázquez gehört hatte, gab man Cortez Recht und missbilligte die Position des Bischofs Rodríguez de Fonseca, dessen Parteinahme für Diego Velázquez allzu offensichtlich war. Man befahl dem Bischof und Francisco de Garay, sich nicht in die Angelegenheiten Neuspaniens einzumischen. Schließlich wurde Cortez mit einer in Valladolid am 15. Oktober 1522 ausgefertigten königlichen Verfügung der Titel »Statthalter und Generalkapitän von Neuspanien« verliehen. Die Verfügung war gewiss von Instruktionen über Verwaltung und Regierung begleitet, auch wurde die Entsendung von königlichen Visitatoren angekündigt: Schatzmeister Alonso de Estrada, Sekretär Rodrigo de Albornoz, der Faktor Alonso de Aguilar sowie Peralmindez Cherino sollten sich nach Neuspanien begeben. Trotz allem hatte sich Cortez eine Atempause verschaffen können. Das war der Preis des Sieges; und was noch wichtiger ist, der Kaiser benötigte dringend die finanzielle Hilfe des Eroberers: Die Verfügung vom 10. Dezember 1523 enthält einen entsprechenden Hilferuf, in dem sich die verzweifelte Lage der königlichen Finanzen nach der kostspieligen Wahl zum Kaiser manifestiert: »Sorgt dafür, mir die größtmögliche Menge Goldes zu schicken.«[107] Bis zu seinem Abmarsch nach Honduras am 12. Oktober 1524 (die sogenannte Hibueras-Expedition) konnte Cortez somit eine unangefochtene Herrschaft in Neuspanien ausüben.

In der Euphorie seines Sieges nahm Cortez unter seinen Mitstreitern eine Verteilung von *encomiendas* nach spanischem Vorbild vor. Dieses mittelalterliche System der Landvergabe befand sich in Spanien bereits auf dem Rückzug. Cortez hatte sich damit die Wahrnehmung eines königlichen Vorrechts angemaßt, das ihm dann auch in den *Instruktionen* von Valladolid vom 26. Juni 1523 entzogen wurde (»Ich ordne an, in diesem Lande weder *repartimiento*, noch *encomienda*, noch Zuteilungen von Indianern selbst vorzunehmen oder vornehmen zu lassen«), man musste aber in dieser noch wenig gefestigten Situation den dringlichsten Bedürfnissen Rechnung tragen: Cortez sah in diesem System ein Mittel, die Eroberer in Neuspanien festzuhalten und den unerträglichen Missstand der Sklaverei zu vermeiden; dies setzt er in seinem berühmten »Geheimbrief« dem Kaiser auseinander. Er schreibt ihm, er habe nicht den oben erwähnten Instruktionen Folge geleistet und habe sie sogar geheim gehalten, um keine Verwirrung zu stiften. Denn die Spanier hätten, seiner Darstellung nach, keine anderen Mittel als die Hilfe (d. h. in Wirklichkeit die Abgaben und Dienste) der Eingeborenen. Ginge diese Hilfe verloren, würden die Spanier das Land verlassen, und es sei dann verloren. Cortez behauptet sogar, die Abhängigkeitsverhältnisse der Eingeborenen gegenüber ihren Herren seien vor der Eroberung weitaus drückender gewesen, und seitdem hätten die Eingeborenen auch von den furchtbaren Menschenopfern abgelassen. Aber wenn es Cortez den *encomenderos* auch überließ, über die zu leistenden Abgaben mit den indianischen Gemeinden selbst zu verhandeln, erließ er doch Regeln zur Verhinderung von allzu schamloser Ausbeutung: danach durften die *encomenderos* die Indianer, ihre Frauen und Kinder nicht aus ihren Behausungen holen und sie zur Feldarbeit oder zu anderen Arbeiten zwingen. Freilich sah die *encomienda* Abgabenleistungen vor: Mais, mehr und mehr auch Getreide, Honig, Kakao, Webereierzeugnisse (*mantas*) und in zunehmendem Maße Silber.[108]

Nach dem Sieg hatte Cortez somit die *encomiendas* unter denen verteilt, die mindestens acht Jahre in Neuspanien bleiben wollten. Nach Bernard Grunberg soll die Anzahl der *encomenderos-conquistadores* 370 betragen haben. Zu ihnen gehörten unter anderem die Gebrüder Alvarado mit Pedro an ihrer Spitze, Alsonso de Ávila, Gonzalo Cerezo, Diego de Coria, Juan de

Losa, Francisco de Lugo, Cristóbal de Ojeda, Gonzalo de Sandoval etc. Aber klugerweise sorgte Cortez auch dafür, dass die kooperationsbereiten Kaziken grundherrliche Rechte erhielten, so etwa der König von Texcoco. Isabel Tecuihpo Moctezuma, die ihm der sterbende Moctezuma anvertraut hatte, übertrug er die Herrschaft Tacuba. Darüberhinaus habe er, wie er dem Kaiser erklärte, entschieden, die Provinz Tlaxcala vollständig von der *encomienda* freizuhalten, »denn sie (die Tlaxcalteken) hatten einen großen Anteil an der Eroberung des ganzen Landes«; es sei deshalb gerechtfertigt, ihnen eine größere Freiheit zu gewähren. Cortez begnügte sich damit, in der Provinz einen befestigten Stützpunkt zu unterhalten und dort etwas Maisanbau und Viehhaltung zugunsten der königlichen Einkünfte zu betreiben. Cortez erwähnte nicht, dass ihm die Tlaxcalteken eine bedeutende Streitmacht stellten, mit deren Hilfe er die Eroberung in weiter entfernte Gebiete tragen konnte.

Die Zuweisung der *encomiendas* belegt den Willen, die Kontrolle über das Territorium so weit wie möglich auszudehen, denn das *encomienda*-System erstreckte sich auch auf die Provinzen Michoacán, Colima, auf das Tal von Oaxaca, auf die Bergbauregion Tornascutla sowie auf die Golfprovinzen Vera Cruz und Jalapa. Die Zuteilung von Grundherrschaft indessen schuf Privilegierte und Enttäuschte, und letztere sollten die Reihen der Cortez-Gegner füllen. Solche Misshelligkeiten erlangten jedoch erst später Bedeutung. Die Periode zwischen 1522 und 1523 jedenfalls ist die Stunde der Reorganisation des Landes, sogar von neuen Institutionen und obrigkeitlichen Verhältnissen, der Erforschung, des Wiederaufbaus, von Initiativen zur wirtschaftlichen Entwicklung, und es ist, wie gesagt, die Stunde des Kampfes gegen die einheimischen Götter und der Bekehrung zum Christentum.

Cortez entfaltete in diesen Jahren eine unermüdliche Tätigkeit, die ihm ausreichend Gelegenheit gab, sein politisches Talent, seine Organisationsgabe und seine Kreativität unter Beweis zu stellen. Die *cabildos* oder Gemeinderäte der neuen Städte (nach Vera Cruz wurde Segura de la Frontera im August 1520 zur Kontrolle der Wege zur Hauptstadt und dann zum neuen Mexico gegründet) wurden eingerichtet, bestehend aus einem *alcalde mayor* oder oberstem Richter, dessen Funktion sich nach der Ankunft der königlichen Beamten in ein Ehrenamt umwandelte, weiterhin aus den einfachen *alcaldes* oder Richtern der ersten Instanz, aus *regidores* (Schöffen bzw. Konsuln) sowie aus einem *alguazil mayor* (Chef der Polizei); alle Ämter wurden jährlich neu besetzt. Die ersten dieser Magistratspersonen waren häufig *conquistadores*, die mit Cortez' Zustimmung gewählt wurden. Zu den einfachen *alcaldes* der Stadt Mexico gehörten zwischen 1524 und 1526 der alte Rodrigo Rengel (1524), Leonel Cervantes (1525 und 1526), Juan Jaramillo, Cristóbal Flores, Diego de Valdenebro (1526). Juan Jaramillo und Cristóbal Flores finden sich unter den *regidores* von 1526 wieder, zusammen mit anderen *conquistadores*, wie etwa Bernardino Vázquez de Tapia, Diego de Soto oder Alonso Mendoza. Eine deutliche Mehrheit der *regidores* von 1526 (insgesamt 24) waren *conquistadores*.[109]

Cortez kurbelte auch die Ausbeutung der Goldminen an, die vornehmlich von Diego de Ordas und Juan Velázquez de León betrieben wurden. Beide waren 1520 während des Aufstandes in Mexico und der *Noche Triste* gefangen genommen worden. Für Cortez war dies eine politische Notwendigkeit, denn er hatte dem Kaiser bedeutende Goldlieferungen in Aussicht gestellt: die Erwähnung des Goldes ist in den verschiedenen *cartas de relación* ein wahres Leitmotiv, wie wir noch sehen werden. Am Ende der dritten *carta* erwähnte er eine Expedition, die er auf Goldsuche nach Huasteka im Osten und nach Oaxaca im Süden ausgeschickt habe. In der vierten *carta* an den Kaiser spricht er von zwei Expeditionen nach Süden (Tututepec, Tehuantepec, Soconusco) unter dem Kommando von Cristóbal de Olid und Pedro de Alvarado, von denen er sich einen guten Gewinn versprach: wirklich brachte dann auch Pedro de Alvarado gewaltsam (so schildern es mehrere Augenzeugen) in Tututepec eine beachtliche Menge Goldes an sich, einen Schatz, den man durchaus als konfliktgeladen bezeichnen könnte.

Andere Streifzüge nach Gold führten in den Westen (nach Michoacán, das bereits 5000 Pesos in Gold geliefert hatte) sowie unter Gonzalo de Sandoval nach Colima und nach Jalisco. Die Stadt Colima wurde im Juli 1523 gegründet. Alles, was er bei diesen Unternehmungen und bei der Plünderung Mexicos beiseite schaffen konnte, schickte er dem Kaiser als bedeutende Kriegsbeute, die allerdings, wie bereits gesagt, in die Hände des französischen Korsaren Jean Florin fiel. Deshalb brachte Cortez 1524 eine neue, wenn auch sicherlich bescheidenere Sendung auf den Weg. Sie hatte immerhin einen Wert von 60000 Goldpesos, enthielt auch einheimische Goldschmiedearbeiten und Juwelen und entsprach dem *quinto,* dem Anteil des Königs.[110]

Zugleich kümmerte sich Cortez um die wirtschaftliche Entwicklung Mexicos. Er setzte die Preise der verkauften Waren in den Herbergen auf dem wichtigen Verbindungsweg Vera Cruz-Mexico fest, um die Verteuerung der Lebensmittel zu verhindern; er regte den Getreideanbau in der Region um Puebla an sowie die Pflanzung von Weinstöcken und Zuckerrohr. Die »Verfügung über gute Regierung« verpflichtete die *encomenderos* zum Weinbau (5000 Weinstöcke pro 100 Indianer), von Obstbäumen und zur Aussaat von Weizen und Gerste in den indianischen Dörfern. In seinem dritten und vierten Bericht an den Kaiser bittet Cortez um Übersendung von Saatgut und Pflanzen aus Spanien. Er lässt Rinder in Spanien ankaufen, ohne sich jedoch über die Konsequenzen im Klaren zu sein: da bei den Indianern die Schweinehaltung ein wichtiges Ernährungselement war, brachte die schnelle Ausbreitung der Rinder große Nachteile.

Nichts aber lag Cortez in den Jahren 1521–1524 mehr am Herzen als der Wiederaufbau Mexicos.

Diego Rivera, Blick auf Tenochtitlán, Ausschnitt aus dem Wandgemälde in Mexico, Nationalpalast.

»Die Stadt, die niemand erwartete« … und die erträumte Stadt

Warum hat Cortez den Ort der zerstörten aztekischen Metropole gewählt, um dort die Hauptstadt Neuspaniens zu errichten? Warum bleibt man an dem Ort der Erinnerung eines Volkes an die Apokalypse, heimgesucht von den Gedanken an seine Könige und seine Götter, Waisenkinder zerstörter Tempel an den Ufern einer Lagune, die Zehntausende von Leichen getöteter Krieger, Frauen und Kinder verschlang, die noch Monate später süßlichen Verwesungsgeruch ausströmte und schließlich tödlichen Pesthauch? Eine Antwort scheint sich aufdrängen zu wollen. Cortez, und mit ihm viele seiner *conquistadores*, konnten den überwältigenden, gänzlich unerwarteten Anblick nicht vergessen, als sie auf der Passhöhe, die ihnen den Weg zur Hauptstadt öffnete, dieser unglaublichen Stadt, dieser phantastischen Stadt im See ansichtig wurden, wie sie eigentlich nur die Phantasie der Ritterromane erschaffen konnte.

Glücklicherweise verfügen wir über die ausführliche Beschreibung zweier Augenzeugen – Cortez und Bernal Díaz. Obwohl die *Historia verdadera* ein Vierteljahrhundert oder rund dreißig Jahre später geschrieben wurde, hat ihr Autor niemals sein Erstaunen angesicht des Tlalteloco, des Marktplatzes der Stadt, vergessen: »Unter uns waren Soldaten, die schon in vielen Weltgegenden herumgekommen waren, in Konstantinopel, in ganz Italien, in Rom, und sie sagten, sie hätten niemals einen so wohlangeordneten, großen Platz von solcher Harmonie und mit so vielen Menschen gesehen.«[111] Der Platz soll 180 x 160 Meter gemessen haben. Mit Bezug auf die beiden Texte kommentiert Georges Baudot: »Diese beiden einzigartigen Quellen, die den einzigen europäischen Blick auf die noch unversehrte prähispanische Stadt Mexico in einem langen schriftlichen Text überliefern, illustrieren aufs Beste, was heute Archäologie und historische Forschung nach und nach entdecken.« Aufgrund verschiedener Wahrnehmungen werden

Überraschung und Erstaunen in unterschiedlicher Art und Weise ausgedrückt: die breit angelegte, gegliederte, rationale, analytische, um Genauigkeit bedachte Darlegung des Hernán Cortez, der freilich anmerkt, es sei schier unmöglich, diese an Wunder grenzende Wirklichkeit zu beschreiben, kaum könne er ein Hundertstel davon offenbaren! Und dann der Rückgriff des Bernal Díaz auf das Phantastische, aufs Wunderbare, auf die Zauberwelt des Amadis, um seinen Lesern die hohen, aus Stein gebauten Türme und die fremdartigen, aus den Wassern des Sees emporwachsenden Bauten vor Augen zu führen, darunter die berühmte Pyramide, dreißig Meter hoch auf einer Grundlinie von hundert Metern, gekrönt vom Tempel des Huitzilipochtli und des Tlaloc und ihr gegenüber der Rundtempel des Quetzalcoatl.

Es ist offenkundig, dass Cortez diese herrliche Stadt nicht zerstören wollte, deren Anlage er bewunderte – die Harmonie zwischen Land und Wasser, das doppelte Antlitz der zum See hin offenen Häuser und die mannigfachen Straßen, welche die Stadt durchzogen. Immer wieder erinnert er an seine vielfachen Friedensangebote: »Ich habe stets, hochmächtiger Herr, nach Mitteln und Wegen gesucht, die Menschen von Temixtitán unserer Freundschaft gewogen zu machen, zunächst, dass sie nicht Ursache ihrer eigenen Zerstörung wären, dann, um uns von den Mühen der zurückliegenden Kriege zu erholen.« Cortez berichtet noch von weiteren Friedensangeboten, beklagt die durch ihn verursachten Feuersbrünste und schließt mit einer gewissen Bitterkeit: »Sie zwangen uns, sie vollständig zu zerstören, und ich empfand ein großes Bedauern, und meine Seele war voller Schmerz.«[112]

Da er diese einzigartige Stadt nicht retten konnte, beschloss Cortez, sie am selben Platz, unter Beibehaltung ihres ursprünglichen Namens, wieder aufzubauen. Die Stadt hieß von da an Mexico-Tenochtitlán (oder Temixtitan, wie die Spanier den Namen verstanden). Kein Hinweis auf christliche Schutzheilige, auf den heiligen Jakobus, auf den heiligen Franziskus, auf die Jungfrau Maria, auf das Wahre Kreuz. Keinerlei Anspielungen auf Königliches oder Kaiserliches. Vielmehr eine diskrete Hommage an die untergegangene Zivilisation, zugleich aber auch der stumme Anspruch auf die Erbschaft des Aztekenreiches, auf die Kontinuität zwischen der Mexica-Dynastie und dem spanischen Reich der Habsburger. Es scheint erwiesen zu sein, dass die Mehrzahl der Mitstreiter mit dieser Entscheidung nicht einverstanden war: einige fanden den Ort ungesund, andere fürchteten, dass sie bei einer Rebellion eingeschlossen werden könnten, wie schon einmal im Jahre 1520. Sie favorisierten einen anderen Ort in unmittelbarer Nähe der Lagune, in Coyoacán, wo sich die Spanier für die Dauer des Wiederaufbaus in den Palästen der Azteken einquartierten. Auch Tacuba oder Texcoco wurden als Standorte der neuen Hauptstadt genannt. Anlässlich des *Hofgerichtsurteils* behaupteten die Zeugen sogar, Cortez habe in einer ersten Regung die Idee eines Wiederaufbaus der Stadt am alten Platz verworfen. Wenn das zutrifft, hat Cortez schnell seine Meinung geändert: er ließ an anderer Stelle einen befestigten Stützpunkt für die »Brigantinen« bauen, die im Falle eines Angriffs als wichtigstes Verteidigungsmittel gedient hätten.

Cortez informierte den Kaiser von seinem Projekt, in fünf Jahren »die edelste und volkreichste Stadt der bewohnten Welt mit den schönsten Gebäuden« zu errichten. Im Januar 1522, mit einer kurzen Verzögerung, begannen die Arbeiten, nachdem man die Kanäle freigemacht, den Aquädukt von Chapultepec instand gesetzt und die Leichen und Trümmer beseitigt hatte. Unter Cortez' Leuten befand sich ein fähiger Mann aus Badajoz, García Bravo, ein Veteran der frühen amerikanischen Unternehmungen, insbesondere aber ein guter Geometer, den man bereits mit der Konzeption der Festung Badajoz betraut hatte. Alonso García Bravo zeichnete (*traza*) den Plan der neuen Stadt unter Mithilfe anderer Veteranen der Konquista (Pedrarias, Grijalva) sowie des Toledaners Bernardino Vázquez de Tapia, der als einer der ersten Spanier sein Haus in der neuen Stadt Mexico erbaute; er wurde *regidor* der Stadt und erinnert an diese Mitarbeit in seinem *Bericht über die Verdienste.* García Bravo erfuhr noch von zwei anderen Konquistadoren und Architekten Unterstützung, von Alonso García Albañil (Erbauer des Gebäudes für den *cabildo*) und Martín de Sepúlveda.

Die Schachbrettanlage, der Klassiker der spanischen Stadtgründungen in Amerika, wurde in Übereinstimmung mit den später eingetroffenen königlichen Instruktionen beibehalten, wurde aber den Erfordernissen der Lagunenlage angepasst, denn die befestigten Straßen und die Kanäle waren wiederhergestellt worden, und Cortez wünschte, den Palast des Moctezuma zu erhalten – eines der wenigen prähispanischen Gebäude, das einer vollständigen Zerstörung entgangen war. Auch musste ein großer, zentraler Platz eingeplant werden (der spanische Urbanismus, der die Insignien der Macht ins Zentrum der Städte verlegt, vereinigt sich hier mit der aztekischen Ordnung), auf dem sich ein christliches Gotteshaus erheben sollte, und zwar an der Stelle des Großen Tempels als Zeichen des neuen Glaubens für die Mexica. Aus diesen Gründen war das Schachbrettmuster nicht perfekt: die schnurgeraden Straßen stießen zwar rechtwinklig zusammen, wurden aber durch den Platz, den Palast und die unregelmäßig verlaufenden Uferzonen des Sees unterbrochen. Die vier großen Dämme, welche die Stadt im See mit dem festen Land verbanden, erhielten erneut ihre Funktion als Hauptachsen.

Das Zentrum der Stadt war den Spaniern vorbehalten, während die Indianer vier Quartiere zugewiesen bekamen: Atzacoalco, Cuepopan, Moyotlan und Zoquiapan, alle auch versehen mit den Namen christlicher Heiliger. Den Spaniern war es verboten, sich in den vier Quartieren niederzulassen, um Zwischenfälle zu vermeiden. Der Wiederaufbau ging schnell vonstatten, denn man hatte eine große Anzahl indianischer Arbeiter zur Verfügung (darunter viele Kriegsgefangene), forderte aber auch hohe Verluste an Menschen: Der Franziskaner

Motolinía berichtet, viele Indianer seien im Laufe der Arbeiten gestorben. Zunehmend entfalteten sich in der Stadt fieberhafte wirtschaftliche Aktivitäten: die Märkte quollen über von Waren, und viele Handwerker strömten herbei: Maurer und Zimmerleute, aber auch Töpfer, Goldschmiede, Weber etc.

Die Größe der Stadt ist schwer anzugeben. Die Schätzungen von López de Gomara oder von Alva Ixtlilxochitl sind mit größter Vorsicht zu behandeln: sie gehen von der unwahrscheinlichen Anzahl von 100 000 Häusern aus, die »viel schöner als die vorigen« gewesen sein sollen! Man weiß, dass 1524 ungefähr 30 000 Indianer im neuen Mexico lebten. Es gab noch etwa 150 Häuser der Spanier. Insgesamt könnte die spanische Einwohnerschaft somit 2–3 000 betragen haben.

Im Jahre 1522 ging Cortez in Coyoacán an die Verteilung der Hausgrundstücke (*solares*) unter die *conquistadores*; jedes solar hatte eine Seitenlänge von 150 Fuß. Jeder von ihnen erhielt mindestens zwei solares, eines als Prämie für geleistete Dienste, das zweite zur Erfüllung des Status' als *vecino* (anerkannter Einwohner) von Mexico. Sie hatten jedoch die Auflage, ihre Häuser in kurzer Frist zu bauen. Darüber hinaus erhielten sie noch Gartenland außerhalb der Stadt.

Natürlich gab die Zuweisung der Grundparzellen Anlass zu vielerlei Beschwerden, Protesten etc. Cortez wurde, sicherlich zu Recht, vorgeworfen, er habe sich selbst sehr gut bedient (mit etwa 50 solares) und seine Freunde bevorzugt, jedenfalls ist sein *Hofgerichtsurteil* reich an Anklagen dieser Art. Mehrere *vecinos* beklagten sich, sie hätten unbebaubare Grundstücke erhalten. Schnell entwickelte sich ein reges Geschäftstreiben im Zusammenhang mit diesen Parzellen: Tausch, Wiedereinsetzung, Verkauf, Vermietung, Neuzuweisung etc.[113]

Dennoch war das Endergebnis durchaus bemerkenswert. Serge Gruzinski meint, Mexico sei somit »vor und nach der Eroberung eine geordnete Stadt« gewesen. Als Zwittergebilde, welche die Überlebenden einer »gebrochenen Gesellschaft« mit einer »Räuberbande« vereinigte, als Manifestation eines

»urbanen Gedankens« und eines »Aufeinandertreffens von Gegensätzen«, sollte diese Stadt in jedem Fall der bevorzugte Ort zur Ausübung von Macht und zum vielfältigen Begegnungsort im kolonialen wie im unabhängigen Mexico werden und sich zu einer der gigantischsten Agglomerationen der Welt entwickeln.

V. DER LANGE MARSCH – ZU DEN GRENZEN DER CONQUISTA

Der vollständige Sieg des Hernán Cortez und die Zerstörung der Stadt Mexico verursachte unter den Indianern eine außerordentliche Erschütterung. In diesem Punkt herrscht bei den zeitgenössischen Chronisten Übereinstimmung. Allein quasi übernatürliche Wesen haben die gefürchteten Krieger der Culua besiegen können. Mehrere indianische Herrscher hielten es daher für angezeigt, sich Cortez anzuschließen, während er diese Situation nutzte, die Eroberung auch weiter entfernter Provinzen in Angriff zu nehmen. Dennoch konnte sich bisweilen die spanische Herrschaft nur unter Schwierigkeiten etablieren, und sie blieb einige Jahre lang durchaus zerbrechlich.

Erweiterung des Machtbereichs

Der einfachste und dauerhafteste Anschluss ließ sich im Falle von Michoacán ins Werk setzten; diese ausgedehnte Provinz erstreckte sich zwischen der Senke von Mexico bis zum »Meer des Südens«. Nach Angaben von López de Gomara schickte Cazoncin, der König von Michoacán, hintereinander zwei Gesandtschaften nach Mexico. Cortez empfing die Gesandten dieses seit langer Zeit mit Mexico verfeindeten Königs mit ausgesuchter Herzlichkeit; er zeigte ihnen die Brigantinen, mit denen er die Hauptstadt versehen hatte, ließ sie die Reiterkunststücke seiner Kavallerie bewundern und die Zielgenauigkeit seiner Artilleristen und Arkebusiere. Die Gesandten waren so beeindruckt, dass der König eine spanische Niederlassung in der Nähe seiner Hauptstadt Tzintzuntzan akzeptierte (ein Marktflecken dieses Namen findet sich noch heute am Ufer des Pátzcuarosees). So konnte Cortez seinen Untergebenen Cristóbal de Olid mit vierzig Berittenen und hundert Fußsoldaten in Michoacán stationieren. Der König entrichtete zudem 5000 Goldpesos von mittelmäßiger Legierung, denn das Gold war mit Silber vermischt. Immerhin konnte Cortez Karl V. mitteilen, dass diese volkreiche, fruchtbare Herrschaft, wohl versehen mit Silberminen und Salinen, mit fischreichen Seen und jagdbarem Wild, sich zum Vasallen des Königs von Spanien erklärt habe. Dies war eine von Cortez' Fähigkeiten: in seinem Briefwechsel mit Karl V. deklarierte er den Anschluss an seine Person als eine Unterwerfung unter einen fernen König, von dem die Indianer überhaupt nichts wussten.[114]

Die Eroberung der großen Region zwischen Oaxaca und den beiden Seiten des Isthmus' von Tehuantepec ging verhältnismäßig schnell und leicht vonstatten, obwohl sich die Indianer (zumeist Zapoteken), die sich zuerst den Spaniern angeschlossen hatten, dann aber das Debakel der *Noche Triste* zur Rebellion nutzten, von äußerst wankelmütiger Sinnesart zeigten (*mudables*, wie es an vielen Stellen López de Gomara ausdrückt). Die erste Kampagne im Oktober 1521 unter dem Befehl von Gonzalo de Sandoval mit 200 Fußsoldaten, 35 Reitern und einer bedeutenden indianischen Streitmacht, erreichte ohne Schwierigkeiten die Unterwerfung von Tuxtepec. Aber in Coatzalcoalcos an den Ufern des Golfs von Mexicos verweigerten die Indianer Sandoval den Durchmarsch; in einem nächtlichen Angriff musste er den Widerstand brechen. Vier Meilen vom Meer entfernt gründete er die Stadt Espírito Santo und erzwang den Anschluss von mehreren Städten und Dörfern der Eingeborenen. Auf dem Rückweg stellte er die Befriedung von Oaxaca sicher.

In Übereinstimmung mit den Instruktionen Karls V. beabsichtigte Cortez auch die Erforschung der Meerenge, die den Übergang vom Atlantik zum »Südmeer« erlauben würde, und über die man die Gewürzinseln, die Molukken, erreichen könnte. Die Existenz einer solchen Meerenge wurde damals nicht in Zweifel gezogen. Zu diesem Zwecke schickte er eine kleine Gruppe Spanier auf Erkundungsfahrt bis nach Tehuantepec. Der Trupp wurde vom örtlichen Kaziken freundlich empfangen und kehrte mit reichen Geschenken wieder zurück. Der Kazike erklärte sich zum Vasallen des spanischen Königs, forderte aber zugleich auch Hilfe von den Spaniern, insbesondere Berittene gegen die Leute von Tututepec, die ihn mit Krieg überzogen und den Christen gegenüber feindlich eingestellt waren. Cortez entschied Ende des Jahres 1522, Pedro de Alvarado mit 200 Spaniern, 40 Berittenen und zwei kleinen Kanonen zu entsenden. Alvarado durchzog das befriedete Oaxaca und erreichte nach einem Monat Tututepec. Er entging einem Hinterhalt des örtlichen Herrschers, setzte ihn gefangen und erhielt 25 000 Goldstücke als Lösegeld. Alvarado gründete dort die Stadt Segura. Aber noch während Alvarado nach seiner Rückkehr in Mexico mit Cortez über den Status der neuen Stadt verhandelte, brachen Revolten aus, sodass Cortez seinen *alcalde mayor*, Diego de Ocampo, ausschicken musste, der dann auch die Ruhe wiederherstellte.

Zur Erkundung der Meerenge zum »Südmeer«[115] erschien es günstiger, die Freundschaft des Königs von Michoacán zu nutzen, das man sich in der Nähe der Meerenge gelegen dachte. Cortez organisierte deshalb den Transport von Material (Balken und Planken, Eisenbeschläge, Segel, Masten, Takelwerk) zwischen Vera Cruz und Zacatula (in der Nähe des heutigen Cihuatlan), um an der Pazifikküste Schiffe bauen zu können. Er befahl Cristóbal de Olid, der sich gerade in Tzintzuntzan aufhielt, mit hundert Spaniern und Hilfstruppen aus Michoacán zur Küste zu marschieren, über den Bau der Schiffe zu wachen und die Küste zu erkunden. Cristóbal de

Olid jedoch, immer auf der Jagd nach Beute, hielt es für ratsam, die Gelegenheit zu nutzen und mit der ihm unterstellten Streitmacht die benachbarte und als reich angesehene Provinz Coliman zu unterwerfen.

Diese Aktion war Auslöser des Krieges von Coliman. Cristóbal de Olid wurde zunächst besiegt und musste den Rückzug antreten. Cortez setzte daraufhin den bewährten Gonzalo de Sandoval mit 70 Fußsoldaten, 25 Reitern »und zahlreichen befreundeten indianischen Kriegern« in Marsch. Aber Sandoval hatte ebenfalls keinen Erfolg: das Terrain ist gebirgig und auf den steilen Hängen konnte die Reiterei nicht wirksam eingesetzt werden. Sandoval musste sich zur Küste zurückziehen; er überwachte den Fortschritt der Schiffbauarbeiten und nahm einige Dutzend Spanier als Verstärkung in seine Truppe auf: er trug dann zwar den Sieg davon, es gab aber auf spanischer Seite viele Verwundete. Dennoch, die Verluste des Gegners waren so groß, dass sich die Leute aus Coliman als Vasallen dem König von Spanien unterwarfen. Gonzalo de Sandoval gründete die Stadt Colima und ließ dort 150 Spanier, darunter 25 Berittene, zurück.

Cortez selbst führte eine starke Expedition nach Pánuco an, das weit nördlich von Vera Cruz an der Küste des Golfs von Mexico lag. Es ging darum, die Niederlage Franciscos de Garay von 1518 und 1519 zu rächen und zugleich alle Spuren dieser Niederlage auszulöschen, denn die Haut, die Köpfe und Bärte spanischer Soldaten hatte man in gegerbtem Zustand an die Tempelmauern geheftet. Auch ging es darum, der Rückkehr Garays zuvorzukommen, von dem Cortez wusste, dass er eine neue, starke Armee aufstellte; Garay verfügte über beachtliche Mittel und hatte darüber hinaus bei Hofe die Übertragung eines *adelantamiento* (eine Art Grenzmark) von Pánuco erwirkt, sollte ihm die Eroberung gelingen.[116] Also machte sich Cortez mit 300 Mann Fußvolk, 150 Berittenen und mehreren tausend verbündeten Mexicanern (López de Gomara spricht von der übertriebenen Anzahl von 40 000) auf den Weg. Die Indianer aus Pánuco glaubten sich hinter ihren Lagunen und Sümpfen in Sicherheit und schlugen Cortez' Aufforderung, sich zu unterwerfen, aus. Nach seiner beliebten Methode startete der *conquistador* einen erfolgreichen nächtlichen Angriff an Bord kleiner Schaluppen und hatte in fünfundzwanzig Tagen die gesamte Region erobert. Er gründete San Estebán del Puerto, bildete aus der Mitte der 150 Spanier, die er in der Stadt als Garnison sationierte, eine Stadtregierung und kehrte nach Mexico zurück, nachdem er auf seinem Weg einige rebellische Dörfer »befriedet« hatte.

Francisco de Garay hatte in der Zwischenzeit vom Hof die geforderten Dokumente erhalten. 1523 warb er in Jamaica und den umliegenden Inseln eine starke Streitmacht aus 850 Spaniern, 140 Kavalleristen, mehreren Kanonen und 200 Arkebusen an. Unter Mitarbeit von Juan de Grijalva, dem Kenner der mexicanischen Küste, rüstete Garay elf Schiffe aus, bunkerte große Mengen an Verpflegung und stach in See. Bei einem Zwischenhalt in Cuba erfuhr er, dass Cortez das Pánuco erobert und »bevölkert« hatte. Klugerweise entschied sich Garay, mit Cortez in Verhandlungen zu treten, und schickte Alonso de Zuazo als Unterhändler, während er selbst wieder die Anker lichtete. Am Rio de Palmas setzte Garay die Hälfte seiner Truppe an Land, sein Vormarsch vollzog sich damit zugleich zu Wasser und zu Lande. Als beide Abteilungen nach vielerlei Mühen und Entbehrungen – das vom Krieg heimgesuchte Land war nahezu verlassen – im Pánuco anlangten, stießen sie auf die von Cortez in San Estebán del Puerto zurückgelassenen Soldaten unter dem Kommando von Pedro de Vallejo. Man verlegte sich aufs Verhandeln, auf ein Hin und Her zwischen Mexico und Pánuco. Von Bedeutung ist, dass während dieser Verhandlungskontakte Franciso de las Casas und Rodrigo de Paz in Mexico eintrafen; sie führten die Briefe des Kaisers mit sich, mit denen Cortez in die Regierung Neuspaniens und aller eroberten Territorien, einschließlich des wörtlich genannten Pánuco, eingesetzt wurde. Cortez schickte sogleich Pedro de Alvarado und den *alcalde mayor* Diego de Ocampo nach Pánuco, um Garay die königlichen Dokumente vorzuweisen.

Francisco de Garay zeigte sich darüber enttäuscht und befand sich in einer verzweifelten Lage, da sich seine Armee aufgelöst und über das ganze Land zerstreut hatte, wobei viele von ihnen getötet wurden. Alvarado, Vallejo und Ocampo rieten ihm, an Cortez zu schreiben oder im noch freien und fruchtbaren Gebiet des Rio de Palmas Niederlassungen zu gründen. Cortez gelang es mit seiner ihm eigenen Geschicklichkeit, die Situation und die Gefühle zu seinen Gunsten zu wenden: Er lud Garay zu sich nach Mexico ein, übergab ihm eine Eskorte und Verpflegung, empfing ihn mit großer Herzlichkeit, gab ein Bankett zu seinen Ehren, ermunterte ihn, sich am Rio de Palmas niederzulassen und sagte ihm Hilfe und Unterstützung zu. Garay nahm Quartier bei seinem Freund Alonso de Villanueva. Die Übereinkunft zwischen den beiden Männern wurde mit einem Eheversprechen zwischen dem ältesten Sohn Garays und Catalina Pizarro, Cortez' natürlicher Tochter, besiegelt. Die beiden nun versöhnten Männer feierten gemeinsam das Weihnachtsfest 1523. Hier wurde Garay von einer schmerzhaften, fiebrigen Krankheit ergriffen und starb einige Tage später. Gerüchte verwandelten diese tödliche Krankheit in einen Mord. Dennoch, von den drei Anklägern beim *Hofgerichtsurteil*, das sich mit den Beziehungen zwischen Cortez und Francisco de Garay befasste, erwähnte keiner eine Verantwortung des ersteren am Tod des letzteren.[117] Bernal Díaz bestätigt in Übereinstimmung mit den Ärzten, Garay sei eines natürlichen Todes gestorben.

Die offenkundige Uneinigkeit zwischen den Spaniern, die indessen nicht zu einem wirklichen Bürgerkrieg führte, die Plünderungen, Brandschatzungen, Vergewaltigungen der auf sich allein gestellten und von ihren Chefs (Juan de Grijalva, Gonzalo de Figueroa, Alonso de Mendoza etc.) schlecht geführten Truppe Garays provozierten einen heftigen Aufstand:

Hunderte von Spaniern wurden geopfert oder auf andere Weise getötet; die Garnison von San Estebán del Puerto wurde belagert und geriet in höchste Gefahr, und der Garnisonskommandant wurde durch einen Pfeil getötet. Cortez musste wieder einmal Gonzalo de Sandoval zur Hilfe rufen; seine Truppe bestand aus 100 Fußsoldaten, 50 Berittenen, aus Artillerie und 20–30 000 indianischen Kriegern (darunter wohl auch 8000 Tlaxcalteken) sowie dem gesamten Tross. Nachdem man in schweren Kämpfen den Weg nach San Esteban geöffnet hatte, befreite Sandoval die Garnison von der Belagerung und führte systematische und erbarmungslose Repressionsmaßnahmen durch: Drei Kompagnien durchstreiften das Land und zündeten die Dörfer an, nachdem man sie geplündert hatte. Nach Beratungen mit Cortez ließ Sandoval die Gefangenen der niedrigeren sozialen Ränge frei und verurteilte in einem Prozess 460 Gefangene der Herrenschicht zum Tode; sie wurden alle im Beisein ihrer Söhne hingerichtet: Anschließend gab er den Söhnen im Namen des Kaisers ihre Herrentitel wieder zurück unter der Bedingung, dass sie sich von nun an als »Freunde der Christen und der Spanier« verhielten.[118]

Die letzte wichtige Eroberung vor der dramatischen Expedition nach Las Hibueras (oder Honduras) war die Eroberung Guatemalas, mit der Pedro de Alvarado beauftragt wurde. Cortez hatte von einer Provinz reich an Minen und bewohnt von grausamen Kriegern gehört. Alvarado verließ Mexico am 13. November 1523: er hatte 300 Mann Fußvolk, darunter 120 Arkebusiere und Armbrustschützen, 135 Kavalleristen, vier Kanonen und einen Geschützmeister, dazu noch 200 Tlaxcalteken und 100 Mexica. Die Armee wurde von den Zapoteken von Tehuantepec freundlich empfangen; in Soconusco erklärten sich die Bewohner zu »Vasallen Seiner Majestät«. Danach wurde es ernst: Alvarado und seine Männer wurden bei der Erzwingung des Duchmarsches nach Quetzaltenango im heutigen Guatemala in schwere Kämpfe verwickelt. Die Spanier verloren eine Anzahl Männer und Pferde, und viele wurden verwundet und mussten ihre Kanonen und Arkebusen einsetzen, um den Pass nach Quetzaltenango überschreiten zu können. Als er vom Anrücken einer starken indianischen Streitmacht unterrichtet wurde, verließ Alvorado die Stadt und brachte seine Armee auf einer großen Ebene in Stellung, wo sich seine Kavallerie nach Belieben entfalten und tief in die feindlichen Reihen eindringen konnte, sodass sich die Indianer, die einige Kaziken verloren hatten, zum Friedensschluss bereit erklärten. Dennoch mussten zahlreiche Kämpfe geführt werden (darunter ein Hinterhalt in Utlatan, den die dortigen, mit Quetzaltenango verfeindeten Bewohner gelegt hatten), bis die Eroberung als abgeschlossen gelten konnte. Die Beute dieser Expedition war gewaltig. Alvarado gründete die Stadt Santiago de Guatemala. Bernal Díaz kritisiert heftig die von Alvarado vorgenommenen Plünderungen: »Es wäre besser gewesen, er hätte es nicht getan und sich rechtmäßig verhalten, denn dies war schlecht gehandelt und entgegen dem, was Seine Majestät angeordnet hatten.«[119]

Dieser kurze, vielleicht etwas ermüdende Bericht war notwendig, denn es zeigt sich hier Cortez' Bemühen, seine Eroberung des großen Mexico durch die Unterwerfung von Randgebieten zu vollenden – im Westen und Nordwesten (Michoacán, Colima), im Nordosten (Pánuco), im Süden (Oaxaca, Tehuantepec), im Südosten (Coatzalcolcos) und sogar noch weiter nach Süden hin (Guatemala) – und dabei die Erkundung der gesamten Region abzuschließen. Auf diese Weise garantierte Cortez die Sicherheit derjenigen Regionen, die als Herzstück Neuspaniens angesehen wurden – die Tallandschaft um Mexico, das Hochland von Tlaxcala, wo 1531 die Stadt Puebla gegründet werden sollte, sowie das Gebiet entlang der Route Vera Cruz-Mexico. Diese Expeditionen zeigen indessen auch einige bedeutende Konstanten.

Einmal abgesehen von dem Pánuco-Feldzug, fällt auf, dass Cortez die Anbindung oder die Eroberung dieser Provinzen seinen Hauptleuten überließ, die sich bereits während der

Kämpfe um Tenochtitlán ausgezeichnet hatten und die sein ganzes Vertrauen besaßen. Einmal hatte es Cortez mit seinem Feldmeister Rodrigo Rengel versucht und ihn nach Oaxaca geschickt; diesen Versuch hat er aber nicht wiederholt. Die Truppenführer sind immer dieselben: Pedro de Alvarado, Gonzalo de Sandoval und Cristóbal de Olid (letzterer enttäuschte in der Folge das Vertrauen und war Ursache einer der am wenigsten vorhersehbaren Episoden in der Geschichte der Eroberung Mexicos). Wenn es darum ging, »Recht zu sprechen«, also gerichtliche Verfahren durchzuführen, schickte Cortez immer seinen *alcalde mayor* Diego de Ocampo.

Jede Expedition, auch die unbedeutendste, wurde von einigen Berittenen, von Arkebusieren, manchmal von einem oder mehreren Stücken Artillerie begleitet. Man musste immer darauf vorbereitet sein, indianische Krieger als Gegner zu haben, die noch niemals gegen die Spanier gekämpft hatte, und folglich musste man den Überraschungeseffekt und auch den Schrecken ausnutzen, den die Pferde und die Feuerwaffen verursachten. Vor allem in Guatemala sollten sich diese Waffen als entscheidend herausstellen.

Die jeweiligen Expeditionen konnten sich stets auf indianische Hilfstruppen stützen, meist mehrere tausend, sogar mehrere zehntausend im Pánuco-Feldzug, mindestens aber einige hundert beim Feldzug nach Guatemala. Die Tlaxcalteken sind bei diesen Hilfstruppen fast immer beteiligt. Es hat nicht den Anschein, dass Cortez diese indianische Unterstützung unter Zwang herbeigeführt hat: alles spricht dafür, dass die Indianer Freiwillige waren, die von ihren Anführern meist zum Sieg geführt wurden. Zudem waren Kriege zwischen den indianischen Völkern vor der *conquista* eine so geläufige Erscheinung, dass man sich ohne Zögern darauf einließ.

Einmal abgesehen von Michoacán, dessen Anschluss quasi spontan verlief, waren die spanischen Siege und Unterwerfungen der peripheren Völker (Zapoteken, Huasteken, Mayas etc.) unsicher und fragil. Cortez war sich darüber vollständig im Klaren und versuchte, die Situation durch Gründung von Niederlassungen und Stützpunkten in den Griff zu bekommen, die er mit Spaniern und ihnen unterstellten Indianern nach dem Prinzip der *población* und des *repartimiento* besetzte. Bei Rebellionen oder ähnlichen Anlässen übertrug er die Herrschaft auf die Söhne der gestürzten vormaligen Herren.

Ein gefährliches Abenteuer: der Feldzug nach Honduras

Es hat nicht den Anschein, dass Cortez gegen Cristóbal de Olid irgendwelchen Argwohn hegte. Dieser groß gewachsene, starke, gut aussehende Mann, trotz seiner 36 Jahre bereits ein Veteran der amerikanischen Unternehmungen, war ohne jeden Zweifel ein rücksichtsloser und unerschrockener Kriegsmann. Er spielte eine wichtige Rolle in der *Noche Triste*, bei der Rückeroberung Mexicos, aber auch beim Handstreich gegen Pánfilo de Nárvaez. Wenn man von einer kurzen Phase der Ungnade absieht, bewies ihm Cortez immer hohe Wertschätzung, machte ihn zu einem seiner »Feldherren« und übertrug ihm wichtige Missionen, unter anderem die nach Michoacán, die ihm bedeutende Reichtümer einbrachte. Aber dieser generöse Mann war auch hochmütig und stolz (wie ein lautstarker Streit mit Alvarado wegen einer Rangfrage beweist), und seine Erfolge verleiteten ihn zu einer überzogenen Selbsteinschätzung, ließen ihn glauben, er sei für ein außergewöhnliches Schicksal ausersehen – und dieser Glaube führte letztlich zu seinem Untergang.[120]

Darüber hinaus unterlief Cortez im Falle des Cristóbal de Olid ein schwerer Fehler. Es war nicht so sehr der Umstand, dass er ihn mit der Eroberung von Las Hibueras (Honduras) betraute – das war schließlich ein Unternehmen wie jedes andere auch. Vielmehr waren es die Umstände dieser Kampagne, die den ehrgeizigen Crstóbal de Olid in Versuchung führten. Das Ziel der Expedition bestand in erster Linie in der

Suche nach der berühmten Meerenge, denn die Fahrt des Magellan, die von El Cano zu Ende geführt wurde, hatte gezeigt, dass die Passage südlich des Äquators einen endlosen Umweg ins Südmeer bedeutete. Für ein solches Unternehmen indessen mangelte es Cortez an Pferden und Munition (er musste ja in Mexico ausreichend Kriegsgerät zurücklassen). So schickte er Alonso de Contreras mit 7000 *castellanos* in Gold nach Cuba, um damit Pferde, Waffen und Proviant zu kaufen. Cortez stellte die Armee und die Flotte Cristóbals de Olid auf – fünf mit Artillerie bestückte Schiffe, 400 Spanier, 30 Pferde im Gesamtwert von 30000 *castellanos* – , befahl seinem Hauptmann in Cuba die von Alonso de Contreras gekaufte Ausrüstung aufzunehmen und dann mit Kurs auf Honduras in See zu stechen.

Nun residierte in Cuba der Gouverneur Diego Velázquez, der geschworene Feind des Hernán Cortez, neidisch über dessen Erfolge und begierig auf Rache, besonders seit der Demütigung durch Karl V. und weil man ihm keinen Einfluss auf die Angelegenheiten Neuspaniens gewährt hatte. Velázquez bot sich jetzt eine gute Gelegenheit zur Rache, indem er einen seiner Hauptleute zur Rebellion gegen Cortez aufstachelte: er schmeichelte dem Ehrgeiz Olids und überredete ihn mit Hilfe seiner Freunde, von Honduras, das ja nicht zu Neuspanien gehöre, Besitz zu ergreifen und es im Namen des Königs mit Spaniern zu besiedeln. Olid brach am 3. Mai 1524 nach Honduras auf und gründete eine Stadt, die er »Triumph des Kreuzes« (!) nannte. In Übereinstimmung mit Cortez' Instruktionen setzte er eine entsprechende Stadtregierung ein. Nachdem er sich dann der Loyalität einer Reihe seiner Soldaten versichert hatte – sie kamen meist aus der Armee des Nárvaez und fühlten sich bei der Verteilung der Beute und der Zuteilung von Indianern benachteiligt – sowie nach einer raschen Erkundung des Landes und dem Bau einiger einfacher Befestigungen, ließ Cristóbal de Olid die Maske fallen und verweigerte Cortez den Gehorsam: auf gewisse Weise wandte er dasselbe

Verfahren gegen die Autorität des Konquistadors an, das dieser auch gegen die Vormundschaft des Diego Velázquez angewendet hatt, freilich mit einem Unterschied: Olid hatte keinerlei Geldmittel in die Honduras-Expedition investiert.

Als Cortez von der Meuterei Olids hörte, wurde er zornig, informierte sogleich den Kaiser von Olids Verrat und entsandte in großer Eile seinen Verwandten Francisco de las Casas mit hundert Soldaten, darunter einigen seiner Getreuen (Juan Núñez de Mercado und Juan Bello), und fünf mit Kanonen bestückte Schiffe nach Honduras, mit dem Auftrag, den Rebellen gefangen zu setzen. Franciso de las Casas erhielt von Cortez dieselben Befugnisse, mit denen er zuvor Cristóbal de Olid ausgestattet hatte. Die nun folgenden Ereignisse sind rasch erzählt: Heftige Winde schleuderten die Schiffe an Land, Francisco de las Casas fiel in die Hände Olids und blieb einige Tage dessen Gefangener. Mit Hilfe einiger getreuer Anhänger, insbesondere des Juan Núñez de Mercado, gelang es Las Casas, die Situation zu seinen Gunsten zu wenden. Schwer verwundet wurde Olid gefangen, verurteilt und öffentlich erdrosselt.

Cortez wusste lange Zeit nichts von der für ihn günstigen Wendung der Dinge. Ohne jegliche Nachricht von Francisco de Las Casas, fürchtete er den Misserfolg seines Hauptmanns. Er beschloss deshalb, selbst mit einer starken Armee den Rebellen zu bestrafen. Es ist schwer zu begreifen, wie ein so besonnener Mann, der seit seiner Abfahrt von Cuba im Jahre 1518 so wenige Fehler begangen und so viele schwierige, scheinbar unüberwindliche Situationen zu seinen Gunsten bewältigt hatte, in diesem Falle so vielen Irrtümern aufsitzen konnte! Dank des gut informierten und genauen Berichts des Bernal Díaz del Castillo, der selbst an dieser Expedition teilnahm, haben wir die Chance, uns darüber ein Urteil zu bilden. Gewiss hegt der Chronist Cortez gegenüber große Bewunderung, bewahrt aber einen bemerkenswerten Scharfblick und ist bestrebt, mit allen Mitteln bei der Wahrheit zu bleiben. Ein Vergleich mit seinem Bericht und dem Bericht Cortez' in seinem fünften Bericht an den Kaiser ist erhellend: der *conquistador* liefert in der Tat eine äußerst abgemilderte Version der Realität.[121]

Ein Irrtum war bereits die Idee zu dieser Expedition, genauer gesagt, die Idee einer Beteiligung von Cortez selbst. Seine Berater, seine Freunde, seine Mitstreiter versuchten, ihn mit den besten Argumenten der Welt davon abzubringen, doch vergebens. Bernal Díaz sagt deutlich:

»Der Faktor Salazar und der Steuereinnehmer Chirinos, die in Mexico bleiben sollten, beschlossen, sich mit dem Lizentiaten Zuazo und Rodrigo de Paz und allen Konquistadoren, alten Freunde des Cortez, die in Mexico verblieben, zusammenzutun, und sie alle zusammen baten Cortez, Mexico nicht zu verlassen und das Land zu regieren; sie machten ihm gegenüber geltend, dass ganz Neuspanien rebellieren würde; und über diese Sache gab es lange Dispute ...«[122]

Das Argument einer drohenden Rebellion während Cortez' Abwesenheit war ein gewichtiges Argument, und Cortez selbst hatte es in seiner dritten *carta de relación* an Karl V. verwendet, um zu erklären, warum er die Stadt nicht verlassen konnte, auch wenn es dabei um ein Treffen mit dem königlichen Gesandten Cristóbal de Tapia ging. Aber weder die inständigen Bitten seiner Hauptleute, noch die der königlichen Beamten konnten Cortez beugen. Er beharrte darauf, es sei unbedingt notwendig, den Rebellen hart zu bestrafen, wenn man verhindern wollte, dass auch andere Hauptleute jener Versuchung anheimfielen. Cortez erwähnt mit keinem Wort die Einlassungen der Beamten und der *conquistadores,* von seinem Vorhaben abzulassen, und erwähnt auch nicht die ihnen gegenüber gemachte Zusage, nur bis Coatzalcoalcos vorzustoßen: im fünften Bericht an Karl V. findet sich nicht einmal eine indirekte Anspielung auf das Engagement seiner engeren Umgebung. Vielmehr ist es durchaus glaubhaft, dass er dem unwiderstehlichen Ruf des Abenteuers folgte. Schon mehr als drei Jahre lebte er friedlich in Mexico, das er nur einmal für den schnellen Einfall ins Pánucogebiet verlassen hatte. In seinem Bericht an den Kaiser schreibt er dann auch: »Es schien mir, ich hätte schon lange Zeit im Müßiggang gelebt und nichts Neues für den Dienst an Eurer Majestät geleistet …«[123] Der Verrat Olids muss ihm zum Vorwand gedient haben. Aber diese äußerst unbedachte Entscheidung sollte verheerende Konsequenzen haben. Carlos Fuentes lässt Martín II. Cortez sagen: »Anstatt in der Stadt zu bleiben und seine Macht zu konsolidieren, hielt er es für geraten, sich in ein törichtes, mit viel Lärm durchgeführtes Abenteuer zu stürzen, das ihn dahin brachte, sich in den Tiefen des Dschungels von Honduras zu verlieren und zu ruinieren (…) Welcher Wurm hat an diesem Mann, unserem Vater, genagt, dass er nicht an Ort und Stelle bleiben konnte, um sich seines wohlverdienten Ruhmes und seines Reichtums zu erfreuen? …«[124]

Der zweite Irrtum war die Wahl des Landweges. Hätte Cortez eine Expedition auf dem Seeweg organisiert, wie er es Cristóbal de Olid und Francisco de Las Casas aufgetragen hatte, wären wegen der zahlreichen Mannschaften und der Ausrüstung sicherlich zunächst höhere Kosten entstanden, aber er hätte wertvolle Zeit gewonnen und die hohen Risiken und Verluste an Menschenleben vermeiden können. Wenn es wirklich seine Absicht gewesen wäre, die Golfprovinzen südlich von Vera Cruz zu befrieden, hätte er ohne weiteres auf dem Landweg bis Coatzalcoalcos vordringen und dann den Seeweg einschlagen können.

Der dritte Fehler war die Wahl der Westroute, sein Marsch durch die zum Atlantik hin liegenden Gebiete. Anstatt südlich über Oaxaca, Tehuantepec, durch die von Pedro de Alvarado eroberten Gebiete und über Guatemala zu marschieren, begab sich Cortez auf unbekanntes, unwirtliches Terrain mit Sümpfen, Alligatoren, Giftschlangen, undurchdringlichen Dschungelgebieten, wo man sich nur mit Hilfe der Säbel und Macheten einen Weg bahnen konnte, durch ein Land mit gefährlichen Flüssen mit unübersehbaren Mäandern und Nebenflüssen, die man nur mit übermenschlichen Kraftanstrengungen, mit Hilfe von eigens gebauten Booten und tragfähigen Brücken (man spricht von 50–100 solcher Konstruktionen) überwinden konnte, damit der Heereszug seinen Weg fortsetzen konnte. Die Honduras-Expedition auf dieser unwegsamen Route war eine tragische Heldentat, die wieder einmal von der gewaltigen Leidensfähigkeit, dem Durchhaltewillen der *conquistadores* und ihres Anführers Cortez' Zeugnis ablegt – indessen, es war ein törichtes Unternehmen ohne echte rationale Begründung. Bernal Díaz fällt über dieses Abenteuer ein hartes Urteil: »In einer Zeit, in der wir uns von von den langen Prüfungen hätten erholen müssen und einigen Besitz und Nutzen hätten gewinnen können, befiehlt er uns, eine Fahrt von mehr als 500 Meilen zu bewältigen, und im Marsch durch diese Gebiete, die wir auf dem Weg zum Kampf durchzogen, haben wir alles verloren, was wir hatten, und diese Fahrt dauerte zwei Jahre und drei Monate ...«[125]

Die Zusammensetzung dieser Expedition verdient eine genauere Betrachtung, denn die Worte des Hernán Cortez an Karl V. können in keiner Weise zufriedenstellen: »Nachdem diese Entscheidung getroffen war, verließ ich die große Stadt Tenuxtitlan am 12. Oktober 1524 mit einigen Reitern und Fußsoldaten, die nicht mehr an Zahl waren als die Leute meines Haushalts, zusammen mit einigen Verwandten und Freunden, unter ihnen Gonzalo de Salazar und Peralmindez Chirinos, Faktor und Aufsichtsbeamter Eurer Majestät, und ich nahm mit mir die wichtigsten Notablen der Eingeborenen dieses Landes ...«[126] Glücklicherweise hat Bernal Díaz die Dinge zurechtgerückt. Auffällig ist lediglich, dass Cortez betont, er habe als Vorsichtsmaßnahme (als Geiseln, wenn man so will) einige aztekische Fürsten auf den Zug mitgenommen: Cuauhtémoc, den zweiten Nachfolger Moctezumas; Coanacochtzin, den Herrn von Texcoco; Tepanquezatl, Herrn von Tlacopan; Oquici, Herrn von Azcapuzalco; Xihuacoa mit dem Taufnamen Juan Velázquez; Tlacatlec; Mexicalcinco und einige andere, alles »Männer von großer Macht, dann wenn es in irgendeiner Weise zum Aufstand kommt, unter der Bedingung, dass sie hier anwesend sind«, wie López de Gomara sagt. Ohne Zweifel glaubte der *conquistador*, die Abwesenheit der einheimischen Fürsten würde die Mexica-Völker von einem Aufstand abhalten.

Bernal Díaz beziffert nicht die Anzahl der spanischen Fußsoldaten und Kavalleristen beim Abmarsch aus Mexico, aber zu dem Zeitpunkt, als beschlossen wurde, die königlichen Amtsträger Salazar und Chirinos mit geheimen Aufträgen von Cortez (dessen Gunst sie mit Schmeicheleien und unterwürfigem Betragen erlangt hatten, worüber sich Bernal Díaz mit beißender Ironie auslässt) in die Hauptstadt zurückzuschicken, zählte die Truppe etwa 250 Soldaten, 130 Berittene und einige Dutzend Arkebusiere und Armbrustschützen. Die indianischen Hilfstruppen schätzt er auf 3000, darunter jedoch auch eine vielköpfige Dienerschaft für die aztekischen Notablen. Bernal Díaz überliefert auch eine Liste der tapfersten *conquistadores*, darunter zahlreiche Veteranen der cortesianischen Unternehmungen: An ihrer Spitze Ganzalo de Sandoval, der *alguazil mayor*, dann Luis Marín, Francisco Marmolejo, Gonzalo Rodríguez de Ocampo, Pedro de Ircio, Alonso de Grado, Pedro de Solis, Pedro de Saucedo el Romo, Jerónimo Ruiz de la Mota, Hernán López de Ávila und auch Juan Jaramillo, dessen Hochzeit mit Doña Marina in Orizaba im Beisein von Hernán Cortez gefeiert wurde. Neben den beiden königlichen Beamten, die Cortez in seinem Bericht an Karl V. nennt, nahmen an der Expedition auch ein Priester und zwei flämische Mönche teil, ein Arzt und ein Feldscher, ein Stallmeister und mehrere Stallknechte, ein Pastetenbäcker, ein Mundschenk, einige Pagen und Musikanten und ein Marionettenspieler. Im Tross wurde auch eine große Menge an Gold- und Silbergefäßen mitgeführt, und dem ganzen Zug folgte eine Herde Schweine, sozusagen eine Proviantreserve auf vier Beinen. Im Ganzen also ein königlicher

Kampf des Cortez in Mexico. Nach dem »Lienzo de Tlaxcala« von 1540. Paris, Nationalbibliothek. Coll. Viollet.

Tross mit der Aussicht auf Feste und Spektakel, von dem der fünfte »Bericht« keinerlei Vorstellung bietet.

Bis Coatzalcoalcos hatte die prahlerische Karawane mehr von einem Triumphzug an sich als von einem Feldzug. Es gab beständig allerlei Ergötzlichkeiten, Spiel und Unterhaltung, Festlichkeiten aller Art, Empfänge mit Fanfaren und Musik, Triumphbögen (die schon zuvor bei den lokalen Autoritäten angefordert wurden). Man veranstaltete sogar einen festlichen Schaukampf zwischen Mauren und Christen, wie es im Osten Spaniens, in Valencia und Murcia, der Brauch war.

Trotz der in Mexico gegebenen Versprechen und trotz der schlechten Nachrichten aus der Hauptstadt, entschloss sich Cortez in Coatzalcoalcos, mit dem Abenteuer fortzufahren. Er verpflichtete die *conquistadores*, die sich in der Stadt niedergelassen hatten, für seine Armee und schickte die beiden königlichen Beamten zurück nach Mexico – mit Vollmachten ausgestattet, die zu schweren Unruhen führen sollten. Cortez' einzige Vorkehrung zu diesem Zeitpunkt war die Aufforderung an Vera Cruz, auf dem Wasserweg Hilfsgüter (Mais, Zwieback, Wein, Salz etc.) an einen noch unbestimmten Ort zu schicken.

Erst jetzt begann die Unglücksfahrt wirklich. Bis zum Ayagualulco zog die Karawane ihres Weges ohne nennenswerte Schwierigkeit; nur zwei Flüsse mussten auf Kähnen überquert werden. Aber um die Flussmündung des Auyaguallco überschreiten zu können, musste man die erste der zahlreichen Brücken bauen, ein Werk von fast 500 Metern Länge (viertelhalb Meilen, sagt Bernal Díaz, aber wieviel misst bei ihm die Meile?). Fluss nach Fluss, Mündung nach Mündung, Lagunen, Sümpfe, in denen die Pferde bis zur Brust versanken, falsche Auskünfte der einheimischen Führer, Etappen düsteren Gedenkens: Copilco, Nacajuca, Tepetitan ... Noch ein glücklicher Augenblick, als unerwartet die Kaziken mit Kanus voll Mais, Bohnen und anderen Lebensmitteln auftauchen! Oder als die Pferde gute Weidegründe finden und sich von den endlosen Ritten erholen können. Aber der Horizont verdunkelt sich, als die Kaziken von Iztapa für den kommenden Weg so viele Flüsse, Flussmündungen, Sümpfe ankündigen ... Die Männer müssen dann auch Bäume fällen, Stämme für die unerlässlichen Brücken zuschneiden; alle müssen arbeiten, Mexicaner und Spanier.

Zwei Tage lang muss der Weg durch einen dichten Wald, in den kein Sonnenlicht dringt, mit dem Schwert freigeschlagen werden. Die Männer leiden Hunger, einige sind krank, einige sterben. Die Armee murrt: »Viele der Soldaten, eigentlich wir alle, wollten nach Neuspanien zurück«. Der Hunger wird zu einem ständigen Begleiter, es geht das Gerücht, die Mexica hätten Indianer, denen sie auf dem Weg begegnet seien, getötet und verzehrt: Prozess, Richterspruch, Todesurteil – man verbrennt einen Schuldigen. Die Schweineherde ist auf mysteriöse Weise verschwunden. Die für Cortez bestimmten Maislieferungen wurden unterwegs abgefangen. »Der Hunger kennt kein Gesetz«, doziert Bernal Díaz.

Fünfzehn Soldaten, darunter vier Musikanten, waren unter solch ungewohnten Strapazen bereits gestorben, drei desertierten, viele waren krank, erschöpft, alle waren unzufrieden, als zwei Kaziken von einem angeblich von Cuauhtémoc und anderen Kaziken angezettelten Komplott berichteten. Nach Cortez soll der Informant Mexicalcinco mit dem Taufnamen Cristóbal gewesen sein; nach Bernal Díaz war es Xihuacoa mit dem Taufnamen Juan Velázquez, der ehemalige Hauptmann Cuauhtémocs. Die Verschwörer hatten vor, eine günstige Gelegenheit auszunutzen, etwa eine schwierige Flusspassage oder die Durchquerung eines Sumpfes, um bei einem Verhältnis zehn zu eins die Spanier zu töten, nach Mexico zurückzukehren, den Tod des Cortez zu verkünden und damit einen allgemeinen Aufstand ausbrechen zu lassen. Der Verschwörung überführt, soll – nach Cortez – Cuauhtémoc den Verrat gestanden haben: Im Februar 1525 wurde er unweit von Acalan schuldig gesprochen, verurteilt und zusammen mit Tepanquetzatl durch den Strang hingerichtet. Die anderen, deren einziges Unrecht darin bestand, von dem Komplott gehört zu haben, wurden begnadigt. Cortez musste nicht fürchten, unter den indianischen Kriegern der Expedition eine Revolte zu provozieren – sie waren allesamt so erschöpft, dass sie nur noch ans Überleben denken konnten.

Aber gab es überhaupt eine solche Verschwörung? Eine Revolte so weit von Mexico entfernt, an der Grenze zum Machtbereich der Maya, in einem Land, das nicht der Oberherrschaft Tenochtitláns unterstand, hatte sie irgendeine Aussicht auf Erfolg? Oder war dieses Komplott lediglich eine Ausgeburt von Cortez' Einbildung, das Ergebnis einer Überinterpretation der Klagen der Mexica-Fürsten, die man zu einer strapaziösen, für sie gänzlich unnützen Reise gezwungen hatte, und die ihrer provozierenden Neigung, das ganze Abenteuer ins Lächerliche zu ziehen, nachgaben? So vertrieben sich – nach Fernando de Alva Ixtilxochitl – Cuauhtémoc und die anderen aztekischen Herren auf ihrem mühsamen Wege voll Spottlust die Zeit damit, dass sie unter sich fiktive Königreiche aufteilten, die sie in Zukunft erobern würden. Aber da ist noch eine für Cortez schwerwiegendere Hypothese: Hatte der Eroberer etwa wissentlich die Worte und Absichten Cuauhtémocs und seiner Freunde, die ihm wie gewohnt durch die Malintzin vermittelt wurden, verfälscht, um sich ein für alle Mal der Erben Moctezumas zu entledigen, die immer noch Träger einer historischen und dynastischen Legitimation waren? Bernal Díaz, der von dem Komplott und den Teilgeständnissen Cuauhtémocs berichtet, bemerkt immerhin, dass Cortez nicht daran gelegen war, die Untersuchung weiter voranzutreiben. Und er drückt deutlich seine eigenen Gefühle aus: er selbst beklagt das Schicksal Cuauhtémocs, erinnert an dessen gutes Betragen ihm gegenüber und schließt: »Sie gaben ihm einen sehr ungerechten Tod, und uns allen schien an ihm schlecht gehandelt.« Bernal Díaz legt auf diskrete Weise nahe, dass das Ganze eine macchiavellistische Handlung war.[127]

Schließlich, nach tausend Irrwegen, erfuhr man von Indianern, dass sich etwa zehn Tagesmärsche entfernt an zwei Orten, Nito und Naco, Spanier niedergelassen hätten (aber welche Spanier? Leute des Cristóbal de Olid oder aber des Gil González de Ávila?). Gonzalo de Sandoval und eine Gruppe Soldaten wurden zur Erkundung vorgeschickt; in einem Waldstück stießen sie auf vier Spanier und einen Indianer, die wilde Früchte sammelten: jetzt erhielten sie Nachricht von den dramatischen Zwischenfällen, die sich ganz in der Nähe zugetragen hatten, vom Sieg des Francisco de Las Casas und von der Hinrichtung Cristóbals de Olid. Das war das Ende dieser mühseligen Reise; nachdem man schwimmend bei Niedrigwasser eine letzte Flussmündung überwunden hatte, zogen Cortez und seine Leute in den von Gil González de Ávila gegründete Ort San Gil de Buena Vista ein. Die wenigen Einwohner dieser Siedlung (vierzig Spanier, vier Frauen »aus Kastilien« und zwei Mulattinnen) konnten nicht fassen, dass der berühmte Cortez nun unter ihnen war. Genauso wie die Ankömmlinge, hatten die Leute der Siedlung – sie waren alle krank – nichts zu essen. Bernal Díaz war dabei, als sich Luis Marín, wieder einmal, mit einer Gruppe Männer aufmachte, um nach Lebensmitteln zu suchen. Denn seit Monaten schon war die Expedition eigentlich nichts anderes als ein Zug ausgemergelter Gestalten auf der Suche nach Mais; in acht Meilen Entfernung fanden Bernal Díaz und seine Gefährten Mais, Bohnen und Gemüse im Überfluss. Das bedeutete einen Aufschub. Es musste reichen. Unter einigen glücklichen Umständen gelang es Cortez und seinen Männern, Puerto de Caballos zu erreichen, wo er die Stadt Natividad gründete. Schließlich gelangte die Expedition zum Hafen von Trujillo im heutigen Honduras, der von Francisco de Las Casas angelegt worden war. Herzlicher Empfang, Bitte um Vergebung für die begangenen Fehler, Begnadigung, Predigten der beiden Franziskaner, Ansprache des Hernán Cortez, übersetzt von der unvermeidlichen Doña Marina, Treueschwur gegenüber Karl V. – insgesamt also ein unerwarteter Abschluss.

Dennoch, die Leidenszeit war noch nicht vorüber. In Trujillo wurde Cortez von heftigem Fieber ergriffen und war dem Tode nahe, nach seinem Wunsch lag der Habit des heiligen Franziskus als sein Leichentuch bereit. Zu dieser Zeit war Gonzalo de Sandoval mit 70 Mann ins Landesinnere unterwegs, um die Region zu befrieden; er traf auf eine Abteilung Spanier aus Nicaragua unter dem Kommando eines gewissen Pedro de Garro, die in dem Gebiet unrechtmäßig Abgaben eintrieben und die Frauen und Mädchen in die Sklaverei führten. Sandoval brachte sie zur Raison und unterband ihr Treiben. Die Rückkehr des Bernal Díaz nach Trujillo, wo er Cortez über den Vorfall informierte, gestaltete sich genauso wie die gesamte Expedition: Flüsse mit Hochwasser, Sümpfe und Dschungel, und der Hunger als täglicher Begleiter.

So endete diese sinnlose Fahrt, deren einziges positives Ergebnis in einer besseren geografischen Kenntnis der Mittelamerikanischen Landenge bestand. Kein Gold, keine Reichtümer, nur Kakao. Viele unnötige Tote, vergeudete Leben und ein mögliches Verbrechen: Die Hinrichtung Cuauhtémocs – ein blutiger Schatten auf dem Bild des Hernán Cortez …

Kaum hatte Bernal Díaz die Botschaft Gonzalos de Sandoval überbracht, erschien im Hafen von Trujillo ein Schiff aus Cuba mit einem Brief des Lizentiaten Alonso de Zuazo. Endlich, nach so langen Monaten, eine Nachricht aus Mexico.

ZWEITER TEIL

Vom Triumph zur Entzauberung

VI. DAS SCHLANGENNEST UND DER MAGIER

Wie lässt sich erklären, dass die kaiserliche Verwaltung dermaßen in die Irre geführt wurde, dass sie – zeitgleich mit dem Triumph des Eroberers Cortez – so weit ging, königliche Beamte nach Mexico zu entsenden, die sich durch Inkompetenz, Gewalttätigkeit, Habgier und Illoyalität auszeichneten, deren unpassendes Eingreifen, deren Rivalitäten, Ungerechtigkeiten, willkürliche Entscheidungen die spanische Macht und die Ergebnisse der Eroberung selbst in Gefahr brachten? Den jungen Karl V. traf keine Schuld; er kannte nicht einmal diese designierten Beamten: der Faktor Gonzalo de Salazar war wohl eine Kreatur des Sekretärs Francisco de Los Cobos, der bereits eine einflussreiche Stellung bei Hofe innehatte. Ebenso verhielt es sich zweifellos mit dem Steuereinnehmer Peralmindez Chirinos aus der Stadt Úbeda, der Heimatstadt des Sekretärs Los Cobos. Die Ernennung des Finanzbeamten Rodrigo de Albornoz hängt mit dem plötzlichen Tod des zunächst ernannten Julian de Alderete zusammen, der zwar ebenfalls als habgierig galt, aber immerhin Erfahrungen mit den Westindischen Besitzungen vorzuweisen hatte, im Gegensatz zu seinem Nachfolger. Der Schatzmeister Alonso de Estrada gehörte vermutlich zur Klientel des Bischofs Rodríguez de Fonseca.

Cortez bereitete diesen Beamten einen freundlichen Empfang, hatte aber bald Grund zur Beschwerde: als sie kraft ihres Auftrages die Rechnungen aufstellten, verweigerten sie Cortez die 62000 Pesos, die er in die Eroberung investiert hatte, unter dem Vorwand, sie hätten dazu vom König keinen Auftrag erhalten. Cortez beklagt sich darüber sogleich bei Karl V. in seiner vierten *carta de relación* sowie in einem gesonderten Brief, beide datiert auf den 15. Oktober 1524; er bittet den Kaiser, dass diese Summe und die zusätzlichen Ausgaben seinem Kredit gutgeschrieben werden. In seinem gesonderten Brief an den Kaiser bringt er eine andere Klage vor. Er erinnert daran, dass das Eingreifen königlicher Richter und Beamter in die Verwaltung der Insel Hispañola und des Festlandes verheerende Auswirkungen hatte. Und er setzt hinzu: »Die Beamten, die Eure Majestät hierher gesandt haben, wollen hier dieselbe Rolle spielen, und sie haben einiges unternommen, um herauszufinden, ob ich sie gewähren lasse (...). Ich wollte nicht, dass mir dieselben Dinge widerfahren (...); ich habe folglich nicht erlaubt und beabsichtige nicht zu erlauben, dass sie sich in andere Angelegenheiten mischen, als die ihres Amtes sind.« Im Gegenzug versichert Cortez, er werde den Beamten jede Unterstützung bei der Erfüllung ihres Auftrages gewähren, und er fordert den Kaiser auf, die Beamten anzuweisen, sich nur in ihrem Aufgabenbereich zu betätigen. Er ersucht sogar, dass schnellstmöglich (»en toda brevedad«) ein förmlicher königlicher Erlass in dieser Angelegenheit ausgefertigt werde, damit die Beamten keinen Groll hegten und nicht der Eindruck entstehe, man wolle sie eines Teils ihrer Befugnisse berauben. Cortez ging sogar noch weiter: wenn der König es als günstig für seinen Dienst erachte, dass diese Beamten eine Regierungsfunktion ausüben sollten, dann möge man ihnen die gesamte Regierungsgewalt ungeteilt übertragen. Denn wie das Beispiel der Inseln zeige, sei es nicht dienlich, die Macht zu teilen.[128]

Cortez hatte also von Anfang an die Absichten und die Vorgehensweise der königlichen Beamten durchschaut. Die in der Folge angehäuften Fehler sind deshalb um so schwerer zu verstehen, insbesondere die Entscheidung, trotz allem die Honduras-Expedition zu unternehmen, obwohl ihn die Beamten, im Einklang mit den Veteranen der Eroberung, beschworen hatten, davon Abstand zu nehmen (das muss man zu ihren Gunsten anerkennen). Ebenso schwer zu erklären ist die Organisation der Regierungsgewalt, wie sie Cortez bei seinem Abmarsch definierte und die ganz im Widerspruch zu seinen Forderungen an den Kaiser standen. Der Historiker konstatiert einen in dieser Weise nicht vorhersehbaren Einbruch des Irrationalen bei einem Mann, dessen Maßnahmen bis dahin auf sehr rationale Weise »programmiert« waren, bei dem sich auch die wagemutigen Unternehmen der Vernunft unterordneten. José Luis Martínez beobachtet zu Recht: »Die Ereignisse in der Stadt Mexico zwischen dem Abmarsch des Cortez und seiner Truppen am 12. Oktober 1524 und seiner Rückkehr am 19. Juni 1526 gehören zu den dunkelsten Perioden der spanischen Herrschaft in Mexico.« Diese Ereignisse zeigen die Brüchigkeit der Regierungsstruktur, zeigen die Gewalttätigkeit und die Entfesselung der Leidenschaften derjenigen, die sich mit den Regierungsgeschäften hätten befassen müssen.[129]

Ein Schlangennest

Zum Zeitpunkt, als Cortez Mexico verließ, hatten die vier königlichen Amtsträger, allesamt Finanzbeamte ohne Verwaltungspraxis, weniger als ein Jahr Erfahrungen mit den Westindischen Gebieten sammeln können. Cortez hatte ihre Verachtung gegen ihn, ja ihre offene Feindschaft, zu spüren bekommen. Es war daher nur folgerichtig, die Verwaltung des Landes einem erfahrenen Mann zu übertragen, dessen Charakter er einschätzen konnte. Dieser Mann existierte, und er befand sich in Mexico. Cortez kannte und schätzte ihn: es war der Lizentiat Alonso de Zuazo; er hatte sich fast zwanzig Jahre in Westindien aufgehalten, hatte Verwaltungserfahrungen in Cuba gesammelt und hatte eine Probe seiner Energie anlässlich einer bemerkenswerten Irrfahrt nach einem Schiffbruch abgelegt. Cortez betraute ihn mit der Führung des *cabildo* (der Stadtregierung) von Mexico und ernannte ihn zum obersten Richter in Zivil- und Kriminalsachen. Diese amtlichen Befugnisse, so wichtig sie waren, erlaubten Zuazo indessen nicht, die eigentliche Macht auszuüben; vielmehr unterstand er Alonso de Estrada und Rodrigo de Albornoz, denen Cortez seine eigene obrigkeitliche Gewalt übertragen hatte, indem er sie zum »Stellvertreter des Gouverneurs« und zum »Generalkapitän« ernannte. Das heißt, Cortez hatte genau den Fehler begangen, den zu vermeiden er Karl V. aufgefordert hatte: er teilte die Macht, obwohl er sie auf Zuazo hätte konzentrieren müssen!

Warum fiel die Wahl auf die Finanzbeamten anstatt auf einen Richter, dem als Hilfsperson einer der *conquistadores* des Cortez hätte zur Seite gestellt werden können? Es scheint, dass diese Wahl von dem Bemühen diktiert war, Karl V. die Loyalität des Eroberers vor Augen zu führen, indem er sich an die erst kürzlich vom Kaiser (oder seinem Rat) ernannten Männer wandte. Dennoch war Cortez so vorsichtig, die vier Männer, deren Rivalität offenkundig geworden war, von einander zu trennen und nur Gonzalo de Salazar und Chirinos auf den Kriegszug mitzunehmen. Auch glaubte er mit der Eingliederung Cuauhtémocs und einiger anderer aztekischer Fürsten in sein Gefolge seine Stellvertreter vor einer Revolte bewahren zu können.

Aber zwischen Mexico und Espiritu Santo (Coatzalcoalcos) ließ sich Cortez von den Schmeicheleien, den Einflüsterungen, den Machenschaften des Gonzalo de Salazar täuschen, über den sich mehr als ein halbes Jahrhundert später Bernal Díaz de Castillo lustig macht, indem er ein auf Salazar gedichtetes satirisches Epigramm von Gonzalo de Ocampo zitiert:

O fettleibiger Bruder Salazar,
Anstifter von Zank und Streit!
Mit deinen falschen Verbeugungen
Hast du den Provinzial (Cortez) getäuscht.[130]

Da der Vormarsch nur langsam vonstatten ging, konnte Cortez durch Kuriere von den neuesten Nachrichten aus Mexico informiert werden. So erfuhr er von Zwistigkeiten zwischen Alonso de Estrada und Rodrigo de Albornoz, die sich bereits mit der Hand am Schwert gegenüberstanden. Auch Salazar und Chirinos wurden von den Zwischenfällen unterrichtet. Obwohl sich Estrada und Albornoz inwischen wieder beruhigt hatten, gelang es Salazar, den Eroberer zu überzeugen, dass er und Chirinos besser geeignet seien, die Regierung zu übernehmen und in Cortez' Sinne zu handeln. Auf diese Weise erhielt Salazar von Cortez zwei auf den 14. Dezember 1524 datierte Verfügungen mit dem Befehl, nach Mexico zurückzukehren: die erste sah die Beteiligung Salazars und Chirinos' an der Regierung vor, und zwar im Rahmen einer kollegialen Leitung, wenn der Streit zwischen Estrada und Albornoz beigelegt wäre; im gegenteiligen Falle (so die zweite Verfügung) sollten Salazar und Chirinos die Macht ausüben. Im einen oder anderen Falle mussten die Statthalter die Unterstützung von Alonso de Zuazo einholen. »Die Machtbefugnisse waren Ursache von viel Unglück und Verwirrung in Mexico, wovon ich weiter unten handeln werde …« schrieb Bernal Díaz.[131] Die zweite Verfügung entzieht Alonso de Estrada alle Befugnisse und bringt das Zerwürfnis zwischen ihm und Albornoz zur Sprache, außerdem enthält sie den Auftrag an Salazar und Chirinos, eine Untersuchung über diese Affäre (*»alborato e escandalo«*) anzustellen und gegebenenfalls auf rechtlichem Wege gegen den Schuldigen vorzugehen. Damit war der Weg frei für die Herren Salazar und Chirinos.[132] In seiner fünften *carta de relación* bestätigt Cortez den Bericht des Bernal Díaz, legt aber den Akzent auf den Konflikt zwischen Estrada und Albornoz und erwähnt nicht, dass er auf das Spiel Salazars hereingefallen ist.

Zurück in Mexico, hüteten sich Salazar und Chirinos, die erste Verfügung vorzuweisen, und ergriffen die Macht auf der Basis der zweiten Verfügung. Auch noch auf die Distanz wirkte das Prestige Cortez', und seine Befehle waren Gesetz. Die beiden kaiserlichen Beamten ließen sogar Estrada und Albornoz gefangen setzen, aber die Existenz der ersten Verfügung wurde dank des Nachrichtenaustauschs zwischen der Armee und Mexico bekannt. Alonso de Zuazo intervenierte mit dem Ergebnis, dass die vier Beauftragen jetzt gemeinsam regierten: Ein im Frühjahr 1525 vereinbarter »Waffenstillstand« dauerte etwas mehr als zwei Monate. Er konnte keinen Bestand haben. Neuen Konfliktstoff lieferte das Verhalten Rodrigos de Paz, des Verwalters von Cortez' Vermögen: er war seinem Herrn treu ergeben, aber von prahlerischem Wesen und hochfahrend gegenüber den »Statthaltern«, die ihn dann auch ins Gefängnis steckten. Um sich der Freundschaft Rodrigos de Salazar zu versichern, erwirkte Gonzalo de Salazar jedoch wieder seine Freilassung. Auf der anderen Seite förderten die Statthalter keineswegs den Einfluss Alonsos de Zuazo, vor allem, nachdem er gnadenlos den Aufstand der Huasteken niedergeschlagen hatte. Sie nahmen die Ankündigung eines Gerichtsverfahrens, dem sich Zuazo wegen seiner Regierungstätigkeit in Cuba Ende Mai 1525 stellen sollte, zum Vorwand, legten ihn in Eisen und ließen ihn nach Medellín in der Nähe von Vera Cruz und von dort aus nach Cuba bringen. Estrada und Albornoz waren bemüht, Distanz zu Salazar und seiner von hemmungslosem Missbrauch geprägten Regierung zu bewahren, und zogen sich aus der Regierung zurück, die jetzt allein von Salazar und Chirinos geführt wurde. Unterdessen brachte ein Kurier des *conquistador* Diego de Ordas eine große Neuigkeit nach Mexico: Cortez, von dem man seit Monaten nichts mehr gehört hatte, sei tot. Die Statthalter verbreiteten die Nachricht, die sie keineswegs ungern hörten und für bare Münze nahmen. So ließen sie offiziell in der Stadt um Cortez trauern und bereiteten ihm ehrenvolle Feierlichkeiten. Von da an jedoch sollten sich die Leidenschaften, die Begehrlichkeiten und Rivalitäten in der Stadt aufs höchste steigern. Mexico wird zur Schlangengrube.

Es wäre ermüdend, eine wenn auch noch so kurzgefasste Chronik dieser unruhigen Jahre geben zu wollen: Korruption,

Verfolgungen, Konfiskationen, Freiheitsberaubungen, Folter, Mordtaten. Allein den Franziskanern gelang bisweilen eine Vermittlung zwischen den Parteien, und es ist sicher ihrem befriedenden Einfluss zu verdanken, dass nicht eine große indianische Revolte ausbrach. Aber auch sie konnten nicht verhindern, dass Rodrigo de Paz – mit Chirinos verfeindet, seitdem ihm dieser die Zahlung von Spielschulden (etwa 20 000 Pesos) verweigert hatte – gefoltert wurde, um den Aufbewahrungsort des »Cortez-Schatzes« zu verraten. Rodrigo de Paz wurde öffentlich durch den Strang hingerichtet. Die Ankunft von Francisco de Las Casas und Gil de Ávila, die einst von Cortez ausgeschickt worden waren, um die Revolte von Cristóbal de Olid niederzuschlagen, gaben dem Gerücht vom Tod des Eroberers neuen Auftrieb: zwar beteuerten die beiden Männer, nicht an seinen Tod zu glauben, waren aber auch nicht mit dem *conquistador* zusammengetroffen. Sie wurden angeklagt, Cristóbal de Olid getötet zu haben, entgingen knapp ihrer Enthauptung und erwirkten lediglich, dass man sie mit der Anklageschrift nach Spanien schickte. Estrada und Albornoz versuchten sich aus der Affäre zu ziehen, indem sie das Land verlassen und den königlichen Goldanteil überbringen wollten, sie wurden aber abgefangen und auf Befehl der »Statthalter« ins Gefängnis geworfen. Chirinos hatte sich inwischen die Besitztümer des Cortez und anderer seiner Gefährten angeeignet.

Salazar war zwar skrupellos, aber kein Dummkopf. Er begriff, dass er seine Stellung verbessern konnte, indem er die Rolle des »Verteilers von Indianern« spielte: es reichte, unter den Neuankömmlingen, aber auch unter den habgierigsten Konquistadoren, die noch in Mexico verblieben waren, die Indianer aus dem Besitz derjenigen *conquistadores* zu verteilen, die in den Dschungeln von Petén oder Honduras verschwunden waren. Das Verfahren war durchaus wirksam, wie Bernal Díaz einräumt: »Viele andere conquistadores schlossen sich dem Faktor (Salazar) an, weil er ihnen gute Indianer gab; sie jubeln dem zu, der gewinnt.« Zugleich erhoben sie von den Indianern neue Tributzahlungen, trotz der Franziskaner, die der »Cortez-Partei« die Treue hielten. Neuspanien war zu einem Narrenschiff geworden …

Die Tränen eines Konquistadors

Alonso de Zuazo, der ruhmvoll rehabilitiert aus dem Gerichtsverfahren in Cuba hervorgegangen war, erfuhr auf der Insel, dass Cortez lebte und sich in Honduras aufhielt. Deshalb dirigierte er ein Schiff, das von Hispañola kam und auf dem Weg nach Neuspanien war, nach Trujillo um und übersandte Cortez einen Bericht über die Ereignisse in Mexico und besonders über die Ereignisse, deren Zeuge und deren Opfer er selbst geworden war. Es ist dieser Brief, den wir am Ende des letzten Kapitels erwähnt haben.

Die Lektüre des langen Briefes von Alonso de Zuazo führte Cortez das gesamte Ausmaß des Desasters vor Augen: Seine Parteigänger beraubt, verfolgt oder verjagt, sein Majordomus gefoltert und getötet, sein Haus besetzt und geplündert, sein oberster Richter in Ketten nach Cuba geschickt, ein Teil Mexicos, von den Huasteken bis zu den Zapoteken, im Aufstand. Und dieses Mal ist der stets so beherrschte Mann getroffen: er weint. Natürlich gesteht er diesen Moment der Schwäche in seinem fünften Bericht an Karl V. nicht ein, aber López de Gomara schreibt: »Er zog sich in sein Gemach zurück, um über diese traurige Situation nachzusinnen und sie sogar zu beweinen.« Von wem soll der Autor diese Information erhalten haben, wenn nicht von Cortez selbst, denn Gomara schrieb vor Bernal Díaz. Und dieser ist als Augenzeuge der Szene noch deutlicher: »Als Cortez seine Lektüre beendet hatte, wurde er von einer solchen Traurigkeit ergriffen, dass er sich in sein Gemach zurückzog und zu schluchzen begann.«[133]

Am nächsten Tag gab er seinen Leuten den Brief von Zuazo zu lesen: so erfuhren sie, dass man sie für tot hielt, dass ihr Besitz beschlagnahmt und an Günstlinge verkauft worden war, dass ihre Indianer anderen Spaniern zugeteilt wurden und dass man sogar ihre Frauen nach Aufforderung von Salazar erneut verheiratet hatte. Sie wurden, wie Bernal Díaz schreibt, von Zorn ergriffen, der sich aber auch gegen Cortez wendete, weil er sie auf diese kräftezehrende Expedition mitgeschleppt hatte – und nun war wegen dieses Unternehmens alles verloren: »Unser Zorn richtete sich gleichermaßen gegen Cortez, der uns solche Prüfungen hatte erdulden lassen, wie auch gegen Salazar; und wir stießen zweitausend Verwünschungen gegen den einen wie gegen den anderen aus.« Will man López de Gomara glauben, soll sich Cortez angesichts dieser Reaktion für schuldig erklärt haben: »Ich verdiene es, denn ich habe Unbekannte mit Ehren überhäuft und nicht meine eigenen Leute, die mir ihr ganzen Leben lang folgten.« Ohne allerdings so weit zu gehen, schreibt Bernal Díaz, Cortez habe sie mit Liebenswürdigkeit und Milde angesprochen (»Meine Kinder, meine Gefährten«).[134]

Die Verzweiflung des Hernán Cortez speiste sich auch noch aus anderen Überlegungen. Serge Gruzinski meint, Cortez habe in Mexico einer Frage gegenübergestanden, die sich in derselben Epoche oder fast in derselben Epoche auch Macchiavelli stellte: »Wie soll man eine neue Herrschaft errichten?« Cortez hatte verstanden, dass seine persönliche Macht von seiner Fähigkeit abhängt, »als Vermittler zwischen einem starken und wohl organisierten amerikanischen Reich und der spanischen Krone« aufzutreten. Aus diesem Grunde hatte er sich gehütet, die Machtstrukturen der früheren Herrschaft zu zerstören. Und, ohne dass es notwendig gewesen wäre, seinen eigenen religiösen Glauben in Zweifel zu ziehen, hatte er sich vorgestellt, dass die Geistlichkeit eine maßgebliche Rolle bei dieser Vermittlung spielen könnte, und zwar durch Anbindung der Indianer an einen neuen Glauben. Bei der Ankunft der zwölf Franziskaner unter Führung des Martín de Valencia, hatte er, wie wir gesehen haben, Aufsehen unter den Indianer erregt, als er sich demütig vor den Mönchen, deren Unterstützung er von Anfang an gewinnen konnte, auf die Knie warf.

Wenn nun diese Deutung angemessen ist, wie ich glaube, dann waren die Ereignisse in Mexico während seiner langen Abwesenheit geeignet, dieses Projekt zu ruinieren. Die Indianer sahen sich einem wahrhaft unheilvollen Beispiel gegenüber: die Spanier überließen sich zügellos ihren Leidenschaften, brachten sich gegenseitig um, beuteten sie ohne Entlohnung aus, und so standen sie – trotz des Gegenbeispiels der seraphischen Mönche, welche die Armut lebten und predigten (wie Motolinía) – am Rande eines allgemeinen Aufstands. Der Traum des Cortez, jenes »*Fürsten*, der die Tat mit der Schrift vereint hatte«, drohte zu zerplatzen.[135] Wir begreifen, dass sich Cortez Zeit zum Nachdenken ließ und dass er den Heiligen Geist anrief, bevor er über seine Gegenmaßnahmen entschied: »Drei Tage lang ließ er Prozessionen abhalten und Messen für den Heiligen Geist lesen, damit er die beste Lösung fände, die auch im Einklang wäre mit dem Dienst an Gott.«[136]

Verleumdungsarie

Der Brief Zuazos hatte Cortez noch andere schlechte Nachrichten überbracht. Zuazo hatte erfahren, dass die »Statthalter«, denen Cortez seine Machtbefugnisse übertragen hatte, ihn bei der Krone verleumdeten. Sie belasteten ihn mit tausend Schändlichkeiten, die dann später auch die Anklageschrift bei seinem ersten Prozess füllen sollten. Es scheint, dass zumindest Rodrigo de Albornoz, vielleicht aber auch die anderen königlichen Beamten, bei ihrer Ernennung mit einem Geheimcode ausgestattet wurden, der es ihnen erlaubte, in chiffrierten Schreiben mit voller Freizügigkeit an den König und seine Räte zu berichten. Ein Denunziationsbrief mit den Fehlern des Cortez wurde von Albornoz ohne Zweifel zur gleichen Zeit abgeschickt wie Cortez' vierter Bericht vom 15. Oktober 1524. Andere Briefe wurden von den königlichen Beamten geschrieben und ihrem Abgesandten an den Hof, Lope de Samaniego, übergeben, der auf demselben Schiff reiste wie die *procuradores* des Hernán Cortez. Alle Klagen waren gut gewählt und vermischten geschickt Wahres mit Falschem: Der *conquistador* hält sich als Mätressen die Töchter mexicanischer Fürsten, die ihm soviel Achtung und Bewunderung entgegenbringen, als sei er König; er schafft einen Teil des indianischen Goldes beiseite und hält eine Reihe von Festungen in seiner Hand, sodass man nicht wisse »ob er loyal bleibt oder ob er revoltiert«. Dieser Verdacht zielte darauf, die Ambitionen der königlichen Beamten zu verbergen, nämlich die Macht mit Cortez zu teilen oder sie ihm zu ihren Gunsten zu nehmen. Er musste geschickt von der Macht ferngehalten werden, indem man ihn zwang, bei allen seinen Entscheidungen die Genehmigung der königlichen Beamten einzuholen und indem diese Beamten als beschlussfähige Mitglieder Sitz im *cabildo* erhielten. Es fällt auf, dass diese Ansprüche von Cortez in seinem für den König vorbehaltenen Brief diskret angesprochen werden, und dass er sich diesen Ansprüchen mit aller Kraft widersetzte. Karl V. und seine Räte sahen sich also zwei gegensätzlichen Behauptungen und Vorschlägen gegenüber.

Ein besonders giftiger Brief des Faktors Gonzalo de Salazar – desselben Mannes, der in den folgenden Wochen Cortez mit Schmeicheleien und Wohlreden dazu brachte, ihm die Regierungsgewalt zu übertragen – enthielt so maßlose Anklagen, dass sie eine gegenteilige Wirkung ausübten: so sei das von Cortez an seinen Vater Martín geschickte Geld (dessen Betrag von Salazar deutlich übertrieben wurde) von der königlichen Steuer abgezweigt und diene nur dazu, die Mitglieder des Westindischen Rates zu beeinflussen; Cortez habe drei oder vier Millionen Goldpesos auf die Seite geschafft, und die Schiffe, die er an den Küsten des Südmeeres bauen ließ, dienten alleine dazu, mit seinen Schätzen nach Frankreich zu fliehen!

Bernal Díaz erwähnt eine andere Denunziation des Faktors Salazar, die ihm durch Alonso de Zuazo mitgeteilt wurde: Im Kabinett von Cortez habe man ein gefälschtes Siegel gefunden, mit dem er einen Teil des von den Indianern empfangenen Goldes markiert habe, um es vom königlichen *quinto* abzuzweigen. Salazar unterstützte seinen Brief mit einer bedeutenden Gold- und Geschenksendung an den königlichen Sekretär Francisco de Los Cobos, den aufsteigenden Stern am kaiserlichen Hof. Aber nach einigen Autoren, darunter Antonio de Herrera, übte jeder der königlichen Beamten auch Kritik an den Handlungen seiner jeweiligen Kollegen, und das schwächte durchaus die Glaubwürdigkeit der Anklagepunkte gegen Cortez.

Dieser konnte mit dem Einsatz seines Vaters und anderer großen Herren rechnen, die man für seine Sache gewonnen hatte, so etwa auf den Herzog von Bejar, der Cortez in allen Stücken unterstützte. Ein günstiger Umstand war auch der Tod des Bischofs von Burgos, von Anfang an ein Feind des Hernán Cortez; aber Männer wie Pánfilo de Nárvaez oder Cristóbal de Tapia, deren Misstrauen gegenüber dem *conquistador* mit Händen zu greifen war, hörten nicht auf, ihn in ein schlechtes Licht zu rücken. Angesichts solch unterschiedlicher Positionen entschieden Karl V. und seine Berater schließlich, den Lizentiaten Luis Ponce de León nach Mexico mit dem Auftrag zu entsenden, dem gegen Cortez eingesetzten Gericht Instruktionen zu erteilen.[137]

Die Rückkehr des Magiers

Cortez' Rekapitulation der Lage trug Früchte. Er musste die Situation wieder in den Griff bekommen und deshalb war seine Anwesenheit in Mexico unerlässlich. Aber wegen der erhaltenen Nachrichten fürchtete sich Cortez vor einer Rückkehr nach Neuspanien. Dennoch versuchte er zwei Mal in See zu stechen, aber wie ein Wink des Schicksals verhinderten schlechtes Wetter und schwere Havarien seine Landung in Trujillo. Krank und ausgemergelt fasste er deshalb nach einer Zeit der Ruhe und Erholung den Rückweg zu Lande ins Auge. Er schlug den Weg über Guatemala ein, wo er Verstärkung von Pedro de Alvarado erhielt. Gleichzeitig schickte er Pedro de Alvarado aus, um in Nicaragua einzugreifen, denn dort zog ein gewisser Capitán Pedrarias unrechtmäßige Steuern ein.[138] Diese eigentlich widrigen Umstände erwiesen sich als günstig.

Cortez hielt es nämlich für geraten, einen Keil zwischen seine Feinde zu treiben und seine Freunde wissen zu lassen, dass er noch am Leben war. Er beauftragte deshalb einen ihm ergebenen jungen Mann, seinen Schwertknappen Martín Dorantes, mit dieser schwierigen Mission. Er war ein »umsichtiger Mann, dem man bei allen wichtigen Angelegenheiten Vertrauen schenken konnte« (Bernal Díaz). Martín Dorantes wurde mit von Cortez unterzeichneten Befugnissen ausgestattet, die Gonzalo de Salazar und Chirinos von ihren Funktionen entbinden sollten, und zwar zu Gunsten von Pedro de Alvarado und Francisco de Las Casas, die er bis zu seiner Rückkehr zu »Gouverneuren von Neuspanien« ernannte, falls sie in Mexico anwesend wären. Im Falle ihrer Abwesenheit ernannte er Alonso de Estrada und Rodrigo de Albornoz und setzte sie in ihre alten Funktionen wieder ein.

Martín Dorantes schiffte sich auf dem besten Schiff ein, das Cortez noch zur Verfügung stand, und nach einer glücklichen und schnellen Fahrt landete er in Neuspanien in der Bucht von Pánuco. Er kannte die Gegend sehr gut: er verkleidete sich als Bauer, versteckte das wertvolle Dokument an seinem Körper und machte sich auf den Weg. In einem Gewaltmarsch erreichte er Mexico am 26. Januar 1526 und begab sich unverzüglich ins Kloster des Heiligen Franziskus, wohin sich *conquistadores* der Cortez-Partei geflüchtet hatten, unter ihnen Jorge Alvarado und Andrés de Tapia. Als sie Dorantes angehört und die von Cortez unterschriebenen Briefe gesehen hatten, begannen sie vor Freude zu tanzen. Bernal Díaz, der dieses Mal kein unmittelbarer Zeuge der Ereignisse war, behauptet sogar, die Franziskanerbrüder Toribio de Benavente (Motolinía) und Bruder Diego de Altamirano hätten regelrechte Luftsprünge vollführt.

Jorge Alvarado, Andrés de Tapia, Juan Núñez de Mercado und die Franziskaner sperren das Kloster zu und bereiten ihren Plan vor. In der Nacht unterrichten sie heimlich Estrada und Albornoz, die sich im Kloster von den Anordnungen des Cortez überzeugen; sie beschließen, sich als erstes der Person Salazars zu bemächtigen (Chirinos war nicht in Mexico); sie geben ihren Freunden Bescheid, tragen Waffen zusammen, und in der Morgendämmerung begeben sich Estrada, die übrigen Anhänger von Cortez und Martín Dorantes zur Residenz Salazars. In den Straßen der Stadt ruft Dorantes: » Es lebe der König und in seinem königlichen Namen Hernán Cortez, denn er lebt und wird in diese Stadt kommen, und ich bin sein Diener Martín Dorantes.« Viele in Mexico freuen sich über diese Nachricht und schließen sich dem Trupp an. Allerdings zeigt Albornoz keine besondere Begeisterung, sehr zum Missfallen von Estrada. Der gewarnte Salazar hatte noch Zeit, sich in seiner Residenz mit einigen Kanonen und mehreren Hauptleuten an der Spitze einer beachtlichen Streitmacht zu verbarrikadieren, aber der Elan der Angreifer, den Namen des Königs und des Hernán Cortez als Schlachtruf auf den Lippen, ist so groß, dass sich die Truppen der Verteidiger auflösen; einige Hauptleute fliehen oder verstecken sich, und Gonzalo de Salazar wird ergriffen und eingesperrt. Botschaften über dieses Ereignis werden in ganz Neuspanien verbreitet und die Rückkehr des Hernán Cortez angekündigt. Chirinos kehrt in Eile aus Oaxaca zurück, flieht ins Franziskus-Kloster von Texcoco, wo man ihn sofort verhaftet und zusammen mit Salazar gefangen setzt. Allein die Ankündigung von der »Auferstehung« des Cortez genügte, um das Spiel zu wenden.

Die Situation blieb aber gefährlich, darüber waren sich Estrada und die Cortez-Partei im Klaren. Diejenigen, die Indianer im Zuge des *repartimiento* von Gonzalo de Salazar erhalten hatten, fürchteten, sie zu verlieren. Albornoz, der mit Cortez' Rache wegen seiner verleumderischen Briefe an Los Cobos rechnen musste, galt auch nicht als sicherer Bundesgenosse. So erwies sich Cortez' Anwesenheit in Mexico als unerlässlich. Estrada und einige *conquistadores* überzeugten die Franziskaner davon, einen der Ihren, den mit Cortez verwandten Diego de Altamirano, einen ehemaligen Soldaten und Unterhändler, nach Trujillo zu schicken, um Cortez zur unverzüglichen Rückkehr nach Mexico zu drängen. Mit großer Beredsamkeit und in tausend Einzelheiten schilderte Altamirano die Ereignisse, betonte die dringende Notwendigkeit, »das Feuer zu löschen, das zwischen den Spaniern schwelt«. Er hielt Cortez vor Augen, er müsse »erscheinen«, damit man ihn als den wirklichen Gouverneur akzeptiere, und er überzeugte ihn, die Anrede »Eure Herrlichkeit« anzunehmen. Vor allem aber legte ihm der Franziskaner nahe, auf dem Seeweg nach Mexico zurückzukehren und nicht über Guatemala, um Zeit zu gewinnen. Die Schiffsführer versicherten, dass das Meer im April besser zu befahren sei.

Dennoch, nach seiner Abreise von Trujillo am 26. April, hielt es Cortez für besser, den Weg über La Havana zu nehmen, um sein Schiff reparieren zu lassen. Dort erreichten ihn ausgezeichnete Nachrichten: in Mexico war die Ruhe wieder hergestellt und die aufständischen Zapoteken von Coatlan waren zu Friedensverhandlungen bereit, als sie hörten, dass Cortez am Leben war. Von nun an dachte Cortez an nichts anderes als seine Rückkehr. Ohne Zwischenfälle erreichte er Medellín, begab sich dann nach Vera Cruz. Seine Gefährten dort erkannten ihn, aber nur an der Stimme, denn die Strapazen des Honduras-Unternehmens und seine Krankheit hatten ihn tiefgreifend verändert.

Cortez ordnete seine Ausrüstung, schrieb versöhnliche Briefe an Estrada und sogar an Albornoz, an seine Freunde und die Brüder des Franziskus-Klosters und machte sich nach acht Tagen der Ruhe auf den Weg nach Mexico. Es wurde eine triumphale Reise: die Indianer kamen zu ihm mit Geschenken: Geflügel, Früchte, Schokolade, Gold- und Silbergegenständen, prachtvoller Federschmuck, bestickte Stoffe; wenn er sich Siedlungen näherte, waren die Wege mit Blumen bestreut; auch führten die Indianer bei ihm Klage über die Kränkungen, die sie von ihren Feinden erfahren hatten. Cempoala bereitete ihm einen großen Empfang, Tlaxcala empfing ihn mit Tanz, Musik und einem Gastmahl. Drei Meilen vor Texcoco kam ihm Rodrigo de Albornoz, der sich für so viel zu entschuldigen hatte, mit einer großen Anzahl von *caballeros* und indianischen Kaziken entgegen. In Mexico schließlich erwarteten ihn Estrada und seine Freunde, die *conquistadores,* alle mit ihren prächtigsten Gewändern bekleidet, die Amtsträger der Stadt, die Kaziken mit großem indianischen Gefolge, und die Lagune war bedeckt mit Schiffen voller indianischer Krieger. Cortez begab sich ins Kloster des Heiligen Franziskus und hörte eine Gnadenmesse. Das war am 25. Juni 1526. Einige Tage später ordnete Cortez eine gerichtliche Untersuchung über die Regierungstätigkeit von Estrada und Albornoz an und begann mit der Verfolgung der Banditen, die sich überall in der Stadt und in der Umgebung breit gemacht hatten. Alles schien wieder in die rechte Ordnung zu kommen: es war offenkundig, dass die Indianer allein Cortez respektierten, seine treuesten Freunde und Anhänger sowie die Mönche vom heiligen Franziskus. Aber die schwerfällige Maschinerie des modernen Staates war bereits gegen Cortez gerichtet.

VII. DER AUFTRITT IN SPANIEN

Angesichts gänzlich widersprüchlicher Berichte und schwer durchschaubarer Gerüchte entschlossen sich Karl V. und seine

Räte, wie wir wissen, einen Richter (*Hofrichter*) nach Neuspanien zu entsenden, um die Regierungstätigkeit des Hernán Cortez zu überprüfen. Das war ein durchaus übliches Verfahren, mit dem alle königlichen Amtsträger kontrolliert werden konnten und hatte deshalb in Hinblick auf Cortez auch nichts Herabsetzendes an sich. Zudem erschien die Wahl des gut beleumundeten Lizentiaten Luis Ponce de León durchaus glücklich, und Cortez, der zwei Wochen nach seiner Rückkehr nach Mexico von der Ankunft des Richters informiert wurde, entschied, das Spiel mitzuspielen und die Nachprüfungen zu erleichtern. Unglücklicherweise komplizierten eine Welle von vorhersehbaren und unvorhersehbaren Ereignissen die Situation und verschlimmerten die Gegensätze dermaßen, dass Cortez keine andere Wahl blieb, als nach Spanien abzureisen.

Eine dringende Reise

Das erste dieser Ereignisse wird von Cortez selbst in seinem Brief an Karl V. vom 11. September 1526 angesprochen. Es handelt sich um den plötzlichen Tod von Luis Ponce de León, der, am 2. Juli angekommen, bereits am 20. desselben Monats starb. Es scheint, dass der Lizentiat und eine ganze Reihe seiner Begleiter die Überfahrt schlecht vertragen hatten. Möglicherweise waren sie bereits vor ihrer Abreise von einer Krankheit, man spricht sogar von der Pest, befallen worden. Bei einem Gastmahl, das man für ihn in Iztacpalapan am fünften Tag seiner Reise von Vera Cruz nach Mexico bereitet hatte, bekam er Durchfall und Erbrechen und hohes Fieber, das nicht mehr von ihm abließ. Er starb rund zehn Tage nach seiner Ankunft in Mexico: er wurde mit den Sterbesakramenten versehen, machte sein Testament und setzte als seinen Nachfolger den Bakkalaureus Marcos de Aguilar ein, den er auf Grund seiner Erfahrungen als *alcalde mayor* (oberster Richter) von Santo Domingo als seinen Assistenten mitgenommen hatte. Im Gegensatz zu Ponce de León war Aguilar nicht vom König ernannt worden.[139]

Einige barmherzige Seelen, die Cortez nur Gutes wollten, setzten das Gerücht in Umlauf, Luis Ponce de León sei auf Cortez' Befehl beim Gastmahl in Iztacpalapan vergiftet worden. Aber die Ärzte Pedro López und Cristóbal de Ojeda beschworen, der Richter sei an der *modorra* (Auszehrung) gestorben und nicht an einer Vergiftung. Derselbe Cristóbal de Ojeda, der in der Gerichtsverhandlung Cortez ein ungünstiges Zeugnis ausstellte (vor allem im Zusammenhang mit der Folterung des Cuauhtémoc), hatte bereits den Eroberer von der Vergiftung des Francisco de Garay entlastet. Wahrhaftig starben etwa die Hälfte der Leute, die Luis Ponce de León begleitet hatten, in kurzer Folge an derselben Krankheit, während etwa der *alguacil mayor* Proaño, der ebenfalls am Gastmahl von Iztacpalapan teilgenommen hatte, keinerlei Krankheit verspürte.

Der von Anfang an unhaltbare Vergiftungsvorwurf wurde auch vom Ordensbruder Tomas de Ortiz geäußert, einer Person von zweifelhaftem Ruf, denn er hatte das Gerücht verbreitet, Luis Ponce de León habe vom Kaiser den Befehl erhalten, Cortez nach der Übergabe des Richterstabes (*vara*) enthaupten zu lassen. Es sieht so aus, als habe er durch diese falsche Nachricht eine Rebellion des *conquistador* provozieren wollen.

Luis Ponce de Leóns Tod hinterließ ein gewisses Machtvakuum. Vor seinem Tod hatte der Lizentiat noch Zeit, vor dem vollständig versammelten *cabildo* die königlichen Erlasse zu verlesen. Nach altem Brauch küssten Cortez und alle seine Amtsträger das Dokument, hoben es zu ihrem Kopf und schworen, den Anweisungen des Königs Folge zu leisten. Dann, nachdem sie die Einsetzung in ihre alten Ämter und Funktionen erhalten hatten, übergab er sie ihnen in einem höfischen Zeremoniell unter Beachtung aller Formen, wie sie für die spanische Verwaltung dieser Zeit charakteristisch waren. Aber es war offenkundig, dass die königlichen Verfügungen Marcos de Aguilar keinerlei Vollmachten übertrugen. Deshalb bestritten die

Mitglieder des *cabildo* von Mexico und die Deputierten (*procuradores*) der anderen Städte heftig die Ernennung von Aguilar durch Ponce de León, und unter derselben Beachtung der Formen, im Beisein eines Notars forderten sie Cortez auf, die Regierung und die Leitung des Gerichtswesens in Neuspanien wie ehemals zu übernehmen, bis Seine Majestät eine andere Entscheidung treffen würde. Cortez lehnte ab: es lag etwas Pathetisches in seiner Loyalitätsbekundung gegenüber dem Kaiser; er lehnte sogar den Vorschlag ab, seinen Freund Gonzalo de Sandoval dem Marcos de Aguilar an die Seite zu stellen; er verpflichtete ihn vielmehr, das von Ponce de León eingesetzte Gericht zu instruieren.

Der alte und kranke Marcos de Aguilar überlebte diese Zeit nur mit Mühe, mit Muttermilch und Ziegenmilch – eine wenig wirksame Medizin, denn er starb am 1. März 1527. Aber obwohl sich Cortez ihm gegenüber immer korrekt verhalten hatte, setzte er ihn am 3. September 1526 als Generalkapitän und Verwalter der eroberten Gebiete ab. Cortez protestierte, musste sich aber beugen.[140]

Die erneute Machtvakanz wurde provisorisch durch Alonso de Estrada überbrückt; Albornoz war nach Spanien abgereist, während Salazar und Chirinos immer noch im Gefängnis saßen. Dem unzufriedenen *cabildo* gelang es dieses Mal, Gonzalo de Sandoval an Estradas Seite zu stellen, Cortez mit den Beziehungen zu den Indianer zu betrauen und ihm im Falle einer Revolte freie Hand zu lassen. Indessen, die Kabale der Mittelmäßigen organisierte sich in Spanien im Umkreis von Rodrigo de Albornoz und Pánfilo de Nárvaez, die den Westindischen Rat bedrängten und reichlich Gebrauch von den Briefen der Cortez-Gegner an den Rat machten, so dass der Rat schließlich eine Verfügung erließ, mit der Alonso de Estrada die gesamte Macht übertragen wurde. Gonzalo de Salazar und Peralmindez Chirinos sollten freigelassen und wieder in ihre Güter eingesetzt werden. Am 22. August 1527 dann wurde Gonzalo de Sandoval aus der Regierung entfernt.

Sogleich nutzte Alonso de Estrada seinen Vorteil: er profitierte von einer Schlägerei, in deren Verlauf ein Soldat Sandovals mit einem Messer auf einen seiner eigenen Soldaten losgegangen war, ließ dem Schuldigen die Hand abschlagen und verwies Cortez und Sandoval des Landes. Die Nachricht erregte Aufsehen und hätte beinahe zu einem Aufstand geführt, aber Cortez beugte sich mit Grandezza, nicht ohne einen ironischen Vergleich zwischen denen anzustellen, die das Land unter Gefahr von Leib und Leben erobert hätten und denen, die nicht einmal die Fähigkeiten besäßen, das ihnen vom König anvertraute Amt korrekt auszuüben. Außerdem kündigte er an, sich unverzüglich nach Kastilien begeben zu wollen und von Seiner Majestät Gerechtigkeit einzufordern. Das war eine regelrechte Drohung, die Estrada beunruhigte: seine Ehefrau, María Gutierrez de la Caballeria, eine gewiefte Dame, die sich keinerlei Illusionen über die moralischen Qualitäten Estradas und Albornoz' machte, riet Estrada, sich mit dem Eroberer zu versöhnen, der ihm Ehren und Vorteile gebracht habe (vor allem gute Dörfer mit Indianern). Estrada glaubte, sich der Vermittlung des zum Bischof von Tlaxcala (der erste Bischof Mexicos) ernannten Ordensbruders Julian Garcés bedienen zu können, um sich Cortez mit dem Angebot anzunähern, die Landesverweisung aufzuheben. Cortez, der sich nacheinander in Coyoacán, Texcoco und Tlaxcala aufhielt, wollte davon nichts wissen, hielt sich aber dennoch mit ungünstigen Äußerungen über Estrada zurück. Sein Entschluss war gefasst: er machte sich auf den Weg nach Spanien.[141]

Im übrigen hatte er weitere gute Gründe, diese Reise zu unternehmen. Seit dem 3. September 1526, auf den letzten Seiten seines fünften Berichtes, hatte er den König gebeten, ihm die Erlaubnis zu schicken »seinen wachsenden Wunsch zu erfüllen«, das heißt die Reise nach Spanien, denn er wünsche, »Eurer Majestät in Ihrer königlichen Anwesenheit« dienen zu können und ihn direkt »über die Angelegenheiten dieses Landes« zu unterrichten. Er habe seine Fahrt ein wenig hinausschieben müssen, weil es ihm an Geld fehle, sein Haus und sein Besitz seien während seiner Expedition nach Las Hibueras geplündert worden, und außerdem könnte seine Abwesenheit zu einem indianischen Aufstand verleiten. Fast zur gleichen Zeit hatte Cortez einen langen Brief an seinen Vater Martín geschrieben, in dem er von den erfahrenen Kränkungen, der Zerstörung seines Hauses, dem Raub seiner Besitztümer, vom Tod seines Majordomus Rodrigo de Paz und von den Beleidigungen der königlichen Beamten berichtete.[142]

1528 dann wurde die Reise dringend und wurde zudem von König gewünscht, aber auch vom Vorsitzenden des Westindischen Rates Francisco García de Loayasa, Bischof von Osma, dem Cortez am 12. Januar 1527 seine Klagen über die Anschuldigungen im Zusammenhang mit dem Tod des Luis Ponce de León schriftlich mitgeteilt hatte; weiterhin wurde er zur Heimreise von Bruder Tomas Ortiz[143] gedrängt sowie vom Herzog von Bejar, der Triebfeder der »Cortez-Partei« in Spanien. Um zu zeigen, dass alle Verleumdungen gegenstandslos seien, genüge seine Anwesenheit in Kastilien. Er habe keinerlei Handlungsfreiheit mehr in Mexico und werde sie auch in Zukunft nicht zurückerlangen: In einer auf den 5. April 1528 datierten Urkunde, von Francisco de Los Cobos unterzeichnet, der ihm empfahl, seine Abfahrt zu beschleunigen, informierte ihn Karl V. von der Einrichtung einer Audiencia (eines königlichen Obergerichtshofes) für Mexico unter dem Vorsitz des Gouverneurs der Provinz Pánuco, Nuño de Guzmán.[144] Eine ganz ungeschickte Wahl, die den Bock zum Gärtner machte, denn Nuño de Guzmán hatte bereits seinen gewalttätigen Charakter, seine unersättliche Raubgier offenbart, was von vornherein eine Zusammenarbeit mit ihm unmöglich machte. Schlimmer noch, der Verfügung vom 5. April folgte eine andere vom 13. April, in der Cortez angewiesen wurde, in allem Nuño de Guzmán gehorsam zu sein. Wieder einmal stellt sich die Frage nach den Auswahlkriterien der königlichen Amtsträger in Westindien; die Ernennung der Lizentiaten Juan Ortiz de Matienzo und Diego Delgadillo zu Auditoren und Begleitern Nuños de Guzmán, dessen Verwaltungsleistungen verheerend waren, kann diese Frage nur bekräftigen.[145]

Cortez hatte auch persönliche Gründe für diese Reise. Im Brief von García de Loayasa erfuhr er vom Tod seines Vaters Martín Cortez, der seine Sache immer mit großer Hartnäckigkeit bei Hofe und vor den königlichen Ratsgremien über mehr als zehn Jahre hin vertreten hatte. Wenn man Cortez' Vertrautem López de Gomara glauben will, wollte sich Cortez, seit 1522 Witwer der Catalina de Marcaida und jetzt dreiundvierzig Jahre alt, wieder verheiraten (und ohne Zweifel eine gute Partie machen). Er wünschte sich legitime Söhne, denen er eine außergewöhnliche Erbschaft zu hinterlassen gedachte. Und alles deutet darauf hin, dass die von Martín Cortez initiierten Verhandlungen mit dem Herzog von Bejar schon weit fortgeschritten waren. Der Ruf und der Reichtum des Hernán Cortez machten ihn zu einer guten Partie, und man kann unterstellen, dass die Energie, mit der der Herzog von Bejar Cortez bei Hofe verteidigte, von seinem Wunsch bestimmt war, seine Nichte Juana de Zúñiga, Tochter des Grafen von Aguilar, mit dem Eroberer zu verheiraten.

Außerdem wollte Cortez »mit offenem Visier« vor den König treten, ihm eine genaue Aufstellung der eroberten Gebiete präsentieren und sie in die Besitzungen des Königs eingliedern, ihn von den Streitigkeiten und Zerwürfnissen unter den Spaniern unterrichten, aus denen leicht ein Bürgerkrieg entstehen konnte, und neben einem Adelstitel wollte er die Gunstbeweise als Lohn für seine Verdienste erhalten.[146]

Königliche Prachtentfaltung

Die Reise war beschlossene Sache, und Cortez bereitete sie mit Sorgfalt vor. Als wohlbegründete Vorsichtsmaßnahme ließ er ein Inventar seines auf 200 000 Goldpesos geschätzten Besitzes aufstellen und vertraute ihn seinem Verwandten Juan de Altamirano zusammen mit Diego de Campo und Francisco de Santa Cruz an. Auch erstellte er ein sehr eingehendes Memorial über die zu ergreifenden Maßnahmen während seiner Abwesenheit; es war auf den 6. März 1528 datiert und an Francisco de Santa Cruz gerichtet. Dieses Memorial ist ein äußerst wertvolles Dokument über die Aktivitäten des Hernán Cortez als Grundherr und Gutsbesitzer (Erhebung von Abgaben, Führung der Rechnungsbücher), als Unternehmer, Mühlenbesitzer, Viehzüchter; es bezeugt aber auch sein karitatives Engagement mit Zuwendungen an das Hospital von Tenochtitlán, den Frauenkonvent von Texcoco und die Franziskaner- und Dominikanerklöster, wie auch an andere Klöster, und zeigt das absolute Vertrauen, das er Bruder Toribio (Motolinía) entgegenbrachte.[147]

Der Eroberer führte Männer seines Vertrauens nach Vera Cruz und machte dort zwei gute Schiffe seeklar. Er trug alles verfügbare Gold und Silber zusammen im Wert von 20 000 Goldpesos guter Legierung und 10 000 Goldpesos ohne Legierung, 1500 Mark Silber, wertvolle Juwelen, vor allem Edelsteine (Smaragde, Rubine), prächtigen Federschmuck und Stickereien von bewundernswerter Machart, Obsidianschwerter, Kristallspiegel, Balsam, wohlriechende Essenzen, Farbstoffe ... Er ließ zudem ein ganze Menagerie von exotischen Tieren zusammenstellen: Jaguare, Gürteltiere, Pelikane und andere Vögel. Er rekrutierte indianische Akrobaten, ein Dutzend Jongleure, zwergwüchsige Indianer, Albinoindianer und –indianerinnen. Er verkündete, er sei bereit, auf eigene Kosten alle mitzunehmen, die die Reise antreten wollten. Er umgab sich mit indianischen Fürsten: ein auf den Namen Don Pedro Talacahuepan getaufter Sohn des Moctezuma, ein Neffe des alten *tlatoani*, Don Francisco Alvarado Matlaccohuatzin, und zwei junge Herren aus Tlaxcala, Söhne des Maxixcatzin und des Xicotencatl, denn es war ihm daran gelegen, dass diese Repräsentanten des indianischen Adels bei ihrer Rückkehr von der

Macht des Königs und der Größe Kastiliens, von den Kathedralen, den Burgen, den Palästen, von der Stärke der Waffen erzählen konnten. Natürlich begleiteten ihn mehrere seiner treuen Gefährten der ersten Stunde, unter ihnen Gonzalo de Sandoval und der aus León stammende, gelehrte Andrés de Tapia, der häufig als Sprecher der übrigen *conquistadores* fungierte. Cortez wollte Spanien beeindrucken und hatte dazu alle Ressourcen seines Vermögens und seiner Phantasie mobilisiert. »Niemals zuvor hat man einen Capitán aus Westindien mit einer vergleichbaren Prachtentfaltung zurückkehren gesehen, die allein von ihm und nicht von der Krone bezahlt wurde.«[148]

Cortez verließ Vera Cruz vermutlich Mitte April 1528. Die Überfahrt verlief ohne Zwischenfall und Zwischenstopp und nach zweiundvierzig Tagen fuhr er, wohl in den letzten Tagen des Monats Mai, in Palos ein.[149] Cortez und sein Tross kamen im Kloster La Rábida unter, im einzigen Gebäude am Ort, das groß genug war, alle zu beherbergen. Aber kaum angekommen, traf den Eroberer ein grausamer Verlust. Der getreue Gonzalo de Sandoval, der in Palos zurückgeblieben war, erkrankte schwer. Während seine Diener nach La Rábida eilten, um Cortez zu unterrichten, nutzte der Handwerker, bei dem Sandoval logierte, dessen Schwäche, raubte die dreizehn Goldbarren des Gonzalo de Sandoval und floh nach Portugal. Cortez konnte den Sterbenden nur noch an seinen letzten Tagen begleiten. Sandoval beauftragte ihn, den Rest seines Vermögens an die Armen und an eine seiner Schwestern zu verteilen. Der Verlust dieses ebenfalls aus Medellín stammenden furchtlosen, großzügigen und treu ergebenen Mannes ohne jede Ambitionen war für Cortez gänzlich unersetzlich. Cortez und seine Leute waren von Trauer ergriffen; Sandoval wurde in La Rábida begraben. Zur gleichen Zeit richtete Cortez Briefe an den König, an den Westindischen Rat, an Freunde des Hofes, um sie von seiner Ankunft in Palos und vom Tod Gonzalos de Sandoval, dessen Tugenden er lobte, in Kenntnis zu setzen.

Bernal Díaz, der Sandoval sehr schätzte, widmete ihm in seinem Buch eine Grabrede.

Aufgrund neuerer Nachrichten blieb Cortez noch lange Zeit, um sich auf das lange gewünschte Zusammentreffen mit Karl V. vorzubereiten: der Kaiser war gerade dabei, Madrid zu verlassen, um in Monzón die Cortes (Stände) von Aragón zu versammeln. Cortez musste also bis zum Herbst warten, bis er seinen Traum erfüllen konnte. Der Vorsitzende des Westindischen Rates, García de Loayasa, der Herzog von Bejar und der Graf von Aguilar versäumten dennoch nicht, gegenüber dem König und dem Sekretär Cobos auf die absolute Loyalität des Hernán Cortez zu verweisen, der unverzüglich dem Ruf des Königs gefolgt sei, trotz aller gegen ihn erhobenen Anschuldigungen. So gab Karl der V. Order an alle königlichen Amtsträger und Städte, Cortez auf seinem Weg nach Madrid mit allen Ehren gebührend zu empfangen.

Wallfahrt nach Guadelupe

Nunmehr Herr seiner Zeit, entschloss sich Cortez, eine Wallfahrt zum Hieronymitenkloster Santa María de Guadelupe zu unternehmen, wie vor ihm schon Christoph Columbus. Als gläubiger Mensch wusste er um die Schwere seiner Sünden. Zunächst aber begab er sich nach Sevilla, um den Herzog von Medina Sidonia, einen der mächtigsten Granden Spaniens, zu begrüßen; dieser nahm den Eroberer huldvoll auf und beschenkte ihn mit Zuchtpferden. Danach machte sich Cortez auf den Weg nach Guadelupe und besuchte dabei auch Medellín, wo er seine Mutter wiedersah und am Grab seines Vaters betete.

Der Zufall wollte es, dass sich gerade in Guadelupe María Mendoza, die Gattin des einflussreichen königlichen Sekretärs Francisco de Los Cobos, zusammen mit ihrer Schwester Francisca und einigen adligen Damen aufhielt. Dieser

Kleinadlige aus Úbeda, nicht gerade genial aber äußerst strebsam, von einigem Vermögen, durchaus rechtschaffen, aber sehr auf die Güter dieser Welt bedacht, hatte seine ersten Sporen in der Finanzverwaltung des 1492 der Krone unterworfenen Königreichs Granada verdient, war Sekretär des Königs Ferdinand von Aragón und stand bereits 1528 vor einer glänzenden Karriere, welche seine Heirat mit der schönen María aus dem bedeutenden Geschlecht der Mendoza, der Tochter des Grafen von Ribadavia und Cousine des Grafen von Benavente, nur fördern konnte. Francisco de Los Cobos hatte sich gegenüber Cortez reserviert, ja feindlich verhalten, hatten ihn doch Salazar und Chirinos aus seiner Klientel als eine Ausgeburt des Bösen geschildert. Cobos war aber auch ein kritischer Geist und verhielt sich abwartend. Das Zusammentreffen in Guadelupe zwischen seiner Gattin und Cortez sollte die Dinge ändern.[150]

Cortez betrieb seine religiösen Übungen mit großer Ernsthaftigkeit und besuchte die Gottesdienste regelmäßig und pünktlich. Er stiftete dem Kloster sogar ein Ex-Voto eingedenk eines Gelübdes an die Jungfrau Maria nach einem Skorpionstich; es war eine außergewöhnliche Votivgabe mit einem Aufsatz aus Gold, mit Smaragden und Perlen belegt und versehen mit einem goldenen Skorpion, der von Indianern gefertigt worden war.[151] Offenkundig war Cortez über die Anwesenheit der erlauchten Damen in Guadelupe unterrichtet. Nun wissen wir, dass Cortez niemals unberührt blieb, wennn schöne Frauen in der Nähe waren. Er musste einfach seiner Bewunderung auf unzweideutige Weise Ausdruck verleihen. Die Damen wurden mit tausend Aufmerksamkeiten bedacht. Cortez überhäufte sie mit ausgesuchten Geschenken: Juwelen, mit Edelsteinen und Perlen belegte Federbüsche in allen Farben von nie gesehener exotischer Wirkung. Er ließ vor ihnen seine indianischen Jongleure tanzen, die Wunder an Geschicklichkeit vollbrachten. Seine ganze liebenswürdige Aufmerksamkeit wandte er María de Mendoza zu und mehr noch ihrer Schwester Francisca, die noch unverheiratet war, und bei der sich ein Witwer um ihre Gunst bemühen konnte, ohne dass daran etwas auszusetzen gewesen wäre.

In Guadelupe, dem Treffpunkt der Frommen und der Reichen, waren die langen Junitage nicht nur mit Gebeten und Jonglierkünsten angefüllt. Bezieht man sich auf den Brief von María de Mendoza an ihren Gatten, müssen die edlen Damen den Eroberer mit Fragen bedrängt haben. Sie wollten begreiflicherweise alles über Neuspanien wissen. Er erzählte ihnen von der wunderbaren, mitten im Wasser sich erhebenden Stadt, von dem schaurigen Glanz der Tempel und Steinaltäre, auf denen die Herzen der Geopferten zuckten, von der Raffinesse der mexicanischen Kunst, von der sie sich dank seiner Geschenke ein Bild machen konnten, von der Unermesslichkeit der Natur, den Rauchfahnen verschneiter Vulkane und vielleicht auch von dramatischen Kämpfen, von der Übermacht der Feinde, den Dschungeln und Sümpfen … Und als sich María de Mendoza und ihr Gefolge entschlossen, wieder zum Hof nach Toledo, etwa fünfzig Meilen von Guadelupe entfernt, zurückzukehren, bot Cortez den Damen galant seine Begleitung an. Zum ersten Mal seit langen Jahren vielleicht musste er keine Eile an den Tag legen, und so machte er aus dieser Reise von nur wenigen Tagen ein permanentes Fest voller angenehmer Überraschungen, mit vorbereiteten Banketten in den Dörfern auf ihrem Weg, mit improvisierten Darbietungen seiner indianischen Tänzer und Jongleure.

Jedenfalls gelang die Verführungsaktion aufs Glücklichste. María de Mendoza war entzückt über das höfische Auftreten und die Freigebigkeit des Hernán Cortez, war geschmeichelt von den Aufmerksamkeiten, die er ihr bewies und zeigte hohes Interesse an seiner außergewöhnlichen Persönlichkeit, und so schrieb sie an ihren Gatten, um ihm all das Gute mitzuteilen, das sie über den *conquistador* dachte, und dessen Loyalität gegenüber dem Kaiser, wie sie betonte, nicht in Zweifel gezogen werden könne. Sie bat ihren Gatten, die Sache des Cortez vor

Karl V. zu vertreten, damit dieser einem so wertvollen Diener seine Huld erweise.

Mit Bernal Díaz lässt sich vermuten, dass das ganze Unternehmen nur zu gut glückte. María de Mendoza war nicht entgangen, dass ihre Schwester Francisca einen starken Eindruck auf Cortez ausübte. Ihr allein hatte der Eroberer Tuche von bewundernswerter Machart geschenkt, aus denen sie sich prächtige Kleider schneidern lassen sollte. Die Gattin des königlichen Sekretärs schätzte Cortez als eine Partie erster Wahl ein: Um dermaßen glänzende Geschenke gänzlich unbekannten Damen zukommen zu lassen, musste er über märchenhaften Reichtum verfügen und von freigebiger Wesensart sein – zwei nicht hoch genug einzuschätzende Qualitäten. Der raue Kämpfer und Abenteuer blieb doch ein verführerischer Mann. Seine Rede war direkt und klar, und schließlich musste er in Kürze in den Adelsstand erhoben werden, denn der Kaiser würde ihn wegen seiner Verdienste ohne Zweifel zu einem Grafen oder einem Marquis machen. Kurz, María de Mendoza fasste den Plan, ihre junge Schwester mit dem *conquistador* zu verheiraten, und alles deutet darauf hin, dass sie diesen Plan ihrem Gatten anvertraute. Francisca selbst erlag der Gewandtheit und den Aufmerksamkeiten dieser faszinierenden Persönlichkeit. Unangenehm war nur, dass Cortez gegenüber Juana de Zúñiga mehr verpflichtet war, als sich María de Mendoza vorstellen konnte. Und ihm war es nahezu unmöglich, sein Wort zurückzunehmen, weil Juanas Onkel, der Herzog von Bejar, weiterhin Cortez bei Hofe gegen Verleumdungen und üble Nachrede verteidigte. Ein Bruch des Versprechens wäre einem wahrhaften Verrat gleichgekommen. Anders gesagt, Cortez hatte des Guten zuviel getan: er hatte Hoffnungen geweckt, die er nur enttäuschen konnte. Auf kurze Sicht musste sich das Zusammentreffen in Guadelupe günstig auswirken, auf lange Sicht mussten ihm daraus Nachteile erwachsen.[152]

Um so mehr, als die Freigebigkeit des Eroberers gegenüber

María de Mendoza und den Damen ihres Gefolges durchaus nahelegen konnte, dass Cortez in der Tat ein enormes Vermögen zusammengetragen habe. Das könnte wiederum darauf hinweisen, dass einige der gegen ihn vorgebrachten Anschuldigungen gerechtfertigt gewesen wären. Hatte er nicht doch den königlichen Fiskus betrogen, bedeutende Mengen Gold und Silber und Naturalien abgezweigt, die eigentlich zum Anteil des Königs gehörten? Als sich das Rad der Fortuna drehte, bekamen die alten Verdächtigungen neue Nahrung und schwächten die Position des Eroberers.

Kaiserliche Gnade?

Der von Cortez so sehnlich erwartete Tag war endlich gekommen: die berühmte Begegnung mit dem Kaiser, von dem er Großes erwartete, denn er war sich seiner Verdienste bewusst. Karl V. selbst hatte verschiedenen Personen seiner Entourage gegenüber geäußert, er sei gespannt, einen Menschen aus Fleisch und Blut kennenzulernen, der ihm die besagten Dienste geleistet, aber dem man so übel mitgespielt habe. Im Juli wurde Cortez vom Kaiser in Toledo empfangen; er wurde vom Admiral von Kastilien, dem Herzog von Bejar und dem Großkomtur von León (das heißt von Francisco de Los Cobos, dem königlichen Sekretär), seinen Fürsprechern, bei Hofe eingeführt. Cortez kniete vor Karl V. nieder, der ihn jedoch gnädig aufforderte, sich wieder zu erheben. Cortez gab nun einen kurzen Bericht von seinen Eroberungen, dann von seiner Expedition nach Honduras und von den Unruhen in Mexico während seiner Abwesenheit; im Bestreben, die Geduld des Kaiser nicht über Gebühr zu strapazieren, übergab ihm Cortez ein Memorandum, in dem Punkt für Punkt die Abfolge der Ereignisse in Mexico nach seinem »fünften Bericht« vom 11. September 1526 aufgeführt waren.

Eigentlich sind wir ziemlich schlecht über die Unterredung

zwischen Cortez auf der einen Seite und dem Kaiser und seinen Beratern auf der anderen informiert, denn unsere vertrauten Zeugen, Francisco López de Gomara und Bernal Díaz del Castillo, lassen uns hier im Stich. López de Gomara beschränkt sich nur auf wenige Zeilen. Bernal Díaz ist etwas ausführlicher, aber da er Cortez nicht nach Spanien gefolgt war, konnte er sich erst später über die Ereignisse kundig machen. Deshalb sind die besten Quellen die in der königlichen Verwaltung entstandenen Dokumente oder die von Cortez selbst redigierten Briefe und Erinnerungen. Zusammengenommen erlauben diese Dokumente und einige Auszüge aus Chroniken, die Ereignisse und die wichtigsten Ergebnisse seines Aufenthalts in Spanien zu erfassen, der sich bis in den März des Jahres 1530 erstreckte.

Die Nachricht von der Ankunft des Cortez in Spanien hatte genügt, dass Francisco de Los Cobos am 29. Juni in Monzon eine königliche Verfügung unterzeichnete, in der die Audiencia von Mexico angewiesen wird, die Besitzungen des Cortez während dessen Aufenthalt in Spanien zu respektieren; die Verfügung wurde auf Cortez' Bitten durch eine zweite vom 12. September 1528 bekräftigt. Es scheint sicher, dass Karl V. Cortez in Toledo zu den Regierungsmaßnahmen befragte, die in Neuspanien zu ergreifen wären und dass er ihn fragte, welche Gunstbeweise und Entlohnungen er verlangte. Cortez erwähnt diesen Vorstoß Karls V. ausdrücklich in seiner zu Madrid redigierten Erinnerungsschrift vom 25. Juli 1528: »Eure Majestät haben mich angewiesen, Ihr eine Aufstellung über meine Forderungen zu übermitteln.« Dieses Memorial erörtert die Mittel und Wege, die Eingeborenen in ihrem Bestand zu bewahren oder zu vermehren; sie sollen in ihren Dörfern belassen und ihre Institutionen sollen nicht angetastet werden. Zugleich ist ihre Zuweisung (*repartimiento*) an Spanier vorgesehen, die in ihrer Eigenschaft als Eigentümer über die korrekte Verwaltung ihrer Besitzungen wachen müssen. Der Text unterstreicht sodann, dass die Brüder des Franziskanerordens das beste Instrument der Bekehrung darstellen. Schließlich empfiehlt Cortez in Hinblick auf die Erhöhung königlicher Einkünfte und unter Zugrundelegung des *quinto*, eine Politik der landwirtschaftlichen Entwicklung, die es erlauben würde, auf alle Transaktionen eine Steuer nach der Art der spanischen *alcabala* zu erheben. Weiterhin nennt Cortez in seinem Schreiben achtzehn Städte und Dörfer, die ihm der König im Rahmen einer Schenkung überlassen könnte und rechtfertigt einige dieser Forderungen mit besonderen, noch durchzuführenden Anstrengungen auf dem Gebiet des Ackerbaus, der Viehzucht oder der Zuckerproduktion. Der Text erhebt nicht die Forderung nach einem Adelstitel.[153]

Noch andere Vorkommnisse in Toledo sind bekannt: Cortez erkrankte so schwer, dass man um sein Leben fürchten musste, und Karl V. gewährte ihm – auf Bitten von Cortez' mächtigsten Freunden – die ungewöhnliche Gnade, ihn an seinem Krankenlager zu besuchen. In einer anderen Episode zeigte sich das kühne Selbstbewusstsein des Eroberers, als er zu spät zu einem Gottesdienst kam, an dem auch der Kaiser teilnahm: er hatte die Stirn, sich neben den Grafen von Nassau zu setzen, der als einer der großen Reichsfürsten seinen Platz in der Nähe des Kaisers hatte, und lief dabei ungerührt an allen, nach ihrer Rangfolge platzierten Granden vorbei. Ein Affront, der von einigen dieser Herren mit Schärfe kommentiert wurde, während Cortez' Freunde das Ganze als Einladung Karls V. werteten.

Wir wissen auch, dass Cortez Karl V. bis nach Zaragoza begleitete, als sich der Kaiser 1529 nach Barcelona begab, um sich von dort nach Italien einzuschiffen, denn in Bologna sollte er aus der Hand des Papstes die Kaiserkrone erhalten. Am Vorabend der Abreise von Barcelona unterzeichneten Karl und Los Cobos am 6. Juni 1529 die für Cortez wichtigen Urkunden, welche die Entlohnung für seine Dienste regelten. Der erste Text enthält die Gewährung von 23000 Hintersassen in Neuspanien, das entsprach 22 Städten oder Dörfern, von denen mehrere – nicht alle – in dem von Cortez im Juli 1528 vorgelegten Forderungskatalog enthalten waren: so etwa Coyoacán, Oaxtepec, Cuernavaca, Yecapixtla, Oaxaca, Tehuantepec … Über diese 23 000 Hintersassen erhielt Cortez die hohe und niedere Gerichtsbarkeit in Zivil- und Strafsachen, mit der einzigen Einschränkung, dass eine Berufung beim König möglich war. Er erhielt auch das Recht, Steuern und Abgaben zu erheben, sowie das alleinige Nutzungsrecht über Wälder, Grasland und fließende Gewässer. Diese vererbbare Schenkung konnte verkauft oder eingetauscht werden. Das machte Cortez zu einem der wichtigsten Grundherren und stellte ihn mit einigen großen Adligen auf dieselbe Stufe.

Der zweite Text vom 6. Juni 1529 gewährt Cortez den Titel eines Marqués Del Valle (Markgraf des Tales von Oaxaca), den er von nun an nach seinem Belieben verwenden und genießen dürfe »mit allen Ehren und aller Gunst, mit allen Freiheiten, Vorrechten und allem, was Euch als Markgraf zusteht.« Cortez behielt den Titel des »Gouverneurs und Generalkapitäns von Neuspanien«, aber dieser Titel hatte lediglich eine militärische Bedeutung. Verschiedene andere Texte (von denen einige später widerrufen wurden) setzten Cortez wieder in den Besitz seines Hauses und der Landstücke, die er in der Stadt Mexico besaß und wiesen die Audiencia an, ihm den Betrag zurückzuerstatten, den er in die Molukken-Expedition investiert hatte.[154]

Aber trotz seiner Hartnäckigkeit gegenüber dem König, trotz der wiederholten Interventionen seiner Freunde und des Herzogs von Bejar, erreichte er doch nicht, was er sich am allermeisten wünschte: die Macht, die Regierung über Neuspanien. Karl V., Los Cobos und der Westindische Rat, die inzwischen von Übertretungen aller Art, von Machtmissbrauch und selbst von kriminellen Handlungen der Mitglieder der ersten Audiencia erfahren hatten, nominierten mit großer Sorgfalt eine zweite Audiencia, deren Vorsitzender und Mitglieder über jeden Zweifel erhaben waren, und sie setzten außerdem zur Teilung der Macht einen Vizekönig ein. Dieser Vizekönig konnte nicht Cortez sein; der Eroberer war eine zu starke Persönlichkeit, um sich mit der Teilung der Autorität zu begnügen. José Luis Martínez fasst kurz und bündig die so entstandene Situation zusammen: »Ehre und Entgegenkommen, aber nicht die Macht.«[155]

Cortez hatte das königliche Gefolge verlassen, um in Bejar seine Hochzeit mit Doña Juana de Zúñiga zu feiern. Sie fand am 2. April 1529 statt. Bei dieser Gelegenheit übergab Cortez seiner Gattin die fünf berühmten Smaragde, die eigentlich Isabella von Portugal zu erhalten wünschte – aber das alles ist vermutlich ein Märchen. Es ist schwer zu verstehen, warum Cortez die Smaragde während des unglücklichen Kriegszuges nach Algier im Jahre 1541 verlieren konnte, wenn er sie Juana de Zúñiga geschenkt hatte! Cortez hatte auch einen ihm vertrauten Mann nach Rom geschickt – mit reichen Geschenken und zwei indianischen Jongleuren – um das Heilige Kollegium zu erfreuen und zugleich bei Papst Clemens VII. zu bitten, drei seiner natürlichen Söhne zu legitimieren: Martín, den er mit der Malintzin hatte, Luis Altamirano aus der Verbindung mit der Spanierin Elvira Hermosillo, und schließlich Catalina Pizarro, eine auf Cuba mit Leonore Pizarro gezeugte Tochter, deren Mutter möglicherweise mit Cortez verwandt war. Auch wollte Cortez vom Papst die Patronage des Jesushospitals erhalten, das er in Mexico gegründet hatte. Der Pontifex gewährte Cortez in einer Bulle vom 16. April 1529 die Erfüllung seiner Wünsche.[156]

Nach seiner Vermählung begab sich Cortez nach Barcelona, um vom König Urlaub zu erbitten und ohne Zweifel noch ein letztes Mal zu versuchen, die Regierung über Neuspanien zu erhalten. Vergeblich. Es fehlte nicht zuletzt die Unterstützung von Francisco de los Cobos, auf die Cortez auch in Zukunft verzichten musste. Das war vielleicht eine erste Auswirkung der drei Monate zuvor geschlossenen Ehe. Indessen, in der Vergangenheit sind die spanischen Könige mit Columbus auf den Antillen und Gonzalo Fernández de Córdoba in Neapel ebenso verfahren. Es war nicht opportun, so urteilte man, die Regierung eroberter Territorien dem Eroberer selbst anzuvertrauen. Dennoch genoss Cortez den Vorteil der Ausnahme. Er hatte Proben seiner Loyalität geliefert und war sich seiner Pflichten gegenüber Gott und dem König bewusst. Mit ungeteilter Macht in Neuspanien ausgestattet, diesem leidenschaftlich geliebten Land, in dem es ihm gelungen war, trotz der Dramen und Grausamkeiten der Eroberung, sich bei einem Teil der Indianer und ihrer Fürsten beliebt zu machen, hätte er Wunder vollbringen und mit Hilfe der Franziskaner wahrhaftig eine »neue Welt« errichten können. Im Spanien seiner Zeit existierte jedoch kein politisches Genie seiner Größe. Karl V. selbst war von dem Strudel der europäischen Angelegenheiten und durch seine Präsenz an allen europäischen Fronten (Reformation in Deutschland, Heinrich VIII. und seine Scheidung, Frankreich an den Grenzen und in Italien, die Türken und die Barbareskenstaaten) so absorbiert, dass er keine Zeit hatte, für Neuspanien, diese andere, ferne Welt, ein neuartiges politisches Konzept zu entwerfen. Cortez machte sich am 29. Juli ohne weiteren Verzug auf den Weg.

Mit Datum vom 5. April wies eine von Johanna der Wahnsinnigen erlassene und vom Sekretär Samano unterzeichnete Verfügung alle Orte und *regidores* der Städte, durch die Cortez mit seiner Gemahlin kommen würde, an, die beiden mit allen Ehren zu empfangen und ihnen die beste Unterkunft zu gewähren. Cortez verbrachte mit Juana einige Zeit in Mérida und Medellín. In den letzten Monaten seines Aufenthalts in Spanien verhandelte er mit den kirchlichen Autoritäten über die Entsendung von Mönchen nach Mexico zur Förderung der Evangelisation; über die Gründung von Frauenklöstern, darunter eines für Indianerinnen; über die Lieferung von liturgischen Geräten und Paramenten, von Mehl und Wein zur Feier der Eucharistie. Danach begann er mit den Vorbereitungen zu seiner Rückreise. Er hatte Nachrichten aus Mexico erhalten: sie waren unheilvoll und besorgniserregend.

Die intriganten Richter

Der aus der Estremadura stammende Francisco de Terrazas, ein Majordomus des Hernán Cortez und einer seiner ältesten Waffenbrüder, ein Überlebender der Honduras-Expedion, hatte Cortez einen langen, auf den 30. Juli 1529 datierten Brief über die Ereignisse in Mexico seit seiner Abreise geschrieben. Die Bilanz war verheerend.[157]

Wir erinnern uns, dass Karl V. eine Audiencia mit dem Auftrag der Verwaltung und der Wahrnehmung der Gerichtsbarkeit in Neuspanien ernannt hatte. Den Vorsitz führte Nuño de Guzmán, der Statthalter von Pánuco, ihm beigordnet waren vier Auditoren. Zwei von ihnen, die Lizentiaten Alonso de Parada und Francisco Maldonado, starben bald nach ihrer Ankunft in Mexico, aber da Cortez schon nach Spanien abgereist war, konnten ihn seine Feinde nicht beschuldigen, sie vergiftet zu haben! Die beiden anderen, die Lizentiaten Ortiz de Matienzo und Delgadillo, waren die perfekten Verkörperungen jener misslichen Auswahl, die Los Cobos stets getroffen hatte. Zu ihren Komplizen zählten sie Gonzalo de Salazar, dessen Feindschaft gegenüber Cortez wir bereits kennengelernt haben.

Die Audiencia nahm ihre Geschäfte am 9. Dezember 1528 auf. Die Richter bezogen ihr Quartier im Haus des Cortez: eine symbolische Geste, die den Machtwechsel verdeutlichen sollte. Von Anfang an instruierte die Audiencia das für Cortez bestimmte Hofgerichtsurteil. Das war ein durchaus normales, mehrfach verzögertes Verfahren, von dem man nicht abzuweichen brauchte. Aber dank des neuen Bischofs von Neuspanien, Bruder Juan de Zumárraga, dessen Mut und Enthüllungen Neuspanien vor dem Schiffbruch bewahrten, kennen wir die Umstände, unter denen das Gericht organisiert wurde. Es genügt bereits, die achtunddreißig Fragen des Vernehmungsprotokolls zu lesen, um die feindselige Einstellung gegenüber Cortez zu konstatieren. Die Seele der Intrige war Gonzalo de

Salazar, die »Wurzel und Quelle aller früheren Zwistigkeiten und Verwirrungen« (Juan de Zumárraga). Er selbst wählte die zweiundzwanzig Zeugen aus und beinflusste einen Teil ihrer Aussagen. Unter diesen Zeugen befanden sich einige alte *conquistadores*, die sich aus verschiedenen Gründen mit Cortez überworfen hatten, wie etwa Bernardino Vázquez de Tapia, Gonzalo Mejia, Juan de Burgos, der Cortez des Mordes an seiner ersten Frau beschuldigte, der Doktor Cristóbal de Ojeda, Zeuge der Folterung Cuauhtémocs. Juan de Zumárraga präzisiert: »Unter all den Zeugen, die sie herangezogen haben, gab es nicht einen einzigen, der nicht zur Partei Salazars gehörte.«[158]

Das indessen war nicht das Schlimmste. Cortez hatte die Möglichkeiten, sich zu verteidigen, wenn sich die Situation normalisiert haben würde. Aber Terrazas informierte Cortez auch, die Audiencia sei daran gegangen, ihren Anhängern seine Herden und Sklaven zu verkaufen, die Erzeugnisse der Minen zu beschlagnahmen, um die Mittel zur Zahlung der 32 000 Goldpesos aufzubringen, die Cortez nach Ansicht der Richter dem König schuldete, sowie die 12 000 Goldpesos als Strafe für unerlaubte Spielgewinne. Terrazas schätzte, dass »Euer Besitz in Spanien nicht mehr Wert hat als zehn Goldpesos«!

Darüber hinaus beutete die Audiencia die Indianer über jedes Maß aus, forderte übermäßige Abgaben an Nahrungsmitteln und handwerklichen Erzeugnissen und bot insgesamt ein Beispiel skandalösen Verhaltens. Es breiteten sich empörende Sitten aus: Der Vorsitzende Nuño de Guzmán vergnügte sich zu jeder Tages- und Nachtzeit mit der Frau des Faktors Salazar, Doña Catalina; Diego Delgadillo tat das gleiche mit der Ehefrau Antonios de Villaroel, Isabel de Hojeda, während der stets betrunkene Lizentiat Matienzo seine Gelüste auf die Witwe eines gewissen Fernando Alonso Herrero richtete, den die Richter verurteilt hatten. Diese Liebesspielchen genügten aber den brünstigen Richtern nicht. Sie brauchten den Duft des Exotischen, es musste immer wieder neues »Fleisch« zur Hand sein, junge Indianerinnen in der Blüte ihrer Jahre. Juan de Zumárraga schreibt an Karl V., die indianischen Großen seien weinend zu ihm gekommen und klagten darüber, der Vorsitzende der Audiencia habe von ihnen die »Ablieferung« ihrer Töchter, ihrer Schwestern und der Frauen ihrer Familien verlangt, alle sollten von gutem Aussehen sein, insgesamt achtzig schöne Mädchen für den Vorsitzenden.[159] »Die Zügellosigkeit und Niedertracht all dessen lässt sich nicht beschreiben«, sagt Terrazas in seinem Brief an Cortez, »und so verhält es sich mit ganz Neuspanien; wenn Gott nicht mit der Ankunft Euer Ehren Abhilfe schafft, dann wird in zwei Jahren nur noch der Name übrigbleiben.«

Zudem machten die unfähigen Richter den Fehler, sich an Pedro de Alvarado zu vergreifen, dem Kommandanten von Santiago, *adelantado* von Guatemala, der durch seine Heirat Mitglied der Familie des Francisco de Los Cobos geworden war. Sie raubten ihm sein gesamtes Vermögen. Diese Kränkungen Alvarados und insbesondere der vollständige und detaillierte Bericht des Bischofs Zumárrga an den Kaiser (trotz aller Überwachungen und Eingriffe durch die Audiencia), besiegelten das Schicksal dieses ersten Gerichtshofes: alle Richter wurden ihres Amtes enthoben. Als sich Cortez im März 1530 nach Neuspanien einschiffte, konnte er hoffen, nicht mehr Zielscheibe seiner geschworenen Feinde zu sein, die zu allen Fälschungen und zu jedem Machtmissbrauch bereit waren. Aber er fürchtete, ein zerstörtes Land am Rande der Revolte vorzufinden.

VIII. DAS LEBEN EINES GROSSEN HERRN

Cortez schiffte sich Mitte März 1530 in Sanlúcar ein, erreichte Mexico aber erst im Januar 1531. Weshalb eine so große Zeitspanne zwischen seiner Abfahrt und seiner Ankunft in der Hauptstadt Neuspaniens? Aus einem ganz einfachen Grund: die erste Audiencia war abgesetzt worden, und die neu ernannten Auditoren Alonso Maldonado, Vasco de Quiroga, Francisco Ceynos und Juan Salmerón benötigten noch Zeit, um alle Vorkehrungen für ihre Aufgaben zu treffen; sie erreichten Mexico erst am 9. Januar 1531. Was den Vorsitzenden Sebastián Ramírez de Fuenleal betrifft, so zögerte er seinen Amtsantritt wegen seiner Doppelfunktion als Bischof der Insel Santo Domingo und als Vorsitzender der Audiencia für die Insel bis zum September 1531 heraus. In Erwartung ihrer Absetzung und um ein Machtvakuum zu vermeiden, blieben die Auditoren Delgadillo und Matienzo im Amt, während der Vorsitzende Nuño de Guzmán, ohne Illusionen über sein zukünftiges Schicksal, sich an der Spitze einer Armee aufmachte und sie zur Eroberung des nordwestlich des heutigen Mexico gelegenen »Neugalicien« führte. Die von der erbitterten Feindschaft zwischen Cortez und den Mitgliedern der ersten Audiencia offenkundig informierte Krone war klugerweise bestrebt, eine direkte Konfrontation zu vermeiden und erließ ab März 1530 zwei Verfügungen, die es Cortez verboten, die Stadt Mexico vor der Einsetzung der zweiten Audiencia zu betreten und ihn anwiesen, mindestens zehn Meilen Distanz zur Hauptstadt zu halten.[160]

Trotz eines Zwischenaufenthalts in Santo Domingo von zweieinhalb Monaten landete Cortez viel zu früh, am 15. Juli 1530, in Vera Cruz. Er präsentierte dem Stadtrat seine urkundliche Beglaubigung als Generalkapitän und hielt sich einige Zeit in der Hafenstadt auf. Sodann begab er sich nach Ixcalpan, das zu der Zuweisung von 23 000 Hintersassen (»Vasallen«) gehörte, und nahm von dem Ort Besitz. Danach ging er nach Tlaxcala und blieb dort zwei bis drei Wochen. Dann setzte er seinen Weg nach Texcoco fort, wo er sich Ende September einquartierte und die Ankunft der neuen Auditoren erwartete. Aber die Situation für ihn und seine Leute war schwierig geworden, und er musste über Monate hin Proben eines wahrhaften Stoizismus ablegen.

Am Rande des Ruins

Trotz des Scheiterns seiner politischen Hoffnungen hatte Cortez bei seiner Abreise von Spanien große Pläne. Die Bedeutung seines Gefolges, vierhundert Mann, darunter eine Anzahl *caballeros*, sowie die Ladung der beiden Schiffe, bestehend aus Ausrüstungsgegenständen und Gerät, Proviant, Pflanzen und Samen, sind ein deutliches Zeichen dafür, auch wenn es sich um eher moderate Investitionen handelte: weniger als 5000 Goldpesos.[161] Die junge Marquesa begleitete Cortez auf der Reise, ebenso seine nunmehr verwitwete Mutter sowie die indianischen Herren, die in ihr Heimatland zurückkehrten.

Unglücklicherweise waren die letzten Nachrichten alarmierend. Dank des Briefes von Francisco de Tarrazas wusste Cortez bereits, dass er »fast alles« verloren hatte, trotz der königlichen Anweisungen, Cortez' Besitz während seines Aufenthalts in Spanien unangetastet zu lassen: er war seiner Häuser, seiner Herden, seiner Ländereien, seiner Indianer beraubt – alles war an andere Spanier verteilt worden, welche die Audiencia und Salazar auf diese Weise zu ihren Parteigängern gemacht hatten. Kaum angekommen, wurde Cortez von dem bitteren Schicksal eines seiner Vertrauten, García de Llerena, informiert, der ihn mit Courage vor dem Hofgerichtsurteil von 1529 verteidigt hatte: Obwohl er sich in das Franziskus-Kloster geflüchtet hatte, verschafften sich die Mitglieder der Audiencia am 7. März 1530 mit Waffengewalt Zugang zu seinem Asyl, nahmen Llerena und seinen Gefährten Cristóbal de Angulo gefangen und schleppten sie aufs Blutgerüst: die beiden Männer wurden gefoltert (man schnitt ihnen Finger und Füße ab), ausgepeitscht, schließlich aufgehängt und gevierteilt, ungeachtet der Intervention des Bischofs Zumárraga und der Franziskaner. Die Exkommunikation, mit der die Auditoren belegt wurde, kümmerte sie herzlich wenig.

Obendrein weigerten sich die Auditoren, die Rechte des Markgrafen anzuerkennen, und bedrohten die Indianer mit dem Tode, die Cortez und seinen Männern Abgaben leisteten. Dazu brachte die verspätete Ankunft der zweiten Audiencia Cortez und die Seinen in eine unerträgliche Situation: die Auditoren hatten um Texcoco eine Art Blockade organisiert und versuchten, Cortez und seine Truppe auszuhungern, indem sie verhinderten, dass die Indianer dort ihre Produkte verkauften oder Cortez Geschenke anlässlich seiner Eheschließung überbringen konnten; die Auditoren versuchten, mit solchen Schikanen eine Revolte zu provozieren, die ihnen einen legalen Grund geliefert hätte, Cortez zu verfolgen. In seinem Brief an Karl V. vom 10. Oktober 1530 bestätigt Cortez dann auch, dass mehr als hundert Menschen verhungert seien, dass er, seines Vermögens beraubt, nicht von den Dörfern und Städten Besitz ergreifen konnte, die ihm der König geschenkt hatte, weil die Auditoren die königlichen Verfügungen nicht beachtet hätten. Er fügt hinzu: »Wenn die neue Audiencia sich verspätet, wird es mir unmöglich sein, in den Besitz der Dörfer zu gelangen, die mir Eure Majestät huldvoll gewährt haben, damit ich über sie Autorität und Herrschaft ausübe.«[162] Zu allem Überfluss hatten die Auditoren auch die fünf Schiffe zerstört, die er in Tehuantepec für die Expedition ins Südmeer hatte bauen lassen. Zu Cortez' großem Schmerz verstarb in Texcoco seine Mutter und sein erster Sohn, den er mit Juana de Zúñiga hatte. Ohne Zweifel wäre es besser gewesen, im weiter von Mexico entfernten Tlaxcala den Amtsantritt der neuen Autoritäten abzuwarten. Endlich aber kam die Befreiung.

Bald nach der Eroberung hatte Cortez die Basis eines umfangreichen Grundbesitzes gelegt, der auf der *encomienda* sowie auf dem *repartimiento* von Indianern beruhte. Auf Vermittlung Rodrigos de Paz hatte er einige Länderein gekauft und sie mit Kakao und Tuchen bezahlt. Sie lagen in unmittelbarer Nachbarschaft zu Mexico zwischen den Überlandwegen nach Chapultepec und Tacuba, wo er die Grundherrschaft über einige Dörfer und Städte errichtete. Die Renten, Abgaben und Arbeitsleistungen der Indianer bildeten die Grundlage seines ersten Vermögenskomplexes. Ein isoliertes, nicht unterzeichnetes Dokument, das jedoch auf der vor dem Notar Pedro de Dorantes beglaubigten Vollmacht für García de Llerena (der allerdings seit einem Jahr nicht mehr lebte), Franciso de Esquivel, Pedro de Valladolid und Gonzalo de Herrera beruht, enthält die Klage Franciscos de Esquivel gegen Peralmindez Chirinos. Dieser hatte sich Cortez' Besitzungen während dessen Teilnahme an der Honduras-Expedition angeeignet unter dem Vorwand, Cortez sei nicht mehr am Leben. Diese Klage zählt zehn Beschwerdepunkte auf, des weiteren einen von Gonzalo de Herrera redigierten Fragekatalog von sechzehn Punkten sowie eine Aufstellung aller Dörfer, die Cortez besaß, als er nach Las Hibueras aufbrach.

Diese Aufstellung bietet nun eine Geografie von Cortez' ersten Besitzungen; sie ist eine Art Rohfassung der eingehenden Besitzbeschreibung, die Cortez in dem Brief an seinen Vater Martín vom 26. September 1526 lieferte und die sich auch in dem Inventar seines Vermögens (»*lo que aca tengo*«, »was ich hier besitze«) wiederfindet, das er seinem Gesuch an Karl V vom 25. Juli 1528 beigefügt hatte, und schließlich auch mit einigen Modifikationen in dem Schenkungsdokument über den »Gunstbeweis (*merced*) von 23000 Vasallen«. So hatte Cortez vor seinem Aufbruch nach Las Hibueras bedeutende Grundherrschaften in der Umgebung von Mexico angesammelt:

- Coyoacán, Tacuba, Tacubaya (in unmittelbarer Nähe der Stadt).
- Chalco, Temulco, Texcoco und zwei andere Dörfer.
- Das Tal von Matalcingo mit Toluca, Metepec, Calimaya.
- Das Gebiet von Cuernavaca mit Oaxtepec, Tepoztlan, Yautepec, Yecapixtla.

Im Osten der Stadt Mexico besaß er Otumba, Huejotzingo, Tepeaca, und am Isthmus dann Tehuantepec, gedachter Ausgangshafen für die Expedition zu den Gewürzinseln im »Südmeer«. Seit dieser Zeit hatte Cortez die Aufzucht von Pferden, Rindern und Schafen im Hochtal von Toluca betrieben, das reich an Hochweiden und Maisanbau war. Die etwa 1500 Meter hoch gelegene Region von Cuernavaca, das Herzstück seines Domänenbesitzes, schien ihm aufgrund des milderen Klimas für den Anbau von Zuckerrohr, Zitrusfrüchten, Feigen und Wein geeignet.[163]

Bei seiner Rückkehr aus Honduras hatte Cortez seinen Besitz wieder in Empfang genommen, denn in seinem Brief an seinen Vater vom September 1526 mit einem Inventar seines Grundbesitzes, für den Martín Cortez die königliche Bestätigung aushandeln sollte, tauchen die meisten Dörfer dieser Aufstellung wieder auf, dazu noch Oaxaca, das in der ersten Liste nicht aufgeführt war. Hinzu kamen noch Tlapa und Tototepec als Etappenorte auf dem Weg nach Tehuantepec. Cortez zeigte sich bereit, auf Texcoco zu verzichten, wenn der König diese wichtige Stadt haben wolle, wünschte aber das Michoacán zu behalten, »denn für meine Absicht, das Südmeer-Projekt voranzutreiben, ist dieses am wichtigsten.«[164]

Ein weiteres Mal von der ersten Audiencia all seiner Besitzungen beraubt, ergreift Cortez ab Januar 1531 die Initiative und richtet eine Anklage gegen Nuño de Guzmán sowie gegen die Auditoren Ortiz de Matienzo und Delgadillo, und dies zur rechten Zeit, weil das Hofgerichtsurteil der beiden Auditoren von den Amtsträgern der zweiten Audiencia wieder aufgerollt wurde. Man legte ihnen einhundertfünfundzwanzig Anklagepunkte zur Last und kerkerte sie in Mexico ein, während ihr Besitz im Rahmen einer öffentlichen Versteigerung zur Entschädigung ihrer Opfer verkauft wurde. Cortez' Position schien gefestigt. Wirklich erhält Cortez auch Ersatz für einige Schäden, die ihm die Auditoren verursacht hatten, beispielsweise die Rückzahlung des hohen Strafgeldes von 12 000 Pesos wegen Kartenspiels, was eigentlich keine Straftat war, die Rückzahlung von rund 2500 Dukaten, die zuviel an das königliche Schatzamt gezahlt worden waren, die Rückerstattung von Läden und Magazinen in Mexico, welche die Audiencia beschlagnahmt hatten etc.

In Wirklichkeit war die Situation weitaus komplexer, als es den Anschein hat. Um sich die Unterstützung unter den Spaniern zu sichern, hatten Nuño de Guzmán, Matienzo und Delgadillo, wie wir gesehen haben, einige *encomiendas* von Cortez und seinen Freunden an andere *conquistadores* verteilt, und diese verteidigten ihre Rechte und machten geltend, sie hätten die Ländereien von Indianern gekauft, über die sie die *encomienda* ausübten. Ein interessantes Beispiel hierzu wird noch weiter unten angeführt. Hinzu kommt, dass die zweite Audiencia mit einer gewissen Berechtigung den Standpunkt vertrat, Cortez' Gerichtsgewalt über die Dörfer in unmittelbarer Nähe von Mexico (Coyoacán, Tacubaya) sei nicht unbedingt wünschenswert. Andererseits musste Cortez recht bald einen Konflikt mit den Mitgliedern der zweiten Audiencia über die Definition von »dreiundzwanzigtausend Vasallen« austragen. Für Cortez handelte es sich dabei um 23 000 zinspflichtige Familienoberhäupter mit ihrem gesamten Haushalt. Die zweite Audiencia dagegen hielt an einer restriktiven Interpretation fest – dreiundzwanzigtausend Personen, die dann auch ausgezählt werden müssten.

Die Mitglieder der zweiten Audiencia mussten sich rasch der Wirklichkeit beugen. Die Zählung war beschwerlich und fast unmöglich. Es brauchte fast die gesamte Fastenzeit von 1531, um nur einen von zwanzig Distrikten (*cabeceras*) der Region Cuernavaca auszuzählen. Vergeblich: viele Indianer waren aus welchen Gründen auch immer abwesend, und es ist ohne weiteres anzunehmen, dass Cortez die Prozedur nicht unbedingt erleichterte. Im Mai 1531 schlossen die beiden Parteien dann eine praktikable Übereinkunft: sie erkannten an, dass die Zählung schwierige Probleme mit sich brachte und dass man sich einer Anweisung Seiner Majestät unterwerfen wolle. Während man darauf wartete, erfreute sich Cortez aller Rechte über die Städte und Dörfer der Region Cuernavaca und des Ostteils von Neuspanien (Tepeaca, Rinconada, Cotaxtla) sowie über Tehuantepec und Huatulco, wo sich die Schiffswerften befanden. Er verpflichtete sich zur Zurückzahlung von Steuern, falls sich nach der endgültigen Beilegung des Konflikts herausstellen sollte, dass er zu hohe Summen entnommen hatte.[165] Diese Schwierigkeiten, das Problem zu regeln, waren der Anfang einer langwierigen Streitsache, die sich noch bis über Cortez' Tod hinaus hinziehen sollte. Die Auditoren schickten im Laufe des Jahres 1531 einen bemerkenswerten Bericht darüber an den König, den man durchaus als ein grundlegendes Dokument ansahen kann. Die Mitglieder der Audiencia zeigen sich gegenüber den beständigen, offenkundig irritierenden Protesten und Appellen des Cortez außerordentlich geduldig; immerhin hatten sie inzwischen ein ähnliches Maß angenommen wie die fälschlichen Anschuldigungen seiner Gegner unter Einfluss des Gonzalo de Salazar, dessen schädliche Rolle sie Cortez gegenüber in Erinnerung rufen, weil er »der Urspung von vielerlei Unruhe und Beschwerden« gewesen sei.[166]

Trotz allen Verständnisses fielen die Auditoren nicht auf das Spiel des Cortez herein. Etwas später, im April 1532, informierten sie die Kaiserin Isabella, die zu dieser Zeit die Regentschaft ausübte, über den Ausweg, den sie zur ungefähren Feststellung der Hintersassen von Cuernavaca und der vier benachbarten ersonnen hatten: sie hatten heimlich Indianer aus der Stadt Mexico ausgeschickt, um festzustellen, wieviele Häuser und Herdfeuer (*vecinos*) diese Orte zählten. Als Darstellungsweise für ihren Bericht wählten sie die alte Mexica-Methode der Malerei auf Leinwand. Sie kamen zu dem Ergebnis, dass Cuernavaca und die benachbarten Dörfer mindestens 20 000 Häuser umfassten, nicht mitgezählt die Witwen, Waisen und Armen, weil sie keine Abgabenzahler waren. Sie fügten hinzu, die Erhebungen könnten gewiss einige Abweichungen untereinander aufweisen, aber alles in allem würde allein die Region Cuernavaca mehr »Vasallen« zählen, als der »Gunstbeweis« (*merced*) dem Cortez zubillige. Und das entsprach sicherlich der Wahrheit.[167] Indessen war man offensichtlich nicht darauf vorbereitet, dass der rapide Rückgang der indianischen Bevölkerung von Mexico jede Zählung der Einzelpersonen illusorisch machte.

Die zweite Audiencia führte diese Erhebung gewiss auf zweifelhafter Rechtsgrundlage durch, aber sie war durchaus von Klugheit geleitet, denn sie bedeutete eine »Umgestaltung« der im »Gunstbeweis« vom 6. Juli 1529 getroffenen Dispositionen. Die Audiencia sprach Cortez (bis zur unwahrscheinlichen Beendigung der Zählung) Cuernavaca und sein Umland zu, mit hoher und niederer Gerichtsbarkeit, weiterhin einige Dörfer in der Region von Vera Cruz (Cotaxtla, Rinconada), desgleichen Tehuantepec und den benachbarten Hafen. Auch gaben sie ihm als *encomienda* ohne Gerichtsbarkeit das Matalcingotal mit Toluca, das Tal von Oaxaca und die umliegenden Dörfer, schließlich Coyoacán und Tacibaya. Die Gerichtshoheit über die beiden letzteren Dörfer warf einige Zuständigkeitsprobleme wegen ihrer Nähe zu Mexico auf, die ja nur ein oder zwei Meilen von der Stadt entfernt lagen. Die Gerichtshoheit über Oaxaca bereitete Schwierigkeiten wegen der von Spaniern bewohnten Stadt Antequera, die später den Namen Oaxaca annehmen sollte. Damit glaubten die Mitglieder der zweiten Audiencia, Cortez alle Möglichkeiten geboten zu haben, seine wirtschaftlichen Vorhaben auf befriedigende Weise durchführen zu können. Und sie wiesen auf die Schwierigkeiten hin, Hernán Cortez aufgrund seines Titels die Gerichtsbarkeit über Oaxaca zu verweigern.

Cortez als Unternehmer und Prozessführer

Das vom *conquistador* in den Jahren 1531–1535 wiedererrichtete eigene Reich, dessen Einkünfte genügten, einen fürstlichen Lebensstil zu führen, Entdeckungsfahrten im Südmeer zu finanzieren und mit dem Vizekönig Antonio de Mendoza bei den großen Festlichkeiten von 1539 zu rivalisieren, war jedoch nicht aus einem Guss. Seine Macht über die Dörfer, deren *encomendero* und Grundherr er war, schien quasi absolut. Ansonsten war er lediglich ein einfacher *encomendero.* Selbst inmitten seiner Herrschaft hatten die zersetzende Politk der ersten Audiencia und die Maßnahmen seiner Feinde den Keim für Konflikte eingepflanzt.

Das Herzstück seiner Macht lag nicht, wie der Titel (»Markgraf des Tals von Oaxaca«) nahelegen könnte, in der Region Oaxaca. Die Gründung der Stadt Antequera war mit dem Ziel verbunden, Cortez Schwierigkeiten zu bereiten und insbesondere die Bildung einer zusammenhängenden Territorialherrschaft zu verhindern. So stellt er die Sachlage gegenüber seinem Vertrauten Francisco Núñez dar: »Die vorherigen Auditoren ließen die Stadt gründen, um das Land so aufzuteilen, dass ich es nicht haben könnte.«[168] Es war vielmehr das etwa zehn bis vierzehn Meilen von Mexico entfernte Cuarnavaca, das die dominierende Rolle spielte: ab 1531 betrieb Cortez hier den Bau einer Palastfestung, die bis heute erhalten ist. Die Auditoren, die in einigen Monaten bereits eine gute Kenntnis über das Land erlangt hatten, bestätigen das: »Dieses Tal (von Cuernavaca) ist eine der guten Gegenden, über die das Land verfügt, denn der Boden eignet sich für alle Arten von Landwirtschaft, die der Markgraf betreibt; und hier wird in sechs Jahren jeder nutzbringende Wein wachsen und alle Arten von Früchten, und es gibt jetzt schon genügend davon.« Die Dörfer der Region Vera Cruz eigneten sich für die Einrichtung von Zuckermühlen. Tehuantepec an der Pazifikküste war keine gute Gegend für Landwirtschaft, »aber der richtige Ort, um einen Hafen anzulegen.«[169]

Seine Güter erlaubten es Cortez, zu einem bedeutenden Produzenten landwirtschaftlicher Erzeugnisse zu werden (Getreide, Mais, Wein, Viehfutter, Früchte) und große Viehherden zu halten – und das mit unmittelbarem Zugang zu dem stets aufnahmebereiten Fleischmarkt von Mexico. Cortez hatte dort zwar sein Palais an die Audiencia verkaufen müssen, die hier ihren Sitz einrichtete, konnte aber Magazine und Geschäfte sowie zweiundfünfzig, teilweise gemietete Häuser behalten.[170] In einigen anderen verkauften seine zahlreichen Gehilfen das Fleisch seines Viehs, das Mehl seiner Mühlen, seine Früchte und Gemüse, seinen Zucker. Schon frühzeitig hatte er das Zuckerrohr eingeführt. Für seine Pflanzungen und für die Erntearbeiten importierte er bedenkenlos schwarze Sklaven; seine Zuckermühlen wurden von Tieren angetrieben. Schließlich war er wohl der erste, der Goldminen ausbeutete, so im Michoacán, dann in Tehuantepec, später in Sultepec und Texcoco. Kurz, der *conquistador* offenbarte große unternehmerische und kaufmännische Qualitäten. Schwieriger auszumachen ist der Charakter der von Indianern ausgeführten Arbeiten und Dienstleistungen. Die Bedingungen haben sich möglicherweise mit der Zeit verschlechtert. In den ersten Jahren scheinen sie besser gewesen zu sein als in anderen Fällen: Nach einigen Dokumenten erhob Cortez weniger drückende Steuern als andere *encomenderos.* Im Tal von Cuernavaca und in Huejotzingo beispielsweise waren die Indianer, die Cortez in *encomienda* hatte, von der ersten Audiencia an andere Herren aufgeteilt worden. Andererseits machte die zweite Audiencia die Beobachtung, dass »die Eingeborenen es gut verstanden, sich zu beschweren«: die Indianer hatten in der Tat sehr schnell begriffen, welche Möglichkeiten ihnen das spanische

Recht bot, und diejenigen, die in Mexico und Umgebung lebten, machten vom spanischen Gerichtswesen Gebrauch. Wir werden darauf zurückkommen.

Es steht außer Frage, dass Cortez den dringenden Wunsch verspürte, sich an den Leuten zu rächen, die als Komplizen der ersten Audiencia aufgetreten waren und vom Raub seiner Güter profitiert hatten. Die Prozesse gegen Antonio de Villaroel (alias Antonio Serrano de Cardona) in den Jahren 1532 bis 1539 zeigen dies deutlich.[171] Als Veteran der Eroberung hatte er wichtige Ämter bekleidet, aber sein bereits konfliktbeladenes Verhältnis zu Cortez verschlechterte sich noch, als Villaroel während der Expedition nach Honduras, an der er nicht teilgenommen hatte, als Nachfolger des ermordeten Rodrigo de Paz zum *alguacil mayor* ernannt wurde und sich Salazar und Chirinos anschloss. Der skrupellose Villaroel nutzte im Jahre 1526 seine Entsendung nach Spanien als *procurador* Mexicos, um auf betrügerische Weise Gold nach Portugal einzuführen; schließlich verband er sich mit Delgadillo und Matienza. Er spielte in aller Öffentlichkeit die Rolle des bedauernswerten Ehemanns, denn seine Frau Isabel de Ojeda war die offene, leidenschaftliche und aufdringliche Mätresse von Delgadillo. Er ließ sich die *encomiendas* zusprechen, die Cortez im Tal von Cuernavaca besessen hatte, aber geschickterweise kaufte er das Land von den Indianern – freilich unter anfechtbaren Bedingungen. Seine Stellung als *conquistador* der ersten Stunde und sein Titel als *regidor* von Mexico bewirkten, dass er nicht in gleicher Weise verurteilt wurde wie Delgadillo und Matienza. Er verlor einen Teil seiner *encomiendas*, behielt aber noch genügend zurück, um mit Cortez, der die Indianer auf seiner Seite hatte, in Konflikt zu geraten. Einige der Prozessakten habe ich im Nationalarchiv von Mexico eingesehen.

Der erste Prozess begann am 27. Juni 1531 mit einer Anklageerhebung des Kaziken von Cuernavaca, Don Hernando, und der Indianer der Stadt gegen Antonio Serrano de Cardona. Die Indianer (möglicherweise auf Cortez' Betreiben) versicherten, Serrano habe sie ihrer Ländereien beraubt durch den fiktiven Verkauf von 360 *mantas* (Leinen- oder Baumwolldecken), die sie gegen ihren Willen hätten kaufen müssen, unter der Androhung, sie zur Zwangarbeit in die Minen zu schicken und ihnen ihre Frauen wegzunehmen. Serrano (alias Villaroel) leugnet den Vorgang und behauptet, 10 000 Pesos gezahlt zu haben, aber die Tatsache, dass der Verkauf am 8. Oktober 1529 stattgefunden haben soll, wie die Untersuchung bestätigt (es hatte gewiss einen Verkaufsvorgang gegeben), also unter der Herrschaft der ersten Audiencia, macht die Anklage der Indianer glaubhaft. Gleichwohl hielten sich die Richter der zweiten Audiencia an den vollzogenen Rechtsakt und bestätigten das Eigentumsrecht Serranos.

In diesem Prozess beklagt sich Serrano selbst über ein gewaltsames Eindringen auf seine Ländereien durch Cortez zu Pferde in Begleitung seines *alcalde mayor* Juan de Altmirano und einiger seiner Leute: Cortez und seine Begleiter hatten Zuckerrohrpflanzen herausgerissen und die indianischen Arbeiter verjagt und gedroht, sie mitzunehmen, sollten sie zurückkehren. Serrano-Villaroel versichert, er habe bereits 2000 Bäume gepflanzt: Orangen, Zitronen, Feigen, Granatäpfel, und habe Zuckerrohrfelder angelegt, die mit Wasser aus seinem Besitz bewässert würden. Er habe eine Zuckermühle zum Nutzen der gesamten Gegend errichtet, denn der Zuckerpreis sei inzwischen gefallen, zudem habe er zahlreiche Arbeiter in seinen Diensten.

Dagegen tritt Cortez als Verteidiger der Indianer auf: sie hätten zuvor auf ihrem Land Mais und Bohnen angebaut, äußerst wichtige Lebensmittel für die Bevölkerung. Der Anbau von Zuckerrohr – ein für Spekulationszwecke verwendetes Produkt – sei ihnen aufgezwungen worden, und deshalb habe man die Zuckerrohrpflanzen herausgerissen. Wie die Audiencia in ihrem Bericht von 1531 notiert, machte Cortez seinem Widersacher das Leben schwer: »Er ließ ihn nicht das Holz wegschaffen, das er zum Bau einer Zuckermühle hatte fällen lassen.« Die Cortez in der *merced* (im Privileg) vom 6. Juli 1529 zugesprochenen und von der Audiencia für Cuernavaca und die Dörfer der Umgebung per 2. Mai 1531 bestätigten Jurisdiktionsrechte erstreckten sich in der Tat auf Wiesen, Wälder und fließende Gewässer. Cortez widersetzte sich deshalb jeglichem Baumeinschlag, der nicht von ihm genehmigt wurde. Villaroel hielt dagegen, das Holz sei geschlagen worden, bevor man Cortez mit der Jurisdiktion über Cuernavaca ausgestattet habe.[172]

Dieser komplizierte Streitfall, in dessen Zusammenhang die Anhänger des Markgrafen im Jahre 1534 einen Fragekatalog mit 17 Fragen vorlegen, zog eine wahre Kaskade von Urteilen nach sich, lief durch alle Instanzen und gelangte schließlich vor den Westindischen Rat – über den Ausgang des Verfahrens habe ich nichts in Erfahrung bringen können.[173] Wie dem auch sei – vor Ort blieb die Lage gespannt. Im Jahre 1536 war es Villaroel immer noch nicht gelungen, seine Zuckermühle zu bauen. Im selben Jahr führte der *regidor* von Mexico, Gonzalo Pérez, in dieser Sache eine von der Audiencia in Auftrag gegebene Untersuchung durch. Er nahm die Klagen von Villaroels Indianer entgegen, welche die Abgaben an ihren Herren als untragbar bezeichneten. Dieser lasse sich in seinem Haus in Mexico bedienen, habe sie zum Bau einer Einfriedung um seinen Besitz in Tetela herangezogen, für Arbeiten in seinem Gartenland, zur Aussaat von Melonen, Mais und Getreide. Kurz, den Indianern seiner *encomienda* blieb keine Zeit mehr, ihre eigenen Felder einzusäen und zu bearbeiten. Und in diesem Jahr hatten sie ihre Abgaben an Villaroel nicht entrichtet – vermutlich auf Cortez' Anraten. Gonzalo Pérez scheint die übertriebenen Forderungen Villaroels festgestellt zu haben, der auch noch zusätzliche regelmäßige Lieferungen von Geflügel, Wachteln, Eiern, Mais, Fischen für die mageren Tage verlangte. Auch scheint Pérez dem *encomendero* den Befehl erteilt zu haben, sich mit denjenigen Lieferungen und Leistungen zu begnügen, die in der Verfügung über *encomiendas* niedergelegt sind und nicht von den Indianern Arbeitsleistungen in der Zeit ihrer eigenen Feldarbeiten zu verlangen.[174]

Ein anderer Prozess über die Wassernutzung wurde mit Einwilligung beider Parteien durch Schiedsspruch des Vizekönigs entschieden. Die Sache war deshalb strittig, weil das Wasser durch die Ländereien des Cortez führte, bevor sie die Besitzungen Serranos-Villaroels erreichten. Desgleichen scheint ein Richterspruch vom 11. März 1539 das Eigentumsrecht Serranos-Villaroels bestätigt zu haben. Danach erhielt der Markgraf ein Siebtel der Einkünfte aus diesem Besitz sowie einen Wingert, dem ihm der *regidor* von Mexico überlassen hatte. Cortez bemühte sich auch, die Indianer von gerichtlichen Schritten gegen Villaroel abzuhalten und sie für die Rückziehung der Klage zu entschädigen.

Die Konfrontation zwischen Cortez und Antonio de Villaroel illustriert die Nachwirkungen der Regierungstätigkeit der ersten Audiencia sowie die heftigen Gegensätze zwischen Cortez und einigen seiner Mitstreiter der ersten Stunde, Gegensätze, die durch die verderblichen Aktionen einiger königlicher Beamten noch verstärkt wurden. Auf die Verantwortlichkeit des Francisco de Los Cobos bei der Ernennung solcher Amtsträger wurde ja bereits hingewiesen. Die vollständige Veränderung in der Verwaltung Neuspaniens durch den Amtsantritt der Richter der zweiten Audiencia, darunter so bedeutende Männer wie Francisco de Maldonado oder Vasco de Quiroga, der spätere Bischof von Michoacán, zeigt, dass einige dramatische Entwicklungen hätten vermieden werden können.

Der Auditor Francisco Maldonado hatte nun die schwierige Aufgabe, das neue Hofgerichtsurteil für Cortez zu instruieren. Es war mit königlicher Zustimmung auf Verlangen des *conquistador* erneut zusammengetreten, denn Cortez hatte sich vor dem ersten Gericht nicht persönlich verteidigen können: dieses Gericht war von der ersten Audiencia auf äußerst parteiische Weise mit Belastungsmaterial versorgt worden. Für die

Richter bedeutete der Fall eine schwere Prüfung, denn die Verhandlungen zogen sich über sechzehn Monate hin, vom 21. April 1534 bis zum 27. August 1535. Dieses Mal hatte Cortez 26 Entlastungszeugen aufgeboten, um die 422 Untersuchungsfragen zu beantworten. Immerhin ging es darum, alle seine Handlungen seit 1519 zu rechtfertigen. Das gesamte Aktenmaterial (Anklagen und Erwiderungen) ergaben ein gewaltiges Dokument von fünf umfangreichen Büchern (wie José Luis Martínez annimmt) – bisweilen ermüdend zu lesen, weil sich vieles wiederholt. Die Verteidigung des Cortez (der mit Genugtuung erkannte, dass er noch treue Freunde besaß) ist oft überzeugend – etwa, als die drei Franziskaner mit einfachen Worten Cortez' Erwiderung auf die Warnung von Bruder Tomas de Ortiz bezeugten, nach der der Lizentiat Ponce de León den Befehl erhalten habe, dem *conquistador* den Kopf abzuschlagen (»er zog es vor, eher loyal zu sterben, denn als Verräter zu leben«) – dann wieder hinhaltend oder zweifelhaft, und häufig greift er zu Auslassungen und vagem Leugnen, wenn es etwa darum ging, wieviel Gold er zusammengebracht haben soll oder welche Ländereien er sich angeignet hatte. Das Hofgerichtsurteil hatte auch nicht zum Ziel, die Schuld oder die Unschuld des Cortez festzustellen (wie sollte das auch geschehen, bei so vielfältigen und kontroversen Fragen?). Es ging vielmehr darum, dem Westindischen Rat gegebenenfalls eine Waffe gegen Cortez in die Hand zu geben, falls er auf die eine oder andere Weise abtrünnig werden sollte.[175]

Vizekönig und Konquistador – Rivalitäten und Feste

Die Ankunft des ersten Vizekönigs Neuspaniens, Antonio de Mendoza, in Mexico Mitte November 1535 wurde von Cortez, der bei dessen feierlichem Einzug nicht zugegen war, möglicherweise als recht schmerzlich empfunden. Seit April hatte Cortez persönlich die Leitung der Expedition nach Niederkalifornien übernommen. Und zweifellos kam es ihm ganz gelegen, nicht bei diesem Ereignis anwesend zu sein. In den Augen seiner Gefährten und in den Augen der Indianer war er irgendwie deklassiert worden. Dennoch war das Verhältnis zwischen dem Vizekönig und Cortez am Anfang gut. Antonio de Mendoza, ein wahrhaftiger Grandseigneur, Repräsentant eines berühmten Geschlechts und geprägt vom Geist und vom Lebensstil der Renaissance, dessen Familie in Granada Erfahrungen mit den Schwierigkeiten der politischen Integration einer besiegten Bevölkerung und einer kulturellen Vermischung sammeln konnte, begegnete Cortez mit Hochachtung und behandelte ihn mit ausgesuchter Höflichkeit. Mehrere Male speisten die beiden Männer zusammen. Allerdings, nach und nach verschlechterten sich die Beziehungen: Auf der einen Seite legte der Vizekönig keinerlei Eile an den Tag, das Problem der 23000 Hintersassen zu regeln. Dieses Verhalten kam Cortez indessen nicht ungelegen, denn seine Position hinsichtlich der Zählung war ja, wie wir gesehen haben, durchaus strittig.

Auf der anderen Seite hatte sich Cortez gegenüber dem Vizekönig noch aus weitaus triftigerem Grund zu beklagen. Wir wissen, dass der Vorsitzende der ersten Audiencia, Nuño de Guzmán, Cortez große Schwierigkeiten bereitet hatte, vor allem finanzielle – und dafür verlangte Cortez Gerechtigkeit. Weiterhin hatte Nuño am Ende seiner Präsidentschaft Neugalicien nordöstlich von Mexico erobert, im Großen und Ganzen dem heutigen Bundesstaat Jalisco entsprechend, wo er als Herr regierte. Im Jahre 1534 hatte er Cortez das Durchmarschrecht einer Expeditionsmannschaft verweigert, die der Eroberer zur Erkundung des Nordens anführte. Der Vizekönig nun versuchte in seiner ersten Zeit nicht, Nuño de Guzmán zu verfolgen, so dass Cortez, der Guzmáns Gläubiger war, annehmen konnte, ihm selbst erwachse Schaden, während sein Gegner protegiert wurde. Antonio de Mendoza ging seinerseits mit größter Vorsicht vor. Er wartete, bis die zweite Audiencia die

Turnierspiel auf der Plaza Mayor in Madrid. Die prunkvollen Feste der Hauptstadt fanden in der reich gewordenen Elite Neuspaniens begeisterte Nachahmer.

Nuño de Guzmán zugesprochenen Privilegien aufgehoben und gegen ihn ein fundiertes Dossier angelegt hatte und bis sich der Statthalter von Neugalicien selbst bei seinen Leuten unbeliebt gemacht hatte: von der zweiten Audiencia verurteilt, wurde Nuño de Guzmán schließlich ergriffen, eingesperrt und nach Spanien geschickt. Aber als sich diese Ereignisse zutrugen, hatte Cortez Mexico bereits verlassen, um nie mehr dorthin zurückzukehren. Seine Abreise nach Spanien im Jahre 1540 erfolgte hauptsächlich wegen Unstimmigkeiten mit dem Vizekönig, die mit ihrer Rivalität im Zusammenhang mit dem Südmeer, dem Pazifik, ihren Höhepunkt erreicht hatten.

Trotz ihrer Differenzen schienen sich der Vizekönig und Cortez soweit versöhnt zu haben, dass sie 1538 mit einem nie dagewesenen Fest den Friedensschluss oder wenigstens den Waffenstillstand feierten, der bei der Begegnung von Aigues-Mortes zwischen dem Kaiser und dem König von Frankreich geschlossen worden war. Der Augenzeuge Bernal Díaz del Castillo schildert die Festlichkeiten begeistert und ausführlich in seiner *Historia Verdadera.*[176]

Der Große Platz von Mexico wurde zunächst in einen dichten Wald aus Bäumen aller Art verwandelt, »wie in der Natur«; einige schienen schon alt und verfault zu sein und waren mit Schimmel bedeckt. Der Wald war bevölkert von Hirschen, Füchsen, Feldhasen, Kaninchen und anderen Wildtieren, es waren da aber auch junge Löwen und Tiger (das heißt Ozelote und Jaguare) in Gehegen, die erst zum Beginn der Jagd freigelassen wurden. Zunächst sah man aus dem dichten Blattwerk Heerscharen von »Wilden« hervortreten, die einen mit Knüppeln bewaffnet, die anderen mit Pfeil und Bogen für die Jagd, danach gingen sie in ihren Wald zurück, um einer reich gekleideten Reitergruppe von schwarzen Männern und Frauen Platz zu machen; sie trugen Masken mit den verschiedensten, fremdartigen Gesichtern.

Im Morgengrauen eines anderen Tages war der Platz vollständig verändert: er war nun angefüllt mit Festungsbauten, die nichts weniger als die Zitadelle von Rhodos darstellen sollten, mit zinnenbewehrten, von mörderischen Kämpfen durchbrochenen Mauern und Wehrgängen. Die Verteidiger von Rhodos paradierten hoch zu Ross, waren mit Lanzen und Schilden bewaffnet, in Prunkgewänder gekleidet und von Fußvolk mit Arkebusen umgeben. Und es war Cortez, der die Rolle des Großmeisters von Rhodos spielte, während auf einem benachbarten Gewässer vier Schiffe mit Kanonen unter vollem Segel kreuzten und Salven abfeuerten. In einer Ecke des Platzes lagen zwei berittene türkische Heerhaufen im Hinterhalt, »sehr natürlich, nach Art der Türken gekleidet in leuchtend scharlachroter, golddurchwirkter Seide«, bereit, sich auf Hirten zu stürzen und sie mit ihren Herden wegzuführen. Aber ein Hirte bemerkte die Türken, warnte den Großmeister von Rhodos, der ihnen mit seinen Komturen eine Schlacht lieferte und ihnen die Herden wieder abjagte. Der Kampf zog sich bis unter die Zitadelle hin, und natürlich wurden viele Türken gefangen genommen. Danach, um den Platz zu räumen, griff man auf eine sehr spanische Lösung zurück: man ließ tapfere Stiere frei!

Man kann sich vorstellen, dass diesem Schauspiel Tausende von Zuschauern beiwohnten. An den Fenstern der Häuser um den Großen Platz drängten sich die Frauen der *conquistadores*, angetan mit ihren schönsten Gewändern und geschmückt mit ihren Juwelen. Andere Damen in Begleitung ihrer Verehrer promenierten in den Galerien des Platzes, und Diener boten der Menge Gebäck, Marzipan, Mandeln, in Zitronen- und Orangenschalen eingelegte Früchte auf vergoldeten Platten mit den Wappen des Markgrafen oder des Vizekönigs an. Dazu reichte man den besten Wein, Likör und Trinkschokolade. Diese einer Hauptstadt der Renaissance würdige Bewirtung währte mehrere Stunden lang.

Nach diesen außergewöhnlichen Darstellungen luden der Markgraf und der Vizekönig nach einander, jeder in seinem Palast, zu prächtigen Gastmählern. Als erster bat Cortez den Vizekönig bei sich zu Gaste, sowie alle *caballeros* und *conquistadores* von einigem Rang mit ihren Damen. Bernal Díaz, der bei beiden Banketten anwesend war, beschreibt nicht die dargebotene Speisefolge. »Es genügt, wenn ich sage, dass es ein sehr üppiges Mahl war.« Aber er berichtet mit Liebe zum Detail vom anschließenden Bankett des Vizekönigs, das am Abend begann und sich bis zwei Stunden nach Mitternacht hinzog. Auf goldenem und silbernem Geschirr wurde ein Festmahl von unglaublicher Üppigkeit serviert, so dass, versichert Bernal Díaz, viele Platten gar nicht erst von den Gästen angerührt wurden. Wahrhaftig genügten bereits die ersten Gänge, die Hungrigsten zu sättigen: gemischte Salate, Zicklein, gegrillter Schinken, Wachtel- und Taubenpasteten, gefülltes Geflügel, Hähnchenfrikassee (vermutlich Blancmanger), Hühner, Rebhühner, Wachteln in Marinade. Und als man die Tafeltücher wechselte, und die Geflügel- und Wildpasteten in Teigkruste auftrug, alle Arten von Fischen, dann Fleisch von Schafen, Rindern und

Schweinen, garniert mit Rübchen, Kohl oder Kicherebsen, war niemand mehr in der Lage, auch nur einen Bissen davon zu kosten. Danach sah man ganze Hühner, Puten, Gänse, Enten vorbeidefilieren, mit vergoldeten Schnäbeln und versilberten Füßen, ganze Rinder; riesige Pasteten mit lebendigen Kaninchen darin wurden hereingetragen, munter piepsende Singvögel, junge gegrillte und zerlegte Stiere garniert mit Hühnchen, Wachteln, Tauben und Speck. Die Tische waren bedeckt von Früchten, und man reichte in vergoldeten Schalen Sirup, Wein, Schokolade oder auch Wasser. Noch mehrere Male wurden die Tafeltücher gewechselt.

Das Gastmahl fand in den Galerien des königlichen Palais statt; man hatte sie in Gärten verwandelt, in denen Vögel umherflogen, und auch ein angeketteter Jaguar war zu bestaunen. Von einer Nachbildung des Brunnens von Chapultepec sprudelten kleine Fontänen in Brunnenbecken. Die Gesellschaft saß an zwei großen Tischen; an einem präsidierte der Vizekönig, am anderen der Markgraf. Um jeden Tisch hatte sich ein Orchester mit Harfen, Gamben, Flöten, Schalmeien gruppiert. Natürlich traten auch Sänger, Possenreißer und Erzähler auf, die Verse zu Ehren des Vizekönigs und des Markgrafen rezitierten und kurzweilige Geschichten erzählten.

Aus Brunnen floss Weißwein und Rotwein, der von Indianern immer wieder nachgefüllt wurde; jeder konnte davon trinken, alle diejenigen, die nicht eingeladen waren, aber das Spektakel sehen wollten. In den Fluren machten sich Indianer und Mestizen über die Reste der Mahlzeiten her. Zu diesem Bankett waren sehr viel mehr Leute gekommen als zum Bankett des Markgrafen. In den Häusern von Mexico ließ man sich Platten mit Fleisch und Pasteten servieren. Bernal Díaz zeigt sich erstaunt, dass trotz der gewaltigen Menschenmenge kein Stück des Silbergeschirrs gestohlen wurde. Aber er erklärt auch weshalb: Der Vizekönig hatte von den Kaziken verlangt, dass jeder Silbergegenstand, innerhalb und außerhalb des Palastes, unter die Obhut eines Indianers gestellt werden musste.

Schließlich fehlten lediglich einige Salzfässchen, einige Messer und mehrere Tischdecken. Cortez hatte einen Verlust von einigen hundert Mark Silbers zu verzeichnen, aber, so fügt Bernal Díaz mit feiner Ironie hinzu, das war für ihn eher ein Beweis von Größe.

Dennoch, vor dem Tribunal des Spektakels und der Zurschaustellung, beim Großen Preis der Inszenierung, hatte der Vizekönig den Sieg davongetragen.[177] Die altadligen Mendozas verstanden es, bunte Massenspiele zu inszenieren, mit Morisken oder Indianern, sie wussten spektakuläre Feste zu gestalten und allen offiziellen Veranstaltungen ein wahrhaft königliches Siegel aufzudrücken. Das sollte auch an den folgenden Tagen deutlich werden, bei den ritterlichen Zweikämpfen, den Maskeraden, den Komödien, den Schauturnieren, den Speerspielen, den Stier- und Pferdekämpfen, an denen sogar einige Frauen teilnahmen. Der Markgraf trug bei alldem nur einen heftigen Schlag gegen den Fuß davon, und seitdem hinkte er ein wenig. Mehr als am Schaugepränge war ihm am wahren Abenteuer gelegen, am abenteuerlichen Geschehen des Krieges oder der Conquista.

IX. NEUE PROJEKTE: DER TRAUM VOM SÜDMEER

Der eigentliche Grund für das endgültige Zerwürfnis zwischen Hernán Cortez und Antonio de Mendoza war die überraschende Konkurrenz der beiden Männer im Zusammenhang mit den Entdeckungsexpeditionen (und möglicher Eroberungen) im Bereich des Südmeeres. Bei seinem Aufenthalt in Spanien hatte Cortez neben anderen »Gunstbeweisen« eine zum 5. November 1529 datierte »Erlaubnis zur Entdeckung, Eroberung und Besiedlung der besagten Inseln, Länder und Provinzen« erhalten, solcher Gebiete also, »die sich im Südmeer und in der Umgebung von Neuspanien befinden sowie aller Gebiete, die Ihr in Richtung auf den Sonnuntergang finden werdet, unter der Bedingung, dass diese Gebiete noch nicht mit Statthaltern versehen sind ...« Cortez konnte sich somit auf ein Vorrecht berufen, zumal er zahlreiche Expeditionen auf seine Kosten ausgerüstet hatte, wie die Texte ausdrücklich feststellen, bevor nicht der Vizekönig seine Ansprüche in dieser Sache geltend machen würde.[178] Es lässt sich sogar anführen, dass Cortez sein Interesse für das Südmeer bereits zur Zeit der Eroberung gezeigt und ausgedrückt hatte. In seinem dritten Bericht vom 15. Mai 1522 verlieh er diesem Interesse Ausdruck: »Ich bekam, durchlauchtigter Herr, einige Nachrichten, wenn auch wenige, vom anderen Südmeer (...) Ich wusste, dass es sich zwölf oder dreizehn Tagesreisen von hier befindet (...) Und alle, die einiges Wissen und einige Erfahrungen über die Navigation in den Indischen Gebieten haben, haben es als gewiss angenommen, dass man viele Inseln reich an Gold, Perlen, Edelsteinen und Gewürzen finden könne, wenn man das Meer in dieser Gegend erkunden würde ...«[179]

Die Suche nach der Meerenge

Weniger als ein Jahr nach der endgültigen Eroberung Mexicos, ab Mai 1522, ließ Cortez dann auch an der pazifischen Küste Schiffe bauen, um mit ihnen Erkundungsfahrten durchzuführen. Vorrangig war die Suche nach einer Meerenge, einer Passage, die Atlantik und Pazifik verbindet. Die von Magellan begonnene und von El Cano zu Ende geführte Weltumseglung hatte die Existenz einer solchen Passage zwar bewiesen, aber sie befand sich auf viel weiter südlichem Breitengrad. Karl V. hatte diese Suche daher Cortez übertragen: »Wie man mich unterrichtete, liegt an der unteren Küste dieser Länder eine Meerenge, durch die man vom Nordmeer ins Südmeer gelangen kann, und da es sehr wichtig für Unsere Dienste ist, dies zu wissen, heiße und befehle ich Euch, solches mit großer Geduld auszuführen und zu erfahren, ob eine solche Meerenge existiert ...«[180] Wohlgemerkt handelte es sich um die Auffindung eines bequemen Zugangs zu den Gewürzinseln, das heißt zu den Molukken, denn trotz der ersten Weltumrundung, hatten die Spanier noch keine Vorstellung von den immensen Weiten des Pazifischen Ozeans.

So schickte Cortez 1523 Gonzalo de Sandoval nach Nordwesten auf Erkundung aus und trieb den Bau der Schiffe auf den offenen Werften von Zacatula an den Ufern des Rio de Las Balsas voran; das war der Mexico am nächten gelegene Pazifikhafen. Cortez hatte aus Kastilien die notwendigen Materialien und Werzeuge angefordert, damit er leistungsfähige Schiffe für weite Entfernungen zur Hand hatte, denn er war davon – mit Recht – überzeugt, dass ein Zugang zum Golf von Mexico nicht existierte. Man musste ihn also weiter nördlich oder weiter südlich finden, wie er in seinem vierten Bericht bekräftigte. Die Expeditionen zu Lande nach Süden unter Leitung von Pedro de Alvarado in Richtung Guatemala sowie nach Honduras unter Leitung Cristóbals de Olid hatten unter anderem den Auftrag, nach der Meerenge zu suchen. Das Ziel wurde ausdrücklich festgelegt: »(...) zahlreiche Schiffsführer sind überzeugt, dass sich in dieser Bay (von Hibueras) die Enge befindet, welche zum anderen Meere führt. Die Entdeckung dieser Meerenge ist es, die ich mir am meisten in der Welt wünsche, denn ich glaube, dies würde Eurer Kaiserlichen Majestät den größten Dienst erweisen.« Als sich Cortez aufmachte, Cristóbal de Olid zu folgen, behielt er dieses Ziel immer im Auge und dachte auch daran, den Seeweg zu nehmen.[181] Aber die unglückliche Expedition nach Las Hibueras verzögerte seine Pläne beträchtlich.

Dies umso mehr, als die in Mexico regierenden königlichen Beamten Salazar und Chirinos die im Bau befindlichen Schiffe in Tehuantepec verbrennen ließen. Fast gleichzeitig erreichte Cortez der Auftrag, diese Schiffe, die er nun nicht mehr besaß, für eine Expedition zu den Molukken zu verwenden und nach

Spanien zurückzukehren. Unterdessen kam der Richter des »Hofgerichtsurteils«, Ponce de León, nach Mexico – und die Prioritäten hatten sich verändert …

Das Problem der Molukken

Um die neue Rolle des Hernán Cortez zu verstehen, müssen wir auf einige markante Episoden der Weltumseglung Magellans Bezug nehmen. Diese Expedition hatte nichts mit dem wissenschaftlichen Anliegen zu tun, die Kugelform der Erde experimentell zu beweisen. Das mag man bedauern, aber es ist so. Die Reise hatte eine wirtschaftliche Zielsetzung. Karl V. erinnert daran in seinem Brief an Cortez: »Im Jahre 1519 habe ich eine Flotte von fünf Schiffen zu Unseren Inseln der Molukken und anderen Gegenden gesandt, wo es Gewürze gibt, die in Unserem Gebiet liegen, um damit Handel zu treiben, und Unser Generalkapitän war Fernando Magellan.« Der Kaiser spielte offenkundig auf die Übereinkunft mit den Portugiesen in Tordesillas an, bei der allerdings die entsprechende Zugehörigkeit der Molukken strittig war. Eines dieser fünf Schiffe, die *Trinidad*, war in den Gewässer zu Reparaturzwecken mit 57 Mann Besatzung zurückgeblieben, und man wusste nichts über das Schicksal dieser Männer. So beauftragte im Jahre 1525 Karl V. García de Loaysa, mit acht Schiffen zu den Molukken zu fahren und das verschwundene Schiff und die Mannschaft zu suchen, wobei man das wirtschaftliche Ziel nicht aus den Augen verlor. Diese Flotte profitierte von der Unterstützung des Juan Sabastián El Cano, dem Sieger der ersten Weltumrundung; allerdings starb er während der Expedition. 1526 waren weitere vier Schiffe unter dem Befehl von Sebastián Cabot auf den Weg geschickt. Da es keinerlei Nachrichten von diesen verschiedenen Flotten gab, wandte sich Karl V. an Cortez:

»(…) weil Ihr sagtet, Ihr hättet diese Schiffe (vier Karavellen oder Brigantinen) machen lassen für das Projekt, die Gewürzinseln zu finden, und wegen des großen Vertrauens, das ich in Euren Willen setze, Uns zu dienen und zur Vermehrung Unserer königlichen Krone beizutragen, habe ich mich entschlossen, Euch mit dieser Angelegenheit zu betrauen. Deshalb empfehle ich Euch (…) anzuordnen, dass zwei Karavellen (…) unter dem Befehl einer klugen Person, die Euer Vertrauen besitzt, ausgerüstet und mit Matrosen und allem Notwendigen versehen werden und ausfahren sollen auf der Suche nach den Molukken, bis sie diejenigen unserer Leute gefunden haben, die sich dort aufhalten.«

Dieselbe Verfügung wies den Richter Ponce de León (von dessen Tod der Kaiser offensichtlich noch nichts wusste) und die anderen königlichen Amtsträger an, Cortez alle notwendige Unterstützung bei der Organisation der Reise zukommen zu lassen.[182]

Als sich Cortez nach seiner Honduras-Expedition all seiner Güter beraubt sah, hatte er leichtes Spiel, daran zu erinnern, dass er keinerlei offizielle Hilfe erhalten hatte, »die Anweisungen Eurer Majestät auszuführen«. Ganz im Gegenteil, »sie legten alle Arten von Hindernisse in den Weg«, so dass er 10 000 *castellanos* aufwenden musste, um die notwendigen Schiffe auszurüsten, »drei Schiffe, aufs Beste ausgestattet, wie man es nie zuvor gesehen hatte«: Kanonen, Waffen, Munition, Proviant, Matrosen, Handwerker, Schiffszimmerleute, Schmiede, Baumeister etc, und sogar Dolmetscher für Latein, Arabisch und Bengali!

Eine einzige Neuigkeit von Bedeutung gab es: Die Nachrichten, die ein Schiff der Loayasa-Expedition überbrachte, das in der Nähe von Tehuantepec gelandet war. Dieses Schiff hatte glücklich die Magellanstraße durchquert, wurde aber in einem Sturm vom Rest der Flotte getrennt, über deren Verbleib jedoch nichts bekannt war. Nach einer schwierigen Fahrt hatte die Mannschaft das Glück, bei bereits christianisierten Indianern an Land zu gehen, und Bruder Juan de Arraizage, der als erster festes Land betrat, begab sich nach Mexico. Dort traf er mit Cortez zusammen, der indessen von dieser Expedition noch nichts wusste, weil er noch nicht die königliche Verfügung erhalten hatte. Als diese ihm einige Tage später übergeben wurde, wurde ihm das Abenteuer des Schiffes klar. Er konnte aber damals noch nicht wissen, dass die Fahrt des Cabot missglückt war; dieser war nach Spanien zurückgekehrt, ohne die Magellanstraße überhaupt erreicht zu haben; auch wusste er nichts vom Tod Garcías de Loayasa und El Canos sowie von der Ankunft eines geretteten Schiffes, der *Victoria,* auf Tidore, unter dem sukzessiven Kommando des Iñiguez de Carquizano und des De la Torre. Unter den Überlebenden befand sich ein Matrose, der noch eine große Zukunft vor sich hatte, Andrés de Urdaneta.[183] Zu den Männern der *Victoria* stießen zwei andere Matrosen, die den Schiffbruch der *Santa María del Parral* überlebt hatten. Von all dem hatte Cortez freilich keine Kenntnis. Dennoch, weil die Flotte Loayasas im Pazifik kreuzte, konnte man annehmen, dass wenigstens einige Schiffe die »Gewürzinseln« erreicht hatten.

Obwohl ihm das Urteil die Regierungsgewalt genommen und die königlichen Beamten nichts unternommen hatten, die Rettung zu beschleunigen, derer der »Kommandeur« (García de Loayasa) dringend bedurfte, war es Cortez doch gelungen, eine Flotte von drei Schiffen unter dem Befehl seines Cousins Alvaro Saavedra Cerón zu den »Molukken« zu entsenden. Er stattete die Schiff aufs Sorgfältigste mit allem Notwendigen aus. Wir verfügen über mehrere Dokumente, in denen die Rechnung für Eisenbeschläge, Tauwerk, Takelage, Seile, Äxte, Hämmer, Bohrer, Nägel, Harpunen, Kessel, Laternen aufgestellt wurde, welche der Majordomus des Cortez an die Werften von Zacatula geliefert hatte.[184] Wir wissen, dass die Flottille über Navigatoren und einen Chirurgen verfügte. Cortez hatte seinem Cousin Briefe in lateinischer Sprache mitgegeben, von denen einige für die Könige von Tidore und Cebu bestimmt waren, andere für den König des Landes, in dem die Flotte landen würde. Man wird mit einigem Amüsement Cortez' Vorstellung über die relative Nähe der Molukken zur Kenntnis nehmen. »Ich residiere, so schreibt er, in diesen Ländern (Neuspanien), die sehr nahe den Euren gelegen sind«! Und: »Da wir so nahe sind, und es nur kurzer Fahrtzeit bedarf, können wir Kontakt halten.«

Alvaro Saavedra Cerón erhielt genaue Instruktionen: Offenkundig sollte er zunächst die Kapitäne García de Loayasa und Cabot suchen, aber er sollte sich auch um das Schicksal der Männer der *Trinidad* kümmern, die nun schon mehrere Jahre auf Tidore festsaßen. Vorkehrungen für den Fall eines Zusammentreffens mit Portugiesen sollten ebenfalls getroffen werden, und er sollte über das Betragen seiner Mannschaften gegenüber Eingeborenen wachen. Und natürlich sollte er Gewürze mitbringen, denn neben der Befreiung der festgehaltenen Spanier war Cortez in erster Linie an der Einrichtung einer Handelsverbindung gelegen, deren Vorteil er propagierte. Dabei bezog er sich stets auf seinen Herrn, »den Kaiser des Universums, dessen Oberhoheit und Oberherrschaft alle Fürsten der Christenheit anerkennen.«

Die drei Schiffe der Flottille, *Florida, Santiago* und *Espiritu Santo,* verließen Zacatula am 31. Oktober 1527. Nur ein einziges Schiff, das Kapitänsschiff *Florida,* erreichte Tidore mit fünfzig Mann am 27. März 1528, nach einer Überfahrt von 157 oder 158 Tagen. Die Fahrt war reich an aufsehenerregenden Episoden und Abenteuern, Irrfahrten des Schiffes von Insel zu Insel, rituellen Friedenszeremonien mit den Eingeborenen, dem Zusammentreffen von Saavedra Cerón und seiner Männer mit Capitán De la Torre und seinen Soldaten in Tidore, Kämpfen gegen die Portugiesen, den missglückten Versuchen der *Florida,* nach Neuspanien zurückzukehren – der erste Versuch führte zur Entdeckung der Marianen, der zweite auf der Nordroute führte in Richtung auf Hawaii, doch jedes Mal kehrte man wieder zum rettenden Hafen Tidore zurück –, dem Tod des Alvaro Saavedra Cerón am 19. Oktober 1529. Alle diese Ereignisse sind uns durch drei Quellen bekannt geworden: die Berichte Fernando Granados und insbesondere des Vicencio de Naples, zweier Überlebender der Expedition, sowie durch den Bericht des Capitáns Hernando de la Torre.[185] Bernal Díaz berichtet, er habe sich mit einem der Matrosen Saavedras unterhalten können. Und dieser Veteran der amerikanischen Unternehmungen, der in tausend Schlachten, in Wüsten und Dschungeln dem Tod stets ein Schnippchen geschlagen hat, dieser Mann staunt über die Abenteuer jenes Überlebenden!

Bei seiner Rückkehr nach Spanien im Jahre 1530 konnte Cortez Karl V. durchaus erklären, warum er keine Rettungsschiffe zu den Molukken hatte expedieren können, denn auf Betreiben Nuños de Guzmán und seiner Komplizen wurden jene fünf Schiffe, die er zu diesem Zwecke hatte bauen lassen, »alle verdorben und zerstört, genauso wie ihre Ausrüstung, die Waffen und Kanonen.« Im Jahre 1532 jedoch teilte er mit, es würden vier Schiffe gebaut, zwei in Tehuantepec und zwei in Acapulco.[186] Es ist sicher, dass Cortez, ohne seine eigenen Interessen zu vernachläsigen, immer die Hoffnung bewahrte, aus seinem König den »Monarchen der Welt« zu machen.

Eine neue Vision: Kalifornien

Um 1830 schrieb der Marquis de Custine über Andalusien: »Man reist ebenso für die Namen wie für die Dinge (...) Andalusien, dieses eine Wort (...).« Auch Kalifornien ist eines dieser privilegierten Worte.

Es ist nichts Verwunderliches daran, dass diese Landschaft, die im 19. und 20. Jahrhundert auf unserem Planeten zu einem Land der Verheißung geworden war, ihren Namen aus der märchenhaften Welt der Ritterromane empfing. Denn die Einschreibung Kaliforniens in Zeit und Raum entspricht einem Auflodern des Imaginären, jener wunderbaren Antriebskraft des Menschen. Jean-Pierre Sanchez beobachtet: » Von Kanada bis Patagonien, von Kalifornien bis Florida, vom Isthmus von Panama bis Guayana ist die Allgegenwärtigkeit des Imaginären eine unbestreitbare Tatsache (...). Die geografischen Namen bewahren noch bis in unsere Tage die Spuren jener Illusionen, welche die Menschen dauerhaft geprägt haben.«[187] Wie hätte Cortez gerade das Imaginäre verdrängen können? Er selbst war ja, an einem Tag des Jahres 1519, auf dem Scheitel des Passes, der das Tal von Tenochtitlán vor ihm eröffnete, der hingerissene Zeuge einer Vermählung zwischen Traum und Wirklichkeit.

Der »Gnadenbeweis« vom 5. November 1529 schien ihm ein ausgedehntes Betätigungsfeld gewährt zu haben. Jenseits der Küsten Neuspaniens hatte er keine Konkurrenz zu fürchten. Er konnte die unbekannten, vom Südmeer aus erreichbaren Länder »entdecken, erobern, besiedeln«. Gewiss gab es da ein Hindernis: Die Anwesenheit eines seiner erbittertsten Feinde, Beltrán Nuño de Guzmán, im Nordwesten Mexicos, Statthalter des von ihm eroberten Neugalicien. Allein, der Stern Nuños de Guzmán war am Verblassen. Der Bischof von Mexico, Juan de Zumárraga, hatte die schlechte Behandlung der Indianer in dieser Provinz offengelegt. Cortez geht noch weiter: »Es fehlt bereits die Hälfte der indianischen Bevölkerung wegen der Schikanen und der üblen Behandlung, die er ihnen angedeihen lässt«. Und Bernal Díaz erwähnt mit Abscheu die Qualen des Oberkaziken von Neugalicien, Calzontzin: Guzmán ließ in mit Pferden über den Boden schleifen und dann verbrennen. Die Zeit sollte kommen, da man Guzmán auf Befehl des Königs verhaften und einkerkern würde.[188] Im Jahre 1532 allerdings saß der Statthalter noch fest im Sattel, und es war Cortez unmöglich, Neugalicien mit einer Expeditionsarmee zu durchqueren. Also musste der Seeweg genommen werden, und man hoffte, nicht in den von Guzmán kontrollierten Gebieten an Land gehen zu müssen.

Die Versorgung der Werften von Acapulco, wo zwei Schiffe im Bau waren, machten es jedoch erforderlich, dass Cortez die notwendigen Materialien von indianischen Trägern (*tamames*) auf dem Landweg zwischen Cuernavca und Acapulco transportieren ließ. Das gab Anlass, mit der zweiten Audiencia die Waffen zu kreuzen, denn sie widersetzte sich dem Transport, um den Recht Genüge zu tun: Eingreifen der Truppe, Beschlagnahmung des Materials ... Es wurde ein königlicher Schiedsspruch angefordert. Cortez argumentierte, ihm bleibe keine andere Wahl, aber er bezahle die Träger gut, »ganz nach ihrem Willen«, und im übrigen handele es sich um einen Dienst im Namen des Königs. Cortez gewann die Auseinandersetzung, verlor aber Zeit.[189]

Die erste Erkundungsreise nach Nordwesten übertrug Cortez einem anderen seiner Cousins, Diego Hurtado de Mendoza, der schon zuvor Aufträge für in erfüllt hatte. Die im Mai 1532 von Cortez formulierten Instruktionen waren präzise: der Küste folgen, ohne sie aus dem Auge zu verlieren, den Sonnenuntergang beobachten, um eventuell Inseln ausfindig zu machen, ein wachsames Auge auf die Boote der Eingeborenen zu haben, deren Machart festzustellen, wenn möglich Unterhandlungen zu führen, sich vor Konfrontationen hüten, die Bekleidung und die Gewänder der Eingeborenen genau zu mustern, um eventuell das Vorkommen von Gold, Perlen und Edelsteinen feststellen zu könenn, aber ohne ein Interesse zu bekunden. Hurtado de Mendoza sollte auch vermeiden, weniger als zwanzig Meilen vom Herrschaftsbereich Guzmáns an Land zu gehen, aber von allen Inseln und allem Festland jenseits dieser Zone im Namen des Königs Besitz zu nehmen. Schließlich soll er die Erkundung 100 bis 150 Meilen vorantreiben, so genau wie möglich den Küstenverlauf aufzeichnen, die Ankerplätze, die Flussmündungen. Tauschhandel wird genehmigt, aber nur in Gegenwart eines Notars, des Schatzmeisters, des Zahlmeisters der Flotte, die alle Tauschhandelsgeschäfte in ihre Bücher eintragen müssen.[190]

Unglücklicherweise war dieser erste Versuch ein kompletter Fehlschlag. Zwei Schiffe verließen Acapulco, die *San Marcos* unter Führung Hurtados de Mendoza, und die *San Miguel* unter Befehl des Juan de Mazuela. Nach einer Meuterei versuchte die San Miguel nach Neuspanien zurückzukehren, aber aus Furcht, in die Hände von Nuño de Guzmán zu fallen, sprang die Besatzung in die Bucht von Banderas, und alle Männer wurden von den Eingeborenen erschlagen. Man fand nur noch das Wrack und einige Ausrüstungsgegenstände. Nuño de Guzmán ging so weit, einen Prozess gegen Cortez wegen ungesetzlicher Landung auf seinem Territorium anzustrengen! Das andere Schiff mit Diego Hurtado de Mendoza setzte seine Reise fort, aber es verschwand, ohne dass man je etwas vom Verbleib des Schiffes und der Mannschaft erfahren hätte. So waren die wissenschaftlichen und wirtschaftlichen Ergebnisse dieses Unternehmens gleich Null.

Dieser Misserfolg entmutigte Cortez nicht. Er begann sofort mit den Vorbereitungen für eine neue Expedition. Es scheint, dass er sich zwischen November 1532 und Juni 1533 permanent auf den Werften von Manzanillo (Santiago), nahe der Grenze zu Jalisco (oder Neugalicien) aufgehalten hat, um den Bau der Schiffe voranzutreiben. Cortez war wahrhaftig von der Entdeckerleidenschaft besessen. Hatte er nicht einmal geplant, zu den Molukken zu segeln? Da war noch mehr – der unbeugsame Wille zu einer Revanche, denn er hatte sich noch nicht mit dem Verlust der Regierungsgewalt über Neuspanien abgefunden. Das von seinem Vertrauten Juan de Ribera in seinem Namen im Juli 1533 dem Kaiser vorgelegte Memorial ist bezeichnend: Cortez spricht sich unberechtigterweise die Entdeckung des Südmeers zu, die ja eigentlich auf Vasco Núñez de Balboa zurückgeht, und erinnert daran, dass die Expeditionen auf seine eigenen Kosten durchgeführt wurden: Bau und Bewaffnung der Schiffe, Rekrutierung der Schiffsbesatzungen, Proviant, Munition. Er verpflichtet sich, seine Erkundungsfahrt auf der Suche nach Gewürzen 400 Meilen ab der Küste voranzutreiben. Aber er verlangt auch, außer dem zehnten Teil des Goldes, der Perlen, der Edelsteine und dem fünfzehnten

Teil des möglichen Gewinnes aus dem Gewürzverkauf – den Titel und die lebenslange sowie erbliche Stellung eines Gouverneurs der entdeckten Länder, das Eigentum an und die Jurisdiktion über eine von drei Inseln und eine von drei Siedlungsgebieten auf dem Festland! Auch forderte er die Bereitstellung von allem Notwendigen, um sich mit Kanonen, Waffen, Munition, Proviant versehen zu können ... Schließlich bittet er den Kaiser, sich beim Papst dafür zu verwenden, dass alle diejenigen Generalabsolution erhalten, die bei diesem Unternehmen den Tod fänden![191]

Die beiden in Manzanillo neu erbauten Schiffen stachen am 30. Oktober 1533 in See, die *Concepción* unter Diego Becera, die *San Lazaro* unter Hernando de Grijalva. Nach einigen Tagen auf See zettelte der Steuermann der Concepción, Ortuño Jiménez, eine Meuterei an, ermordete Diego Becerra und setzte die beiden Franziskaner Martín de la Coruña und Juan de San Miguel, Zeugen des Verbrechens, an einem einsamen Strand aus. Das Schiff folgte seiner Route und gelangte zu einer Bucht in Niederkalifornien, die man Santa Cruz nannte, etwa auf der Höhe der jetzigen Stadt La Paz: Ein Zusammenstoß mit Eingeborenen kosteten Ortuño Jiménez und einigen Matrosen das Leben. Die übrige Besatzung konnte aufs Meer entkommen und erreichte mit der Concepción einen Hafen in Jalisco. Die Matrosen behaupteten, sie hätten ein reiches Land mit einem Überfluss an Perlen entdeckt. Der davon unterrichtete Nuño de Guzmán fasste den Plan, das Schiff für eine geheime Expedition zu benutzen und die Bucht von Santa Cruz zu erobern. Allein, die Nachricht von der Eroberung hatte sich bis Mexico verbreitet. Cortez brachte eine Klage vor, aber die Concepción war auf dem Territorium von Guzmán gelandet, und seine Klage wurde abgewiesen. Die Feindschaft zwischen den beiden Männern flackerte wieder auf.

Während dieser Zeit entdeckte die San Lazaro den Revillagigedo-Archipel, den man auch erkundete.[192] Die Inseln schienen verlassen, beherbergten aber in ihren Wäldern eine unendliche Menge von Vögeln. Cortez legte letzte Hand an die Vorbereitungen einer neuen Expedition, deren Leitung er selbst übernahm. Die von der Concepción herstammenden Informationen hatten ihn, trotz ihres konfusen Charakters, dazu ermuntert. Diesmal entschloss er sich, die Verbote Nuños de Guzmán zu missachten und berücksichtigte in keiner Weise das *requerimiento* (»Forderungsschreiben«), das ihm Guzmán in aller Form überreichen ließ, als er die Grenze zu Jalisco überschritt. Er verwies lediglich auf die vom Kaiser übertragenen Rechte, die Entdeckungen durchzuführen, und Nuño de Guzmán sah ein, dass er sich Cortez nicht mit Gewalt entgegenstellen konnte. Allerdings protestierte er bei der Audiencia.

So machte sich Cortez zu Beginn des Jahres 1535 an der Spitze einer gut ausgerüsteten Armee auf den Weg. Sie hatte eine Stärke von über 300 Mann, davon 150 Berittene. In seiner Begleitung befand sich einer seiner erfahrensten und treuesten Hauptleute, Andrés de Tapia. Auf dem Landweg erreichte er den Hafen von Chametla, wo die drei Schiffe lagen, die *Santo Tomás*, die *San Lazaro* und die *Santa Agueda*. Die Soldaten gingen an Bord mit Ausnahme von etwa hundert Mann, die unter dem Kommando von Andrés de Tapia an Land blieben. Die kleine Flotte, für die Cortez die besten Steuerleute rekrutieren konnte, führte große Vorräte an Zwieback, Fleisch, Öl, Essig, Wein mit sich sowie eine Menge wertlosen Tand und Werkzeuge für den Tauschhandel. Zur Mannschaft gehörten auch Handwerker, insbesondere Schmiede und Zimmerleute, mehrere Mönche, Ärzte, und Feldchirurgen.

Leider ist die Dokumentenlage der letzten großen Reise des Hernán Cortez äußerst unzureichend, vom Kartenmaterial einmal abgesehen. Nach seiner Rückkehr hat Cortez keinen uns bekannten Bericht verfasst. Nur der in der Bucht von Santa Cruz am 14. Mai 1535 geschriebene Brief, der merkwürdigerweise an Cristóbal de Oñate, ein Hauptmann des Nuño de Guzmán, gerichtet war, enthält einige Informationen aus erster

Hand. Der unersetzliche Bernal Díaz hatte an der Fahrt nicht teilgenommen. Dennoch zeigt er sich informiert und liefert in einem Kapitel einen kurzen, wenn auch bisweilen konfusen Kurzbericht über die Hauptepisoden dieses Abenteuers. Francisco López de Gomara bietet zu diesem Thema nicht mehr.

Offenkundig war es eine schwierige Fahrt, eine Abfolge von Schiffbrüchen, Unglücksfällen, Entbehrungen und Krankheiten. Cortez und seine Leute fanden den Revillagigedo-Archipel bestehend aus drei Inseln, die sie Santiago, San Miguel und San Cristóbal tauften. Trotz schwachem Wind erreichte sie am 3. Mai 1535 die Bucht von Santa Cruz, wo sie an Land gingen. Bis dahin hatten sie lediglich sechs Pferde verloren. Am selben Tag nahm Cortez vor dem Notar Martín de Castro in aller Rechtsförmlichkeit Besitz »von dem neu entdeckten Land, in welchem wir uns gerade befinden.« Danach erkundeten die Spanier den Südteil der kalifornischen Halbinsel und einen Teil des gewaltigen Golfs, dem später der Name »Meer des Cortez« verliehen wurde. Das Land jedoch war unfruchtbar, man betrieb kaum Maisanbau, und die Bevölkerung lebte von der Jagd, mehr noch vom Fischfang und vom Sammeln. In seinem Brief vom 14. Mai bekräftigt Cortez, es gäbe hier viele Perlen und viel Fischfang, liefert aber keine Einzelheiten. Vielleicht hatte er nicht einmal Gelegenheit, die nach Hunderten zählenden Robben und Wale zu sehen, die sich in der Winterzeit in diesen Gewässern aufhalten, denn der Winter war gerade zu Ende gegangen.[193]

Cortez hatte zwei Schiffe zum »Festland« geschickt (er war wohl damals der Meinung, Niederkalifornien sei eine Insel), um die Truppe des Andrés de Tapia herüberzuholen und Proviant aufzunehmen. Jedoch, die Schiffe kehrten nicht zurück: Nachdem die San Lazaro ihre Ladung aufgenommen hatte, strandete sie an der Nordküste Jaliscos, und die Besatzung kehrte nach Mexico zurück; die Santo Tomás verspätete sich so sehr, dass Cortez, voller Unruhe und ohne Lebensmittelreserven, seinerseits mit seinem letzten Schiff zum Kontinent zurückkehrte. Er fand die gestrandete und nur gering beschädigte San Lazaro und machte sie wieder flott (der Schiffbruch ging allein auf Konto der Unfähigkeit der Mannschaft), ging im Küstengebiet des heutigen Sinaloa an Land, kaufte Getreide, Rinder, Schweine, Mutterschafe, Früchte und andere Nahrungsmittel und stieß schließlich auch auf die Santo Tomás. Mit seinen drei Schiffen langte er wieder in der Bucht von Santa Cruz an. In der Zwischenzeit hatte der Hunger seine Armee dezimiert. Trotz aller Vorsichtsmaßnahmen stürzten sich die Überlebenden auf die mitgebrachten Lebensmittel, und viele starben an Verdauungskrankheiten. Bernal Díaz schreibt, viele der unglücklichen Veteranen und Neulinge, vom Prestige ihres Anführers angelockt, verfluchten Cortez, und er schließt lapidar: »Wenn wir genau hinschauen, hatte er nach der Eroberung Neuspaniens niemals mehr Glück.«[194]

Wenigstens hatte Cortez alle seine Schiffe wieder. Aber er selbst, geschwächt und überzeugt, weder Gold noch Gewürze in der Nähe finden zu können, entschloss sich, den Rückweg anzutreten. Die Quellen sprechen allerdings nicht mit einer Zunge: Wo fand er das bei der vorigen Expedition unter Hernando de Grijalva verschwundene Schiff wieder? Wo erfuhr er von der Ankunft des Vizekönigs Antonio de Mendoza in Mexico? Wo stieß er auf das mit Nahrungsmitteln und Waffen beladene Schiff des Fernando de Ulloa, das von seiner beunruhigten Gattin zu seiner Suche ausgeschickt worden war? Im Grunde sind die Antworten auf diese Fragen nicht von großer Bedeutung, und sie ändern nichts an der Schlussbilanz: das wirtschaftliche Resultat war gleich Null. Dagegen ist der wissenschaftliche Ertrag der Reise unbestritten: Die von Cortez gezeichnete Karte lässt sehr gut die Konturen der nordöstlichen Küste Neuspaniens, des Eingangs zum Golf von Kalifornien, die äußersten Enden der Halbinsel erkennen, das heißt die Gewässer um das heutige Kap San Lucas. Cortez ist durchaus der Entdecker Niederkaliforniens: Er widmete diesem Unternehmen vier Expeditionen, hat persönlich an der dritten teilgenommen, und die letzte Expedition von 1539 unter Leitung des Fernando de Ulloa führte zu einer genaueren Kenntnis des Landes und erlaubte eine kartografische Erfassung der gesamten Region, des Golfes und der Halbinsel. Jedoch, zwischen 1535 und 1539 hatte sich die Lage grundlegend verändert.[195]

Von Peru zu den Sieben Städten von Cíbola. Mythos und Wirklichkeit

In seinen beständigen Anstrengungen, Kalifornien zu erkunden, hatte Cortez keine sonderliche Konkurrenz. Die Maßnahmen Nuños de Guzmán zielten nur darauf ab, dem *conquistador* Hindernisse in den Weg zu legen, und bis 1530 hatte sich der Gouverneur von Neugalicien lediglich als zaudernder Entdecker erwiesen. In den 1530er Jahren allerdings hatten mehrere verblüffende, offenkundig äußerst vielversprechende und ständig neue Entdeckungen die Phantasie entflammt und einen neuen Unternehmungsgeist geweckt. Tausende von Spaniern strömen nach Westindien: vom Süden bis zum Norden des Kontinents dringen sie in Wüsten und Dschungel ein, erklimmen die *sierras.* In Mexico wird der gerade eingetroffene Vizekönig vom selben Fieber ergriffen.

Nach einigen Erkundungsfahrten, die denen des Hernández de Córdoba und des Juan de Grijalva nach Mexico ähneln, geht im Jahre 1532 ein Trupp Spanier im Norden Perus an Land. Nach einem ebenso unglaublichen Abenteuer wie die Eroberung Mexicos zieht im Jahre 1533 Francisco Pizarro in Cuzco, der Hauptstadt des Inkareiches, ein. Ein großer Teil der von Pizarro übersandten märchenhaften Beute – weitaus reicher als die des Cortez und seiner Männer – , kommt in Sevilla im Januar 1534 an und löst grenzenlose Begeisterung aus: »Er brachte dem König 150000 Pesos Gold und 15.400 Mark Silbers, 38 Gefäße aus Gold und 48 aus Silber, große und mittelgroße (...) Für andere Personen hatte er 24 Goldkrüge und 4

Silberkrüge sowie 499 000 Pesos in Gold und 54 000 Mark Silbers in Form von Barren, Platten und Blöcken …« Im Jahre 1536 erreicht der andalusische Eroberer Gonzalo Jiménez nach langem Marsch das Hochland von *Chibcha*. Dort trifft er zwei andere *conquistadores*, den Deutschen Nikolaus Federmann und den Spanier Sebastián de Benalcázar. Die Schätze der *muiscas* blieben größtenteils unentdeckt, aber die Beute, in Gold, Smaragden, Edelstein, war doch beachtlich. Jiménez de Quesada nimmt sich 4 600 Kilo Gold aus dem Palast des Kaziken von Iraca, und auch die in Tunja gemachte Beute war außergewöhnlich.[196] Die Entdeckung der Schätze der Andenregion berührt die Geschichte Cortez' in zweifacher Hinsicht. Einmal, weil die außergewöhnlichen Taten des Cortez in gewisser Weise übertroffen und damit abgewertet wurden. Schon wegen der weiten Entfernung erschien die Eroberung Perus als ein noch staunenswerterer Beweis von Mut als die Heldentaten des Cortez: die ungeheuren Weiten, die man durchmessen hattte, die schwindelnde Höhe der Gebirge, Flüsse von nie gesehener Kraft, Städte und ihre Festungen aus Zyklopenmauern, wie etwa Cuzco, und über allem der Schatz des Inkas Atahualpa, dessen Endeckung Sevilla in Aufregung versetzte – alle diese Neuigkeiten beraubten Cortez seines privilegierten Status', den er seit einem guten Dutzend Jahren unter den übrigen *conquistadores* innehatte. Bei seiner zweiten Rückkehr nach Spanien sollte er all das mit Bitterkeit bemerken.

Zum anderen fragte man sich – da ja nun der Beweis wunderbarer, reicher und gut organisierter Reiche im Süden Westindiens erbracht war –, warum es nicht auch vergleichbare Reiche im Norden Neuspaniens geben sollte. Und genau solche Informationen und Berichte häuften sich, und sie bewiesen (so glaubte man) die Existenz von Königreichen, vielen Menschen und Städten im Norden des Kontinents.

Im Januar 1531 hatte Nuño de Guzmán an der Spitze einer Armee von 400 Spaniern und 20 000 Indianern den Weg nach Norden eingeschlagen. Er folgte dem Tal von Humaya und überquerte die westliche Sierra Madre. Der Gouverneur hatte einen indianischen Sklaven, Tejo, der ihm versicherte, in seiner Jugend sei er oft seinem Vater, einem Händler für Vogelfedern, weit nach Norden gefolgt. Dabei habe er Städte gesehen, »wo ganze Straßenzüge von Goldschmieden bewohnt waren.« Man müsse nur etwa vierzig Tage lang dem Nordmeer (Atlantik) nach Norden folgen. Aber jenseits der Gebirge dehnte sich die Wüste. Die Gefährten Guzmáns, reiche *encomenderos*, wagten nicht, sie zu durchqueren, schon gar nicht nach dem Tod des Sklaven Tejo. Guzmán gab nach und kehrte nach Neugalicien zurück.

1535 tauchten vier Männer, die man lange Zeit für tot gehalten hatte, in Guzmáns Herrschaftsgebiet auf. Alvar Núñez Cabeza de Vaca, Alonso del Castillo Maldonado, Andrés Dorantes und der Schwarze Estebanico waren die einzigen Überlebenden der unglücklichen Expedition, die Pánfilo de Nárvaez von Florida aus gestartet hatte. Sie hatten acht Jahre unter den Eingeborenen gelebt. Estebanico verfügte über ein beachtliches einheimisches Vokabular und drückte sich recht geläufig in der Sprache der Eingeborenen aus.

Die vier Überlebenden dieser unglaublichen Odyssee bezeugten die Existenz eines riesigen Landes, das sich von Florida bis zum Südmeer erstreckte und das man ohne sonderliche Schwierigkeiten durchqueren könne. Sie hatten Hinweise auf Völker mit metallurgischen Kenntnissen und auf zahlreiche Städte. Allerdings hat Cabeza de Vaca in seinen *Naufragios* nie behauptet, von den »Sieben Städten von Cíbola« gehört zu haben. Es war vor allem Estebanico, der die Rolle des Märchenerzählers übernahm.

Wie dem auch sei, die vier Männer langten am 23. Juli 1536 in Mexico an und wurden dort herzlich aufgenommen und regelrecht gefeiert, inbesondere von Antonio de Mendoza und Hernán Cortez, die begierig waren, mehr vom geheimnisvollen Norden zu erfahren. Es waren ihre Berichte, welche die Konkurrenz zwischen ihnen entfachten. Nuño de Guzmán befand sich nicht mehr unter den möglichen Organisatoren von Expeditionen: Er war seines Amtes als Gouverneur enthoben, und Francisco Vásquez de Coronado stand an der Spitze Neugaliciens. Aber andere Kandidaten waren auf dem Plan erschienen: Hernando de Soto, der bei der Eroberung Perus reich geworden war, und Pedro de Alvarado, der *adelantado* von Guatemala und alter Gefährte des Cortez, hatten von der Krone Ermächtigungen zu Entdeckungen und Eroberungen erhalten. Für Hernando de Soto handelte es sich in erster Linie um eine Expedition von Florida aus, während das Aktionsfeld des Pedro de Alvarado mehr das Südmeer im Allgemeinen war. Das bedeutet nun, dass die eigentlichen Konkurrenten der Vizekönig und Cortez waren. Sie suchten zuerst eine einvernehmliche Lösung, aber mangelndes gegenseitiges Vertrauen ließ die Verhandlungen scheitern. Nach dem Zeugnis des López de Gomara, war das Zerwürfnis Anfang des Jahres 1540 endgültig: »Sie sagten und schrieben tausend Gemeinheiten übereinander, und das brachte ihnen Nachteile und setzte sie in schlechtes Licht.«

In den Jahren 1538 bis 1539 agierten die beiden Männer getrennt. Cortez, der sich eine Zeitlang für Peru interessiert und Pizarro zwei Versorgungsschiffe gesandt hatte, entschloss sich für den Seeweg, um Cíbola zu erreichen. Es war von großem Vorteil, dass er während der Expedition nach Niederkalifornin Erfahrungen mit diesem Gebiet gesammelt hatte. Im Jahre 1539 schickte er Fernando de Ulloa mit drei gut ausgerüsteten Schiffen aus: *Santa Agueda, Santo Tomas, Trinidad.* Ulloa startete in der Bucht von Santa Cruz (heute La Paz), überquerte das Meer bis zum Fluss Sonora, der sich bis zur Mündung des Colorado erstreckt, folgte dann der Küste der kalifornischen Halbinsel, erreichte das Kap San Lucas und fuhr der pazifischen Küste entlang bis zur Insel Cedros auf 28 Grad nördlicher Breite und nahm am 20. Januar 1540 von der Insel Besitz. Diese erfolgreiche Fahrt erbrachte mittels einer genauen Karte den Beweis, dass Niederkalifornien eine Halbinsel ist.

Während dieser Zeit schien die im Auftrag des Vizekönigs durchgeführte Erkundungsfahrt des Franziskaners Marcos de Niza die Existenz der wunderbaren Städte von Cíbola bestätigt zu haben. Cortez hätte Mühe gehabt, sich dieser Fahrt zu widersetzen, für die die Franziskanergemeinschaft von Mexico die Bürgschaft übernommen hatte, denn es handelte sich um ein abolut friedliches Unternehmen: zwei Franziskaner, Estebanico, einige hundert Indianer, vielleicht tausend, und kein einziger Soldat. Bruder Marcos und seine Gefährten verließen San Miguel de Culiacan in Neugalicien am 7. März 1539. Sie hatten eigentlich einen Missionsauftrag, aber es ist offensichtlich, dass Antonio de Mendoza versuchte, Informationen zu erhalten. »Es handelte sich wohl um die Suche nach etwas Wichtigem.«[197]

Bruder Marcos de Niza schickte Estebanico mit 400 Indianern als Vorhut voraus. Es wurde ein Kommunikationssystem eingerichtet, mit indianischen Läufern als Pendelboten. Am 9. Mai verkündete Estebanico, er sei in Sichtweite von Cíbola und würde dort in Kürze einziehen. Allerdings wurde Estebanico bei einem Zwischenfall, dessen Ursache wir nicht kennen, in Cíbola getötet und mit ihm 300 Indianer, während andere, zum Teil verwundet, wieder zu den Franziskanern stoßen konnten. Wir wissen nicht, was Bruder Marcos de Niza dann genau tat. Ging er weiter vor, um die Stadt mit eigenen Augen zu sehen, wie er in seinem Bericht behauptet, oder kehrte er sofort um und verwendete in seinem Bericht lediglich das, was ihm die Indianer erzählt hatten? Alle Hypothesen sind möglich, aber wie Jean-Pierre Sanchez schreibt: »Man kann sich dennoch die Frage stellen, ob Bruder Marcos de Niza wirklich Cíbola gesehen hat.« Jedenfalls hatte der Bericht des Franziskaners wichtige Konsequenzen; hier ist der ausschlaggebende Satz: »... Ich folgte meinem Weg bis auf Sichtweite von Cíbola, das auf einem ebenen Terrain gebaut ist und an der Flanke eines gerundeten Hügels liegt. Es ist eine prächtige Stadt, die schönste, die ich in dieser Gegend gesehen habe. Die Häuser sind, so wie sie mir die Indianer beschrieben haben, alle aus Stein gebaut, mit Stockwerken und Terrassen; so schien es mir, als ich sie mir von der Höhe eines Hügels aus betrachtete. Diese Stadt ist viel größer als Mexico ...«[198]

Der Bericht rief leidenschaftliche Kommentare hervor: »das Fieber bemächtigte sich sogleich der Europäer«, umso mehr, als der Franziskaner in allen Unterhaltungen noch weit über die Darstellung in seinem Bericht hinausging! Gerüchte machten die Runde, und es ging so weit, dass der Bischof von Mexico, Juan de Zumárraga, in einem Brief an seinen Neffen von Kamelen und Dromedaren sprach. Eine erstaunliche genetische Mutation der Bisons! Auf der Grundlage der Erkundungsmission des Franziskanerbruders Marcos de Niza, erhielt der Vizekönig schließlich am 10. April 1540 die Erlaubnis zur Fortführung der Erkundung nach Norden.[199] Gekränkt, getäuscht in seinen Hoffnungen auf ein Unternehmen, dessen unzweifelhafter Initiator er war, entschloss sich Cortez, in Spanien Gerechtigkeit zu verlangen. Im Januar 1540 schiffte er sich mit seinem Sohn Martín ein, die Marquise blieb in Mexico zurück. Es sollte eine Reise ohne Wiederkehr werden – das aber wusste er nicht ...

X. DIE LANGE ZEIT DES WARTENS

Der neue Aufenthalt des Hernán Cortez in Spanien lässt sich nur verstehen, wenn wir die Gegebenheiten der Epoche in Betracht ziehen. Es wurde schon gesagt, dass am Ende der 1530er Jahre das Land Peru – in der Phantasie der Spanier – Mexico verdrängt hatte, aber auch in den Plänen der Herrschenden. Seit einigen Jahren schon erwiesen sich die mexicanischen Einkünfte für die Schatzkammer des Königs als bescheiden: die Eroberung brachte nichts mehr ein, das Goldene Zeitalter der Minen ließ auf sich warten. Die Vorstöße nach Florida, nach Kalifornien und in die großen Ebenen des Nordens brachten keine Gewinne, auch wenn sie den königlichen Fiskus nichts gekostet hatten. Dagegen warf der königliche *quinto* (der Fünfte) allein aus den Expeditionen der Pizarro, Almagro, Jiménez de Quesada, Benalcázar nach Peru oder Neu-Granada große Erträge ab. Cortez war nach wie vor ein Gesprächspartner, aber er rückte ins zweite Glied.

Zu berücksichtigen sind auch die Verhältnisse in Europa und die persönliche Lage Karls V.; er war getroffen vom Tod seiner Gemahlin Isabella (1539) und verärgert über die Revolte in seiner Geburtsstadt Gent, sodass er Spanien verließ, mit Genehmigung Franz' I. durch Frankreich zog, um der Bestrafung der Aufständischen durch seine persönliche Anwesenheit ein besonderes Gewicht zu verleihen. Karl V. ist also gar nicht in Spanien, als Cortez dort ankommt. Für Cortez eine bittere Enttäuschung, denn er wollte seine Sache vor dem Kaiser selbst vertreten.

Eine anderes schwerwiegendes Problem tauchte auf. Die Entwicklungen der Reformation in Deutschland zwangen Karl, von Gent aus zum Reichstag von Regensburg zu reisen, wo er versuchte, einen Kompromiss zwischen protestantischen und katholischen Reichsständen zu erreichen, in Erwartung eines gemeinsamen Konzils, an dem ihm sehr gelegen war. Schließlich zeichnete sich ein weiteres großes Projekt ab: Ein Feldzug gegen Algier, jenes Korsarennest, das aus dem Mittelmeer ein äußerst gefahrvolles Gewässer machte und das für die Türken ein bedeutender logistischer Stützpunkt darstellte. Mit seinem Kopf voller Träume von Entdeckungen und Eroberungen, mit seinen Gedanken noch in Amerika, brauchte Cortez einige Zeit, um die Situation auf der spanischen, der europäischen Bühne richtig zu beurteilen.

Bei seiner Ankunft in Spanien um den 25. Juni 1540 richtet Cortez ein Memorial an den Kaiser, das die Tendenz seiner Forderungen umreißt: »(…) Aus Neuspanien bin ich in dieses Königreich gekommen, vornehmlich, um Eure Majestät und die Mitglieder Eures Königlichen Rates für die Indischen Gebiete über den Missbrauch von Macht und die Beleidigungen, welche mir durch Don Alonso de Mendoza, Vizekönig von Neuspanien, wiederfahren sind, zu unterrichten …« Die Lektüre des gesamten Dokuments zeigt, dass es das Monopol für die Erforschung und die Eroberung der Nordterritorien »in den Grenzen und in dem abgemessenen Gebiet« von 1529 war, um das es Hernán Cortez in erster Linie zu tun war. Mit keinem Wort wird dann auch die immer noch nicht geregelte Angelegenheit der 23 000 Hintersassen erwähnt. Dagegen erinnert er an die vier Expeditionen, die er auf seine Kosten hatte ausrichten lassen, setzt die Ausgaben mit übertriebenen 300 000 Dukaten an, betont seine eigene Teilnahme an einer der Expeditionen, bei der er »harte Prüfungen und große Gefahren« hatte aushalten müssen, während sich der Vizekönig allein auf die zweifelhaften Berichte des Marcos de Niza stütze.

Cortez präsentiert sich in dem Memorial als ein Mann mit den besten Kenntnissen des strittigen Landes. Immerhin kann er darauf verweisen, vom »Land Santa Cruz« Eingeborene mitgebracht zu haben, die ihn, nach Erlernen der Sprache Neuspaniens »sehr vollständig« von den Gegebenheiten in ihrem Land berichten konnten. Daraufhin war Francisco de Ulloa unter günstigen Bedingungen in der Lage, eine neue Erkundungsfahrt zu unternehmen und Nutzen aus den Mannschaften und Vorräten zu ziehen, die Cortez in Santa Cruz zurückgelassen hatte. Dagegen musste der Vizekönig alle Soldaten, Pferde und Munition aus Neuspanien, nicht ohne Risiko, abziehen, um die schwerfällige Expedition unter dem neuen Gouverneur von Neugalicien, Francisco Vásquez de

Coronado, in Gang zu setzen. Darüber hinaus ließ der Vizekönig die pazifischen Hafenplätze und Küsten überwachen, damit er die Schiffe Ulloas bei ihrer Rückkehr abfangen und die Nachrichten, die sie mit sich führten, für seine Zwecke ausnutzen konnte. Schließlich hatte er Cortez' Schiffe in den Werften von Tehuantepec und diejenigen in Huatulco mit einem Embargo belegt, ebenso wie die Mannschaften und die Steuerleute, damit Cortez keine neue Unternehmung mehr starten konnte.

Die Argumentation des Markgrafen war fundiert und erwies sich, mit einigen Einschränkungen, als exakt. Bruder Marcos erhielt einen Teil seiner Informationen über die Gebiete im Norden nicht von Cortez, sondern von Alvar Núñez Cabeza de Vaca, dessen Gefährten und insbesondere von Estebanico, der sich in der Folge als phantastischer Märchenerzähler herausstellte. Außerdem hatte Marcos auf seinem Zug nach Norden zum geheimnisvollen Cíbola ein anderes Gebiet erkundet, als Cortez und seine Männer entdeckt und kartografiert hatten. Es war aber nicht weniger offensichtlich, dass sich Antonio de Mendoza eines schwerwiegenden Machtmissbrauchs schuldig gemacht hatte, als er Cortez' Flotte mit einem Embargo belegte.[200]

Während der Abwesenheit des Kaisers mussten der Regent Juan de Tavera, Kardinalbischof von Toledo, der Vorsitzende des Westindischen Rates García de Loayasa y Mendoza, zugleich Mitglied des Kronrats, und der unvermeidliche Sekretär Francisco de Los Cobos die Entscheidungen treffen, die umso delikater waren, als sie sich mit gegensätzlichen Darstellungen und kaum zu erfüllenden Forderungen auseinanderzusetzen hatten. Der Vizekönig Antonio de Mendoza und weitere wichtige Persönlichkeiten wie Pedro de Alvarado (verbunden mit der Famile Los Cobos) und Hernado de Soto, einer der Eroberer Perus, standen ebenfalls vor den Schranken des Gerichts. Man muss einräumen, dass die am 10. Juli 1540 getroffenen Entscheidungen (für den Westindischen Rat unterzeichneten

García de Loayasa und der Sekretär Juan de Samano) so geschickt wie ausgewogen waren: Antonio de Mendoza wurde zur Ordnung gerufen und angewiesen, das Embargo unverzüglich aufzuheben, damit Cortez und seine Kapitäne weiterhin ihre Flotten auf das Südmeer schicken konnten, »in Übereinstimmung mit ihren Befugnissen«. Aber die am selben Tag (diese Koinzidenz war keineswegs zufällig) erlassene Verfügung, gerichtet an Antonio de Mendoza, Hernán Cortez, Pedro de Alvarado und Hernando de Soto erinnerte jeden einzelnen dieser Persönlichkeiten an die Grenzen ihrer jeweiligen Rechte. Daraus folgte, dass sich Cortez, Alvarado oder Soto nicht dem nach Norden gerichteten Unternehmen Mendozas widersetzen durften; Soto erhielt freie Hand für die Gebiete nördlich des Golfs von Mexico und Alvarado für das Südmeer außerhalb der Küsten Neuspaniens, während Cortez seine Erkundungen und Eroberungen in westlicher Richtung vorantreiben durfte. Man wird nicht davon ausgehen können, dass die Mitglieder des Rates eine Vorstellung von den Grenzen der abgesteckten Einflusszonen hatten, aber die Sorge um Gerechtigkeit ist nicht zu bestreiten.[201]

Die Verfügungen vom 10. Juli 1540 könnten als eine bestätigende Maßnahme gewertet werden, und als solche waren sie auch für Cortez akzeptabel, nicht zuletzt auch, weil ihm die Männer des Westindischen Rates Achtung engegenbrachten. Sie schickten ihm eine Empfangsdelegation zu den Toren der Stadt Madrid engegen; man reservierte ihm einen Sitz, damit er bei den Zusammenkünften des Rates zugegen sein konnte; ein Ratsmitglied kam jeweils zu seinem Empfang herbei, und in Madrid wies man ihm ein herrschaftliches Wohnhaus zu.

Man kann sich leicht vorstellen, dass Cortez bei der Nachricht über den Misserfolg der vom Vizekönig finanzierten Expedition des Francisco Vázquez de Coronado eine heimliche, aber tief empfundene Befriedigung verspürte. In der Tat hatte Antonio de Mendoza nicht auf die Verfügung vom 10. Juli 1540 gewartet, um in Aktion zu treten, denn die Mannschaft des Vizekönigs (200 Fußsoldaten und etwa 150 Berittene) hatten ihren Marsch bereits Ende Februar 1540 angetreten. Zudem hatte Antonio de Mendoza eine Flotte unter dem Kommando Hernandos de Alarcón losgeschickt, die Vázquez de Coronado von See aus versorgen sollte. Diese Flotte absolvierte eine interessante Reise, es gelang ihr aber nicht, die Verbidnung mit dem Landheer herzustellen. Die Armee erreichte Cíbola am 7. Juli 1540 und erlebte eine riesige Enttäuschung: Cíbola war nur eine kleine Ansiedlung aus Lehmhäusern! Der Bericht an den Vizekönig im August 1540, dessen Inhalt ohne Zweifel in Spanien Ende des Jahres oder Anfang 1541 bekannt wurde, war dem Ruhm des Vizekönigs nicht gerade förderlich und weckte Ironie und Sarkasmus bei seinem Rivalen. Lapidar äußerte sich Vázquez de Coronado über Bruder Marcos: »Nichts von dem, was er sagt, ist wahr.« Nach der Chronik des Pedro Castañeda de Nájera soll die Armee wüste Verwünschungen gegen den Franziskaner ausgestoßen haben![202]

Die beiden folgenden Jahre sollten die Revanchegelüste des Cortez befriedigen: Die Expedition des Vázquez de Coronado, die in die Weiten des Kontinents eingedrungen war auf der Suche nach einem anderen märchenhaften Reich, des Reiches von Quivira, hatte nur baufällige Häuser und einfache Dörfer entdeckt. Nach zwei Überwinterungen und ohne jegliche Beute traten sie im Frühjahr 1542 den Rückweg an. Antonio de Mendoza, hochverschuldet wegen seiner investierten 60 000 Pesos, war der Hauptverlierer. Cortez konnte an das Walten einer ausgleichenden Gerechtigkeit glauben.[203]

Jedoch, die Misserfolge des Vizekönigs linderten nicht die Rachsucht des *conquistadors*; er hielt die Gelegenheit für günstig, dem König seine eigenen Verdienste erneut nahezubringen und feuerte eine wütende Breitseite gegen den Vizekönig ab. So muss man den an Karl V. im Jahre 1542 oder 1543 gerichteten Brief verstehen. In der Zwischenzeit aber hatte Cortez eine erneute und grausame Entäuschung erlitten.

Tiziano il Vecchio, Karl V. mit seinem Lieblingsrüden.

Im Laufe des Sommers 1541 hatte Karl V. beschlossen, eine mächtige Flotte auszurüsten, um Algier zu erobern. Die Zerstörung der Korsarenstadt war einer der letzten Wünsche der Kaiserin Isabella gewesen, die sich damit zur Sprecherin der gesamten Bevölkerung Spaniens, insbesondere der Küstenbewohner, gemacht hatte, die beständig unter den Überfällen der Barbaresken zu leiden hatten. Natürlich stand Papst Paul III. dem Unternehmen günstig gegenüber und hatte 2000 Mann dazu beigesteuert. Die Gefangennahme des gefürchteten Rais von Tripoli durch Joanetin Doria in korsischen Gewässern und der Sieg der Galeeren Bernardinos de Mendoza über eine algerische Flotte waren zusätzliche ermutigende Zeichen.[204] Die Flotte sammelte sich in Mallorca: diese große Baleareninsel war eines der bevorzugten Ziele der algerischen Seeräuber, sie war aber auch der geeignete Stützpunkt für einen Angriff.

Der Vizekönig von Sizilien, Fernando Gonzago, und der Konnetabel Colonna hatten eine Armee von 20 000 Mann aufgestellt (Spanier, Deutsche, Italiener) sowie eine Flotte von 400 Schiffen, darunter 65 Galeeren unter dem Kommando von Andrea Doria. Die Ankündigung des Feldzuges hatte eine Menge Freiwilliger nach Mallorca gelockt sowie zahlreiche Adelsherren mit ihren Mannschaften, unter anderem den Herzog von Alba, die Grafen von Feria und Luna, Hernán Cortez in Begleitung seiner beiden Söhne Don Martín und Don Luis. Obwohl Cortez bereits sechsundfünfzig Jahre zählte, sah er im Algierfeldzug eine außergewöhnliche Gelegenheit, sich beim Kaiser ins rechte Licht zu setzen und so sein Ansehen zu heben.

Trotz entsprechender Ratschläge hatte Karl V. einen wichtigen Punkt vernachlässigt: der gewählte Monat Oktober war eine äußerst schlechte Jahreszeit, denn heftige Windböen, Stürme und sintflutartige Regenfälle gehören im westlichen

Mittelmeer zu dieser Jahreszeit zum gewohnten Bild. Das erfolgreiche Tunis-Unternehmen hatte im Juli stattgefunden. Auch als die Flotte am 19. Oktober auslief, war schönes Wetter. Diese Schönwetterlage hielt bis zum 24. Oktober an, und die Landung der Infanterie einige Meilen von Algier entfernt verlief ohne Probleme. Unvermittelt aber änderte sich das Wetter, eine heftige Tramontana mit starken Regenschauern und Wolkenbrüchen erhob sich. Um der Havarie zu entgehen, warfen die Schiffe ihre schwere Ladung ab, auch die Kanonen und die Vorräte. Es wurde unmöglich, die Truppen an Land zu versorgen, und die Arkebusiere waren wegen ihrer feuchten Lunten nicht einsatzfähig. Als etwa hundert Schiffe im Sturm an der Küste zerschellten, beschloss der Kriegsrat am 2. November, den Feldzug abzubrechen.

Hat Cortez am Kriegsrat teilgenommen oder nicht? Nach Bernal Díaz wurde er nicht hinzugezogen, und viele *caballeros* hielten das für eine bedauernswerte Entscheidung, denn Cortez war der Einzige, der für die Fortsetzung des Unternehmens plädierte: er glaubte an den Sieg und machte sich dafür stark, die Stadt mit den verbliebenen Truppen zu nehmen. Mit amphibischen Operationen gegen einen zahlenmäßig überlegenen Gegner hatte er ja schon gute Erfahrungen gesammelt, und die Verteidiger Algiers waren bei weitem nicht so zahlreich. Erinnerte sich Karl V. an Cortez' vierten Bericht oder glaubte er, die Eroberung eines fernen, für ihn unwirklichen Neuspanien sei geglückt trotz unfähiger Soldaten? Cortez' Rat wurde verworfen, vielleicht, weil die Berater des Kaisers nur daran dachten, die Armee und insbesondere den Kaiser zu retten. Cortez' Schiff erlitt Schiffbruch, er verlor die fünf berühmten Smaragde und musste sich mit seinen Söhnen schwimmend retten, wie man behauptet. Die Flotte musste wegen der notwendigen Reparaturen einen Umweg über Bougie machen. Für Cortez drehte sich das Rad der Fortuna unerbittlich zum Schlechteren wie zuvor zum Besseren. Und seine Anwesenheit bei den Cortes (der großen Ständeversammlung) von

Monzón im Königreich Aragón, die Karl V. 1542 einberufen hatte, brachte Cortez keinen Gewinn.

Von da an führt der erschöpfte, enttäuschte Cortéz ein verbittertes Leben im Luxus und lässt immer wieder seine Enttäuschungen, seinen Zorn, seine Rachegelüste Revue passieren. In Valladolid, wo er sich zwischen März 1542 und 23. November 1545 niedergelassen hat, um dem Hof nahe zu sein (in der Hoffnung einer unverhofften günstigen Wende seines Schicksals), überhäuft er den Kaiser, diesen Ausbund an Undankbarkeit, mit seinen Beschwerden und Forderungen. Das Memorial von 1542 ist ein langer »Bericht über die eigenen Verdienste«, in dem er die wichtigsten Etappen seiner Karriere von Hispañola bis Algier darlegt. Er betont seine meist nicht beachtete Beteiligung an der Eroberung von Provinzen, die bei seiner Ankunft noch unabhängig von Santo Domingo waren: Higuey, Iutagna, Xuaragua. Er unterstreicht seine Rolle beim Aufbau Neuspaniens, das er ja nicht nur eroberte: er hat das Land mit Spaniern besiedelt, alle Arten von Nutztieren eingeführt, eine Vielzahl von Pflanzen, von denen auch die Eingeborenen profitieren, ließ Maulberbäume für die Seidenraupenzucht pflanzen. Bisweilen übertreibt er seine Verdienste, wenn er sich etwa die Eroberung Guatemalas zuschreibt, die ja eigentlich ein Werk des Pedro de Alvarado gewesen war. Natürlich erinnert er an die schweren Beleidigungen seitens Nuños de Guzmán. Er zögert nicht, darauf zu bestehen, der »Gunstbeweis« der 23 000 »Vasallen« sei nur eine unzureichende Entlohnung gewesen und fügt hinzu, Karl V. hätte das auch so verstanden. Dieser Gunstbeweis sei überhaupt nur eine Abschlagszahlung gewesen! »Cortez, das was ich Euch gebe, ist nicht die endgültige Bezahlung Eurer Dienste, und nehmt es nicht als solche, denn ich bin nicht unterrichtet über die Dinge dort (...) Sobald ich es sein werde, handele ich so, wie es Eure Dienste verdienen (...).« Und nun hat er nicht einmal die vollständige Schenkung der 23 000 »Vasallen« nutzen können, denn ihre Zählung war ausgesetzt worden. Er verweist auf seine fünf Expeditionen ins Südmeer, für die er 240 000 Dukaten aufgewendet hat, was aber den Vizekönig nicht daran gehindert habe, an seiner Stelle die Entdeckungen durchzuführen. Er verlangt also Wiedergutmachung. Es ist dennoch auffällig, dass er sich vor jeder Kritik an den Richtern der zweiten Audienz hütet.[205]

Die Texte von 1543 bezeugen das ganze Ausmaß des Hasses, den Cortez gegenüber dem Vizekönig Antonio de Mendoza empfindet. Als er vom Plan der Krone erfährt, bei dem Vizekönig und der Kanzlei von Neuspanien einen »Besuch« durchzuführen, interveniert er unverzüglich und fordert, es solle nicht nur ein Besuch sein, sondern ein Hofgerichtsurteil mit Aufhebung der Ämter »so dass jeder frei und in voller Rechtmäßigkeit seine Klagen formulieren kann, ohne Furcht, von den Richtern unter Druck gesetzt oder schlecht behandelt zu werden (...)«

Die erste Klage gegen Antonio de Mendoza überrascht nicht: der Vizekönig hat seine ihm aufgetragenen Regierungsgeschäfte vernachlässigt und sich stattdessen bei Entdeckungs- und Eroberungsunternehmen engagiert. Zu diesem Zwecke musste er Indianern und Spaniern schwere Steuerlasten auferlegen, damit er seine Armee und seine Schiffe aufstellen und ausrüsten konnte (500 Berittene, 500 Arkebusiere, 50 000 Indianer versichert Cortez, der hier allerdings deutlich übertreibt). Damit hat er gefährliche Revolten ausgelöst und nur mit Mühe unterdrückt, und auch schwerwiegende Verluste verursacht (darunter, so behauptet Cortez, den Tod des Pedro de Alvarado; das aber war eigentlich ein Unfall). Dies alles habe den Interessen des Landes, aber auch dem königlichen Fiskus, geschadet.

Die folgenden Beschwerden zweifeln die Integrität des Vizekönigs an und bezichtigen ihn heimlicher Transaktionen und der Korruption: beim Verkauf indianischer Dörfer an Spanier, beim Handel mit Spanien bediente er sich im Hafen von Vera Cruz eines Kaufmanns namens Varela bei der Täuschung der Zöllner. Die Eingeborenen zwang er unrechtmäßig zum Hüten seiner zahlreichen Herden. Will man Cortez glauben, betrieb der Vizekönig auch Schiebereien mit den Einkünften der *corregidores* und bei der Landverteilung. Seine Diener werden der unzüchtigen Behandlung von Mädchen und verheirateten Frauen bezichtigt. Überraschende Anschuldigungen, bedenkt man den Ruf des Hernán Cortez!

Dieses Pamphlet ist aufschlussreich. Auf der einen Seite ist es durchaus geschickt, denn keine der aufgelisteten Beschwerden betreffen Cortez selbst, er erscheint dabei als Unbeteiligter. Mit den Richtern der Audiencia befasst er sich, außer in der Einleitung, an keiner Stelle, aber dabei scheint es sich um ein Prinzip zu handeln. Auf der anderren Seite deutet die Genauigkeit einiger Anschuldigen darauf hin, dass Cortez nach wie vor einen großen Einfluss in Neuspanien besaß sowie getreue Informanten, vielleicht unter den Dienern und Gehilfen, die sich um seinen Besitz kümmerten.[206]

Sollte man daran zweifeln, dann genügt es, ein anderes recht erstaunliches Dokument heranzuziehen, das in Ergänzung des vorigen redigiert wurde und einen geradezu musterhaften Fragekatalog zur Durchführung eines Gerichtsverfahrens gegen den Vizekönig darstellt! Cortez begibt sich gleichsam in die Rolle eines Hofrichters, der eine gerichtliche Voruntersuchung im Fall Mendoza durchführt. Vorgesehen sind dabei fünfunddreißig Fragen sowie vier Zusatzfragen. Die Lektüre des Textes versetzt wahrhaftig in Erstaunen, denn Cortez offenbart hier große Detailkenntnis im Zusammenhang mit Affären, welche die Käuflichkeit des Vizekönigs belegen sollen sowie die Art und Weise, wie er sich eine Klientel zu schaffen wusste (passive Bestechung, Umleitung der Gelder des Schatzmeisters Juan Alonso de Sosa, Veräußerung von Dörfern im Besitz der Krone etc.). Mindestens zehn Personen, die von der Perteilichkeit des Vizekönigs profitierten, werden direkt und namentlich in den Fall mit einbezogen: so etwa Agustín Guerrero, der Majordomus Mendozas, oder Alonso de Merida, den der Vizekönig aus Spanien mitgebracht hatte; er ist verwickelt in Affären um die Verwaltung der Münze, in eine Ehebruchs- und Ausschweifungsgeschichte. In der Rolle eines Opfers finden wir einen alten Bekannten, den Rechnungsführer Rodrigo de Albornoz, der sich aus Furcht vor Repressalien nicht zu beklagen wagte. Unter den Zeugen taucht auch der Lizentiat Loayasa auf, der alte Auditor von Neuspanien.[207]

Das letzte Dokument dieser umfänglichen Klageschrift wurde am 3. Februar 1544 in Valladolid redigiert. Von da an schrieb Cortez nicht mehr an den Kaiser, der auf die diversen Denkschriften des *conquistador* zwischen 1542 und 1543 mit geringschätzigem, fast beleidigendem Schweigen antwortete. Es herrscht ein Ton der Ernüchterung, denn bei allen Unternehmungen jener vierzig Jahre, die den Namen und die Herrschaft seines Königs vermehrt hatten, die der Herde des Erlösers so viele ferne Schafe ohne jegliche Kenntnis der Heiligen Schrift zugeführt hatten, war ihm keinerlei Hilfe zuteil geworden; ganz im Gegenteil, er war gezwungen, den heftigen Widerstand seiner Rivalen und Neider, wahrhafter Blutsauger, zu überwinden.

Obwohl Cortez unbeirrt die Person des Kaisers rühmt (»niemals unterstanden die Königreiche Spaniens … der Macht eines so großen und katholischen Fürsten, eines so hochherzigen und mächtigen Königs«), beruft er sich auf nichteingehaltene Versprechungen, auf nicht erfüllte Gunstbeweise. Zum ersten Mal beschuldigt er namentlich einige Richter der zweiten Audiencia – ihren Vorsitzenden, den Bischof von Cuenca (Sebastián Ramírez de Fuenleal) und den Auditor Salmerón, »die mich ausgeplündert haben, ohne mich anzuhören«. Der Text ist nicht frei von Selbstmitleid: »Ich sehe mich alt und arm, ich bin in diesem Königreich mit mehr als 20 000 Dukaten verschuldet, nicht zu reden von den hunderttausend anderen, die ich mitgebracht und die ich ausgegeben habe … Ich bin sechzig Jahre alt, vor fünf Jahren habe ich mein Haus verlassen und habe kein einziges männliches Kind zu meinem Nachfolger; obwohl meine Frau jung genug ist, um mir andere zu schenken, gibt mein Alter wenig Hoffnung dazu …«

Der letzte Appell an den König, er möge die Richter anweisen, Cortez wieder in seine Rechte einzusetzen (die Verfügungsgewalt über die 23000 »Vasallen« nach Cortez' Rechnung), ist vergeblich. Am Rand des Dokuments notierte ein Sekretär (nach der Handschrift wohl Francisco de Los Cobos) die vernichtende Bemerkung: »Muss nicht beantwortet werden.«[208]

Cortez hatte fünf Jahre seines Lebens verwendet, um zu erhalten, worauf er glaubte, ein Recht zu haben. Wir erinnern uns, was er ab dem 25. Juni 1540 als Ziel seiner Reise angegeben hatte. Nun war er vollständig gescheitert. Gewiss, die Entdeckungsfahrten seiner Rivalen (Antonio de Mendoza mit Hilfe von Vázquez de Coronado sowie von Hernando de Soto, gestorben in den Ebenen des Mississipi) endeten in einem Fiasko. Aber Cortez erfuhr nicht die Genugtuung einer rechtlichen Anerkennung, und seine Ansprüche in Bezug auf die Zählung seiner Hintersassen hatten zu nichts geführt. Indessen, bis 1545 bestand immer noch die Absicht, nach Neuspanien zurückzukehren, und Cortez verfolgte mit Aufmerksamkeit die Entwicklung seiner Angelegenheiten.

In Valladolid jedenfalls beteiligte sich Cortez regelmäßig an den Zusammenkünften der Höflinge, der Juristen, der Ratsmitglieder, der Humanisten, und in diesen Kreisen fand er stets ein aufmerksames Auditorium. Er hatte so viele ungewöhnliche Geschichten zu erzählen – und diese Geschichten waren auch noch alle wahr! So traf er etwa mit dem Humanisten Juan Ginés de Sepúlveda zusammen; er hatte mindestens zwei lange Unterredungen mit ihm, und ein drittes Mal hatte er Gelegenheit zu einem Gespräch mit ihm im November 1543 in Salamanca bei der Vermählung zwischen Prinz Philipp mit der Infantin Maria von Portugal, an der er mit seinem Sohn Martín teilnahm. In dieser Zeit machte er auch Bekanntschaft mit Francisco Cervantes de Salazar, dem Sekretär des Westindischen Rates, der ihm 1546 eine schmeichelhafte Widmung schickte und ihn in seiner *Crónica de la Nueva España* feierte. Diese Begegnungen spielten eine Rolle für die Herausbildung der historischen Gestalt des Eroberers, denn sie beförderten ein positives Bild, im Gegensatz beispielsweise zu den negativen Urteilen des Bartholomé de las Casas, den Cortez nach den Cortes von Monzón im Jahre 1542 nicht mehr wiedersah.

Die Angelegenheiten dieser Welt

In Valladolid befasste sich Cortez ernsthaft mit der Verwaltung seiner kommerziellen Interessen und seines Besitzes, zumal er wahrhaftig verschuldet war. Deshalb schloss er einige Handelsgeschäfte mit dem Genueser Kaufmann Leonardo Lomelin ab, der ebenfalls in Valladolid ansässig war. Ein Vertrag vom 26. März 1542 vor dem Notar Domingo de Santa María und weitere Verträge sahen ab 1. Januar 1543, ausgehend vom Hafen Vera Cruz, die jährliche Lieferung von 5000 Scheffeln (*arrobas*) Zucker vor, die in den Mühlen von Hernán Cortez hergestellt und auf seine Rechnung bis zum Hafen ausgeliefert wurden. Je nach Qualität sollte der Scheffel Zucker mit 550, 366 oder 275 Maravedís bezahlt werden.[209] Aus Dokumenten der Zeit nach Cortez' Tod wissen wir, dass sein Zuckerhandel mit Lomelin wohl kein großes Geschäft gewesen ist.

Ein anderer Vertrag betraf die jährliche Lieferung von 300 Zentnern gereinigter Baumwolle zum Preis von fünf Dukaten pro Zentner. Die Zahlungen sollten in drei Dritteln alle vier Monate erfolgen, bei Barzahlung bis zu 2000 Dukaten; die Restsumme sollte in Waren an Cortez' Majordomus in Sevilla geliefert werden.

Cortez kümmerte sich auch darum, genügend Arbeiter für die Bearbeitung seiner Domänengüter zu bekommen. Das ist der Grund für einen Vertrag anderer Art, der am 20. April 1542 wiederum mit Leonardo Lomelin geschlossen wurde und der keinswegs für Cortez' »Humanismus« spricht, trotz aller Verweise auf den zeittypischen Gebrauch dieses Wortes. Lomelin verpflichtete sich, 500 Sklaven vom Cabo Verte nach Vera Cruz zu liefern, von denen zwei Drittel Männer zwischen 15 und 26 Jahren sein sollen, »gesund, unversehrt und nicht im Besitz anderer«; sein Majordomus war berechtigt, drei von hundert aus diesen Gründen zurückzuweisen. Jedes »Stück« war mit 76 Dukaten zu zahlen; es handelte sich also um einen Vertrag über 38 000 Dukaten. Alles deutet darauf hin, dass diese Sklaven für seine Zuckerrohrplantagen und seine Zuckermühlen bestimmt waren.[210]

Diese – insgesamt bescheidenen – Handelsgeschäfte, von der Order der 500 Sklaven einmal abgesehen, können eines nicht verbergen: In Spanien lebte Cortez über seine Verhältnisse, und um seinem angenommenem Stand gemäß zu leben, musste er sein Vermögen hoch belasten. Als er an Karl V. schrieb, er sei mit 20 000 Dukaten verschuldet, sagte er die Wahrheit. Im März 1542 vereinbart er mit Lomelin ein Darlehen, nach dem ihm Lomelin zum Ersten eines jeden Monats 500 Dukaten und zum Fünfzehnten desselben Monats wiederum 500 Dukaten überweisen solle, also 1000 Dukaten pro Monat. Im Frühjahr 1542 hatte er vom Geldwechsler Santiago de San Pedro in Valladolid eine Summe von 1414 Dukaten geliehen, rückzahlbar zur Oktobermesse desselben Jahres. 1545 erhält er von einem anderen Genuesen in Valladolid, Yofredo Lercaro, zwei sukzessive Darlehen von 785 *castellanos.* Zur Oktobermesse von Medina del Campo versorgt er sich bei Jacome Spinola und seiner genuesischen Gesellschaft mit 2000 Dukaten, um damit Lercaro zu bezahlen. Anders gesagt, Cortez ist gezwungen, neue Kredite aufzunehmen, um die vertraglich vereinbarten kurzfristigen Verbindlichkeiten einzulösen. Es ist auch wahr, dass er Schuldnern gehörig auf die Pelle rückte, wenn er es nur irgendwie vermochte.[211]

Als es Cortez schließlich aufgab, von der Krone die Befriedigung seiner Forderungen zu erhalten und den Hof zu Valladolid verließ, um sich Ende 1545 nach Madrid und dann im September 1546 nach Sevilla zurückzuziehen, hatte sich seine finanzielle Situation nicht verbessert. In Sevilla konnte er lediglich die Einkünfte schneller in Empfang nehmen, die er aus seinen Gütern erwartetet. Und in der Tat erhielt er in den letzten Monaten seines Lebens große Mengen an Gold und Silber, deren Verkauf gut 15 000 Dukaten einbrachte. Gleichwohl, drei Monate vor seinem Tod befand er sich in so misslicher Lage, dass er am 30. August 1547 bei dem Florentiner Kaufmann und Wechsler Jacome Boti vierundvierzig Gold- und Silberschmiedearbeiten von großem Wert verpfändete. Es handelte sich um Silbergeschirr, bisweilen vergoldet (Platten, Tassen, Karaffen, Salzfässchen etc.), aber auch um sakrale Gegenstände, wie etwa ein Hostiengefäß, Gold- und Silberkreuze und weitere Juwelen, zwei Brokattücher mit reichen Stickereien, alles gegen die Auszahlung von 6000 Dukaten. Diese Stücke wurden 1549 vom Grafen von Aguilar, einem von Cortez' Testamentvollstreckern[212], wieder ausgelöst und beigetrieben. Die aufwendige Lebensführung des Marqués mit seinem gesamten Personal, Majordomus, Rechnungsführer, Kammerdiener, Pagen, Mundschenk, Knappen, sowie die seinem Sohn gewährte Unterstützung erklären diese finanziellen Nöte, die dieser – in Mexico – reich begüterte Mann zum ersten Mal erleben musste.

Abschied vom Leben

In Sevilla scheint sich Cortez häufig mit Humanisten und Theologen getroffen zu haben, aber viel wissen wir nicht über das letzte Jahr seines Lebens. Bernal Díaz meint, seine letzte Krankheit sei aus seinem großen Ärger über den die Auflösung der Ehe seiner ältesten Tochter Doña María mit dem Marqués von Astorga entstanden. Nach dem Paragrafen XXI seines Testaments hatte er der jungen Frau ein Legat von 100 000 Dukaten zugesprochen, von denen 20 000 bereits ausbezahlt worden waren. Wahrscheinlich aber hat sich Bernal Díaz getäuscht. María kam erst 1548, nach dem Tod ihres Vaters, nach Spanien, und erst dann wurde der Ehevertrag aufgelöst.

Es scheint eher, dass Cortez »die Gläubiger und Betrüger, die ihn wie ein Mückenschwarm umzingelten« (Carlos Fuentes) zur unerträglichen Last wurden, die Bittsteller aller Art, die weder Lust noch Geduld hatten zuzuhören. Er war krank, heimgesucht von Darmkrankheiten und der Ruhr, immer in Gedankn an seinen nahenden Tod und gequält von der Angst um sein Seelenheil. Auch wollte er sein Haus in Sevilla aufgeben und sich in ein benachbartes Dorf zurückziehen, nach Castilleja de la Cuesta, wo ihm sein Freund Juan Rodríguez gastliche Aufnahme in einem festen Haus am »Königsweg« anbot. Nur seinen Majoromus und seinen Kammerdiener behielt er bei sich sowie eine Frau aus Valladolid, Juana de Quintanilla. Bevor er aber Sevilla verließ, diktierte er am 11. oder 12. Oktober 1547 dem Notar Melchior de Portes sein Testament in Anwesenheit seines Majordomus Melchior de Mojica. Dieses nach den damals gültigen juristischen Gepflogenheiten ausgefertige Testament drückt ohne Zweifel getreu die Gewissensprobleme aus, mit denen sich Hernán Cortez am Ende seines Lebens auseinandersetzte. Auf einem Dutzend Seiten enthält das Dokument fünfundsechzig Paragrafen sowie eine Ergänzung von vier Paragrafen. Es wurde in Castilleja am Tag seine Todes zu Papier gebracht.

Wir werden uns nicht allzu lange bei den Vorkehrungen für sein Beerdigungszeremoniell aufhalten: der Trauerzug von seiner letzten Wohnung aus soll von Mönchen aller Orden begleitet werden, die am Weg des Zuges ansässig sind (Paragraf III); das ist keineswegs verwunderlich, wenn man sich seine Achtung vor den Brüdern des Franziskaner- und Dominikanerordens vor Augen hält. Auch dass seine sterbliche Hülle von fünfzig, auf seine Kosten gekleidete und mit je einem *real* beschenkten Armen begleitet werden soll (Paragraf IV), ist nur zu natürlich! Waren die Armen nicht die geeignetsten Fürsprecher in seiner letzten Stunde? Der erste Paragraf aber ist ein sehr starkes Zeichen, denn Cortez verleiht seinem Willen Ausdruck, seine sterblichen Überreste sollen, falls er in Spanien stirbt, nach Neuspanien überführt werden, um ihre letzte Ruhestätte im Franziskanerkloster der Unbefleckten Empfängnis in Coyoacán zu erhalten, an der Seite seiner verstorbenen Mutter Catalina Pizarro und seiner früh gestorbenen Kinder Luis (des Ersten) und Catalina (Paragraf VIII). Mexico war zu seinem Heimatland geworden!

Andere Dispositionen religiösen Charakters verdienen es, erwähnt zu werden. Die Anzahl der zu lesenden Messen am Tag nach seinem Tode und in den folgenden Wochen waren mit 5000, dem möglichen Maximum, durchaus beachtlich. Aber zu wessen Gunsten sollen die Messen gelesen werden? Keineswegs für Cortez selbst, der ohne Zweifel seinen Platz unter den »Seelen des Fegfeuers« einnahm und für die tausend dieser fünftausend Messen bestimmt waren! Dagegen sollen zweitausend Messen für die Seelen derjenigen gelesen werden, »welche gestorben sind in meiner Begleitung im Dienste der Eroberungen und der Entdeckung von Ländern, die ich in Neuspanien durchgeführt habe.« Die letzten zweitausend Messen für alle, »denen gegenüber Cortez Verpflichtungen hatte oder irgendwelches Verschulden« (Paragraf V). Diese altruistische Sorge ist durchaus bemerkenswert, interessanter noch als die Dotierung von Waisenkindern oder die Stiftung von Kapellen oder Klöstern, wie es unter hochgestellten Personen üblich war. Bedacht werden dennoch das Jesushospital in Mexico und die dortigen armen Kranken (Paragraf IX) sowie das Kollegium von Coyoacán mit seinen Studierenden der Theogie, des kanonischen und zivilen Rechts (Paragraf XIII); beides bezeugt seine soziale und kulturelle Fürsorge.

Cortez' soziales Gewissen am Vorabend seines Todes drückt sich auch im Paragrafen VI aus, wenn er von seinen Testamentsvollstreckern fordert, noch sechs Monate nach seinem

Tod den Lohn an seine Diener weiterzubezahlen sowie an die Diener seiner Kinder und Sorge für ihren Unterhalt (*comer e beber*) während desselben Zeitraums zu tragen. In anderen Paragrafen regelt er die Weiterzahlung des Lohns an die Gesellschafterinnen und die Dienerschaft seiner Gattin und ihrer Töchter, wenn sie ihre Dienste beibehalten wollen. Zahlreiche weitere kleinere Legate gehen an verschiedene Einzelpersonen (Juana de Quintillana, seinen Pagen Pedro de Astorga etc.), genauso wie die Erstattung von Schulden bei seinem Knappen Gonzalo Diez oder Pero Hernández, seinem Pastetenbäcker. Nichts eigentlich Außergewöhnliches, aber doch die lobenswerte Sorge, über das weitere Schicksal der Menschen zu wachen, die ihm gedient hatten und sie in bescheidenem Ausmaß zu belohnen. Im selben Geiste schärft Cortez seinem Sohn und Nachfolger, Don Martín, ein, seinen Rechnungsführer Melchior de Mojica bei sich zu behalten, von dem er nur Gutes sagen könne (Paragraf LIX). Es scheint, dass diese Verfügungen auch eingehalten wurden.

Unglücklicherweise haben sich seine Erben nicht um die Erfüllung der Paragrafen XXXVIII bis XLI gekümmert; darin geht es um die Abgaben der Indianer seiner Besitzungen, um den Status seiner indianischen Sklaven, um nicht entlohnte Dienste oder um geraubte Ländereien. Cortez versicherte, er habe sich auf die Abgaben der Indianer beschränken wollen, die sie auch ihren alten Herren entrichtet hatten. Da lassen sich Zweifel anmelden. Aber er schrieb eine Untersuchung in dieser Sache vor und verfügte, falls es sich als notwendig erweisen sollte, eine Rückerstattung an die in ihren Rechten verletzte Personen sowie die Respektierung ihrer Rechte in der Zukunft. Er räumte ein, bestimmte Dienste nicht bezahlt zu haben, sowie die Möglichkeit, sich eine Parzelle Landes in Cuernavaca widerrechtlich angeeignet zu haben (zu Gunsten eines seiner Diener und zu Ungunsten der »Eingeborenen«). Sein namentlich für die Wiederherstellung der Gerechtigkeit eingesetzter Sohn Martín ignorierte diese Paragrafen.

Schwester Juana de la Cruz im Festornat. Die Enkelin von Hernán Cortez gründete ein Kloster in Mexico.

Cortez war von der Ungerechtigkeit der Mächtigen ihm gegenüber überzeugt. Er verstand es in der Folge, zu Gunsten seines Erben die Rückzahlung jener Summen zu erreichen, die er für die Organisation von Expeditionen im Auftrag des Königs ausgegeben hatte. Das geht aus kaiserlichen Verfügungen in seinen Papieren hervor. Dies betrifft die Molukkenfahrt des Alvaro Saavedra Cerón, seine beiden Züge nach Las Hibueras unter dem Kommando des Cristóbal de Olid und des Francisco de Las Casas. Die Regulierung dieser Summen war für Seine Majestät ein Problem des Gewissens, wie Cortez mit verblüffender Freiheit bemerkt (Paragraf XXXVII).

Die letzten Paragrafen des Testaments (LXII bis LXV) regelten die Nachfolge zu Gunsten des Ältesten seiner legitimen Söhne, Don Martín. Da Martín noch minderjährig war (er zählte damals 15 Jahre), wurde die Vormundschaft drei adligen Herren aus der Familie der Marquesa übertragen, dem Herzog von Medina Sidonia (Juan Alonso de Guzmán), dem Marqués von Astorga (Pedro Alvárez Osorio) und dem Grafen von Aguilar (Pedro de Arellano). Bis zu seiner Volljährigkeit erhielt Martín eine Rente von 12 000 Dukaten für seinen eigenen Unterhalt, für den Unterhalt seines Hauses und seiner Dienerschaft. Cortez ordnete die Rückzahlung der Mitgift von 10 000 Dukaten an Marquesa Doña Juana an (ohne irgendeinen Aufschlag und ohne Hinweis auf Ehe und gemeinsames Leben). Er traf auch Vorkehrungen, um die Zukunft seiner anderen legitimen und natürlichen Kinder zu sichern: 1000 000 Dukaten erhielt seine älteste Tochter María, je 50 000 Catalina und Juana; eine jährliche Rente von 1000 Dukaten ging an seine natürlichen, aber legitimen Söhne Martín (Sohn der Malintzin) und Luis (mit der Spanierin Antonia oder Elvira Hermosilla), seiner natürlichen Tochter Catalina Pizarro vermachte er das Dorf Chinantla und alle Einkünfte aus seinen bedeutenden Herden (ein Paragraf, der von der Marquesa verfälscht wurde) und gab Leónor und María, Töchter aus seiner Vverbindung zu Isabel Moctezuma und einer anderen aztekischen Prinzessin, eine Mitgift von je 10 000 Dukaten. Der unglückliche Moctezuma hatte vor seinem Tod die Fürsorge für seine Töchter Hernán Cortez übertragen. Dieser Verpflichtung hat er sich mit großer Sorgfalt unterzogen!

Seine religiöse Sorge und seine Sorge um Gerechtigkeit, wie sie im Testament zum Ausdruck kommen, bewahrten Cortez nicht vor einer letzten Übellaunigkeit. In seiner Ergänzung zum Testament vom 2. Dezember enterbte er seinen Sohn Luis, vielleicht, weil er gerade eine Ehe mit einer Nichte Bernadinos de Tapia, seines verschworenen Feindes, vereinbart hatte, wenn nicht Luis' Verhalten – er war dem Kaiser nach Deutschland gefolgt – und seine bedenkenlose Geldverschwendung die eigentlichen Motive waren. Auch an seinem letzten Tag hatte Cortez keine Gelassenheit erreicht.[213] Das vom Herzog von Medina Sidonia organisierte feierliche Leichenbegängnis im Franziskuskloster zu Sevilla zeigt indessen, dass es in Spanien nicht an Männern fehlte, die seine Größe anerkannten.

DRITTER TEIL

Entwurf eines Porträts

XI. EINE CHARISMATISCHE PERSÖNLICHKEIT

Bei dem Gedanken an die außergewöhnliche Karriere des Hernán Cortez stellt sich sofort die grundlegende Frage nach seinem Verhältnis zu anderen Menschen. Denn hier haben wir es mit einer Person zu tun, die nichts – oder fast nichts – sein Eigen nannte und die für sich einen ungewöhnlichen Weg ersann, dank der Macht, die sie über andere ausüben konnte. Welches ist also das Geheimnis dieses Charismas, jener Quelle, mit der er so viele Menschen unterwerfen, so viele Personen an sich binden konnte mit einer dauerhaften Treue und einer Hingabe, die selbst vor dem Opfer des Lebens nicht Halt machte? Und andererseits erweckte diese Person so viel unauslöschlichen Hass, offene Verleugnung, Entfesselung von Missgunst und Verleumdung mit dem erklärten Ziel, ihn bei den Herrschenden in Vergessenheit geraten zu lassen. Ein Beispiel: Er wurde angeklagt aufgrund hartnäckiger, von seinen Feinden geschürter Gerüchte, die von den Zeugen vor dem Hofgerichtsurteil von 1529 wiederholt wurden: er soll eine Erhebung angezettelt haben, die ihn zum König von Neuspanien machen sollte (*alzarse con la tierra*). Die den Zeugen vorgelegte Fragen 52 und 53 des Fragekatalogs bezogen sich unmittelbar auf diese Anschuldigungen und damit auf den Vorwurf des Ungehorsams gegenüber dem König; andere Fragen zielen in die gleiche Richtung. Indessen, die Loyalität gegenüber dem König war in all seinen Handlungen eine Konstante.[214]

Schon am Anfang seines öffentlichen Lebens im Alter von dreiunddreißig Jahren provoziert Cortez diese beiden Reaktionen: er überredet und überzeugt die Mehrzahl der Menschen, die ihn in seine Abenteuer begleiten, aber immer leisten einige Widerstand, lehnen sich gegen ihn auf oder verraten ihn. Jedenfalls melden sich seine Feinde, von wenigen Ausnahmen abgesehen, erst in seiner Abwesenheit zu Wort oder beim ersten Zaudern des Glücks. Wenn Diego Velázquez rasch zu seinem Feind wird, dann deshalb, weil Cortez mit ihm spielte, und so ist seine Feindschaft durchaus natürlich.

Wenn bei der Führung der Expedition von 1519 Velazquez' Wahl auf Cortez fiel, konnte das überraschen, aber die Hauptüberraschung liegt woanders. Wir haben davon in den ersten Kapiteln dieses Buches gesprochen. Wie gelang es Cortez, sich mit augenscheinlicher Mühelosigkeit an die Spitze von Männern zu stellen, die wesentlich größere Erfahrungen mit Entdeckungen und Eroberungen im westindischen Raum hatten: Pedro de Alvarado, Diego de Ordas, Bernal Díaz del Castillo oder selbst Cristóbal de Olid und Bernardino Vázquez de Tapia, die zu seinen besten Gefährten zählten, bevor sie mit ihm brachen? Damals hatte er selbst nicht die geringste Erfahrung mit dem kontinentalen Amerika, mit dem »festen Land«, wie man seinerzeit sagte. Eher schon versteht man seinen Einfluss auf andere junge Männer, die wie er die amerikanischen Gebiete entdeckten, so Cristóbal de Olea, Gonzalo de Sandoval, Andrés de Tapia oder selbst Velázquez de León, wenn man weiß, dass Cortez ein Verwandter des Diego Velázquez de Cuéllar war.

Der Historiker hat das Glück, das ergiebige Zeugnis des Bernal Díaz del Castillo in Händen zu haben; es ist umso wertvoller, als es nicht das Werk eines bedingungslosen Anhängers des Hernán Cortez ist. Seinem Zeugnis verdanken wir, dass der Erfolg des Cortez verständlich wird und dass die Person in hellem Licht erscheint. Gewiss kann sich Bernal Díaz täuschen; bisweilen ist er nicht unterrichtet und sagt dies auch. Aber er war fast immer an Cortez' Seite, außer in Kalifornien und während Cortez' Aufenthalten in Spanien. Es gibt keinen um die Wahrheit mehr bemühten Beobachter. Er korrigiert die allzu lobenden Kommentare des López de Gomara, und vor allem wiegt er diejenigen des Cortez mit kalkuliertem Schweigen auf.

Menschenführer

Bevor er zur bevorzugten Person in den Annalen der amerikanischen Entdeckungen und Eroberungen wurde, vollzog sich das Leben des Hernán Cortez im Rahmen der Gesellschaft der neuentdeckten »indischen« Inseln. Er spielte dort nur eine geringe Rolle, erwies sich aber als geduldiger Beobachter der brutalen Veränderungen auf diesen Inseln und schließlich ihres Verderbens. Er stellte seine eigenen Überlegungen über die Ursachen dieses Desasters an, und er bezieht sich darauf in seinen *cartas de relación*: denn – so erklärt er dem Kaiser –, dieselben Irrtümer werden dieselben Wirkungen hervorrufen.

Über ein Dutzend Jahre hin, vor allem während seines Aufenthaltes in Cuba, verfolgte Cortez mit höchster Aufmerksamkeit alle Neuigkeiten und Ergebnisse der Expeditionen zum amerikanischen Festland. Die Spanier auf den Inseln waren nicht zahlreich, vielleicht einige tausend, und alle kannten sich. Cortez hat sich offenkundig mit all den Männern unterhalten, die von den Festlandunternehmungen zurückkamen. Er kannte das Desaster von Darién – für ihn von besonderer Bedeutung, denn nur eine Krankheit hatte seine Teilnahme an dieser Expedition verhindert. Er hatte Gelegenheit, über die Konsequenzen des Unvorhersehbaren und des Leichtsinns zu reflektieren, über die zersetzenden Auswirkungen fehlender Disziplin und persönlicher Rivalität. Und er konnte den Charakter mehrer seiner späteren Gefährten kennenlernen, ihren Ehrgeiz, ihre Gier, ihre Kühnheit und ihren Mut, ihre Ehrauffassung und den Wert ihrer Worte. Auch wenn er fast noch nichts vom Krieg gegen die Indianer wusste, so kannte er doch schon die Männer, die diesen Krieg führen sollten. Und er hatte verstanden, dass es unumgänglich war, über Dolmetscher zu verfügen, denn Amerika hatte sich als sprachliches Babylon erwiesen.

Bald bewies Cortez seine unleugbaren Fähigkeiten als Menschenführer, in Cozumel, in Tabasco, in Vera Cruz, mehr noch vor und nach den furchtbaren Kämpfen von Tlaxcala, beim Einfall des Pánfilo de Nárvaez und seiner großen Armee, nach der *Noche Triste.* Eine nachhaltige Demonstration seiner Wirkung auf seine Männer ist uns in dem berühmten Brief der Cortez-Armee an Karl V. vom Oktober 1520 überliefert, also vor der triumphalen Rückeroberung Mexicos, aber nach der *Noche Triste,* die ja geeignet gewesen wäre, einen Bruch zwischen dem Anführer und einem Teil seiner Leute zu provozieren. Dieser Brief ist von 534 *conquistadores* unterzeichnet (oder 44, nach den Kopien). Unter ihnen entdeckt man einige der 22 Ankläger des Cortez vor dem Hofgerichtsurteil von 1529: Bernardino Vázquez de Tapia, Antonio de Villaroel (alias Antonio Serrano de Cardona), Juan de Mansilla, Jerónimo de Aguilar (der Dolmetscher), der Bakkalaureus Alonso Pérez, Gonzalo Mejia, Rodrigo de Castañeda, Andrés de Monjaraz, García del Pilar ... Alle diese Männer, die sich einige Jahre später von Cortez abwenden sollten, ergriffen zu dieser Zeit entschlossen seine Partei und zögerten nicht, Diego Velázquez und Pánfilo de Nárvaez mit der Verantwortung für den Aufstand der Mexica und den Tod von »mehr als fünfhundert Spaniern« zu belasten. Einige der Unterzeichner waren selbst Angehörige der Nárvaez-Armee.[215]

Wie hat Hernán Cortez solche Ergebnisse erzielt? Ich habe bereits das Konzept von der »militärischen Demokratie« erwähnt und sie relativiert. Aber es ist sicher, dass Cortez die Kunst einer Verbindung zwischen Ansprache und Tat meisterhaft beherrschte. Jede wichtige Episode im cortesianischen Epos illustriert diese Kunst. Anders gesagt: Cortez begnügte sich niemals damit, Befehle zu erteilen, die man einfach auszuführen hatte. Ganz im Gegenteil: die Befehle erfolgten je nach dem Ausgang der Diskussion, die sich nach den Darlegungen des Eroberers entwickelte, auch wenn er gewiss bisweilen mit gezinkten Karten spielte und bereits im Vorfeld diskret und geschickt manipulierte und sich der Unterstützung eines Teils seiner Mannschaft versichert hatte.

Beispiele dieser Methode finden sich häufig. Besonders bemerkenswert ist der Fall Vera Cruz, als er die Entscheidung zur Eroberung des Landes traf, denn Cortez musste sich zunächst noch mit der Opposition von Velazquez' Parteigängern auseinandersetzen, meist reiche *encomenderos,* die nicht allzugroße Risiken auf sich nehmen und bald nach Cuba zurückkehren wollten, während die Mehrzahl der Soldaten, die ja nichts zu verlieren hatten, dem Abenteuer positiv gegenüberstanden. Cortez setzt zugleich die öffentliche Ansprache ein, erweckt den Anschein einer gütlichen Einigung (indem er zunächst für alle eine Rückkehr nach Cuba in Ausssicht stellte, die es wünschten und ihnen auch ein Schiff mit Proviant versprach), geheime Gespräche mit seinen entschlossensten Parteigängern führte und sich schließlich scheinbar dem Willen der Mehrheit beugte, um dann die Erlaubnis zur Rückkehr zu wiederrufen. Und durch diese Mehrheit gestärkt, bestraft er mit äußerster Härte die von Bernardino de Coria verratene Verschwörung: er lässt Pedro Escudero und Juan Cermeño aufhängen, dem Steuermann Gonzalo de Umbria Zehen und Hände abschneiden und die beteiligten Matrosen auspeitschen. Bernal Díaz berichtet Einzelheiten dieser wichtigen Episode.[216]

Andere Wendepunkte der Eroberung enthüllen einen weiteren Aspekt seines Sinns für Psychologie. Es ging dabei nicht mehr um Manipulation, sondern um den Appell an den Mut der Spanier, an ihr Ehrgefühl und zugleich an ihre Vernunft. Das ist die Absicht seiner umfänglichen Antwort auf das lange Plädoyer für eine Rückkehr, das ihm sieben *conquistadores,* deren Namen Bernal Díaz aus Gründen ihres Rufes nicht nennen wollte, während der Kämpfe um Tlaxcala präsentierten. In diesem Fall reagiert Cortez nicht gereizt, er kennt vielmehr die Berechtigung der Argumente seiner Gespächspartner an und stellt ihnen in aller Ruhe andere Argumente entgegen, aber da er seine Opponenten – die ihn und alle, die ihm folgen wollen, verwünschen – nicht überzeugen kann, zeigt er sich erregt und greift auf ein unvermeidliches Argument zurück: Ist es nicht besser, in Ehren zu sterben, als feige zu leben? In Wirklichkeit weiß er, dass den Befürwortern eines Abbruchs nichts anderes übrig bleibt als sich zu beugen – und zu kämpfen, denn die Mehrheit hatte sich für die Fortsetzung des Unternehmens ausgesprochen. Die Version des Bernal Díaz klingt viel wahrscheinlicher als die des Cervantes de Salazar: die bei ihm überlieferte umfängliche Cortez-Rede soll angeblich ausgereicht haben, alle zu überzeugen: »… die Schwankenden fassten wieder Mut«. Dennoch fügt Cervantes de Salazar einige wichtige Zeilen hinzu: »Diese so beredsame, lange und vernünftige Ansprache war wichtig für eine solch schwierige Angelegenheit wie diese, welche ihn so beschäftigte, und um das gewünschte Ergebnis zu erbringen, denn die Furcht vieler Soldaten war eine rechte Beschwernis und wenn sich die Furcht den anderen mitgeteilt hätte, wäre es zu einer Meuterei gekommen und Cortez hätte sich zum Rückzug entschließen müssen.«[217]

Nach der *Noche Triste* befindet sich Cortez in einer vergleichbaren, aber viel schwierigeren Lage. Dank des Sieges von Otumba, an dem er als Führer einer kühnen Kavalleriettacke zusammen mit Gonzalo de Sandoval, Cristóbal de Olid, Pedro de Alvarado, Alonso de Avila und Juan de Salamanca entscheidenden Anteil hatte, war es ihm gelungen, Tlaxcala mit den Resten seiner Armee zu erreichen, und die Tlaxcalteken hatten ihnen einen unerwartet günstigen Empfang bereitet. Aber ein Gutteil seiner Mitkämpfer, erschöpft, geschwächt, entmutigt, weil sie den Schatz verloren hatten, weil sie wussten, dass viele ihrer Gefährten auf den Altären geopfert worden waren und die ein noch grausameres Ende fürchteten als den Tod selbst, hatten nichts anderes im Sinn, als sich nach Vera Cruz aufzumachen und nach Cuba zurückzukehren. Um ihren Forderungen Nachdruck zu verleihen, lassen sie diese Forderungen vor einem Notar in aller Rechtsförmlichkeit aufzeichnen (*requerimiento,* »Ersuchen«). Die Episode scheint unbestritten, denn sie wird von Bernal Díaz, López de Gomara und Cervantes de Salazar überliefert; letzterer präsentiert sogar zwei Texte (das *requerimiento* und Cortez' Entgegnung) nach den Gesetzen der Rhetorik. Aber nur Bernal Díaz präzisiert, dass die Autoren des *requerimiento* Leute des Nárvaez waren, »die eine nicht so große Gewöhnung an den Krieg besaßen. Und der Niederlage von Mexico und der Schlacht von Otumba entronnen, meinten sie, Zeit und Stunde der Rückkehr nach Cuba seien nun gekommen ...« Dagegen – immer noch nach Bernal Díaz – standen die Veteranen der Eroberung, die den Rückzug aus Mexico und den Sieg von Otumba ermöglicht hatten, treu zu Cortez und seinem Projekt.

Die zweifellos von Andrés de Duero redigierte Argumentation des *requerimiento* ist dennoch interessant. Darin werden die erlittenen Verluste, die geringe Anzahl der Geretteten, ihre Erschöpfung, der Verlust der Artillerie, das Fehlen der Pferde geltend gemacht. Gewarnt von den Gegensätzen innerhalb der Tlaxcalteken und ihrer Neigung, sich mit den Mexica zu verbinden und mit den Spaniern Schluss zu machen, bezeugen die Autoren des Ersuchens ihr Misstrauen gegenüber den Tlaxcalteken: »Es ist gewiss, dass sie einen günstigen Augenblick abwarten, um uns zu erledigen.«

Cortez Entgegnung ist bemerkenswert, denn sie basiert auf einer bezwingenden Logik und beschränkt sich nicht auf den Appell an den Mut, die Ehre oder die göttliche Vorsehung. Wenn die Tlaxcalteken die Spanier massakrieren wollten, warum hätten sie warten sollen, bis die Spanier wieder zu Kräften gekommen waren? »Jetzt seid ihr genesen, stark, gut verpflegt! Die Leute von Tlaxcala hassen die Mexica und wollen keine Gelegenheit verpassen, sie zu zerstören; wir werden Verstärkung an Mannschaften, Waffen und Pferden erhalten. Und wenn wir den Rückzug antreten, dann sind wir nichts weiter als flüchtige Soldaten; wir werden in aller Verachtungen verfolgt werden, und die Völker an der Küste werden sich gegen uns erheben, »die Bäume und Büsche werden zu unseren Feinden«. Wieder einmal schweißt diese Rede die Mehrheit zusammen. Aber Bernal Díaz, der von seinem Groll gegen López de Gomara nicht loskommt und ihm Vergötterung des Cortez und nicht hinzunehmende Auslassungen vorwirft, liefert hinterlistig eine Aufstellung all derer, die trotz allem die Genehmigung zur Rückkehr nach Cuba erhielten: Andrés de Duero, Agustín Bermudez, Juan Bono de Quejo, Bernaldino de Quesada, Francisco Velázquez, Gonzalo Carrasco, Melchior de Velasco etc. Einige dieser Männer (nicht aber Andrés de Duero und Bermudez) haben dennoch diesen am Anfang des Kapitels erwähnten berühmten Brief an Karl V. unterzeichent. Bernal Díaz nimmt von seiner Missbilligung nur diejenigen aus, deren Abtrünnigkeit mit der Sehnsucht nach ihren Kindern zusammenhing.

Einige Monate später, anlässlich der Heerschau zu Weihnachten 1520 in Tlaxcala, und nach dem Eintreffen von Verstärkung, hat Cortez leichtes Spiel, diesen Männern ihre Mutlosigkeit, ihren Wunsch, das Land zu verlassen, erneut in Erinnerung zu rufen: »Erkennt, meine Herren, den Unterschied zwischen der Vergangenheit und der Gegenwart (…) Ihr seht Euch jetzt zahlreich, in guter Gesundheit, stark und kräftig, sehr respektiert und geliebt von den Tlaxcalteken und ihren Freunden, die nun nicht weniger Vertrauen in Euch haben als in ihre Götter und für die der Sieg über die Mexica, unsere gemeinsamen Feinde, gewiss ist …« In Erwartung neuer, bedeutender Verstärkung hatte seine Hellsichtigkeit die Zuverlässigkeit seiner Urteilskraft bewiesen. Er wurde von den Ereignissen bestätigt.[218]

Es ließe sich noch die Rede erwähnen, die vor dem Handstreich gegen die Armee des Nárvaez gehalten wurde; sie hat einen unterschiedlichen Charakter, denn es handelte sich jetzt um eine Konfrontation mit anderen Spaniern: Cortez erinnert seine Leute an die »Entstehung des Unternehmens, an den Dienst, den sie Gott und Karl V. erwiesen, an die vielen geschlagenen Schlachten, die erzielten Erfolge; dann führt er ihnen vor Augen, dass die Expedition des Nárvaez geeignet ist, dies alles zu zerstören und die sich damit gegen den Dienst an Gott und Seiner Majestät richtet, wie der indianische Aufstand beweist, für den Nárvaez die Verantwortung trägt. Er schließt mit den üblichen Versprechungen von Reichtum und Macht. Aber um nicht ihren Siegeseifer zu schwächen, übergeht er das heimliche Einverständnis, das er im feindlichen Lager bewirkt hatte und auf das er zählte, um die Partie zu gewinnen. Wieder einmal erkennen wir die Verbindung zwischen dem Appell an die Werte der Männer, an ihr Ehrgefühl sowie ihrer Manipulation, denn Cortez hatte geschickt die Anwesenheit des Andrés de Duero in den oberen Rängen der Nárvaez-Armee genutzt, der maßgeblichen Anteil an Narvaez' Ernennung und an der Finanzierung seiner Armee hatte.[219]

Fast immer geht die Rede der Tat voran, aber Cortez steht auch im Mittelpunkt der Tat. So erkennt Bernal Díaz an: » ...Ohne jeden Zweifel, in allen Schlachten stand er in der ersten Reihe.« So kämpft er in Tlaxcala, in Mexico und Otumba; er legt selbst Hand an beim Bau der Brücken während des Zuges nach Las Hibueras; beim Wiederaufbau Mexicos spielt er die Rolle eines Baumeisters. Wichtiger noch, sehr häufig konzipiert er die Aktionen selbst. Bei der Landung des Pánfilo de Nárvaez entwirft er einen Plan von »unglaublicher Kühnheit«, der auf dem Überraschungseffekt, auf der Schnelligkeit der Ausführung und auf dem Vertrauen des Nárvaez in die vermutete Überlegenheit seiner eigenen Kräfte beruhte. Der Erfolg ist so absolut, dass Cortez nur zwei Männer verliert; da sein Konkurrent aber auch nur elf Männer einbüßte, wandelt sich die Bedrohung zu einer Verstärkung seiner Truppen, während Velásquez ausgeschaltet wird.

Die Rückeroberung Mexicos sollte das Ergebnis eines originalen, mit Geduld vorbereiteten Planes werden, unter Einbeziehung der Tlaxcalteken als effiziente, nach spanischem Vorbild trainierte militärische Macht, das Ergebnis einer intelligenten diplomatischen Vorbereitung sowie des Einsatzes der eigens für diese Operation gebauten Landungsboote.

Die Art und Weise, mit der Cortez seine Leute an seine Unternehmen bindet, ihre Irrtümer verzeiht, indem er sie ihnen erklärt (beispeilsweise im Falle des fehlgeschlagenen Handstreichs Alvarados auf dem Marsch zur Schlacht um Mexico), wie er sie zum Erfolg führt, hat sein Prestige dauerhaft untermauert und ihm die Treue und Hingabe vieler seiner Leute gesichert, auch die des Bernal Díaz, trotz seiner kritischen Haltung gegenüber Cortez. Ein besonders bemerkenswerter Fall ist der des Cristóbal de Olea: Im April 1521 rettet er Cortez in Xochimilco und trägt eine schwere Wunde davon; im Juni 1521 befreit er Cortez in der Schlacht von Mexico mit Hilfe einige Tlaxcalteken aus den Händen der Mexica, die gerade dabei waren, Cortez wegzuschleppen und ihn zu opfern; von den dabei empfangenen Schwerthieben stirbt Olea einige Stunden oder einige Tage später.[220]

Nach Rückschlägen, wie etwa bei der Honduras- oder Kalifornien-Expedition, wird Cortez von seinen Männern verflucht, und sie beklagen ihr Los, das sie an sein Schicksal bindet – aber sie folgen ihm dennoch. Die Nachricht von seiner »Auferstehung« bei seiner Rückkehr aus Honduras erfüllt die einen mit Hoffnung, die anderen mit Entsetzen. Seine Ankündigung, persönlich an der Fahrt ins »Südmeer« teilzunehmen, reichte aus, um die Zahl der Mitfahrwilligen kräftig zu erhöhen.

Als es Bernal Díaz unternimmt, am Ende seiner *Historia Verdadera* eine Liste der *conquistadores* zu erstellen, um die Auslassungen des López de Gomara sowie Cortez' zögernde Anerkennung der Leistung seiner Hauptleute zu kompensieren, würdigt er die Fähigkeiten des Eroberers: denn es war keine geringe Leistung, sich über die Jahre hin der Mitarbeit solcher Männer zu versichern wie Pedro de Alvarado und seine Brüder, Gonzalo de Sandoval, Luis Marin, Andrés de Tapia, Diego de Ordaz, Juan Jaramillo, Francisco de Terrazas, Juan de Salamanca, Martín Dorantes, des Geschützmeisters Mesa, des erstaunlichen Francisco Montaño, der sieben mal in den Krater des Popocatépetl hinabstieg, um 80 Kilo Schwefel heraufzuholen, oder des fähigen Bartholomé de Olmedo und so vieler anderer, ohne natürlich Bernal Díaz selbst zu vergessen! Die Liste ist lang. Für einen Cristóbal de Olid, den Rebellen aus Berufung, und einige Abtrünnige, deren Treue unter den »wirklichen Konquistadores niemals umstritten war«![221]

Zwischen Korruption und Diplomatie

Cortez kannte die Macht des Goldes. Bedenkenlos hat er diese Macht als Instrument der Bestechung bei vielen Menschen eingesetzt: bei Hof, bei den Ratgebern des Herrschers wie auch bei den Männern der Kirche. Als er seine Stellvertreter (*procuradores*) Francisco de Montejo und Alonso Hernández de Portocarrero an den Hof schickte, um seine Sache gegen Diego Velázquez zu vertreten, übergibt er ihnen einen bedeutenden »Schatz« aus Gold- und Silbergegenständen und einigen künstlerischen Arbeiten der Eingeborenen, die dem König angeboten werden sollten. Und als Velázquez durch gezielte Indiskretion seitens Montejos erfuhr, dass Cortez beabsichtigt, sich Argumente dieser Art zu bedienen, deren Auswirkungen ihm ja bekannt waren, setzte er sofort ein Schiff auf Cortez' Fährte. Vergeblich zwar, aber er erreichte immerhin, dass Cortez' Schiff in Sevilla eine zeitlang mit einer Sperre belegt wurde. In der Folge expedierte Cortez andere »Schätze«, über den königlichen *quinto* hinaus, an den Hof. Der wichtigste dieser »Schätze« freilich wurde von Franzosen abgefangen, aber viele Kunstgegenstände verteilte man dennoch an einflußreiche

Personen und kirchliche Einrichtungen. Auch seinem Vater Martín ließ Cortez bedeutende Mengen an Gold und Silber zukommen: er sollte sie für die Interessen seines Sohnes verwenden; auf diese Weise gelang es Martín, bei Hofe eine »Cortezpartei« zu etablieren.

Cortez verstand es zudem, die Überzeugungskraft des Goldes beim Kaiser selbst einzusetzen. Bereits im Brief der Stadtregierung von Vera Cruz an Karl V. vom Juli 1519 kündete man vom Reichtum des Landes und von der einheimischen Goldschmiedekunst. Die zweite *carta de relación* vom 30. Oktober 1520 enthält einundsechzig Mal das Wort Gold! In der Passage, in der Cortez Moctezuma zu verstehen gibt, dass sein Herr Gold für seine großen Unternehmungen benötige, setzt er dieses magische Wort mit geradezu ausladenden Beiwörtern ein: »Goldjuwelen«, »Goldblätter«, »Gold führende Flüsse«, »eine bestimmte Menge Goldes«, »eine große Summe an Gold« etc. Und der Zauber wirkt. Der Westindische Rat missbilligt Velázquez und verleiht Cortez den Titel eines Gouverneurs und Generalkapitäns, und in seinem Brief vom 10. Dezember 1523 verlangt Karl V., ja er bittet (*rogaros*) regelrecht, Cortez möge ihm die größtmögliche Summe Goldes übersenden.[222]

In der vierten *relación* (vom Oktober 1524) kündigt Cortez die Übersendung von 60 000 Pesos in Gold an und dazu noch »eine Feldschlange aus Silber, für die man 24 Zentner und 2 *arrobas* Metall einschmelzen musste, auch wenn mir scheint dass man für die zweifache Einschmelzung auch Gold verwendete.« Die Arbeit schluckte eine hohe Summe, aber Cortez vermerkt: »da es sich um ein so wertvolles und erstaunliches Werk handelt, das es wert ist, einem so mächtigen und herrlichen Fürsten präsentiert zu werden, habe ich mir diese Sache angelegen sein lassen und die Kosten übernommen.« Karl V. machte die Feldschlange Francisco de Los Cobos zum Geschenk; dieser aber hielt nichts von dem schweren Kunstwerk von 1127 kg, ließ es wieder einschmelzen und zog daraus 20 000 Dukaten!

Wohlgemerkt, bei seiner ersten, prunkvollen Reise nach

Spanien, hatte sich Cortez mit einer bedeutenden Menge an Gold, teuren und wohlgefertigen Schmuckstücken, wunderbaren Edelsteinen versehen und verteilte diese Stücke freigebig an seine Umgebung.

Im Zuge der Eroberung setzte er die Waffe der Bestechung ein, um einen Keil zwischen seine Gegner zu treiben. Von der Ankunft des Expeditionsheeres unter Nárvaez informiert, »ließ er in großer Heimlichkeit einen Brief an Andrés de Duero übermitteln«, der die Armee begleitete »zur Sicherung seiner Interessen, und dies umso mehr, weil ihm der Anführer der *conquistadores* Gold geschickt hatte«. Und auch nach Cempoala entsandte er »den Mann seines Vertrauens, Bartolomé de Olmedo, mit Geschenken, um die Zauderer umzustimmen. (...) Das im Lager verteilte Gold versetzte eine große Zahl der Soldaten in freudige Erregung ...« Cortez hatte andererseits den Männern des Kommandounternehmens gegen Pánfilo de Nárvaez Prämien versprochen, wenn es ihnen gelänge, Nárvaez gefangenzunehmen.[223]

Es ist bekannt, dass die Spanier während ihres ersten Aufenthalts in Mexico den berühmten Schatz des Moctezuma fanden, dessen Suche, nach ihren eigenen Aussagen, sie mehr beschäftigte, als die Obliegenheiten der Bekehrung. Diesen Schatz veranschlagte man mit 600 000 Dukaten – eine enorme Summe. Bei der Räumung der Stadt im Zuge der *Noche Triste*, wurde der königliche fünfte Teil (*quinto*) ausgesondert und auf ein Packpferd geladen, den Rest verteilte man an die *conquistadores.* Die meisten verloren ihre Beute, und einige bei der Flucht auch ihr Leben, aber nicht alles ging verloren. Und da Cortez bekanntermaßen nicht unempfänglich war für die Güter dieser Welt, bezichtigte man ihn, den Königsanteil zu seinen Gunsten auf die Seite gebracht zu haben, unter der Vortäuschung, das Packpferd sei samt dem *quinto* in der Lagune untergegangen. Dieser Vorwurf taucht in den 101 Anklagepunkten gegen ihn vor dem Hofgerichtsurteil von 1529 wieder auf. Bernardino Vázquez de Tapia erklärte:

»Der besagte Don Hernán ließ auf eine Stute viel Gold laden, unter der Beaufsichtigung eines seiner Pagen, der mit der Bewachung seines Goldes und seiner Juwelen beauftragt war (...) Und da nach der Flucht aus dieser Stadt Stute und Page nicht mehr auftauchten und Cortez sah, dass Stute und Gold verloren waren, ließ er das Gerücht in Umlauf bringen, das verlorene Gold sei das Seiner Majestät gewesen; was man hätte retten können, das waren fünfundvierzigtausend pesos, wäre seines (...) Und so hat er dieses Gold behalten, ohne den Anteil Seiner Majestät zu geben.«[224]

Mehr noch nutzte Cortez seine Kenntnisse des kastilischen Rechts und der kastilischen Institutionen, um seine Projekte zu vollenden oder Verhandlungen zu führen. Zu Beginn dieses Buches erleben wir ihn bei der Gründung der Stadt Vera Cruz, mit der er sich auf legale Weise von der Oberhoheit des Velázquez befreite und sich zum Führer seiner Leute wählen ließ. Gegenüber dem Rat verfolgte er eine geschickte Politik, die ihm offizielle Anerkennung einbrachte. Und bis zum Oktober 1524, bis zu seinem Aufbruch nach Honduras, unterliefen ihm auch keine Fehler. Dagegen lässt er sich in der Folge von den königlichen Beamten Salazar und Chirinos missbrauchen; die Folgen dieses schwerwiegenden Fehlers sollten erheblich sein. Ohne Zweifel aber bewies Cortez bei den Indianern seine glänzenden Fähigkeiten als Verhandlungsführer – dank Doña Marina freilich, aber er erkannte von Anfang an die außergewöhnliche Chance, die ihm geboten wurde.

Es ist unbestreitbar, dass Cortez immer versuchte, den Krieg zu vermeiden. Mit Hilfe seiner Dolmetscher verhandelte er lieber. Von Anbeginn der Expedition, in Cozumel, lässt er den Eingeborenen die ihnen geraubten Gegenstände wieder zurückgeben und macht den Kaziken Geschenke; am Grijalva-Fluss lässt er nach einem von den Eingeborenen begonnen Kampf die Gefangenen wieder frei. Bis Tlaxcala gelang es ihm fast immer, Kämpfen aus dem Weg zu gehen.

Die Praxis der Aufforderung zur Unterwerfung (*requeri-*

miento) darf nicht täuschen. Es ist richtig, dass sich Cortez über die Dolmetscher als Abgesandter eines großen Fürsten präsentieren ließ, des mächtigsten der Welt, dem sich die Indianer unterwerfen müssten. Sie sollen sich selbt als Vasallen dieses großen Herren betrachten. Aber Demetrios Ramos hat überzeugend dargelegt, dass Cortez nicht im Besitz des von López de Palacios Rubio ausgefertigten offiziellen Unterwerfungsdokuments sein konnte.[225] Cortez' Rede an die jeweiligen eingeborenen Volksgruppen in der Art eines *requerimiento* ist jedesmal eine persönliche Initiative, ein den obwaltenden Verhältnissen angepasster Vergleichsvorschlag. In Tabasco bietet er Frieden an und verlangt die Möglichkeit, eine Art Dienstbarkeit zu errichten, Mundvorräte zu kaufen und Tauschhandel zu betreiben. Die Indianer lehnen das ab, und es kommt zum Kampf, der mit dem Sieg der Spanier endet. Danach erneuert Cortez sein Friedensangebot, erweitert es aber jetzt um die Anerkennung der spanischen Souveränität unter Einschluss von Handelsbeziehungen und dem Verzicht auf Menschenopfer.

Als er mit den Totonaken Kontakt aufnimmt, beinhaltet die Übereinkunft den Schutz gegen Unterdrücker (die Mexica), deren Steuereintreiber Cortez festsetzen ließ; die Gegenleistung ist der Verzicht auf Menschenopfer, was nicht ohne Proteste abging. Bei den Tlaxcalteken, denen er die drei *requerimientos* nach spanischem Recht vorlas, handelte es sich um das Durchmarschrecht und um einen Friedensschluss. Dies wurde verweigert, und es kam zu heftigen Kämpfen. Aber die siegreichen Spanier verlangen nicht die Bekehrung (Bartholomé de Olmedo gab Cortez zu verstehen, dies sei noch zu früh), sie legen mit ihren Feinden von gestern lediglich die Bedingungen eines Bündnisses fest, das zwar keine Tributzahlungen vorsieht, aber so eng gefasst ist, dass sich Cortez in der Stadt niederlassen kann. Der *conquistador* will sogar die von den Indianern gelieferten Nahrungsmittel bezahlen. Sie weisen aber die Zahlungen zurück.

In Tenochtitlán erreicht Cortez von Anfang an einen Vertrag ohne Kampf. Es liegt auf der Hand, dass dieser Pakt irgendwann gebrochen werden würde, denn die Mexica konnten kaum akzptieren, dass man ihnen auf diese Weise ihre Herrschaft über die benachbarten Völker wegnimmt. Die Ankunft des Nárvaez beschleunigte die Ereignisse. Das Massaker vom Großen Tempel während Cortez' Abwesenheit, für das Pedro de Alvarado verantwortlich zeichnete, beendete einen Vertragszustand, der von Moctezuma einstweilen akzeptiert wurde und den er den aztekischen Oberen aufgezwungen hatte.

Nach dem endgültigen Sieg über die Mexica, der zugleich das Ende des Krieges markierte, schloss Cortez friedliche Vereinbarungen mit dem Herrn von Michoacán. In anderen Regionen provozierte die Ablehnung vertraglicher Vereinbarungen lediglich kurze Kämpfe.

Auch wenn das Vorhaben des Cortez durchaus ein Eroberungsprojekt war (dies anzuzweifeln, scheint mir schwierig), von dem er für sich selbst und seinen König gute Profite erwartete, sowie auch ein religiöses Projekt zur Bekehrung zum Christentum, war es jedoch keine klassische Eroberung. Wie Hernández Sanchez-Barba beobachtete, ist Cortez vor allem der *Gründer* eines neuen Ordens: für Völker mit einer ausgebauten politischen Organisation sowie einem technischen und kulturellen Niveau, das über dem der Inselvölker liegt. So legt er es in seinen *cartas de relación* an den König dar. Aus diesem Grunde hat er stets den Verhandlungsweg gesucht, selbst während der letzten Schlacht um Mexico, und war bestrebt, militärische Operationen zu begrenzen. Es wäre sein Wunsch gewesen, das Drama von Tenochtitlán, die Zerstörung dieser herrlichen Stadt, zu vermeiden.

In diesem Sinne war das cortesianische Projekt ohne Zweifel eine Utopie, weitgehend das Erbe einer mittelalterlichen Mentaliät, in welches sich sein Verhältnis zu seinem König und seinem Glauben nahtlos einfügte. Besser lässt sich die tiefe

Übereinstimmung zwischen dem atypischen Eroberer und den Franziskanern erklären, auch sie Träger einer Utopie, der des *millennium*, sowie die Übereinstimmung mit Vasco de Quiroga, Richter der zweiten Audiencia und späterer Bischof von Michoacán, dem Vorkämpfer einer anderen Utopie, diesmal der humanistischen. Aber da besteht ein wichtiger Unterschied: die Franziskaner, die den Indianern predigten, sie wären freie Menschen, und Vasco de Quiroga, mit dem Beinamen *Tato vasco*, beide führten ihre Logik zu Ende; Cortez verstand sie als Wahrnehmung seiner Interessen, die häufig denen der Indianer entgegenstanden![226]

Die Grenzen des Charismas

Cortez' Überzeugungskraft war groß. Als er 1529 nach Spanien kam, räumten die Klarheit seiner Darstellungen, die Offenheit seiner Worte, die Weite seiner Betrachtungsweise so manche Voreingenommenheit aus dem Weg. Es wurde deutlich, dass man es hier nicht mit einem einfachen Haudegen zu tun hatte, sondern dass es sich um eine überlegene Persönlichkeit handelte, um einen Menschen mit selten hoher Intelligenz. Und wenn er auch Frauen mit seinem sicheren räuberischen Instinkt zurückweisen konnte, legte er doch einen bemerkenswerten Charme an den Tag: María de Mendoza, die Gattin des Francisco de Los Cobos, hätte mit Freuden ihre junge Schwester Francisca ins Bett des Eroberers geführt, freilich erst nach den unumgänglichen Präliminarien des Ehesakraments.

Dennoch konnte Cortez nicht von sich behaupten, alle seine Zeitgenossen betört zu haben, so sehr gaben die Widersprüche in seiner Persönlichkeit Anlass zu Verdächtigungen aller Art. Das ihn beseelende Ideal, seine wahrhaftige Liebe zu Mexico, ging nicht bis zur Selbstlosigkeit, und sein Glaube gab ihm keine rückhaltlose Nächstenliebe ein! Zu diesem Urteil kann man bei der Prüfung seiner indianischen Politik und der Ausführung seiner grundherrlichen Macht gelangen. Sein immenser Appetit auf Macht, seine Überzeugung, Spanien und den König mit einem unschätzbaren Besitz beschenkt zu haben, wenn nicht allein durch seine eigenen Verdienste, so doch dank seiner Autorität, seiner Vorliebe für Machtdemonstrationen, seinem Hunger nach Reichtum, schließlich sein Scheitern – all das brachte ihm eine Menge Feinde ein.

Wahr ist, dass Cortez viele Feinde erwuchsen, obwohl er ihnen keinerlei Unrecht zugefügt hatte. Hier ist Neid die einzige Erklärung. Gegenüber den königlichen Beamten in Neuspanien hatte er sich stets korrekt verhalten, aber allesamt waren sie mittelmäßige, arrogante und anmaßende Personen, für die Cortez' lange Abwesenheit vor allem in Honduras und das Gerücht seines Todes ein Gottesgeschenk, eine einmalige Gelegenheit war. Der intelligente und kultivierte Beltrán Nuño de Guzmán war von anderem Holz, aber sein verzehrender Ehrgeiz, seine Habgier, seine Boshaftigkeit erlaubten ihm nicht, einen Menschen an seiner Seite zu dulden, der ihm nichts schuldete, der sich in dem aufzubauenden Reich eines gewaltigen Prestiges erfreute. Deshalb nutzte er Cortez' Abwesenheit, um ihn auszuplündern und ihn mit verlogenen Anschuldigungen und Verleumdungen beim König und den Einwohnern Neuspaniens in Vergessenheit geraten zu lassen. Ohne die Wachsamkeit des Bischof von Mexico, Juan de Zumárraga, hätte er dieses Ziel gewiss auch erreicht.

Die Gründe mancher Zerwürfnisse lassen sich nachvollziehen, so sein Bruch mit Bernardino Vázquez de Tapia, einem seiner ersten Gefährten, der eine wichtige Rolle beim Wiederaufbau von Mexico spielte. Nach Cortez' Aufbruch nach Honduras nahm er aus den Händen der königlichen Beamten bedeutende Funktionen entgegen, und sicherlich machte er die Sache des Eroberers nicht zu der seinen. Aber »wenn er (Cortez) nicht den Regierungsgeschäften in Mexico den Rücken gekehrt hätte, um neue Länder in Honduras zu erobern, hätten seine Gegner nicht die Oberhand gewonnen ...«[227] Antonio de Villaroel (Serrano de Cardona) profitierte von denselben Umständen und konnte sich in Cuernavaca installieren. Eine gute Ausgangslage für Konflikte. So hätte es Cortez vermeiden können, sich neue Feinde zu schaffen.

Zudem machte er sich mancher Kleinlichkeiten schuldig, die ihm alte Parteigänger entfremdeten. Eine etwas deutlichere Großzügigkeit von seiner Seite bei der Verteilung der aus der *Noche Triste* geretteten Beute sowie der Gewinne aus den nachfolgenden Expeditionen, eine größere Ausgewogenheit bei der Verteilung der *encomiendas* hätten ihm ohne Zweifel einige Freundschaften bewahrt. Sein Harem in Coyoacán war ein öffentliches Ärgernis angesichts seiner zur Schau gestellten Frömmigkeit; man sagte, er lebe wie ein Heide: die koloniale Gesellschaft war noch eine enge Welt.

Cortez' heftige Feindschaft gegenüber den Mitgliedern der ersten Audiencia, die ihm so viel Böses angetan hatten, ist verständlich und logisch. Weniger verständlich ist, dass er keine freundschaftlichen Beziehungen zu den Richtern der zweiten Audiencia herstellen konnte, obwohl er deren Integrität und Arbeit durchaus anerkannte. In Wahrheit war er nicht in der Lage, in diesem Neuspanien, seiner Schöpfung, die Macht mit jemandem zu teilen, der ihm nicht gewogen war. Aus diesem Grunde ließen sich seine anfänglich guten Beziehungen zum Vizekönig Antonio de Mendoza auch nicht aufrecht erhalten. Die Angelegenheit der Erkundungsfahrten ins Südmeer, bei denen Cortez eine starke Rechtsposition innehatte, war lediglich ein Vorwand und keine Ursache. Die beiden Männer hätten zusammenarbeiten und sich verstehen können, wenn es nur ihr Wille gewesen wäre.

Infinitas mujeres! Eine unendliche Zahl von Frauen! So antwortete Bernardino Vázquez de Tapia, Veteran der Conquista, *regidor* von Mexico und erbitterter Feind des Hernán Cortez, auf die neununddreißigste Frage des ersten Hofgerichtsurteil von 1529, in Abwesenheit des nach Spanien abgereisten Cortez. Diese Frage gehörte zum »Geheimurteil« und wurde auch den anderen Anklägern vorgelegt.

Vielweiberei

»Dieser Zeuge hat den genannten Don Fernando gesehen, wie er sehr andächtig und auf Knien die Messe hörte; allein, in anderen Dingen war er mehr Heide als guter Christ; er hatte nämlich in seinem Haus eine unendliche Zahl von Frauen, die einen aus diesem Lande, die anderen aus Kastilien; und es war seinen Hausdienern und Bediensteten wohl bekannt, dass er mit all diesen Frauen, die in seinem Haus waren, Umgang hatte, wären sie nun untereinander verwandt oder nicht, und man hat öffentlich gesagt, er habe mit Cousinen und Schwestern geschlafen ...«[228]

Das ist wohl keine böswillige Verleumdung des Zeugen aus Feindschaft gegen Cortez. Andere Belastungszeugen sprechen die gleiche Sprache. So etwa Juan de Burgos: »Er hatte in seinem Haus mehr als vierzig Indianerinnen, von denen mehrere Schwestern, Cousinen und Verwandte bis ins vierte Glied waren, und es war in diesem Lande öffentlich und notorisch, dass sie sich fleischlich erkannten ...« Desgleichen Gonzalo Mejia:

»Don Ferdinando Cortés (...) führte ein unordentliches Leben insbesondere in Frauenangelegenheiten (...) Er hatte in seinem Haus zahlreiche Frauen dieses Landes und andere aus Kastilien (...), und man sagt es habe ihn nicht gekümmert, ob es Mutter, Tochter oder Schwester derer waren, mit denen er bereits geschlafen hatte, er erkannte sie alle fleischlich ohne Rücksicht auf ihre Verwandtschaft …«[229]

Diese Zeugen und andere, die weiter unten noch zu Wort kommen werden, scheinen sich besonders über den inzestuösen Charakter (aus Sicht des kanonischen Rechts) der sexuellen Beziehungen des Hernán Cortez empört zu haben. Deshalb wurde mehrere Male der Fall einer gewissen Catalina González erwähnt, die selbst aussagte und erzählte, Cortez habe in Cuba eine Liaison mit einer ihrer Töchter, Marina de Triana, gehabt. Als sie selbst sechs Jahre später (also 1523) nach Coyoacán zu Cortez gekommen sei, um ihn in ihrem und ihres Gatten Namen um eine Zuteilung von Indianern zu bitten, habe sich Don Ferdinando, der gerade ruhte, erhoben, habe sie umarmt und habe mit ihr Unzucht treiben wollen, was sie ihm jedoch verweigerte; stattdessen habe sie ihm ins Gewissen geredet: »Wie! Ihr seid doch kein Christ! Erst habt Ihr mit meiner Tochter geschlafen, jetzt wollt Ihr auch noch mit mir schlafen …«[230] Eine mehrfach wiederholte Anklage wirft Cortez vor, er habe mit zwei Schwestern Geschlechtsverkehr getrieben. Es war das Verhalten dieser Art, das den Bakkalaureus Alonso Pérez zur Einschätzung veranlasste, Cortez habe »ein sehr weites Gewissen« gehabt.

Diese Anschuldigungen sind nicht einfach Zutaten einer Kabale gegen Cortez zur Zeit der ersten Audiencia. Es ist sicher, dass der Eroberer Mexicos von seinem gesamten Naturell her ein Polygamist war, ausgestattet mit einer unersättlichen Sexualität, immer auf der Suche nach nach neuen Objekten seiner Begierde. Die Persönlichkeit seiner Partnerinnen, ihre verwandtschaftliche Stellung, die Farbe ihrer Haut, gar ihr Alter interessierten ihn herzlich wenig. Diese Veranlagung zeigte sich bereits in seiner Jugend; die Folgen eines seiner ersten Liebesabenteuer hatten ja seine Abreise nach Westindien zusammen mit Ovando verhindert.

Auch ist nicht zu bestreiten, dass die laxen Sitten der kolonialen Gesellschaft in Santo Domingo und Cuba die Entfaltung seiner Libido begünstigten. Bernal Díaz behauptet, Cortez habe in Santo Domingo mehrere »Affären mit Frauen« gehabt, die allesamt mit dem Messer in der Hand geregelt wurden und von denen er eine Schnittwunde zurückbehalten habe. Wir wissen, dass er in Cuba mit der Syphilis zu tun hatte. Das Abenteuer mit Marina de Triana wird durch ihre eigenen Aussagen bestätigt. In Cuba hat er dann auch um 1514 oder 1515 sein erstes Kind, Catalina Pizarro, mit einer gewissen Leónor Pizarro gezeugt, vermutlich Spanierin und eine entfernte Verwandte von ihm, wenngleich Bernal Díaz behauptet, sie sei Indianerin gewesen. Zur gleichen Zeit machte Cortez Catalina Xuárez den Hof und verführte sie, verweigerte aber die Heirat. Nach massiver Intervention durch Diego Velázquez willigte er schließlich doch in eine Ehe ein, mit der er, nach eigenen Aussagen, auch durchaus zufrieden war. Allerdings schien er diesen neuen Familienstand dann vier Jahre lang vergessen zu haben, nicht ganz immerhin, denn 1520 schickte er Catalina und seinem Schwager Juan einen Brief und einige Juwelen. Erst 1522 ließ er Catalina nach Mexico kommen, allerdings zu ihrem Unglück, denn einige Monate später starb sie unter sehr eigenartigen Umständen. Catalina kam nach Coyoacán kurz vor der Geburt von Martín, eine Frucht der Liebe zwischen Cortez und der Malintzin. Man errät, dass Cortez nach seiner Abreise von Cuba nicht keusch geblieben ist. Es kam die Zeit der Liebe zu Indianerinnen.

Es ist erwiesen, dass Cortez zwischen der Einnahme Mexicos und dem Aufbruch nach Honduras, das heißt vom Sommer 1521 bis zum Oktober 1524, in Coyoacán einen richtigen Harem unterhielt. Die meisten dieser Frauen waren Indianerinnen, meist Töchter von Kaziken, aber die Zeugen des Hofgerichtsurteils sagten aus, es hätten sich dort auch Frauen aus Kastilien befunden. Luis Cortez, sein natürlicher Sohn, wurde dann auch in den ersten Monaten des Jahres 1525 von einer Spanierin, Antonia oder Elvira Hermosillo, geboren. Es ist ungewiss, ob dieser Harem ausreichte, den sexuellen Appetit des

Hernán Cortez zu stillen. Das unterstellen jedenfalls einige seiner Ankläger von 1529, darunter Bernardino de Tapia: nach ihren Aussagen schickte Cortez die Ehemänner der von ihm begehrten Frauen in weit entfernte Gegenden, um für ihn Aufträge auszuführen.

Der *conquistador* hatte, wie schon gesagt, eine Vorliebe für exotische Amouren. »Er hatte fleischlichen Umgang mit gut vierzig Indianerinnen.«[231] Die Zeugen von 1529 berichten von zahlreichen Verhältnissen mit aztekischen Prinzessinnen, darunter auch den Töchtern Moctezumas. Drei der fünf bekannten außerehelichen Kinder des Hernán Cortez stammen von seinen indianischen Geliebten. Die Mutter des sechsten Kindes, des kleinen Amadorcico, ist unbekannt. Er hatte diesen Sohn seinem Majordomus Francisco de Santa Cruz vor seiner Abfahrt nach Spanien im Jahre 1529 wärmstens ans Herz gelegt; der Junge muss früh gestorben sein, denn wir hören später nichts mehr von ihm. Wahrscheinlich hatte Cortez noch weitere natürliche Kinder, die aber wohl nicht lange lebten, denn er sorgte sich nur um seine lebenden Kinder. In seinem Testament hat er dann auch seine natürlichen Kinder mit Legaten bedacht.

Das Drama von 1522

In Liebesdingen scheint Cortez eher von grober Art gewesen zu sein, es fehlte ihm eindeutig an Feingefühl: Als er 1522 Catalina Xuárez nach Coyoacán kommen ließ, blieben seine indianischen Mätressen in seinem Haus. Nach den Aussagen der Catalina González zu urteilen, ging er direkt auf sein Ziel zu und hielt sich nicht mit mit irgendwelchen Tändeleien auf. Andererseits ist bezeugt, unter anderem von seiner ersten Frau Catalina Xuárez, dass sich Cortez häufig mit seiner Frau stritt und so weit ging, sie mit Gewalt aus dem ehelichen Lager zu vertreiben: es ist jedoch unsicher, ob die Aussage von María

Hernández, der Gattin Franciscos de Quevedo, der wir diese Information verdanken, auch der Wahrheit entspricht, denn sie behauptet, Catalina habe damit gerechnet, von ihrem Ehemann umgebracht zu werden: »Ah, Señora, Ihr werdet mich eines morgens tot auffinden, wegen der Sache, die mit Don Hernán passiert ist.«[232]

Der Tod der Catalina Xuárez bleibt von Geheimnissen umgeben. Im Laufe der Untersuchung haben zahlreiche Zeugen, namentlich Frauen, Cortez entsprechend beschuldigt, aber das Ganze geschah 1529 während Cortez' Abwesenheit und unter Einfluss seiner Feinde, die mit Bedacht die entsprechenden Zeugen ausgewählt hatten, wie der Bischof von Mexico, Juan de Zumárrage, bemerkt. Die meist einfachen Frauen im Zeugenstand waren starkem Druck seitens einflussreicher Männer ausgesetzt, wie Bernardino Vázquez de Tapia oder den Richtern der ersten Audiencia, allen voran Nuño de Guzmán. Cortez selbst hatte in der Nacht Alarm geschlagen, geschrien, Catalina sei tot und seinen Majordomus zu Hilfe gerufen. Die Leiche und das Bett wiesen Hinweise auf eine Gewaltverbrechen auf, aber keines dieser Indizien war beweiskräftig: die Halskette zerrissen, Flecken am Hals, die aber nicht auf eine Erdrosselung hinwiesen, ein von Urin durchnässtes Bett, vielleicht Hinweis auf eine Blasenschwäche.

Allerdings war auch bekannt, dass Catalina ein schwaches Herz hatte, dass sie in Cuba unter Herzattacken litt, dass sie häufig krank war und von Menstruationsstörungen geplagt war; außerdem waren ihre Schwestern Leónor und Francisca an solchen Beschwerden oder ihren Folgen gestorben. Man erinnerte sich, dass sie vor zwei Wochen plötzlich in Ohnmacht gefallen war, und dass sie Cortez bei einer anderen Gelegenheit mit einem Guss Wasser ins Gesicht wiederbeleben musste. Mehrere Zeugen bekräftigten, Cortez habe unter diesem Tod sehr gelitten und sie hätten ihn weinen gesehen.

Nach Cortez' Verteidigern hatte er sie, ihren Bruder und ihre Gesellschafterinnen (einige von ihnen waren später Belastungzeugen) bei ihrer Ankunft in Mexico sehr freundlich empfangen. Gonzalo de Sandoval hatte sie bei ihrer Landung erwartet, und Francisco de Orduña hatte sie nach Mexico eskortiert, wo ihr Ehemann sie mit Freuden empfing.

Catalina legte bald eine klagende Eifersucht an den Tag, die durch die Geburt Martíns, durch die Aufmerksamkeit ihres Gatten gegenüber Doña Marina noch verstärkt wurde und dies umso mehr, als Catalina unfruchtbar war. Von daher wirkt die von Hugh Thomas vorgeschlagene Erklärung plausibel: An jenem Abend hatten die beiden Eheleute an einem Gastmahl teilgenommen, bei dem viel getrunken wurde. Als sich Cortez seiner Gattin, die sich dem Brauch gemäß etwas früher zurückgezogen hatte, gegen Mitternacht beigesellte, soll ihm Catalina seine indianischen Mätressen vorgeworfen haben. Cortez soll aufgebracht geantwortet und Catalina hart angefasst haben. Catalina soll in Ohnmacht gefallen sein und Cortez habe sie durch heftiges Schütteln wieder zu Bewusstsein bringen wollen – das könnte den Zustand ihres Körpers und ihres Bettes erklären. Hugh Thomas beobachtet, dass Cortez niemals in diesem Zusammenhang Schuldgefühle zeigte, was bei ihm als ein Zeichen der Unschuld gewertet werden könne.[233]

Es muss noch erwähnt werden, dass sich das Drama am Abend vor Allerheiligen abspielte. Die bekannten religiösen Überzeugungen des Eroberers hätten ihn wohl davon abgehalten, ein solches Verbrechen an einem hohen kirchlichen Feiertag zu begehen. Noch weniger kann man sich vorstellen, es habe sich um einen zynisch geplanten Mord gehandelt, wie María Hernández und andere behaupten: danach soll Cortez seine Frau getötet haben, um frei für die Ehe mit einer Frau höheren Standes zu werden. Er habe sie aus Cuba kommen lassen mit dem Ziel, sich ihrer zu entledigen. Als sich 1529 die Nachricht verbreitete, Cortez' Gönner verhandelten in Spanien um eine gute Partie für ihn, die ihm den Zugang zum Hochadel öffnen sollte, konnte eine solche skandalöse Unterstellung durchaus plausibel wirken. Sie setzte dennoch eine

Cortez und Malintzin treffen mit Moctezuma zusammen.

quasi diabolische Perversität voraus, denn schließlich war Hernán bereits seit sieben Jahren Witwer![234]

Die indianischen Geliebten: Malintzin und die Töchter Moctezumas

Als Catalina stirbt, ist Cortez Vater eines Sohnes mit Doña Marina. Er trägt den Namen seines Vaters Martín und sollte sein Lieblingssohn werden, jedenfalls wird er schreiben, er habe ihn genauso geliebt wie den anderen Martín, den er mit der Marquesa hatte.

Wir wissen, dass Malintzin eine der zwanzig jungen Frauen war, die man Cortez in Tabasco angeboten hatte. Zunächst übergab er sie seinem Vertrauten Alonso Portocarrero, Cousin des Herzogs von Medellín. Als sich Cortez entschloss, die *procuradores* (die Deputierten) von Vera Cruz, das heißt Portocarrero und Montejo, an den spanischen Hof zu schicken, um seine Sache dort zu vertreten, hatte er bereits begriffen, welchen Vorteil er aus der Sprachbegabung der jungen Frau ziehen konnte. Darüber hinaus war diese junge Frau auch sehr anziehend: Bernal Díaz schreibt lapidar, sie sei eine Frau »von gutem Aussehen« gewesen, und nach Muñoz Camargo, der sich gegenüber der Malintzin nicht sehr vetrauenswürdig benommen hatte, weil er sie mit Jeronimo de Aguilar verheiratete, schrieb von ihr, sie sei »schön wie eine Göttin«. Ihre Intelligenz war auffällig, und nach der Abreise Portocarreros nahm Cortez sie zu sich. Sie war bei allen Verhandlungen mit den indianischen Völkern zugegen.

In Tlaxcala wurden Cortez und Malintzin ein leidenschaftliches Liebespaar, wie es scheint, aber darüber besitzen wir weder Aussagen noch schriftliche Zeugnisse. Der Historiker verfügt nicht über die Möglichkeiten eines Romanciers. Er kann sich nicht, wie Carlos Fuentes, in die Haut und in den Geist Jerónimos de Aguilar versetzten, der Erfahrungen mit indianischen Frauen hatte und der – über die Vermittlung des Schriftstellers – von den Umarmungen zwischen Cortez und der Malintzin träumt und der sich erinnert »an die erregbaren rosigen Rundungen, welche diese Frauen benutzen, um euch zu bestürmen (...), an die unvergleichliche Süße der Schenkel dieser Indianerinnen«[235] Dennoch hier drei starke Indizien: zunächst müssen in den Augen der Indianer Cortez und Malintzin so vollständig miteinander verschmolzen sein, dass sie Cortez denselben Namen gaben, den sie auch der Indianerin verliehen hatten: *Malinche*. Wiederholt sprechen sie Cortez mit diesem Namen an. Sodann Catalinas Eifersucht, denn 1522 wollte sich Cortez nicht von Malintzin und von seinem neugeborenen Sohn trennen; schließlich die Liebe, die er diesem Sohn entgegenbrachte. Aber es war insgesamt eine kurze Verbindung: zweieinhalb, vielleicht drei Jahre. In Cortez' Seele obsiegte das politische Kalkül über das Gefühl, und die Kraft sexueller Begierde wurde kaum von Zärtlichkeit begleitet. Die politischen Ambitionen verlangten, dass er sich von seiner indianischen Geliebten löste; in den *cartas de relación* nennt er nicht einmal ihren Namen, trotz ihres bedeutenden Beitrags zur Eroberung und ihrer diesbezüglichen klaren Vorstellungen. »Cortez vernahm Marina nicht nur als Dolmetscherin sondern auch als Liebende. Und sie, Dolmetscherin und Liebende, lieh ihr Ohr den menschlichen Stimmen dieser Länder.« Dank Malintzin hat Cortez diese Stimmen gehört.

Man weiß nicht genau, wann diese Leidenschaft einen Bruch erhielt. Wahrscheinlich im Jahre 1523, »als wir Schwierigkeiten bei seinen politischen und ehelichen Plänen erkannten«, schreibt der Martin II des Carlos Fuentes. Muss man annehmen, dass Malintzin schlecht die Entfernung des Mannes ertrug, dem sie Glück brachte durch ihre Informationen, ihre Vorschläge, ihren Ratschlag? Soll man dem Zeugnis des Bakkalaureus Alonso Pérez, einem meist glaubwürdigen Notablen, Glauben schenken, obwohl er mit der ersten Audiencia zusammengearbeitet hat? Er will zwei erhängte Indianer im Garten von Cortez' Haus in Coyoacán gesehen haben, »und man sagte öffentlich, Hernán Cortez habe die beiden Indianer hängen lassen, weil sie mit der besagten Marina geschlafen hätten. Aus diesem Grund betrachtete dieser Zeuge Cortez nicht als einen guten Christen.«[236] Verleumdung oder deutliches Zeichen der Rache einer verlassenen Frau?

Jedenfalls verheiratete Cortez am Ende des Jahres 1524 und zu Beginn der Honduras-Expedition Doña Marina mit Juan Jaramillo, einem seiner Hauptleute. Auch bei dem Honduras-Unternehmen spielte Marina eine herausragende Rolle. Es scheint, dass sie von ihrem Ehemann mit Aufmerksamkeit behandelt wurde. Sie schenkte ihm ein Mädchen, María, die nach der Rückkehr aus Honduras, also 1526, geboren wurde. Seitdem hört man von Marina nichts mehr; deshalb haben viele Autoren, beispielsweise José Luis Martínez, das Jahr 1527 als ihr Todesjahr angenommen; sie sei an Pocken gestorben. Dagegen schlägt Georges Baudot mit 1515 ein wesentliches späteres Datum vor. Dieser Autor hat in der Tat zwei verwirrende Dokumente mit in etwa identischen Aussagen gefunden. Eines davon ist von Martín Cortez, Sohn der Marina, ausgefertigt und ist zum 21. Juli 1551 datiert; es erwähnt die Häuser eines gewissen José Rodríguez Albañil, »wo jetzt Doña Marina wohnt«. Er verweist auch darauf, dass zumindest zwei Autoren Marinas Anwesenheit in Mexico im Jahre 1537 belegen: wieder einmal hätte sie danach Cortez ihre Fähigkeiten als Dolmetscherin zur Verfügung gestellt.[237]

Für meinen Teil halte ich das Datum 1527 für zu früh, ebenso das Jahr 1531, aber 1551 für zu spät. Zur Lösung des Problems müssten wir das genaue Datum der Vermählung von Juan Jaramillo mit Beatriz de Andrade kennen, die erst nach dem Tod Marinas stattgefunden haben kann, Dieser Umstand ist Georges Baudot nicht entgangen. Die Neuvermählung wird bisweilen auf das Jahr 1532 datiert, aber das ist vermutlich ein Irrtum. Mehrere Zeugen, die sich im »Bericht über die Verdienste« zugunsten von Marina ausgesprochen hatten und auch bei ihrer Hochzeit in Orizaba im Jahre 1524 zugegen waren, errinnern sich jedenfalls daran, dass die Eheleute Jaramilla-Marina über viele Jahre hin ein gemeinsames Leben geführt haben. Der »Bericht über die Verdienste« stammt aus den 1540er Jahren.[238] Wie lange auch diese eheliche Verbindung gedauert haben mag, sie scheint jedenfalls glücklich gewesen zu sein.

Nach seiner Rückkehr aus Honduras traten die Töchter, sogar die Nichten Moctezumas, als indianische Partnerinnen des Don Hernán auf. Das jedenfalls behauptet Bernardino Vázquez de Tapia, und es scheint wahr zu sein. Moctezuma hatte Cortez die Sorge um seine drei Töchter aufgetragen, und der Eroberer hielt Wort auf seine Weise! Er schenkte der Ältesten, Isabel, das Dorf Tacuba, das zu seinem Domänenbesitz gehörte, und verheiratete sie mit seinem Gefährten Alonso de

Grado, einem Mann mit leicht verwirrtem Geist, der dann auch bald verstarb. Der Zweitältesten sprach er die Dörfer Ecatepec, Acolhuacan und Cuauhtitlan zu; die Drittälteste verlor ihr Leben während der *Noche Triste*. Wenn Cortez auf diese Weise die materielle Zukunft der Prinzessinen sicherte, so teilte er ihr Lager doch mit einem erstaunlichen Sinn für Gleichheit; während der Witwenzeit von Isabella (alias Tecuihp oder »Baumwollblüte«, die Lieblingstochter Moctezumas), »eine schöne Frau für eine Indianerin«, nach Bernal Díaz, ließ er sie nahe bei sich wohnen, aus ihrer Verbindung ging ein Mädchen hervor. Diese Leónor wurde nach der von Cortez eingefädelten Wiederverheiratung der Prinzessin mit Pedro Gallego geboren. Dann erfolgte wiederum eine Witwenschaft, inzwischen die vierte für Isabel: nach den Ehen mit den beiden Spaniern war sie mit zwei mexicanischen Prinzen verheiratet, mit Cuitlahuac (eine nicht vollzogene Ehe wegen des Alters der Prinzessin) und Cuauhtémoc, und schließliche eine stabile Ehe mit dem *conquistador* Juan Cano, mit dem sie fünf Kinder hatte!.

Cortez zeugte mit Marina auch ein Mädchen, die möglicherweise behinderte María, und wohl auch mit Ana, der Nichte des aztekischen Herrschers. Einer von Cortez' Gefährten der ersten Stunde, dann aber sein Todfeind, Juan Tirado, bekräftigte, dass das dritte, während der *Noche Triste* ums Leben gekommene Mädchen von Cortez schwanger gewesen sei. Der kleine Amadorcico muss in den Jahren 1526–1529 zu Welt gekommen sein als Frucht der einen oder der anderen flüchtigen Liebschaften, deren Häufung in Erstaunen setzt. Seine Liebesaffären mögen als Ausdruck der außerordentlichen Vitalität des Konquistadors gewertet werden. Man muss sich damit abfinden, dass wir über seine Emotionen und Gefühle nichts wissen.

Die spanische Vermählung: Juana de Zúñiga

Wir kennen bereits die Umstände, unter denen in Bejar die Hochzeitsfeierlichkeiten von Cortez und Doña Juana Ramírez de Arellano de Zúñiga vorbereitet und gefeiert wurden. Juana war die Tochter des Grafen von Aguilar und Nichte des Herzogs von Bejar; die Heiratsverhandlungen hatte Martín Cortez, der Vater des Eroberers, geführt. Man sagte, sie sei schön, aber es ist von ihr nur ein Bild überliefert, eine anbetende Statue, die erst spät, im Jahre 1557, angefertig wurde. Das ist wenig, erstaunlich wenig. Bernal Díaz, der sie ja kennen musste, schweigt zu diesem Punkt und scheint nur bedauert zu haben, dass sich Cortez nicht mit Francisca de Mendoza verheiratet hat.

Das meist negative Bild der Juana de Zúñiga ist nur von geringer Bedeutung, denn wir haben es mit einer vernachlässigten, in gewisser Weise erniedrigten Frau zu tun, die dazu noch zu Rachehandlungen neigte. Dennoch existiert eine Seite an ihr, die man als Ausdruck der Liebe zu einem Mann werten könnte, mit dem sie sechs Kinder hatte. Dies trug sich im Jahre 1536 zu: der *conquistador* zögert mit seiner Rückkehr von der Kalifornien-Expedition. Die Marquesa sorgt sich nicht nur, sie handelt auch: sie mietet ein gut ausgerüstetes Schiff zur Suche nach ihrem verschwundenen Ehemann und richtet an ihn einen liebevollen Brief, in dem sie einen Wunsch und eine Hoffnung ausspricht. Dieses Mal schreibt Bernal Díaz: »Sie bat ihn mit guten Worten und Gebeten nach Mexico, zu seinem Besitz und seiner Markgrafschaft zurückzukehren, er möge an seine Söhne und Töchter denken und damit aufhören, sein Glück zu versuchen und sich zufrieden geben mit den heldenhaften Leistungen und dem guten Ruf, den er überall genieße …«[239]

Drei Jahre später, nach den Festlichkeiten von 1538, die der Marquesa gewiss einige Freude bereiteten und ihren Stolz befriedigten, schiffte sich Cortez ohne sie nach Spanien ein. Er starb dort 1547, ohne sie wiedergesehen zu haben. Was soll man von der extremen Nüchternheit seines Testaments halten? Nicht der geringste Hinweis auf ihr gemeinsames Leben, kein zärtliches Wort. Allein die Rückerstattung der 10 000 Dukaten ihrer Mitgift, ohne ein Maravedí zuviel; das war weniger als die Ausstattung seiner natürlichen Töchter.

Welche Freuden hat Juana jemals aus dieser Verbindung erfahren, zu der man niemals ihre Meinung eingeholt hatte? Ein glückliches Jahr vielleicht, das erste nach ihrer Eheschließung, an der Seite eines vierundvierzigjährigen, kraftvollen Mannes, angeregt vielleicht von ihrer jugendlichen Frische, eines von allen bewunderten Mannes, der ihr seine begeisterten, einst an den Kaiser geschriebenen Briefe vorlesen konnte, ihr Stolz über das Geschenk von fünf berühmten Smaragden im Werte von 100 000 Dukaten (aber warum um alles in der Welt hat sie der Ehemann wieder nach Spanien mitgenommen, nur um sie in den algerischen Gewässern zu verlieren?). Aber dann?

Eine strapaziöse Reise nach Mexico, schwanger mit ihrem ersten Kind. Dann die Enttäuschung bei ihrer Ankunft – das Unfassbare: ihr vor kurzem in den Adelsstand erhobener Mann, der heldenhafte Eroberer Neuspaniens – diesem Mann war der Aufenthalt in Mexico verboten worden bis zur Ankunft der zweiten Audiencia, und all das ging auf das Konto einer Handvoll korrupter und lasterhafter Gauner, die sich einen Spaß daraus machten, die Leute ihres Mannes zu schikanieren und auszuhungern, so dass sie zu Dutzenden starben? Ihr erster Sohn starb in Texcoco noch vor dem Einzug in die Hauptstadt, Catalina starb 1531 noch als Wickelkind.

Das war nicht das Märchen, von dem sie geträumt hatte. Gewiss waren da die Entdeckung des Landes, einige fremdartige Feste, die Feierlichkeiten am Hof des Vizekönigs. Aber die Palastfestung von Cuernavaca war ein nüchterner Aufenthaltsort, ihr Ehemann häufig abwesend, den Kopf voller Prozesse, beschäftigt mit der Wiedererlangung seiner ihm geraubten Güter, bemüht, von der zweiten Audiencia die Dörfer und Hintersassen zu erhalten, welche ihm die königliche Gunst gewährt hatte, der ihr jedesmal bei einer seiner Anwesenheiten versuchte, ein weiteres Kind zu machen, der sich fähig fühlte, mit seinen fünfzig Jahren, noch einmal irgendein sagenhaftes Reich zu entdecken und zu erobern. Ein Glück gab es: ihre vier in Cuernavaca geborenen Kinder, unter ihnen Martín, lebten. Aber ihr war auch bewusst, dass die amourösen Abenteuer ihres Ehemannes, wenn auch weniger zahlreich als früher, keineswegs selten waren – darüber unterrichtete sie der unvermeidliche Tratsch der Mägde. Sie hatte die Hoffnung gehegt, ihn nach dem kalifornischen Abenteuer bei sich zu behalten. Aber schon drei Jahre später brach er mit Martín nach Spanien auf. Sie ließ er zur Bewachung seiner Güter zurück.

Seitdem wurde Juana de Zúñiga zu der, die sie nicht hätte werden müssen. Man lese hierzu Carlos Fuentes; der Historiker hätte es nicht besser machen, nicht besser sagen können. Hier eine Seite Geschichte in eindringlicher Sprache. Es ist Martín, der spricht:

»Juana de Zúñiga, herrisch und arrogant, verzehrt von Eifersucht und der Abwesenheit meines Vaters, der nach Spanien gefahren war (um Anerkennung seiner Rechte zu erlangen und um dort nur den Tod zu finden), erniedrigt durch die Vernachlässigung und dann das Verschwinden ihres Mannes, im Bewusstsein seiner Schwäche des Fleisches, über Jahre allein gelassen mit sechs Kindern in einem indianischen Dorf wie Cuernavaca, irritiert von der Leichtigkeit, mit der ihr Mann Schulden machte, um törichte Expeditionen zu finanzieren, seine Häuser zu unterhalten, sich Frauen zu beschaffen, seine Advokaten zu bezahlen und dafür gewaltige Summen bei Sevillaner Bankiers und italienischen Wechslern aufzunehmen, (...) beleidigt durch die testamentarische Verfügung meines Vaters über diese zehntausend Dukaten ihrer Mitgift und keinen Deut mehr, (...) verkehrte sich meine Mutter nach dem Tod unseres Vaters zu einer diebischen Elster ihrer eigenen Kinder (...) Ihr Ehrgeiz und ihre Gier verwandelten sie in eine kalte Statue. Auf ewig erstarrt in der geheuchelten Haltung des

Gebetes, lebt meine zu Stein gewordene Mutter im Hause des Pilatus zu Sevilla, unter einem Schleier der Verstellung schielt sie auf die Welt mit gierigem, hervorquellendem Auge, die Lippen zusammengepresst, das Kinn gestreckt ...[240]

Bevor sie sich zur Rabenmutter oder zu einer unwürdigen Mutter wandelte, war Juana de Zúñiga selbst zum Opfer eines nicht alltäglichen Mannes geworden, der ohne jeden Zweifel fähig war, eine starke väterliche Liebe zu empfinden und zu zeigen, aber von der Liebe unter Ehegatten nichts wissen wollte und nicht ein einziges Mal eine authentische Liebesleidenschaft verspürte. Er bediente sich ihrer, um sie dann von sich zu weisen. Der politische Kopf hatte Vorrang vor der Aufwallung des Herzens und vor dem Trieb der Sexualität.

XIII. CORTEZ UND DIE INDIANER – IM ANGESICHT DES ANDERSARTIGEN

Anlässlich der zahlreichen Kongresse und Kolloquien, die in Spanien zu Ehren des 500. Geburtstages des Hernán Cortez veranstaltet wurden, haben einige spanische Historiker, namentlich Manuel Ballestros Gaibros und José María Garate Córdoba, über die Beziehungen zwischen Cortez und den Indianern eine Interpretation vorgeschlagen, die mir allzu idealistisch erscheint. Die These dieser Autoren entbehrt keineswegs einer Grundlage, aber in meinen Augen beruht sie allzu sehr auf den Schriften des Eroberers und den Äußerungen einiger Chronisten, die ihm besonders wohlwollend gegenüberstehen. Die Deutung berücksichtigt nur ungenügend die gelebte Wirklichkeit, insbesondere das Verhalten Cortez' als Grundherr, als privilegierter *encomendero.* Zudem enthüllen Prozessakten, die in den Beständen des Jesushospitals zu Mexico bewahrt werden, eine Reihe von Konflikten zwischen Cortez und »seinen« Indianern. Selbst Cortez zeigte am Ende seines Lebens in diesem Zusammenhang einige Skrupel, denn sein Testament sah die Wiedergutmachung von Unrecht vor, das ihnen von seiner Seite angetan worden war …

Die Entdeckung der mexicanischen Völker

Es ist unbestritten, dass Cortez bei der Entdeckung der Völker Zentralmexicos eine wahrhaftige Offenbarung erfuhr: die Existenz einer urbanen, auf bemerkenswerte Weise organisierten Zivilisation rief bei ihm sogleich den Vergleich mit den schönsten und zivilisiertesten Städten hervor, die er kannte: Sevilla, Granada, Córdoba. So setzt er Tlaxcala mit Granada in Verbindung, Iztalpa und Texcoco mit ihren prächtigen Häusern erscheinen ihm als besonders schöne Städte. Und Tenochtitlán versetzt ihn in Erstaunen. Die Bewunderung des Eroberers wird zudem von anderen *conquistadores* geteilt, von denen einige die Städte Italiens, sogar Konstantinopel kannten, wie Bernal Díaz bemerkt.

Eine solche Zivilisation, die in der Lage ist, Güter der verschiedensten Art zu produzieren, zwingt dazu, auch ihre Schöpfer als Menschen »mit aller Vernunft« anzusehen. Cortez kann Vergleiche anstellen, denn bereits in Cuba hatte er Indianer unter seiner Herrschaft und hatte sie für seine Dienste eingesetzt. So konnte er mit einiger Berechtigung an Karl V. schreiben, »dass die Eingeborenen dieser Gegend denen der Inseln weit überlegen sind.«[241] Cortez' Reaktionen ähneln denen des Albrecht Dürer oder des Petrus Martyr, als sie zum ersten Mal die Kunstwerke der mexicanischen Künstler zu Gesicht bekamen. Der Eindruck auf alle Augenzeugen ist so stark, dass sich sofort das Problem der Herkunft dieser Völker stellt. Die Mönche sind bereit zu glauben, sie seien aus der Zerstreuung der Söhne Israels hervorgegangen!

Es ist allerdings wahr, dass die Bewunderung einer Abscheu und einer »Satanisierung« wich, als die Spanier mit den Menschenopfern und den sie begleitenden grausamen Ritualen konfrontiert wurden. Aber diese »Abscheulichkeiten« hatten in den Augen der Spanier den Vorteil, als Rechtfertigung der Kolonisierung dienen zu können. Hätte man einmal diese Abirrungen eliminiert, wäre das Andersartige nur noch »ein verbesserungsfähiger, manipulierbarer und veränderbarer Schatten des eigenen Ichs« (Georges Baudot). Was man als die Negation des Andersseins ansehen könnte, hat für Cortez nichts Negatives an sich. In der Tat macht Cortez bei den Indianern Mexicos nur eine Quelle der Inferiorität aus: sie sind keine Christen, das allein schon bezeugen ihre diabolischen Riten. Der ganze Rest macht sie vergleichbar mit anderen zivilisierten Völkern: »Sie haben eine Art zu leben, die man als zivilisiert beurteilen könnte.« Also müssen sie als Menschen behandelt werden. Eingedenk des ihm aus eigener Anschauung bekannten menschliches Desaster auf den Antillen verbietet Cortez in seinen *Anweisungen über gute Regierung* den Einsatz von Indianern in Minen, verbietet Frauen- und Kinderarbeit, begrenzt den Arbeitstag (»von Sonne zu Sonne«), führt die Sonntagsruhe ein und untersagt, die Indianer aus ihren Dörfern zu vertreiben. Nun scheint es mir aber doch zu weit zu gehen, Cortez »als einen wahrhaftigen Befreier der Indianer« zu präsentieren, »weil er sie befreite von ihren früheren tyrannischen Herren, von ihren Götzenbildern und ihren Irrtümern.«[242] Selbst wenn Cortez behauptet, die von den Indianern geforderten Abgaben seien identisch mit denen ihrer ehemaligen Herren (die teilweise immer noch die Herren sind, denn Cortez hatte viele von ihnen in ihrer Macht- und Ehrenstellung belassen), scheint es mir nicht haltbar zu sein, sich dieser Interpretation anzuschließen. Wenn auch auf mittelalterlichen Vorbildern basierend, konstituiert die cortesianische *encomienda* doch ein System der Abhängigkeit, und überhaupt sind der Eroberer selbst und seine Bevollmächtigten weit davon entfernt, ihre verkündeten schönen Prinzipien auch einzuhalten.

Ein wichtiges Argument zu Gunsten einer positiven Beziehung zwischen Cortez und den Indianern ist das immense Prestige, das er über lange Jahre bei den Indianern genoss – so als hätte er noch Spuren einer übernatürlichen Aura bewahrt, die man ihm anfangs zugesprochen hatte. Dieses Prestige hängt gewiss mit seiner Eigenschaft als quasi unbezwingbarer Sieger zusammen, aber es ist auch das Prestige des Führers, der je nach den Umständen von großer Freigebigkeit oder von unbeugsame Härte sein kann, der Irrtümer verzeiht, der im Stande ist, Freundschaften zu schließen (beispielsweise mit dem Kaziken von Tlaxcala Maxixcatzin, selbst mit Moctezuma). Cortez ist zu einem Manne geworden, dessen Namensnennung, etwa bei der Ankündigung seiner Rückkehr aus Honduras, bereits genügte, die Leute zu beruhigen, die von seinem Eingreifen die Wiedergutmachung zugefügten Unrechts erwarteten. Zweifellos hätte er König eines unabhängigen Neuspanien werden können, denn er hätte die von ihm unterworfenen Indianer mühelos auf seine Seite gebracht – wenn er denn gewollt hätte. Seine Feinde hatten es leicht, in Spanien die Vorstellung zu verbreiten: »alle Kaziken und die Notablen schätzen ihn so hoch als wäre er König, und in diesem Land kennen sie keinen anderen König und Herrn als Cortez.« Sein triumphaler Empfang nach zweieinhalb Jahren Abwesenheit in Honduras bewies, dass er der mächtigste Mann dieses Landes geblieben war und, paradoxerweise, einer der am meisten geliebten. In einem bemerkenswerten Brief (1545) von Gerónimo López, in Neuspanien seit einem Vierteljahrhundert ansässig, an den Kaiser lesen wir: »Sie (die Indianer) gehorchen Cortez nicht in dem, was er befiehlt, sondern auch in dem, was er denkt, wenn sie es erfahren, mit solcher Herzlichkeit, Inbrunst, Liebe und Sorgfalt, dass es schon erstaunlich ist und dazu in einer solchen Weise, dass es keine Verstöße, keine Rebellion, nicht einmal den Gedanken an eine Rebellion gab ...«[243] Vielleicht auch deshalb, weil die Indianer begriffen hatten, dass Mexico zum wahren Heimatland des Eroberers geworden war.

In bestimmten Briefen spielt Cortez selbst auf seine moralische Autorität bei den Indianern an und erklärt sie mit der Unterstützung, die ihnen bei Konflikten mit Spaniern zuteil geworden war. Große Vorkehrungen zur Aufrechterhaltung der öffentlichen Ordnung hat er nicht getroffen, abgesehen von der Geiselnahme indianischer Fürsten – Zeichen einer latenten Unruhe unter der einheimischen Bevölkerung. Dies galt insbesondere während des Honduras-Unternehmens.

Das von Cortez ins Auge gefasste Projekt einer sozialen Organisation Mexicos erforderte seiner Ansicht nach die Auflösung eines evidenten Widerspruchs: angesichts der Qualitäten der Indianer Zentralmexicos bestand kaum eine Berechtigung, sie zum Dienst für die Spanier zu verpflichten, wie man es auf den Inseln getan hatte. Aber die *conquistadores* und die Siedler (*pobladores*) konnten ohne die »Dienste« der einheimischen Bevölkerung nicht überleben. Zudem sah sich Cortez verpflichtet, seine Mitstreiter für die gewaltigen Anstrengungen und Prüfungen im Zusammenhang mit der Eroberung zu belohnen. So unternimmt er es, ein System der *encomienda* einzuführen, das diesen Gegensatz überwindet, zumindest in wesentlichen Teilen. Wir können beobachten, dass Cortez keinerlei Skrupel hatte, den Chichimeken den Sklavenstatus zu verleihen, denn er betrachtete sie als barbarisches Volk ohne Vernunftbegabung: »Cortez ist der erste, der mit dem Modell des arglosen und friedlichen Indianers bricht, er bietet vielmehr ein Spektrum äußerst unterschiedlicher Auffassungen, das von übertriebener Bewunderung bis zur radikalen Geringschätzung reicht.«[244]

Das System der Encomienda

Im Jahre 1512 hatte Cortez in Baracoa auf Cuba eine bestimmte Anzahl von »indianischen Bediensteten« nach dem Rechtstitel der *encomienda* für seine Tierhaltung und seine Minen erhalten. Es scheint, dass er danach von Hernán Cerón einen Hof mit Kühen und Pferden sowie mit dazugehörigen Indianern aus Manicarao in der Provinz Bany erwarb. In seiner cubanischen Zeit hat er sich nicht zum System der *encomienda* geäußert. In Mexico jedoch formuliert er eine scharfe Kritik dieser Institution, deren Folgen er für verheerend hält, und präsentiert zugleich eine positive Würdigung der eingeborenen Bevölkerung Mexicos. So führt er eine neue *encomienda*-Ordnung ein, ohne sich an die Instruktionen Karls V., das heißt an die »Verfügungen von Valladolid« vom 26. Juni 1523 zu halten: dieser Text untersagte in der Tat jede Zuweisung (*repartimiento*), *encomienda* oder Übergabe (*deposito*) von Indianern an Spanier und und legte den Indianern eine für den König bestimmte Abgabe auf, die der Abgabe an ihre Herren vor der Eroberung entsprechen soll.

Respektvoll, aber in der Sache eindeutig, weist Cortez in seinem Geheimbrief (*carta reservada*) vom 15. Oktober 1524 systematisch diese *Verfügungen* zurück, erklärt und rechtfertigt seine Position und präzisiert, er habe dieses Dokument nicht öffentlich gemacht, um eine allgemeine Revolte der Spanier zu vermeiden. Er entwickelt nun sein eigenes System auf der Basis der *Verfügungen über gute Regierung* und der früher entstandenen *Militärverfügung*. Seine Position wurde auch von dem zustimmenden, gemeinsamen Rat der Franziskaner und der Dominikaner gestützt. Das ist leicht zu verstehen, denn er schuf damit günstige Bedingungen für die Mission. Die Mönche empfahlen darüber hinaus die Gewährung von *encomiendas* an junge Indianer der Oberschicht, die in den Klosterschulen studierten.[245]

Das Projekt des Eroberers beabsichtigte die Schaffung einer stabilen Gesellschaft, in der *conquistadores*, spanische Siedler und indianische Familien verwurzelt sein sollen. Eine Analyse der Dispositionen des Projekts berechtigt, es als Ausdruck einer seigneurialen, ja feudalen Gesellschaftsordnung zu sehen. Das ist die Meinung mehrere Autoren, deren Ansichten sonst häufig auseinandergehen: Salvador de Madariaga, José María Garate und Silvio Zavala. Letzterer, ein Spezialist für die mexicanische *encomienda*, meint, in den 1540er Jahren sei dieses Konzept anachronistisch geworden. Meiner Meinung nach berücksichtigte das System nicht, dass die ländliche Gesellschaft, wie auch das präcortesianische Zentralmexico, bereits eine fortgeschrittene Urbanisierung mit großen Bevölkerungskonzentrationen aufwies. Indessen, der Regierungsplan des Eroberers hatte auch seine Verdienste.

Eine Grundlage des cortesianischen Systems ist die reale Trennung von Spaniern in den Städten und Indianern. Eine »Segregation«, wenn man so will, nicht weit entfernt von der Ordnung, die Bartolomé de Las Casas empfahl, aber das System wurde nicht direkt vom Auditor Vasco de Quiroga in Michoacán und später von den Jesuiten in der Andenregion und in Peru erprobt. Diese Trennung beruht auf dem Argwohn, den Cortez gegenüber spanischen Siedlern hegte, die sich in Mexico niedergelassen hatten, »denn es ist bekannt, dass die Mehrzahl der Spanier, welche hierher kommen, aus gewalttätigen, lasterhaften Menschen niedrigen Standes besteht.«

Encomiendas sollten nur an *conquistadores* oder an getaufte Indianer der Oberschicht, die als Vasallen des Königs anerkannt sind, vergeben werden; dies betraf etwa auch die Töchter Moctezumas oder Cuhuacoatl. Isabel Moctezuma beispielsweise übergab er die Herrschaft Tacuba sowie eine ganze Gruppe von Döfern und zugehörigen Landgütern, insgesamt rund 1240 Häuser. Marina Moctezuma erhielt eine bescheidenere Herrschaft mit den Dörfern Ecatepec, Acoluacan und Coatitlan.

Diese Übertragungen feudalen Charakters rechtfertigten sich wohl auch aufgrund der Abhängigkeitsverhältnisse, die vor der Eroberung herrschten. Die spanischen *encomenderos* waren verpflichtet, im Bedarfsfall Soldaten und Waffen zu stellen (eventuell auch Pferde). Die Übertragungen konnten nur gehalten werden, wenn der *encomendero* mindestens acht Jahre auf seinem Land wohnt und wirtschaftet und innerhalb einer Frist von anderthalb Jahren dort ein Haus baut. Cortez beabsichtigte den dauerhaften Besitz und die Vererbbarkeit der *encomiendas*, außer bei schweren Verbrechen und schlechter Behandlung der eingeborenen Bevölkerung. Die Indianer sollten sich in gleicher Weise mit ihren Frauen niederlassen und durften nicht zu Arbeiten herangezogen werden, weder zur Ausbeutung der Minen, noch in weit entfernten Besitzungen. Dagegen konnten sie in der Landwirtschaft arbeiten, waren zur Aussaat und zur Ernte von Mais verpflichtet, von Maniok (*yuca*) oder zur Aberntung von Maulbeerblättern im Zusammenhang mit der Seidenraupenzucht; ein Teil des Landes musste für sie reserviert bleiben, ihre Arbeitsleistung bei der Viehhaltung sollte genau geregelt sein. Von jeder *encomienda* wurde die Erstellung einer genauen Regelung der indianischen Arbeitsleistungen verlangt, um Missbräuche zu verhindern, namentlich bei der Lieferung von landwirtschaftlichen Produkten (Mais, Geflügel, Eier, Baumwolle, Pulque, Seide). Ein Großteil indianischer Klagen vor den Richtern der Audiencia betraf dann auch die überzogenen Forderungen einzelner *encomenderos*.

Im selben Dokument äußert sich Cortez ablehnend zu Steuererhebungen bei den Indianern durch königliche Beamte, denn dies würde die Abgabenleistungen bedeutend vermindern. Er hielt es für besser, dass diese Steuer von den *encomenderos* nach einem noch festzusetzenden Prozentsatz selbst eingezogen würden. Er erinnerte daran, dass er sich allen an Indianer gerichteten Forderungen nach Gold widersetzen werde. In der Zeit nach der Eroberung war diese Forderung natürlich und gefahrlos, denn bedeutende Mengen an Gold waren bereits gehortet, aber die Situation hatte sich geändert.

Cortez glaubte, dieses System und die Überwachung der Behandlung der Indianer müssten glückliche Folgen zeitigen.

Er ging so weit zu behaupten, er habe die Indianer von der Tyrannei ihrer alten Herren befreit, die einen großen Teil der landwirtschaftlichen und handwerklichen Güter für sich verlangt hätten (Baumwollstoffe, Federschmuck, Töpferwaren etc.) sowie häusliche Arbeiten von Frauen und Mädchen. Es ist richtig, dass Cortez in den Jahren 1522 bis 1524, als er als Herr regierte, wiederholt zu Gunsten der Indianer intervenierte. Vor dem Hofgerichtsurteil hielt er sich zugute, er habe immer die Indianer von Texcoco gut behandelt, als er die Stadt noch in *encomienda* hatte, habe ihnen nur moderate Abgaben und Arbeitsleistungen auferlegt und den Dolmetscher García de Pilar und den Visitator Diego de Valdenebro bestraft, die sie erpresst hätten, und sei im Allgemeinen so gut mit ihnen verfahren, »dass sie ihm mehr Liebe entgegenbrachten als allen anderen«. Auch ist richtig, dass bestimmte *conquistadores* Cortez als zu freundlich gegenüber den Indianern betrachteten, zu sehr geneigt, deren Partei zu ergreifen; sie selbst hatten dagegen seine lange Abwesenheit dazu genutzt, die Indianer zu unterwerfen und höhere, bisweilen untragbare Leistungen aus ihnen herauszupressen.

Prozesse und Zeugenaussagen müssen mit größter Vorsicht behandelt werden. Häufig bestimmen die Umstände die Klagen und Darlegungen der Zeugen. Dennoch, der 1531 bis 1532 von Cortez angestrengte Prozess gegen Nuño de Guzmán und gegen die Auditoren Delgadillo und Matienzo wegen des Dorfes Huejotzingo ist aufschlussreich. Cortez hatte zunächst die *encomienda* über dieses indianische Dorf innegehabt; nach seiner Abfahrt nach Spanien riefen die Richter der ersten Audiencia die Kaziken zusammen und verkündeten ihnen, sie seien von nun an Vasallen der Krone. Die Richter erhoben Abgaben und Dienste. Die in acht Malereien festgehaltenen Aussagen mehrerer Kaziken oder Indianer aus Huejotzingo, Baltasar, *indio principal*, Lucas (*Tamaveltetle*) Estebán (*Tochel*) belegen mit großer Glaubwürdigkeit, dass diese Änderungen für die Indianer verheerend waren.

Anstatt der Entrichtung moderater Abgaben und Dienste wurden sie zu ruinösen Leistungen gezwungen: kleine Goldbarren (*tejuelos*), Silbergegenstände, (*Seite 281*) Lieferung von Mais, Geflügel, Eiern etc. Lucas und Esteban beschreiben die Lieferungen besonders weitschweifig und detailliert; sie waren sogar gezwungen, den Händlern zwanzig Sklaven zu verkaufen, um das verlangte Gold liefern zu können. Darüber hinaus mussten die unglücklichen Indianer Rohmaterialien (Steine, Holz, Kalk) für den Wiederaufbau Mexicos in großen Mengen herbeischaffen und sie auf ihrem Rücken dorthin tragen. Nuño de Guzmán mussten sie alle Arten von Ausrüstungsgegenständen für seine Expedition nach Neugalicien beibringen. Es lässt sich erraten, dass die Indianer dieses Dorfes gerne bereit waren, sich zu Gunsten der Verwaltung des Cortez auszusprechen, »den sie wie Vater und Mutter lieben«, wie es Lucas ausdrückte. Die zweite Audiencia verurteilt Nuño de Guzmán und seine Helfershelfer dazu, Cortez 3000 Pesos zu entrichten. Sie legten aber Berufung ein, und die Sache ging weiter bis vor den Westindischen Rat.[246]

Die Verteilung der *encomiendas* erfolgte ab 1522, und es scheint, dass fast alle *conquistadores* von den Übertragungen profitierten, was nun nicht heißt, dass alle mit ihrem Anteil zufrieden gewesen wären. Bernard Grunberg konstatiert, dass sich die Zonen mit starker Konzentration von *encomiendas* in den Küstenregionen des Atlantik (Vera Cruz, Pánuco) und des Pazifik (Colima, Michoacán) befanden, ebenso in der Region Oaxaca. Bis etwa in die 1540er Jahre vollzog sich der Übergang der *encomiendas* an die Erben ohne sonderliche Schwierigkeiten. Es gab auch Tausch und Verkauf. Die *Neuen Gesetze* von 1542 modifizierten teilweise die Bedingungen der Übertragung und verstärken, zumindest theoretisch, den Schutz der Indianer. Diese verstanden es, sich vor Gericht zu beschweren, häufiger und mit mehr Erfolg, als man meinen könnte. Dennoch, viele indianische Gemeinden wurden schändlich von ihren *encomenderos* ausgebeutet, vor allem, verbotenerweise, in den Bergwerken.[247]

Das cortesianische System der gesellschaftlichen Ordnung hielt sich schlecht und recht bis in die Jahre 1560 bis 1580. In dieser Epoche allerdings wurde es verworfen. Zwei schwerwiegende Tendenzen führten allmählich zu seinem Verschwinden. Cortez, der zunächst glaubte, dass sein System zum Bevölkerungswachstum führen werde, hatte nicht die demografische Katastrophe voraussehen können, den Einfluss tödlicher Epidemien (Pocken, Grippe, Typhus etc.), die ganze Gemeinden physisch auslöschten, vor allem in den Küstenregionen, dort, wo sich die meisten *encomiendas* befanden; all das verringerte deutlich die Anzahl der Indianer, die von diesen Grundherrschaften abhingen. Weiterhin war die Entwicklung des modernen Staates nicht günstig für das Überleben eines grundherrlichen Systems, das diesen Staat von einer direkten Steuererhebung und einer unmittelbaren Jurisdiktion fern hielt. Die Maßnahmen der Vizekönige und der Audiencias arbeiteten hartnäckig auf die Zerstörung des cortesianischen Systems hin.

Cortez und »seine« Indianer. Widersprüchliche Haltungen

Eine Untersuchung der Beziehung zwischen dem *encomendero* Cortez und den ihm »anvertrauten« Indianern, verbietet jegliche idyllische Sicht auf ihre gegenseitigen Verhältnisse. Dabei traten häufig Verwalter als vermittelnde Instanz auf oder Vorarbeiter, die noch mehr forderten als der Herr selbst. Dieser jedoch kann sich seiner Verantwortung nicht entziehen, außer für die Jahre nach 1540, als er sich in Spanien aufhielt.

Zunächst sollte daran erinnert werden, dass Cortez viele »Kriegsindianer« in den Sklavenstand zwang: als Bestrafung für ihren Widerstand oder als Folge ihrer Niederlage. Er ließ sie brandmarken, nach dem abstoßenden Brauch der Zeit. In Cuernavaca besaß er bei seinem Tod mehr als 200 Sklaven, Männer und Frauen; die Mehrzahl von ihnen sowie etwa

Indianische Krieger in prachtvollem Kampfdress. Aus dem Codex Mendoza. Oxford, Bodleian Library.

dreißig Afrikaner waren in seiner Zuckermühle beschäftigt. Am Ende seines Lebens fragte er sich nach der Zulässigkeit dieser Sklavenhaltung; es bestand die allgemeine Auffassung, dass die Spanier niemanden bei Eroberungen zu Sklaven machen sollten, außer bei späteren Rebellionen. Er stellte sich die Frage, ob die Sklaven Neuspaniens rechtmäßig in diese Lage gebracht wurden und kam zu dem Schluss, viele seien zu Unrecht zu Sklaven gemacht worden. Nun war es schwierig festzulegen, welche es waren, zumal einige mit dem Brandzeichen des Königs von ihren Herren gekauft worden waren, wobei Besitzansprüche geltend gemacht werden konnten. Der Entschluss zur Befreiung könnte eine Revolte auslösen. Diese Frage quälte ihn so sehr, dass er im Paragrafen 39 seines Testaments eine Untersuchung darüber verfügt, ob seine Indianer, »Eingeborene von Neuspanien«, nun durch Krieg oder durch Kauf an ihn gefallen seien. Seine Erben indessen erfüllten diesen Paragrafen nicht. Die afrikanischen Sklaven bereiteten ihm dagegen kein sonderliches Kopfzerbrechen; noch 1544 hatte er ja einen bedeutenden Ankauf von Sklaven vorgesehen. In seinen Zuckermühlen beschäftigte er bevorzugt Sklaven aus Afrika, während er in seinen Minen indianische Sklaven einsetzte, um nicht über seine eigenen Reglements zu stolpern. Sklaven arbeiteten auch in seinem Haushalt in Cuernavaca: Köche, Schneider, Gärtner, Schreiner ... Diese Haussklaven lebten unter günstigeren Verhältnissen als die Sklaven in seinen Minen und Zuckermühlen.[248]

In den Jahren 1522–1524, nach seinem Sieg, scheint Cortez den Indianern seiner ihm damals zugesprochenen Dörfer große Freiheiten gelassen zu haben. Er erhob nur bescheidene Abgaben und Leistungen. Das war auch einer der Gründe seiner Beliebtheit, denn die Indianer konnten damals den Eindruck gewinnen, dass die neuen Machthaber weniger gierig seien als die alten. Nach einigen Zeugnissen soll Moctezuma Cortez sogar gewarnt haben, weil er ihn für zu großzügig hielt und ihm eingeschärft habe, man könne diese Leute (seine Untertanen) nur mit Furcht, nicht mit Liebe regieren!

Wenn man Cortez auch von der Anschuldigung freisprechen kann, unrechtmäßig indianische Träger (*tamemes*) benutzt zu haben, um Schiffsbaumaterial an die pazifische Küste zu transportieren, weil er den Indianern immerhin den mit ihnen vereinbarten Lohn zahlte, so verlangt sein Verhalten als Grundherr doch eine genauere Prüfung. Wie verhielt es sich etwa, nach seiner Rückkehr aus Spanien, mit seinen »freien« Indianern auf seinen Gütern, über die er nach dem kaiserlichen Gunstbeweis der 23 000 »Vasallen« als Herr eingesetzt worden war? Wir erinnern uns, dass die Audiencia nach langen Verhandlungen, nach Austausch von Gesuchen, Memoranden, nach Richtersprüchen aller Art die Dörfer des Cortez in zwei

Bereiche aufgeteilt hatte: sie erkannte ihn als Herrn über eine bestimmte Anzahl von Dörfern an, mit hoher und niederer Gerichtsbarkeit (ohne Apellationsrecht), während er über die anderen Dörfer als *encomendero* eingesetzt wurde. Cuernavaca und die *pueblos* der Region gehörten zur ersten Kategorie.

In Cuernavaca unterstützte Cortez die Forderungen der Indianer gegenüber anderen *encomenderos,* etwa Antonio Serrano de Cardona, wie wir gesehen haben. Die Untersuchung der zweiten Audiencia von 1533 jedoch ergab, dass auch er sich direkt oder über seine vertrauten Leute (der *conquistador* Juan de Salamanca, der Justitiar der Markgrafschaft Juan de Altamirano oder seine Verwalter Santo und Castillo) als Ausbeuter gerierte. Die Indianer brachten vor, Cortez behandele sie nicht wie Vasallen sondern wie Sklaven; seine Beauftragten verlangten weit überzogene Abgaben und Dienstleistungen, so dass sich das Tal allmählich entvölkert habe. Die Indianer hatten ihren Klagen ein Reihe von Tuchmalereien beigefügt, ähnlich denen von Huejotzingo im Zusammenhang mit der Klage gegen Nuño de Guzmán.

Natürlich müssen wir die Beschwerden kritisch betrachten. Die Indianer hatten schnell begriffen, welchen Vorteil sie aus den Rivalitäten unter den Spaniern ziehen konnten sowie aus einer Institution wie der Audiencia, zumindest als die Richter noch integer waren. Gleichwohl waren diese Beschwerden durchaus präzise. Die Dorfgemeinschaften der Provinz Cuernavaca mussten alle achtzig Tage dem Bevollmächtigten des Marqués zahlreiche handwerkliche Produkte liefern: 1800 Stück Tuch (Länge und Breite vorgeschrieben), Unterkleider, Hemden, bestickte Betttücher, Bettdecken aus Baumwolle sowie eine Vielzahl von Töpferwaren (Teller, Schalen, Töpfe, Krüge); jeden Monat mussten sie zu den Minen des Marqués 140 Ladungen Mais, vier Ladungen Bohnen, sechs Ladungen Paprika liefern; jedes Jahr zwanzig Felder Baumwolle und acht Felder Mais aussähen und ernten; weitere fünfzehn Ladungen Mais für den Haushalt des Marqués, achtzig Körbe Brot, Mengen von Geflügel, Tauben, Wachteln, Kaninchen, 200 Eier »an den Fischtagen«. Die Indianer von Cuernavaca hatten dazu noch jeden Tag 800 Kakaobohnen zu liefern.

Es kam noch schlimmer: Im Jahre 1532 mussten sie vierzig Sklaven für die Ausssaat stellen. Die Indianer beklagten sich auch, dass ein Verwalter des Marqués, ein gewisser Castillo, ihnen Land weggenommen habe, darunter gute, bewässerte Felder, die zwei Ernten pro Jahr abwarfen, um dort Melonen zu ziehen. Wenn die Verwalter des Grundherrn Bedarf hatten, mussten ihnen Ammen geschickt werden, um ihre Kinder zu stillen.

Ein zusätzliches Detail verleiht diesem Berschwerdekatalog besondere Wahrscheinlichkeit. Als die Abgesandten der Audiencia in ihr Tal kamen, berichteten die Indianer, der Marqués habe, als die Zählung der »Vasallen« durchgeführt wurde, befohlen, dass sich viele Einwohner verstecken sollten: damit eine geringere Anzahl festgestellt werde und die Abgabenlast dadurch leichter werde. Viele Indianer gehorchten, versteckten sich und kehrten erst bei Einbruch der Nacht wieder in ihre Häuser zurück. Die Abgaben jedoch wurden nicht verringert! Man weiß, dass diese Enthüllungen der Indianer der Wahrheit entsprechen.[249]

Die Beamten der Audiencia konnten sich zu Recht davon überzeugen, dass Cortez seine von ihm selbst erlassenen *Verfügungen über gute Regierung* auf seinen Gütern nicht in die Praxis umsetzte und erwirkten beim Kaiser eine Verfügung über die Verringerung der Abgaben. Dennoch, ein späterer, im Archiv des Jesushospitals entdeckter Prozess, scheint zu bestätigen, dass sich Cortez in den ersten Jahren seiner Grundherrschaft gut und angemessen verhielt. Die Klage wurde bei der Audiencia von Don Hernando, »dem eingeborenen Herren des Dorfes und der Provinz Cuernavaca« gegen Cortez, den Marqués Del Valle, eingereicht. Der Indianer Don Hernando erinnert daran, dass ihm Cortez, als er noch Gouverneur und Generalkapitän war, den Besitz der Herrschaft Cuernavaca bestätigt habe; die Herrschaft sei von seinem Vater und seinen Vorfahren auf ihn gekommen. Allein die Abgaben und Dienste für Seine Majestät sollten in der Folge an den Marqués entrichtet werden und dies sei auch regelmäßig geschehen. Trotz einer entsprechenden Verfügung Karls V. vom 14. Oktober 1536 zu seinen Gunsten hat sich aber der Marqués zahlreiche Landstücke Hernandos angeeignet, die Parzellen sind im Dokument aufgezählt und auch bildlich dargestellt. Er verlangt, dass die Indianer von Cuernavaca wieder zu seinen, Hernandos Gunsten ihre traditionellen Abgaben entrichten; den Schaden bezifferte Don Hernando auf 2000 Goldpesos. Nach Cortez Auffassung bedeutete seine Einsetzung durch Karl V. zugleich die Aufhebung der Herrschaftrechte des ehemaligen Kaziken. Eine verständliche Rechtsposition, aber die Konfiszierung der Ländereien war eine nicht zu rechtfertigende Übertretung. So lautete auch das Urteil der Audiencia, die nach dem Tod des Marqués dem Kaziken und anderen Indianern die von Cortez unrechtmäßig eingezogenen Landstücke wieder zurückerstattete.[250] Die Gesamtlage der Indianer verbesserte sich indessen unter der Herrschaft der Marquesa nicht; das bezeugen neue Klagen und eine neue königliche Verfügung vom Januar 1548.

Man muss einräumen, dass die von Cortez in der Epoche der Eroberungen verkündeten Ideale, die guten Absichten, wie sie in den Verfügungen seiner Regierungsjahre niedergelegt wurden, der Abnutzung durch die Zeit und durch den Druck der Interessen nicht widerstanden haben. Cortes kann keinesfalls als »Befreier der Indianer« angesehen werden. Aber der Verlust der Macht, die tiefsitzende Enttäuschung des Eroberers – könnten sie nicht ein Grund für die Fehlleitung seiner Herrschaft gewesen sein?

Cortez' dominierende Leidenschaft war die Macht. Er warf alle seine Kräfte auf seine Eroberung, führte sie mit wahrer Lust aus, setzte alles daran, sie zu halten und versuchte, sie mit einer Hartnäckigkeit wiederzuerlangen, die eigentlich ein besseres Ziel verdient hätte. Als er starb, war er untröstlich, seine Machtstellung verloren zu haben. Aber diese Leidenschaft ging nicht so weit, dass er sein oberstes Lebensprinzip vergaß – die Treue zu seinem König. José Luis Martínez lässt ihm Gerechtigkeit wiederfahren, wenn er schreibt, er habe »niemals den Kopf verloren und sich so hoch erhoben, eine Revolte zu wagen (*alzarse con la tierra*) (...), weil er tief durchdrungen war von der mittelalterlichen Konzeption der absoluten Treue gegenüber dem König.«[251] Und das Festhalten an diesem Treueprinzip ist ohne Zweifel ein Verdienst, denn nur wenige *conquistadores* wurden von der Krone und ihren Beamten so ungerecht, so skandalös behandelt wie Cortez.

Eroberung und Verlust der Macht

Im Jahre 1519 war Cortez ein Niemand. Und er war ohne Besitz, denn er hatte sein gesamtes Vermögen und noch mehr in die Expedition gesteckt, mit deren Leitung er von Velázquez beauftragt worden war. Die Partie nach der Gründung von Vera Cruz ist ein erstaunlicher Kampf, der sich an mehreren Fronten abspielt: In Cuba und auf Santo Domingo, in Mexico natürlich, auf dem Meer, in Spanien. Die Reden und ihre Dialektik spielen eine große Rolle, besonders wenn sie vom gelben Metall begleitet sind, die Geschwindigkeit der Nachrichten, die verzweigten Wege der Einflüsse, aber ausschlaggebend waren wohl die Schlachten auf mexicanischem Boden.

Zwischen 1519 und 1522 sind Karl V., der Sekretär Cobos und die königlichen Berater die Schiedsrichter im Duell zwischen Diego Velázquez und Hernán Cortez. Der Einsatz ist die Ernennung zum »Gouverneur und Generalkapitän« für die zu erobernden oder bereits eroberten Gebiete auf dem amerikanischen Festland. Zu Beginn befindet sich Velázquez im Vorteil: er ist Generalkapitän von Cuba und *adelantado* von Yucatán und der »neu entdeckten Inseln«, er hat schon mehrere Expeditionen zum Kontinent organisiert, hat Cortez zum Chef einer Flotte und einer Armee gemacht, die er nach Yucatán ausschickte, um verlorene Schiffe und Soldaten aufzufinden; er hatte die Unterstützung des Hofes, vor allem die des Bischofs von Burgos, Juan Rodríguez de Fonseca, dem er seinen Kaplan Benito Marin mit einigen Beuteln Gold zugestellt hatte. So kam es, dass die erste Intervention Fonsecas bei Karl V. für Velázquez freundlich, für Cortez aber feindlich ausfiel.

In Spanien hatte Cortez keinerlei Stützen, außer seinem Vater Martín Cortez Monroy, dessen unermüdliche Aktivitäten und verwandtschaftlichen Beziehungen sich als letzlich wirksam erwiesen. Cortez machte die ersten Punkte, als er glücklich die Operation Vera Cruz bewältigte, dank seiner hervorragenden Kenntnisse des mittelalterlichen Gesetzbuches des Königreichs Kastilien, der *Siete Partidas,* auf denen der Brief des *cabildo* von Vera Cruz vom Juli 1519 an Karl V. beruht. Auch wenn im Brief auf das Gesetzeswerk nicht Bezug genommen wurde, war den Juristen des Westindischen Rates die Sachlage klar.

Dieser Erfolg musste unverzüglich genutzt werden. Deshalb sandte Cortez sofort zwei Deputierte (*procuradores*) nach Spanien, den *hidalgo* Alonso Hernández de Portocarrero und Francisco de Montejo, versehen mit einem Brief des Stadtrates von Vera Cruz sowie mit einem bedeutenden Goldschatz. Mit Bedacht wählte Cortez den besten Steuermann, Antón de Alaminos, um das Schiff auch sicher an Ort und Stelle zu bringen. Aber Rodríguez de Fonseca hatte das Terrain vermint: Obwohl die beiden Abgesandten im März 1520 nach La Coruña eilten, von wo aus Karl nach Deutschland aufbrechen wollte, erhielten sie keinen Zugang zu dem jungen Kaiser. Hernández de

Portocarrero wurde sogar ins Gefängnis geworfen, und der Unglückliche starb in seiner Zelle. Dennoch erhielt Karl wenigstens einen Teil des Schatzes, und einige Stücke beeindruckten ihn so sehr, dass er sie in die Niederlande mitnahm, wo sie Albrecht Dürer bewundern konnte. Die Abwesenheit des Kaisers bedeutete jedenfalls einen Aufschub für Cortez. Alles hing jetzt am Waffenglück.

Als Karl V. auf der Rückreise von Deutschland am 16. Juli 1522 in Santander ankam, in einem kaum befriedeten Land nach der Krise der *Comunidades*[252], erhielt er die Nachricht von der Eroberung und vom Verlust Mexico-Tenochtitláns sowie von der brudermörderischen Konfrontation zwischen Cortez und Pánfilo de Nárvaez. Es war ihm unmöglich, dem einen oder dem anderen die Verantwortung zuzuweisen, so widersprüchlich gestalteten sich die Nachrichten. Auf der einen Seite häuften sich die Beschwerden des Velázquez gegen Cortez, die in Spanien durch Benito Marin und den Bischof von Burgos vertreten wurden. Das von Martín Cortez Monroy im März 1520 redigierte und im Namen seines Sohnes vorgelegte Memorial, dann Cortez' zweite *carta de relación,* schließlich der vom Auditor von Santo Domingo (Lucas Vázquez de Ayllón, der vergeblich versucht hatte, den Zusammenstoß zwischen Cortez und Pánfilo de Nárvaez zu verhindern) in Vera Cruz im April 1520 ausgefertigte Rapport stellten den Gang der Ereignisse in einem ganz anderen Lichte dar. Darüber hinaus hatte Cortez, vom Unglück des Alonso Hernández de Portocarrero unterrichtet, Diego de Ordas zur Unterstützung Franciscos de Montejo nach Spanien geschickt und ihm neue Informationen an den Kardinal Adrian von Utrecht, den Regenten von Spanien während der Abwesenheit Karls V. mitgegeben.[253] Obwohl die dritte *carta de relación* mit dem Bericht über die Rückeroberung Mexicos noch nicht in Spanien eingetroffen war, wussten Kaiser und Hof bereits, dass Cortez Mexico genommen hatte, auch wenn ihnen die Einzelheiten unbekannt waren.[254]

Jetzt in einer günstigeren Entscheidungsposition, reagierten der Kaiser und seine Berater durchaus geschickt, wovon die Verfügung vom 15. Oktober 1522 Zeugnis ablegt. Der Kaiser ließ Cortez wissen, dass er seine Berichte zur Kenntnis genommen hat: »Ich wollte selbst Eure Berichte über die Dinge in Neuspanien sehen und hören«; auch habe er seinen Vater und seine Abgesandten, aber auch die Abgesandten des Diego Velázqez empfangen und dass er die Angelegenheit an den Westindischen Rat weitergeleitet habe. Zugleich erteilte er in seinem Schreiben an Cortez den beiden Opponenten einen strengen Tadel: »Ihr kennt den großen Schaden, den der Streit zwischen Euch selbst und dem *adelantado* (Velázquez) der Besiedlung dieser Länder und der Bekehrung der Eingeborenen verursacht hat; das hat dem Dienst an Uns und dem Wohl dieser Länder und ihrer Bewohner zuwidergehandelt; und da dieser Konflikt und die Ankunft des Pánfilo de Nárvaez und seiner Armee die Ursache für die Revolte und für den Verlust der großen Stadt Tenochtitlán-Mexico, welche an den Ufern der großen Lagune liegt, gewesen war, ist sehr schlechter Dienst an Unserem Herrn geleistet worden, und wir haben sehr großes Missvergnügen daraus empfangen.« Diese schweren Nachteile haben Karl deshalb veranlasst, die Angelegenheit dem Westindischen Rat zu übergeben, von dem er eine rasche Sanktion forderte. Dennoch, im Verlauf des Briefes zeigt Karl, dass er für Cortez Partei ergriffen hatte: »Ich habe dem Adelantado Order geben lassen, dass er gegen Euch weder Männer noch Truppen bewaffnen und aussenden soll ...«

In einem Satz erwähnt er die Rückeroberung und erklärt damit seinen kaiserlichen Entschluss: »Ich habe die Bestätigung erhalten, dass Ihr viel getan habt für die Entdeckung und die Eroberung sowie für die Rückeroberung dieser Stadt und dieser Provinzen, und ich halte das für einen guten Dienst; (...) es ist dies also ein guter Grund, (*Seite 291*) Euch zu begünstigen und Euch die Gunstbeweise zu geben, die Eurer Dienste würdig sind ...« Es folgte die Aufforderung zu einer guten Regierung und zum Bekehrungswerk, zumal »nach Euren Berichten diese Indianer mehr Geschick und Fähigkeiten haben als diejenigen anderer Gebiete.«[255]

Eine Verfügung vom selben Tag verwies auf die von Hernán Cortez gezeigten Fähigkeiten und Kompetenzen, machte ihn zum »Gouverneuer und Generalkapitän aller Gebiete und Provinzen Neuspaniens« und zog damit die Konsequenz aus den Überlegungen des Kaisers.[256] Parallel dazu wurde der Bischof von Burgos von seinen Funktionen im Zusammenhang mit den westindischen Angelegenheiten entbunden, denn seine Parteilichkeit zu Gunsten des Diego Velázquez war zu offensichtlich geworden. Das nun war ein deutliches Zeichen.

Der Schluss des Briefes vom 15. Oktober 1522, in dem Velázquez kaltgestellt wurde, hielt für Cortez dennoch eine üble Überraschung bereit. Deutlich verlieh man dem Willen der Zivilregierung Ausdruck, die Kontrolle über die Situation zu behalten. Der Kaiser kündigte die Entsendung von vier königlichen Beamten an: des Schatzmeisters Alonso de Estrada, des Finanzbeamten Rodrigo de Albornoz, des Faktors Alonso de Aguilar und des Aufsichtsbeamten Peralmindez Chirinos. Alle vier sind zwar Beamte des Finanzbereichs, aber Karl V. fügte hinzu: »Ich fordere Euch auf, sie in Ansehen zu halten und sie wohl zu behandeln, denn sie sind meine Diener und meine Beamten.« Von nun an unterstanden alle Maßnahmen und Ausgaben des Hernán Cortez der Aufsicht und der Entscheidungsgewalt dieser Beamten. Darüber hinaus beging die kaiserliche Verwaltung eine regelrechte Provokation: Eine andere Verfügung vom 15. Oktober setzte das Gehalt des Cortez, Gouverneur und Generalkapitän, auf 360 000 Maravedí pro Jahr fest, das sind etwa 1000 Dukaten, während das Gehalt eines jeden dieser vier Beamten auf 510 000 Maravedí, also etwa 1500 Dukaten festgelegt wurde! Man kann sich vorstellen dass Cortez leidenschaftlich dagegen protestierte, als er davon erfuhr: »Ich weiß nicht, wer diese Gehaltsordnung festgelegt hat, nach der ich nicht vier Mal von dem verdienen soll, was jeder von ihnen hat, denn ich habe zweihundert Mal mehr Kosten als alle zusammen.«[257]

Die Texte vom 15. Oktober 1522 sind durchaus repräsentativ für das Verhalten der kaiserlichen Verwaltung Cortez gegenüber. Eine subtile Mischung von lobenden Worten über die Taten und Verdienste des Eroberers und versteckte Drohungen mit einer gerichtlichen Intervention. Gleichwohl, im Oktober 1522 schienen Karl V. und seine Berater nicht zu wissen, dass sie sich nicht mehr in einer Position der Stärke befanden. Cortez' totaler Sieg hatte, für eine Zeitlang, alles verändert.

Der erste deutliche Hinweis auf diese Veränderung war der zurückhaltende Empfang, den Cortez einem gewissen Cristóbal de Tapia zuteil werden ließ; dieser war oberster Aufsichtsbeamter der Goldschmelzereien auf Santo Domingo. Ende 1521, mehrere Monate nach der Rückeroberung von Tenochtitlán, wurde er in Cempoala vorstellig und präsentierte eine königliche Befugnis, nach der er den Auftrag hatte, eine Untersuchung über den Konflikt zwischen Cortez und Velásquez auf der einen Seite und Vázquez de Ayllón und Nárvaez auf der anderen Seite durchzuführen; während der Dauer dieser Untersuchungen sollte er die Funktionen eines Gouverneures von Neuspanien übernehmen. Karl V. trug in diesem Fall nicht die Verantwortung: es handelte sich nur um einen Schachzug des Rodríguez de Fonseca, der immer noch, in Übereinstimmung mit Velázquez, die westindischen Angelegenheiten dirigierte, weil er Cortez um die Früchte seiner Sieges bringen und ihm den Prozess machen wollte.

Cortez zeigte sich von der Ankunft Cristóbals de Tapia nicht alarmiert. Er schickte den Franziskanerpater Malgarejo de Urrea zu Tapia und ließ ihm mitteilen, Cortez könne momentan Mexico nicht verlassen. Danach ließ er einige seiner damaligen Vertrauten den sogenannten Gouverneur besuchen: Francisco Alvárez Chico, Bernardino Vázquez de Tapia, Jorge Alvarado und Simon de Cuenca, *alcalde*, Faktor und *regidor* von Vera Cruz, Pedro de Alvarado, Deputierter und *regi-*

dor von Tenochtitlán; Andrés de Monjaraz, Deputierter von Medellín; Cristóbal Corral, Deputierter der Stadt Segura de la Frontera, schließlich seine Stellvertreter Gonzalo de Sandoval, Diego de Soto und Diego de Valdenebro. Diese Männer nun prüften die von Cristóbal de Tapia päsentierten Befugnisse, machten ihn höflich darauf aufmerksam, dass kein königlicher Sekretär unterzeichnet habe und damit das ganze Schriftstück keinerlei Wert habe. Dann brachten sie ihm zur Kenntnis, dass die *conquistadores* von Neuspanien vom Kaiser die Einziehung dieser Verfügungen, Order oder Instruktionen verlangten, um Ungerechtigkeiten und Ärgernisse zu vermeiden. (*Seite 293*) Cristóbal de Tapia musste unverrichteter Dinge wieder abreisen.[258]

Nach der Ankunft der *Santa María de la Rábida* in Sevilla im November 1522 mit Juan de Ribera und einer Kopie der dritten *carta de relación*, den Briefen einiger *conquistadores*, einer Anzahl Geschenke und Kunstobjekte sowie mit 4000 Dukaten für Cortez' Vater Martín, wurde der Hof in Valladolid von den außergewöhnlichen Ereignissen in Neuspanien informiert. Die Mitglieder des Hofes hatten Gelegenheit, das Inventar des bei den Azoren geraubten Schatzes einzusehen: »Diejenigen, welche diese Briefe und Dokumente lasen, zeigten darüber große Bewunderung; das war der Beweggrund, dass viele ihre Ländereien verließen und nach Neuspanien fuhren« (Cervantes de Salazar).

Karl V. schrieb im Jahre 1523 mehrere Briefe an Cortez, verlangte ein Inventar über die Verteilung der Beute unter den *conquistadores*, übersandte ihm Instruktionen für die Regierung, über die gute Behandlung der Indianer, über die Eintreibung und Überweisung des Anteils für den königlichen Fiskus; und gleichzeitig flehte er Cortez geradezu an, ihm so viel Gold wie möglich zu übersenden. Jetzt regierte Cortez Neuspanien genau so, wie es sich der Kaiser vorgestellt hatte. In der Periode von der Kapitulation Cuauhtémocs (13. August 1521) bis zum Aufbruch nach Honduras (12. Oktober 1524), also etwas mehr als drei Jahre, übte Cortez eine absolute Macht aus. Und dieser Zustand hätte sicher noch länger gedauert, wenn Cortez nicht die falsche Entscheidung getroffen hätte, sich auf die Verfolgung eines bereits besiegten, toten und daher ungefährlichen Cristóbal de Olid zu machen!

Die *carta reservada* vom 15. Oktober 1524 an Karl V. wirft ein deutliches Licht auf Cortez' Machtausübung: er erklärt darin dem Kaiser, warum er seine Anweisungen nicht ausführte und warum er auch nicht die Absicht habe, sie auszuführen, zumindest nicht bis neue Order ergangen wären: »Die königlichen Befehle Eurer Majestät wurden nicht befolgt, bevor Eure Majestät nicht um Rat gefragt wurden (...), die in Abwesenheit (das heißt in Abwesenheit der Realitäten) getroffenen Entscheidungen können nicht gebührlich ausgeführt werden, denn sie berücksichigen nicht die Besonderheiten der obwaltenden Lage.« Entgegen königlicher Anweisung hatte Cortez, wie wir wissen, den *conquistadores* bereits ihre *encomiendas* zugewiesen: er rechtfertigt das mit den lebenswichtigen Notwendigkeiten der Spanier, aber auch mit der Unterdrückung, welche die Indianer von ihren alten Herren erfuhren, und nennt die bereits getroffenen Maßnahmen zu Verhinderung von Missbrauch. Cortez erklärt auch, warum die Provinz Tlaxcala von der *encomienda* ausgenommen wurde. Er ersucht um das Recht, *alcaldes* und *regidores* der Städte Neuspaniens auf der Basis der Vorschläge der Stadtbewohner ernennen zu können. Er beklagt sich, dass die königlichen Beamten die vom König zugesagte Regulierung der Schulden verweigerten unter dem Vorwand, sie hätten dazu keine Befugnis; er verspricht darüber zu wachen, dass die Beamten ihre Kompetenz nicht überschreiten.[259]

Selbst nach der Rückkehr von der Honduras-Expedition nahm es Cortez mit den Anweisungen des Königs nicht so genau, handelte ihnen wahrhaftig zum Teil entgegen. So ergeht mit einer Verfügung vom 24. November 1525 die Aufforderung an Cortez, sich unverzüglich nach Spanien zu begeben, um zusammen mit dem Kaiser die Regierungsmethoden in

Neuspanien zu überprüfen. Seine Anwesenheit wurde als unerlässlich betrachtet, »angesichts seiner großen Erfahrung mit den Angelegenheiten dieser Länder«, und er solle weder einen zweiten Brief, noch eine erneute Order abwarten. Cortez kümmerte sich nicht darum. Mit einer gewissen Inkonsequenz trug ihm der König am 20. Juni 1526 auf, eine Rettungsflotte für die Suche nach der Molukken-Expedition von García Loayasa und Sebastián Cabot zu organisieren. Diese letzte Verfügung erwähnt mit keinem Wort die frühere Anweisung, sich nach Spanien zu begeben. Allerdings nennt sie den Namen Ponce de León, der Cortez bei der Vorbereitung der Reise helfen sollte.[260]

Luis Ponce de León war Hofrichter, dessen Nominierung Karl V. mit einem Schreiben vom 4. November 1525 angekündigt hatte: da war es schon ein Jahr her, dass Cortez in unbekannte Gebiete aufgebrochen war und nichts wieder von sich hatte hören lassen. Auf diese Weise hatte er das Feld für eine Menge Neider und Intriganten geräumt, an deren Spitze, wie wir wissen, Gonzalo de Salazar stand, und der den Hof mit missgünstigen Briefen über Cortez versorgte. Der Brief vom 4. November, eine Antwort auf den vierten Bericht, bezieht sich ausdrücklich auf dieses Schreiben. Nachdem der König seiner Dankbarkeit Ausdruck verliehen hatte »für die Bereitschaft, mir Dienste zu erweisen, für die Sorgfalt und Umsicht, die Ihr immer gezeigt, so dass ich gut den Gewinn erkenne, den mir Eure Person bringt«, heißt es weiter: »Ich habe durch viele Personen und Briefe Berichte zu Euren und Eurer Regierung Ungunsten erhalten.« Auch wenn Karl einräumt, dass »diejenigen, die sich so äußern, es aus Leidenschaft und Missgunst tun«, kündigt der König an, er habe die Notwendigkeit eines jugement de réidence erkannt. Die Gelegenheit für die zivile Macht, verlorenes Terrain nach dem Triumph des Eroberers zurückzugewinnen, war zu günstig. Diese Gelegenheit hatte Cortez durch seine lange Abwesenheit selbst geschaffen, und Karl V. hatte sie ergriffen. Der Brief bezeugt zugleich einen erstaunlichen, wohl unfreiwilligen Humor: der König fordert Cortez wahrhaftig auf, Luis Ponce de León zu unterstützen, der ja keine Erfahrungen mit diesen Ländern habe und noch nicht wisse, was am Anfang zu deren Befriedung und Regierung zu tun sei; man müsse ihn also beraten, damit er keine Fehler begehe![261]

Von da an sollte die Umklammerung der zivilen Macht nicht mehr nachlassen, und was noch schlimmer war: das Glück wendete sich von Cortez ab. Luis Ponce de León, ein ehrenhafter Mann, starb bald nach seiner Ankunft, und sein Nachfolger, der alte und kranke Marcos de Aguilar, erwies sich als unfähig. Cortez beugte sich schließlich den Forderungen der Krone, nach Spanien zu kommen, umso mehr, als er darauf brannte, den Kaiser persönlich kennenzulernen und weil er darauf aus war, ihn auf seine Seite zu ziehen. So nutzten die korrupten Vertreter der zweiten Audiencia (eine art legaler »Gang«) seine zweite, lange Abwesenheit, seine Güter zur Plünderung freizugeben, seine Autorität zu ruinieren und ihm mit Erfolg einen Teil seiner alten Waffengefährten mit Hilfe von Schenkungen (Indianer und Land) zu entfremden. Auch wenn Cortez in Spanien mit dem Adelstitel und der Belehnung mit einem ausgedehnten Besitz für seine Großtaten belohnt wurde, konnte er den Kaiser doch nicht davon überzeugen, ihm die wirkliche Macht zu übertragen. Titel und Funktion eines Generalkapitäns verliehen ihm lediglich militärische Kommandogewalt, die der Krone bei einer indianischen Revolte nützlich sein konnte. Die letzten entsprechenden Vorstösse beim Kaiser in Barcelona waren vergeblich. Die Errichtung der Audiencia kündigte, unabhängig von der Qualität der Richter, die unwiederbringliche Übertragung der administrativen und richterlichen Verantwortlichkeiten auf die Beamten des Königs an. Die Aktionen der zweiten Audiencia lieferten ab 1532 eine diesbezügliche Demonstration; das war gewiss eine unvermeidliche Entwicklung, aber sie wurde von den Irrtümern des *conquistador* noch beschleunigt.

Ab 1532 gleichen die Beziehungen zwischen Karl V. und Cortez einem Dialog zwischen zwei tauben Männern. Meist antwortet der Kaiser nicht mehr auf die Ersuchen und Beschwerden des *conquistador.* Die zweite Audiencia lässt ihm Gerechtigkeit widerfahren und ersetzt ihm teilweise die schweren Einbußen während seiner vorangegangenen Regierungstätigkeit, lässt sich aber nicht von seiner Argumentation im Zusammenhang mit der könglichen Gewährung jener 23 000 »Vasallen« überzeugen. Die Flitterwochen zwischen dem Vizekönig Antonio de Mendoza und Cortez enden in der ehrgeizigen Rivalität zwischen den beiden Männern. Die zweite Reise nach Spanien mit dem enttäuschenden Algierunternehmen als Höhepunkt ist ein vollständiger Misserfolg: die Sprachlosigkeit zwischen dem alternden Cortez und dem Kaiser ist total. Gegenüber dem Feldherrn, dem Politiker, dem Unternehmer Cortez verkörpert Karl V. das Schweigen des bürokratischen Staates, dessen Funktionäre und Agenten auf die unerbittliche Zerstörungskraft der Zeit setzen.

Die Aktivitäten eines untypischen Unternehmers

Während der Kaiser und seine Berater Cortez die Kernstücke seiner Macht nahmen, gewährten sie ihm im Gegenzug, sozusagen als Entschädigung, einen immensen herrschaftlichen Besitz, der zur Grundlage eines gewaltigen Vermögens werden sollte. Aber schon vor dem »Gunstbeweis« von 1529 hatte Cortez ein wahrhaftiges Reich errichtet; es basierte auf den vielfältigsten Einkünften, deren Ergiebigkeit sich bei seiner zweiten, prunkvollen Reise nach Spanien zeigte. Die Beute aus der Eroberung stand somit am Anfang seines Vermögens. Vor seinem Marsch auf Tenochtitlán hatte er sich von seinen Kampfgefährten zu seinen Gunsten ein Fünftel der zukünftigen Beute nach Abzug des königlichen Fünfts genehmigen lassen. Übernehmen wir einmal die Rolle der Neider und Übelwollenden:

es ist nahezu sicher, dass Cortez, trotz der *Noche Triste*, einen Teil seines persönlichen Schatzes retten konnte. In den beiden Jahren nach seinem endgültigen Sieg konnte Cortez dank verschiedener Feldzüge sein Vermögen an Gold und Silber noch erhöhen. Er hat einmal behauptet, das Gold der Indianer von Coyoacán, von Xaltocan und anderen Orten habe aus Stücken geringen Wertes bestanden und dass ihm die Indianer von Texcoco weniger als 60 000 pesos gegeben hätten, von denen noch der königliche Fünft abgerechnet worden sei, etc.

Eines ist gewiss: Cortez hatte einen »Kriegsschatz« angehäuft. Hatte er ihn bei seinem Abmarsch nach Honduras dem Schutz seines Majordomus Rodrigo de Paz anvertraut? Das jedenfalls glaubten Salazar und Chirinos, die den Majordomus grausam folterten, bevor sie Hand an den Schatz legten. Ob er nun das Geheimnis seines Herrn kannte oder nicht, Rodrigo de Paz schwieg. Cortez stellte jedenfalls sein großes Vermögen so schnell wieder her, dass als einzige Erklärung die Wiedererlangung zumindest eines Teils seines versteckten Geldes bleibt.

Auf der anderen Seite hatte sich der *conquistador* eine beträchtliche Anzahl gewinnbringender *encomiendas* zugeteilt sowie etwa fünfzig Landparzellen am Rande der Stadt Mexico. Der außerordentlich bemerkenswerte Unternehmergeist des Hernán Cortez ermöglichte ihm Spekulationen mit guter Rendite. So hatte er Rinder, Schafe, Pferde und Schweine in großer Zahl eingeführt, den Anbau von Getreide, Wein und Zuckerrohr betrieben, die Pflanzung von Maulbeerbäumen und Orangenbäumen; er unterhielt Zuckermühlen mit Hilfe indianischer und afrikanischer Sklaven und begann mit der Ausbeutung der Minen von Sultepec, Taxco und anderen Orten. Als ihm Francisco de Terrazas, einer seiner Verwalter während seines Aufenthalts in Spanien am 30. Juli 1529 über das Ausmaß der Katastrophe berichtete, teilte er Cortez mit, dass sein gesamter Viehbestand (Kühe, Schafe, Pferde) und seine Sklaven auf Anweisung der königlichen Beamten an Meistbietende

Der wappengeschmückte Palast von Hernán Cortes in Cuernavaca. Roger-Viollet.

verkauft worden seien; damit sollten die angenommenen Steuerschulden von 44000 Pesos an Ihre Majestät bezahlt werden. Auch hätten sie sein Haus in Mexico (oder in Coyoacán) und seine Läden beschlagnahmt, dem König seinen Besitz in Cuernavaca übergeben (den sich später Antonio de Villaroel aneignete) und dass sie seinen Besitz im Tal von Oaxaca und in Michoacán genommen hätten. Jetzt habe Cortez keinen Peso mehr, versicherte Terrazas. Sein gesamtes Gut war verkauft, konfisziert, geplündert worden.

Im Verlauf weniger Jahre jedenfalls hat Cortez die Basis seines Vermögens wieder hergestellt und noch erweitert. Er war in der Lage, bedeutende Mittel in die Südmeerfahrten zu investieren, in Spanien auf großem Fuß zu leben und sich ab 1540 aber auch zu verschulden. Alles deutet darauf hin, dass die Abgaben und Dienste der Indianer im Zusammenhang mit der Gewährung von 23 000 »Vasallen« am Anfang dieses neuen Vermögens standen. Wahrscheinlich ist auch, dass Cortez, seiner politischen Ambitionen beraubt, mehr als zuvor die Indianer seiner *encomiendas* und seiner Domänen unter Druck setzte. Vielleicht hat er nicht selbst ensprechende Anweisungen erlassen, aber seine Verwalter in den 1530 Jahren zur Erwirtschaftung größerer Erträge genötigt, um seine Expeditionen ins Südmeer finanzieren zu können. Dafür ist er verantwortlich zu machen.

Dieser durchaus ungewöhnliche Mann war zunächst Viehzüchter auf den Inseln, dann »Kriegsunternehmer«, Verwalter und Nutzer seiner Eroberungen. Danach wurde er Grundbesitzer mit einer Vorliebe für Neuerungen, wurde kapitalistischer Unternehmer, der Zucker herstellte und verkaufte, Gold- und Silberminen ausbeutete. Aufgrund von Inventarien am Ende seines Lebens kennen wir viele seiner Domänen, die Beschaffenheit seiner Pflanzungen und Herden, die Herkunft und Anzahl seiner Sklaven etc.

Der bekannteste Fall ist der von Cuernavaca. In diesem etwa zwei Tagesritte von Mexico entfernten Dorf ließ Cortez 1530 eine Palastfestung nach dem Vorbild des Diego Colón in Santo Domingo erbauen, die man heute noch besichtigen kann. Es ist ein strenger, geräumiger Bau mit dicken, aber wohlproportionierten Mauern und mit schönen, zum Tal hin offenen Terrassen. In Cortez' Epoche war das Gebäude von Gräben umgeben.

Wir wissen nicht genau, wie das Wohngebäude möbiliert war, denn Juana de Zúñiga hatte den Notar, der mit der Aufnahme des Inventars betraut war, wissen lassen, dass sie eine Inspektion nicht duldete. Das Palais war mit möglicherweise flämischen Bildteppichen geschmückt (einundzwanzig nach dem Inventar) sowie mit *guadamecis*, gepunztem Cordobeser Leder in flammendem Rot, das noch heute in ganz Lateinamerika verbreitet ist. Den Boden bedeckten Teppiche in lebhaften Farben, Möbel gab es merkwürdigerweise nicht, insbesondere auch keine Tische, obwohl Tischdecken vorhanden waren. Das Haus beherbergte Betten und Bettwäsche hoher Qualität (Überdecken, Laken, Betthimmel). Der Notar musste sich bei seinem Inventar an einige Sessel, Stühle oder Bänke, flämische Truhen, vier Baldachine aus Damaststoff halten. Er registrierte einige Waffen, vor allem Schwerter, und Reitaccessoires. Das Silberzeug überrascht durch seine Bescheidenheit: in Spanien hatte Cortez reiche Silbergegenstände, die er in Sevilla für ein Darlehen von 6000 Dukaten verpfändete! Seltsamerweise entdeckte man weder Musikinstrumente noch Bücher, nicht einmal Ausgaben der *Siete Partidas* oder der *Lois de Toro,* wichtige Hilfmittel für das politische Handeln des *conquistador.* Nur die Kapelle verfügte über einen Psalter, Gesang- und Orgelbücher, neben Priestergewändern und liturgischen Geräten. Juana de Zúñiga hatte durchaus legitim darauf bestanden, Geschmeide, Juwelen und persönliche Gegenstände nicht in das Inventar aufzunehmen. Der Notar konnte die Waffenkammer inspizieren und notierte 112 tragbare Waffen (Arkebusen, Büchsen, Armbrüste, Lanzen, Schwerter), Schilde, Rüstungen, Pulverfässchen und sogar zehn Bronzekanonen.

Ebenso konnte der Notar eine vollständige, fast peinlich genaue Zählung des bebauten Landes vornehmen: Gartenland, Obstgärten, Pflanzungen, Geflügelgehege, das Vieh, die Pferdeställe und ihre Bestände, die Wagen, Zugvieh, die Schmiede, die Textilschneiderei, den Werkzeugbestand und die Vorräte, schließlich die indianischen und afrikanischen Sklaven. Diese Zählung genügte, um Cortez den dreifachen Status eines Großgrundbesitzers, eines Viehzüchters und eines kapitalistischen Unternehmers zuzusprechen, ohne dass es notwendig gewesen wäre, seine Besitzungen in Mexico und seinen Grundbesitz im Umland Mexicos, in Coyoacán oder Toluca oder weiter entfernt im Tal von Oaxaca, in Jalapa oder Coaxtla heranzuziehen oder seine Edelmetallminen und seine Werften am Pazifik. Um den Wert seiner Domänen in der Region Cuernavaca einzuschätzen, muss daran erinnert werden, dass es sich meist um bewässertes, sehr fruchtbares Land handelte, so dass die reine Flächenausdehnung nur von untergeordneter Bedeutung ist. Cortez hatte ganz bewusst sein Auge auf diese Region geworfen![262]

Die Besitzungen des Marqués in Cuernavaca bestanden nicht aus einem zusammenhängenden Stück. Sie lagen verstreut neben den Besitzungen anderer Spanier und dem Land indianischer Gemeinden der Region. Sie verteilten sich auf mehrere hundert Parzellen in einem recht ausgedehnten Gebiet von rund fünfzig Kilomtern Durchmesser, von Oaxtepec im Osten bis Miacatlan und Mazatepec im Westen, von Cuernavaca im Norden bis Tlatizapan im Süden. Yautepec war das aktivste Zentrum dieses Besitzareals.

Die Pferdeställe von Cuernavaca beherbergten zwei Reitpferde, achtzehn Hengstfohlen, davon zwei Wildpferde, während die anderen zugeritten waren oder zugeritten wurden, zwei sehr gute Maultiere, fünf gute Straßenpferde sowie viel Pferdegschirr, Sporen, Sättel etc. Außerdem besaß der Marqués noch eine Pferdezucht in Atlicaca mit einundsechzig Wildfohlen von zwei bis fünf Jahren, zwei Pferde und zehn Maultiere; eine andere Pferdezucht in Tlatizapan umfasste 107 Stuten, 59 Stutenfohlen, ein Pferd, sieben Maultiere und zwei Maulesel. Diese Zuchthöfe wurden von Sklaven bearbeitet; die Höfe verfügten natürlich auch über Häuser und Viehgatter.

Eine Rinderzucht, die *estancia* Atelinca, befand sich in der Umgebung von Mazatepec; dort standen 195 fette Rinder in gutem Zustand. Dazu gehörten sechs Stiere, 74 Färsen guter Qualität, 71 Jungstiere (*novillos*) und 64 Kälber. Zusammen also 450 Stück Vieh, die von Sklaven gehütet wurden.

Die Schafherde war weniger bedeutend und zählte weniger als 150 Tiere; hinzu kamen noch ein Dutzend Ziegen. Zwei Höfe betrieben Schweinezucht, 52 Tiere von ein bis zwei Jahren in einem Hof in der Nähe des Palais zur Ernährung der dortigen Bewohner; in einem anderen Hof 111 Schweine und

Muttersauen zur Ernährung der Sklaven in der Zuckermühle von Tlaltenango.

Der Ackerbau auf den Gütern des Marqués war von erstaunlicher Vielfalt. Die Getreidefelder bedeckten große Flächen, und auf einigen Parzellen standen Getreidespeicher; der von Texcalpa fasste gut 500 Hektoliter. Andere Getreidefelder lagen in Yautepec mit einem weiteren Speicher sowie in der *estancia* von Texcalpa. In der Nähe des Palais erhob sich eine Mühle, welche die Bevölkerung der Umgebung mit Mehl versorgte.

In Yautepec besaß Cortez eine schöne *huerta* von mehr als 62 Hektar, von der ein Drittel für Weizen vorgesehen war. Obstgärten mit Granatäpfeln, Quitten, Feigen, Zitronen, Äpfeln, Birnen bestimmten das Landschaftsbild ebendo wie ein Rebenstück von 1000 Fuß.

Ab 1520 betrieb Cortez die Anpflanzung von Maulbeerbäumen für die Seidenherstellung; der Anbau missglückte jedoch. 1530, bei seiner Rückkehr aus Spanien brachte er neue Maulbeerpflanzen und Seidenraupen mit und ließ eine Spezialistin für die Seidenherstellung aus Spanien kommen. Er ließ Maulbeeren auf Flächen seiner eigenen Ländereien und auf dem Land der Indianer mit deren Einwilligung anpflanzen. Im Jahr der Inventarisierung, 1549, zählte der Notar 27.148 Maulbeerbäume. Auf den wichtigsten Parzellen in Tlalcocuaya und Tlaquiltenango standen jeweil 3.175, 2.890 und 2.360 Bäume. Alle diese Maulbeerbäume waren vier bis sechs Jahre alt, schlecht gepflegt und warfen nur wenig ab. Sie waren während der Abwesenheit des Marqués gepflanzt worden, aber die ältesten, noch zu seiner Zeit gesetzten Maulberbäume von etwa zehn Jahren sahen nicht besser aus. Vielleicht nur etwa ein- oder zweitausend Bäume waren in gutem Zustand. Die Schaffung einer Seidenindustrie, in der nach Cortez' Plänen zahlreiche Indianerinnen hätten beschäftig werden können, gestaltete sich enttäuschend.

Mehr Erfolg hatte er mit dem Anbau von Zuckerrohr und

Szenen des Alltagslebens. Aus dem Codex Mendoza. Oxford, Bodleian Library.

der Zuckerherstellung. Die 40 bewässerten Parzellen erstreckten sich auf insgesamt 152 Hektar. Eine Zuckermühle mit allen notwendigen Einbauten und Geräten arbeitete in Tlaltenango (Dampfkessel, Reinigungs- und Affinieranlagen, Formen, mechanische Werkstatt)und stellte raffinierten Zucker her; auf Wagen wurde der Zucker nach Mexico gebracht, wo Cortez Verkaufsläden besaß. An der Mühle der Isabel de Ojeda, Witwe des Antonio Serrano de Cardona, hielt er einen Anteil von einem Siebtel. Aus dem Vertrag von Leónardo Lomelin zu Valladolid wissen wir, dass Cortez auch den Export fördern wollte. Nach dem Inventar zu urteilen, waren die Zuckervorräte zu dieser Zeit enorm. Ein geringer Teil des Zuckers war von schlechter Qualität, ein anderer Teil ruhte noch in den Formen und befand sich in der Phase der Konditonierung. Aber mehr als 6000 *arrobas* weißen Zuckers waren verkaufsfertig. Bei einem Preis von 1 Dukaten pro *arroba* hatte dieser Vorrat einen Wert von 6000 Dukaten. Eine hübsche Summe.

Der Zuckerrohranbau und die Zuckerherstellung erforderten ein hohes Maß an Sklavenarbeit. Wenn meine Zählung richtig ist, verfügten die Domänen von Cuernavaca nach Cortez' Tod über 261 erwachsene Sklaven, Indianer und Afrikaner, Männer und Frauen, dazu noch etwa zwanzig Kinder. Im Palais waren 23 dieser Sklaven beschäftigt (12 Männer, 11 Frauen), davon zwei Drittel Indianer, von denen einige gut nachweisbare Berufe ausübten: Müller, Schlachter, Köche, Schneider, Posamentierer. Im Pferdestall arbeiteten drei schwarze Sklaven, acht weitere (fünf Indianer, zwei Schwarze, ein Moriske) in den *estancias*. Die Textilwerkstatt beschäftigte 17 indianische Sklaven. Die Arbeiter in der Schmiede und in der Werkstatt der Zuckermühle setzten sich aus 37 schwarzen und indianischen Sklaven zusammen, darunter zwei Schmiedemeister und sechs Modellbauer für die Zuckerhüte. Die Mehrzahl der Sklaven arbeitete jedoch auf den Zuckerrohrplantagen und in der Mühle: 173, das sind 66,3 %, 70 Männer und 103 Frauen, mehr Indianer als Afrikaner. Auffällig ist das fortgeschrittene Alter der indianischen Sklaven.

Immerhin waren 56,4 % der 170 indianischen Sklaven 50 Jahre oder älter, und dieser Prozentsatz liegt bei den Männern noch höher (63 %). Kein indianischer Sklave ist jünger als 40 Jahre, lediglich zwei Indianerinnen sind unter 40. Das Durchschnittsalter der schwarzen Sklaven ist deutlich niedriger: 12 von 35 sind jünger als 40 Jahre, und drei jünger als 30. Die Hälfte der afrikanischen Sklavinnen (11 von 21) war jünger als 40 Jahre. Es ist offenkundig, dass die meisten indianischen Sklaven zur Zeit der Eroberung in die Sklaverei gezwungen wurden, das heißt in den 1520er Jahren, als sie zwishcen 20 und 30 Jahre alt waren oder vielleicht noch jünger. Das Alter der Sklaven legt nahe, dass es Cortez ernst meinte, als er empfahl, keine Sklaven mehr in Neuspanien zu machen, auch nicht bei weiteren Eroberungen. Aber er war auch vorausschauend: nach der Entscheidung, die Sklaverei abzuschaffen, schien es wenig opportun, noch weitere zu kaufen! So dekretieren dann auch 1542 die *Neuen Gesetze* die Befreiung der Sklaven, auch wenn dies langsam und unvollständig durchgeführt wurde.

In der Regel handelte es sich um Männer und Frauen aus Zentralmexico, aus der Stadt Mexico und ihrer Umgebung, also Texcoco, Tlaxcala, Cholula, Tepeaca, Yanguitlan). Eine Gruppe kam aus Cuernavaca und Umgebung, aus Oaxtepec, Cuautla, Mazatpec, es gab aber auch Sklaven aus Colima, Oaxaca und Guatemala.

Der zunehmende Rückgriff auf afrikanische Sklaven (der Vertrag von 1544 in Valladolid bestätigt den Handel mit Afrikanern) erklärt das jugendliche Alter dieser Sklaven. Sie werden pauschal als *ladinos* bezeichnet, das heißt, sie konnten sich auf Spanisch verständlich machen.[263] Die Frauen haben meist kleine Kinder.

Natürlich müssen auch die Abgaben an den Marqués berücksichtigt werden, um die es auch bei dem Prozess der Indianer von Cuernavaca gegen Cortez ging. Diese Leistungen, in Form von Arbeit, Lieferung von Nahrungsmitteln oder handwerklichen Produkten ermöglichten dem Marqués und seinen Leuten einen bedeutenden Handel mit Überschüssen.

Cortez hatte auch die Zukunft des mexicanischen Minenwesens im Auge. Die Zeit der Schatzsuche war vorbei, die Zeit der Ausbeutung von Gold- und Silberadern war gekommen. Schon vor dem »Gunstbeweis« von 1529 hatte sich der zukünftige Marqués im Rahmen der *encomienda* mit einigen Bergwerksdörfern versorgt, so etwa mit Tamazula im Michoacán, wo er mehrere hundert Sklaven in den Goldminen einsetzte. Die Richter der ersten Audiencia konfiszierten diese Mine in seiner Abwesenheit. Ab 1534 beutete er weitere Goldminen in Tehuantepec aus; wir wissen, dass dort 395 Sklaven für ihn arbeiteten, die im Jahre 1541 4.458 Goldpesos produzierten. Nach dem Tod des Marqués warfen diese Minen nichts mehr ab und wurden aufgegeben.

Wie José Luis Martínez beobachtete, engagierte sich Cortez im Minenwesen, als die Konjunktur schlecht war: die Goldförderung ging zurück, und die Silberförderung war noch in den Kinderschuhen. Deshalb warfen die Minen weniger Gewinn ab als Cortez erwartet hatte. Immerhin aber blieb ihm die Veränderung nicht verborgen, und er begann die Silbermine von Taxco auszubeuten, die im 17. Jahrhundert besonders florierte. 1536 kaufte er von Melchor Vázquez und Francisco de Hoyos zwei Teile der »sehr reichen« Mine von Sultepec unweit von Cuernavaca in Richtung Taxco und wurde damit Eigentümer der Hälfte dieser Mine. Gleichzeitig erwarb er die Ausrüstung und insgesamt 70 Sklaven für einen Gesamtpreis von 22 000 Pesos Feingold. Im November desselben Jahres gründete er eine Minengesellschaft zusammen mit dem Schatzmeister Juan Alonso de Sosa. Jeder der beiden Gesellschafter tätigte dieselbe Einlage: die Hälfte der Mine und 100 indianische Sklaven, darunter indianische Spezialisten für die Scheidung des Goldes sowie zusätzlich sechs schwarze Sklaven. Im Dienste der Gesellschaft standen weitere 80 Indianer für Transporte, Bau der Werkstätten und für die Gießereien. Gewinne und Verluste gingen zu gleichen Teilen an die Gesellschafter. Einem der früheren Inhaber übergab Cortez die Verwaltung seines Anteils. Die Verbindung mit einem Beamten der Krone war durchaus geschickt, denn Cortez konnte damit den Schikanen der Steuerbeamten entgehen.[264]

Allerdings sollte man sich nicht von den Klagen des Marqués beeindrucken lassen, der sich immer wieder tief bekümmert zeigt, seinen ganzen Besitz im Dienst des Königs verbraucht zu haben und der sich in seinem berühmten Brief an Karl V. vom 5. Februar 1544 als ruiniert bezeichnet, »alt und arm, in diesem Königreich mit 20 000 Dukaten verschuldet, unbeschadet der 100 000 anderen, die ich mitbrachte oder mir schicken ließ und die ich ausgegeben habe.«[265] Gewiss, diese Jahre in Spanien waren sehr teuer. Er war weit weg von seinen Gütern und konnte nicht alle Erträge nutzen, die er erwartete. Er hatte viel Geld für Darlehenszinsen verloren. Aber dennoch war sein Vermögen gewaltig. Seine Erben, die hart aneinander gerieten, um dieses Vermögen in ihre Hände zu bekommen, wussten genau, um welche Werte sie sich stritten.

»Cortez muss in die Geschichte zurückgeholt werden«. Dann könnten sich »die Mexicaner klarer, großzügiger, gelassener betrachten.« So weist Octavio Paz Verdammungen und Verwünschungen, Hagiografien und Heiligprechungen insgesamt zurück.[266] Der große mexicanische Schriftsteller formuliert hier eine Notwendigkeit. Paradoxerweise war Cortez für die mexicanische Geschichtsschreibung lange Zeit nicht vorhanden, auch existierte er nicht als Gegenstand mexicanischer Gedenkmonumente. Ein hervorragendes, 1991 erschienenes Buch, in dem eine Bilanz dieser Geschichtsschreibung der letzten zwanzig Jahre gezogen wird, begrüßt ausdrücklich »die Wiedergewinnung« der Periode der Vizekönige, umgeht aber den Fall Cortez geschickt mit dem Hinweis, man habe auf eine wissenschaftlich fundierte Cortez-Biografie bis zum Jahre 1990 warten müssen.[267]

Das vorliegende Buch beabsichtigt eine bescheidene und sehr unvollständige »Wiedereinsetzung« in die Geschichte. Gleichwohl hat die epische Dimension der Person die Pforten zur Legende geöffnet. Wer könnte sich darüber wundern?

Ein populärer Held?

Den meisten *conquistadores* war der außerordentliche Charakter ihrer Taten durchaus bewusst. Gerne verglichen sie sich mit den Helden der Antike. Bernal Díaz, der um 1565 schrieb, glaubt, Cortez habe Alexander den Großen imitieren wollen, aber die Berichte des Eroberers, namentliche bestimmte Stilzüge, legen nahe, dass er sich eher mit Caesar identifizierte. Unter den berühmten Figuren, die man im Zusammenhang mit den *conquistadores* nannte, finden sich neben Alexander und Caesar dann noch Octavian, Hannibal, Hektor, Achilleus, Roland und der Cid. Eine ganze Reihe dieser neuen Helden

José Clemente Orozco, Hernán Cortes, Mexico, Privatsammlung.

musste glauben, sie seien würdig für die *Vitae* eines neuen Plutarch, des bevorzugten Autors der Renaissance. Sie brauchten nicht neidisch zu sein auf ihre griechischen und römischen Vorbilder. So muss Juan de Castellanos, auch er *conquistador* und Abenteurer, gedacht haben, als er seine *Elegien der berühmten Helden Indiens* dichtete:

Um wahr zu sprechen und ohne Schmeichelei,
haben Hektor, Telamon und der große Achilleus
erfüllt, was Ihr selbst geschaffen?

Und der Autor, der sich an die Römergestalten Plutarchs erinnert, begeistert sich im Gedenken an die durchquerten Wüsten und Dschungel, an die unsäglichen Leiden, an den beständigen Hunger, die immerwährende Bedrohung durch wilde Völker … Der begabte Dichter, der lebhafte Erzähler, der Sammler erbaulicher Anekdoten Castellanos widmet den *conquistadores* 140 000 Verse! Die Elegien VI und VII befassen sich am Anfang mit Diego Velázquez und Francisco de Garay und münden dann ein in den Ruhm des Cortez. Der Autor einer anonymen *Romanze*, deren Text man in Mexico entdeckt hat, beginnt mit den Worten: »Fernan Cortés de Monroy, großes Ebenbild Caesars, neuer Alexander Spaniens …«[268]

Gonzalo Fernández de Oviedo oder Francisco Cervantes de Salazar geben ihrerseits mittelalterlichen und christlichen Helden den Vorzug, wie etwa dem Cid oder Roland.[269] Natürlich sind Anspielungen auf die Helden der Ritterromane, vor allem des Amadis, häufig, und einmal stimmt sogar Bernal Díaz del Castillo in diesem Punkt mit Francisco López de Gomara überein.

Wie nicht anders zu erwarten, inspirierte Hernán Cortez eine ganze Reihe epischer Dichtungen. Zehn solcher im 16. und 17. Jahrhundert entstandenen Gedichte entdeckte Winston A. Reynolds, der sie systematisch untersucht hat; vier davon sind vollständig: die des Gabriel Lasso de la Vega (*Cortés valeroso*, 1588, neu ediert 1594 unter dem Titel *Mexicana*), des Arias de Villalobos (*Canto intitulado Mercurio*, 11623) und des

Juan Cortés Ossorio (*Las Cortesiadas*, Mitte des 17. Jahrhunderts). Vier andere Gedichte sind nur fragmentarisch überliefert: das interessanteste war sicher *Nuevo Mundo y Conquista* des Francisco de Terrazas, in Mexico geboren und Sohn des gleichnamigen Gefährten des Hernán Cortez; zwei andere sind verloren. Keines dieser Dichtungen hat jedoch wirklichen Erfolg gehabt, und nach dem Urteil Winston Reynolds verdienen sie es, in Vergessenheit geraten zu sein, mit Ausnahme des Gedichts *Mexicana.* Dieselbe Einschätzung äußern Marcelino Menéndez Pelayo und Joé Luis Martínez. Die epischen Dichtungen des 18. Jahrhunderts sind nicht besser, mit Ausnahme des Liedes von Moratin, *Las Naves de Cortés* (»Die Schiffe des Cortés«). Somit hat die epische Dichtung auf keine Weise dazu beigetragen, aus Cortez einen volkstümlichen Helden zu machen.[270]

Der große Lope de Vega hat Cortez dagegen mit wesentlich eindrucksvolleren Worten gerühmt:

> Ich bin Cortés, der Mann, der mit diesem Schwert eine andere Welt besiegte,
> Ich habe Spanien Triumphe und Lorbeeren gewonnen,
> Und durch glückliche Kriege
> Dem König grenzenlose Länder,
> Und Gott unendlich viele Seelen.

Das Gedächtnis der Generationen hat ansonsten nur das eine oder andere Lied bewahrt, das bei den traditionellen Dichterwettkämpfen am Tag des Heiligen Hippolytus (13. August) gedichtet wurde; der Heilige war von Cortez zum Patron Mexicos erkoren worden, weil man an seinem Festtag Tenochtitlán zurückerobert hatte. Die Feierlichkeiten zum 100. Jahrestag (13. August 1621) dieses Ereignisses verliefen besonders prunkvoll, aber das kleine Preislied des Villalobos auf Cortez verdient nicht zitiert zu werden.

Man hätte sich Cortez als bevorzugten Gegenstand der zahlreichen Romanzen vorstellen können und damit seinen Einzug in die Phantasie des Volkes, zumal die *conquistadores* mit nur einem Quentchen an Bildung sich nicht scheuten, solche Romanzen an sie zu zitieren. Nach Menéndez Pelayo soll Cortez selbst in Tlaxcala denen, die ihn verlassen wollten, eine von einer Romanze inspirierte Antwort gegeben haben. Jedoch, die Texte zum Ruhme des Hernán Cortez sind rar. Eine Romanze ist dennoch sehr populär geworden, vielleicht, weil sie von einem Moment der menschlichen Schwäche des Eroberers handelt:

A Tacuba estaba Cortés	In Tacuba stand der Cortés
Con su escuadron esforzada	mit seiner tapferen Schar,
Triste estaba y muy penoso	traurig war er und voller Schmerz,
Triste y con gran cuidado	traurig und voller Sorge,
Una mano en la mejilla	eine Hand an der Wange
Y la otra en el costado …	die andere an seiner Seite …

Die Romanze bezieht sich auf eine Episode während des Feldzugs zur Rückeroberung von Tenochtitlán im April 1521. Cortez will auf einem *cu*, einer Art heiligen Pyramide der Mexica, einen Augenblick ruhen. Unvermittelt überfällt ihn die Erinnerung an die gefallenen Gefährten in der *Noche Triste*, besonders aber an seine beiden Stalljungen, welche die Mexica auf den Altären geopfert hatten, und er beginnt bittere Tränen zu vergießen. Am Ende der sechsten Strophe berichtet Bernal Díaz, diese Romanze (deren Rest er allerdings nicht zitiert) sei noch siebenundvierzig Jahre später, als er die *Verdadera Historia* redigierte, sehr populär gewesen. Mehrere Autoren datieren die Episode fälschlich auf einen der Tage nach der *Noche Triste*: das ist eine Verwechslung mit der Legende der *ahuehuete*, die weiter unten behandelt wird.[271]

Will man Bernal Díaz glauben, und man tut gut daran, dichteten die *conquistadores* selbst Strophen aus den Stegreif zum Lobe des Hernán Cortez, häufiger noch in Form von Schmähungen oder Klagen, die sie auf die weißen Mauern von Coyoacán schrieben: Cortez las sie und beantwortete sie im gleichen Ton. Leider kennen wir den Inhalt dieser Texte nicht.[272]

Noch weitere cortesianische Romanzen (im Stil des Luis de Góngora) sind bekannt, von denen vier im Jahre 1601 von Gabriel Lasso de la Vega veröffentlicht wurden: drei davon sind sein eigenes Werk, das letzte stammt aus der Feder von Jerónimo Ramírez, einem Freund Lassos, Sekretär des dritten Marqués del Valle, Enkel des Hernán Cortez. Letzterer feiert zu Cortez' Ruhm vor allem seine Treue zum König, dem der *conquistador* »die Früchte seiner Taten, reiche und belebte Provinzen, Schiffe voller Silber« schenkte und nichts davon zurückbehielt als seinen guten Ruf. Die Romanzen des Gabriel Lasso (76 bis 97 Verse) sind intressanter, denn sie beziehen sich genau auf bestimmte Episoden des cortesianischen Epos und lassen sich deshalb besser memorieren. Ein Lied handelt von der Strandung der Schiffe, das zweite von der Gefangenschaft Moctezumas, das dritte von der Zerstörung der Götzenbilder. Eine andere, viel kürzere und anonyme Romanze besingt Cortez' Sieg über Pánfilo de Nárvaez. Diese immer wiederkehrenden Themen zeigen, dass die Episoden im Spanien des 16. und 17. Jahrhunderts wohlbekannt waren, denn Gabriel Lasso de la Vega beispielsweise war nie in Amerika.

Die am besten bekannten, am weitesten verbreiteten cortesianischen Romanzen sind paradoxerweise diejenigen, die sich mit dem Unglück des Hernán Cortez befassen: über den »alten Cortez« wie er im Schatten des Königshofes seine Reichtümer mit Prozessen durchbringt, die Undankbarkeit der Könige bedenkt und traurig, aber vergeblich, auf Gehör hofft. Eine Romanze dieser Art, *En la Corte esta Cortés*, erfreute sich im 17. Jahrhundert großer Beliebtheit: sie wurde häufig auf Flugblättern abgedruckt, war Bestandteil vieler Komödien und hat sogar höhere literarische Weihen erhalten, weil sie Voltaire in seinem *Essai sur le Mœurs* zitiert. Wir kennen mehrere Version der Romanze, die älteste findet sich in einer Textsammlung von 1598–1612. Der Autor ist möglicherweise Mateo Rosas de Oquendo, ein Dichter des 16. Jahrhunderts.

Diese gut vierundachzig Strophen umfassende Romanze ist

von einer gewissen Flüchtigkeit, ist bitter und wehmütig; sie ist von der Freude am Bildhaften geprägt und spielt mit der Idee, dass Phlipp (der spätere Philipp II.) mit einer Geste der Freundschaft die Undankbarkeit seines Vater aufhebt. Es fällt indessen schwer zu glauben, dass der Autor der Romanze den Hof Philipps II. mit dem Hof Karls V. verwechselt haben sollte.[273]

Wie auch immer die Verbreitung der *Romanzes* ausgesehen haben mag, der Eindruck der cortesianischen Heldentaten auf die allgemeine Meinung in Spanien und in anderen Ländern geht hauptsächlich auf das Konto von Legenden, die sich um die markantesten Episoden des Abenteuers rankten.

Die Cortez-Legenden

Die berühmteste Legende, die mit dem Namen des Cortez verknüpft ist und sprichwörtliche Form annahm – »seine Schiffe verbrennen« (*quemar sus naves* im Kastilischen) – ist von Jean-Pierre Sanchez, dem großen Spezialisten für die Legenden der Entdeckung und Eroberung Amerikas, untersucht worden. Er verweist zunächst darauf, dass das cortesianische Epos einige Vorgänger hatte: Wilhelm der Eroberer; Agathokles, Tyrann von Syracus; der berberische Seeräuber Arudj (genannt Barbarossa) sollen seinerzeit ebenfalls ihre Schiffe verbrannt haben. Indessen, interessant an der Legende ist, dass der *conquistador* in der Realität niemals seine Schiffe verbrannt hat: er ließ sie nur auf Grund laufen!

Wir kennen das reale Geschehen sowie alle Einzelheiten vor allem aus dem Bericht des Bernal Díaz. Nach seinen ersten Siegen, darunter dem von Tabasco, die gewaltige Beute eingebracht hatten, wollte eine Gruppe Soldaten (meist Anhänger des Diego Velázquez) aus Furcht vor einem Eingreifen Moctezumas nach Cuba zurückkehren. Es kam zu einer Verschwörung: man wollte sich eines Schiffes bemächtigen und die Segel setzen. Der Komplott wird entdeckt und unterdrückt. Um weiteren Versuchen dieser Art vorzubeugen, beschließt Cortez mit Zustimmung seiner Anhänger, die Schiffe unter den Augen aller durch Querstellen auf Grund zu setzen. Er gibt vor, die Schiffe könnten einer Hochflut nicht mehr standhalten, weil sie von Bohrwürmern zerfressen seien. Hierüber gibt es Übereinstimmung bei den Akteuren, den Zuschauenden und den gut informierten Chronisten. Dennoch blieb in der popularisierten Erinnerung der Jahrhunderte eine andere Version haften, die der Verbrennung der Schiffe. Und da diese Version im Ausdruck »seine Schiffe verbrennen« ihre feste Form gefunden hat, notiert ein Autor des 19. Jahrhunderts, Cesareo Fernández Duero, klarsichtig: »Wenn ein Satz zu einem Sprichwort wird, dann deshalb, weil die volkstümliche Philosophie endgültig den gängigen Gebrauch fixiert hat.«

In welcher Epoche hat die Legende die Historie ersetzt? Der genannt proverbiale Ausdruck ist im 17. Jahrhundert nicht belegt, weder im Wörterbuch des Covarrubias, noch im Diccionario de Autoridades, auch nicht beim französischen Hispanisten César Oudin. Im 19. Jahrhundert dagegen hat sich die Verwandlung bereits vollzogen und eine internationale Sanktionierung erhalten. Cesareo Fernández Duero führt zwei in Frankreich edierte Kupferstichsammlungen mit französischem sowie zweisprachigem Begleittext an. Aus dem französischen Text der ersten Edition erfahren wir:

Nach der Weigerung Moctezumas, Ferdinand Cortés in seine Länder zu lassen, versammelte dieser die Abgesandten des Monarchen am Ufer des Meeres, und in ihrer Anwesenheit legte er mit seinen eigenen Händen Feuer an die Schiffe; dann wandte er sich zu den Abgesandten und sprach so: »Solange ich die Mittel gehabt hätte, mich von diesem Ufer zu entfernen, hätte Moctezuma zweifeln können, dass ich an meiner Entscheidung festhalte. Mexicaner, sagt ihm, was Ihr gesehen habt und dass er sich vorbereiten möge, mich zu empfangen, als Freund oder als Feind.«

Die zweite Edition spricht eine vergleichbare Sprache, nur ist die Herausforderung an den Aztekenherrscher noch deutlicher. Die Umkehrung der Episode ist bemerkenswert: für Cortez und seine Anhänger handelte es sich in Wirklichkeit darum, den Abfall der Anhänger des Velázquez zu verhindern. Stattdessen ging es in den Stichen und ihren Begleittexten darum, ein Verhalten zu inszenieren, dass die Mexicaner beeindruckte![274]

Die Geschichte von der *ahuehuete* oder der mexicanischen Zypresse des Cortez scheint von einer Transformation und einer Adaptation der Romanze von Tacuba hervorgegangen zu sein. Die der vorigen sehr nahe stehende Episode spielt ein Jahr später, nach dem Desaster der *Noche Triste.* Cortez hat einige Truppen um sich versammelt und flüchtet auf eine Anhöhe im Tlacopangebiet, wo ein aztekischer Tempel steht. Der Entmutigung nahe sinnt er über das verräterische Schicksal: soviele Männer und soviele Schätze sind verloren! Er weiß noch nicht, wie der Empfang der Tlaxcalteken, seine letzte Hoffnung, sein wird. Gewiss, sein Schutzheiliger, der Apostel Petrus und der Schutzheilige Spaniens, der heilige Jakobus, haben ihn mit einigen Überlebenden entkommen lassen. Aber der Schicksalsschlag ist zu hart; Cortez kann seine Tränen nicht zurückhalten. Hier ist man nahe an der *Romanze* von Tacuba: allein der Ort hat sich leicht verändert und insbesondere das Datum.

Aber die Wirkkräfte der mündlichen Überlieferung verändern diese anfängliche Version des Ereignisses. Tief bedrückt schöpft Cortez wieder Mut, als er auf dem Gipfel des Hügels (auf dem er später die Kirche der Jungfrau Maria von der Heilung errichten sollte) Pedro de Alvarado, Gonzalo de Sandoval, Cristóbal de Olid, Diego de Ordaz, seine tapfersten Hauptleute, herannahen sieht – gerade in dem Augenblick, als er am Fuße einer *ahuehuete* vor Bewegung in Tränen ausbricht. Die Legende ist geboren und erreicht Europa. Aus dem *Grand Dictionnaire Universel du XIXe siècle* von Larousse zitiert Jean-Pierre Sanchez die folgende, erstaunliche Geschichte:

»Diese Zypresse ist in ganz Mexico bekannt unter dem Namen *ahuehuete de la Noche Triste y desgraciada.* Unter ihrem Blätterdach ruhte sich Cortés nach der schicksalhaften Nacht vom 1. Juli 1520 aus, nachdem er aus Mexico verjagt worden war (...) Es ist auf dem Weg nach Mexico, in Popotlan, wo dieser Baum, *cupressus dysticha* nach Linné, steht. Der Wipfel ist verdorrt, die Äste zerbrochen, er kümmert mehr dahin als er lebt; er ist, so sagt ein Historiker, ein gutes Symbol für die verhängnisvolle Stunde, in der Cortez, an seinem guten Stern zweifelnd, sich in seinen Schatten setzte und keine Ruhe fand bis er Alvarado, Sandoval, Olid, Ordaz erblickte, seine furchtlosen Gefährten, die er verloren wähnte. Neben der alten Zypresse sieht man eine kleine Kapelle ...«

Selbst der Grand Larousse ist der Legende erlegen und geht sogar so weit zu behaupten, Cortez habe sich in einer »verhängnisvollen Nacht« in den Schatten einer Zypresse gesetzt![275]

Das aufsehenerregende Unterfangen von Las Hibueras eignete sich besonders gut zur Legendenbildung und hat dann auch mehrere solcher Legenden hervorgebracht. Die berühmteste ist die vom Kompass des Cortez.

Sie basiert auf einem Detail, das Cortez zur Ehre gereicht und seine Fähigkeit der Vorausschau untermauert. Der Eroberer hatte in der Tat einen Kompass mitgenommen, woran er selbst in seiner fünften *relación* erinnert:

»Meine Leute hatten jegliche Hoffnung aufgegeben und waren mehr tot als lebendig. Ich holte einen Kompass hervor, den ich zu meinem Glück mitgenommen hatte und mit dessen Hilfe ich mich oft orientierte (...), und als ich mich an die Gegend erinnerte, von der die Indianer sagten, dass dort das Dorf wäre, fand ich dank dieses Kompasses heraus, indem wir in nordöstlicher Richtung marschierten, dass wir bald in dem Dorf anlangen müssten, und ich befahl denen, die den Weg freimachten, den Kompass zu nehmen und dieser Richtung zu folgen, ohne davon abzuweichen ...«

So konnten sich die im dichten Dschungel von Petén verlorenen Spanier retten. Bernal Díaz bestätig diesen Bericht und preist seinen Anführer:

»Da Cortez in allen Dingen vorsichtig war und Sorge dafür trug, nicht von Unvorhergesehenem überrascht zu werden, hatten wir einen Kompass und einen Steuermann namens Pedro López, und mit Hilfe einer Zeichnung auf einem Stück Stoff aus Guazacualco, auf dem die Dörfer eingezeichnet waren, wies er uns an, mit dem Kompass durch den Wald hindurch in Richtung Osten zu gehen.«[276]

Die Versionen der beiden Männer stimmen überein, und die Legende kann hier nichts ausrichten. Aber der Kompass taucht in einer ganz anderen Geschichte auf. Die Leser dieses Buches kennen sie: Es handelt sich um die Verschwörung, oder die angebliche Verschwörung, des Cuauhtémoc und seiner Freunde, der gefangenen Kaziken, zur Ermordung der Spanier. Nach dem Bericht des López de Gomara, dessen Quelle nur Cortez selbst sein konnte, sollen die Indianer verblüfft gewesen sein, dass Cortez von ihrem Komplott unterrichtet war. Wie hatte Cortez im tiefsten Inneren ihres Herzens lesen, wie ihre geheimsten Gedanken erraten können? Die einzige Erklärung war dieser mysteriöse Kompass: »Sie glaubten, der Kompass und die Karte hätten es ihm gesagt und dass die Informationen nicht von einem menschlichen Wesen herstammen. Und sie waren gänzlich überzeugt, dass man vor ihm keine Gedanken verheimlichen könne.« Es ist auffällig, dass Bernal Díaz nichts dergleichen berichtet. Alles deutet darauf hin, dass Cortez selbst diese Legende geschmiedet hat: die Sache diente seinem Prestige. Und diese Version scheint die Realität des Komplotts zu bestätigen – worüber wir uns skeptisch geäußert haben.

Die Expedition traf bekanntermaßen auf zahlreiche gewundene Flüsse wie den Mazcalapa und den Usumacinta, die sich bei dem geringsten Hochwasser über die weite Ebene verbreiteten und sich in tückischen Sümpfen voller Krokodile verloren, welche zum Grab vieler Pferde wurden. Mehrfach mussten die Spanier lange Brücken bauen, regelrechte Meisterwerke, für die man festen Boden brauchte, um sie zu verankern, sowie eine Menge Baumstämme und Lianen zu ihrer Befestigung. Cortez mauserte sich zu einem Brückenbauingenieur, entwarf die Konstruktionspläne und beteiligte sich persönlich an ihrem Bau. Bernal Díaz gesteht seine Bewunderung für die 700 Meter lange Brücke über die Lagune von Ayagualco. Die Indianer der Gegend staunten über dieses Bauwerk, das sie noch jahrelang benutzten und sie glauben ließ, den Spaniern sei nichts unmöglich. Bernal Díaz, der vierzig Jahre später schrieb, konstatiert, dass einige Brücken zu seiner Zeit noch standen:

»(...) Die Spanier, die auf diesen Wegen gingen, und noch *bis heute* auf einige dieser Brücken stoßen, welche so lange den Jahren widerstanden haben, und die die großen Bäume sehen, welche wir verwendeten, sie sind voller Bewunderung. Und man pflegt zu sagen: Hier sind die Brücken des Cortez, so als würde man sagen: hier sind die Säulen des Herkules.«

Nach den Helden der Antike und des Mittelalters wird hier noch ein größerer Held der Mythologie mit Cortez verknüpft! Die Brücken des Cortez hatten die Dimension der Legende angenommen.[277]

Es wäre nun noch der Rappe des Cortez zu erwähnen, den der *conquistador* während der Durchquerung des Petén in der Obhut der Izsaés-Indianer zurücklassen musste, weil er verletzt war. Die Indianer waren verzweifelt, weil sie das Pferd nicht kurieren konnten, erreichteten ein Standbild zu Ehren des Pferdes, die Statue von Tziminchac, »das Pferd des Donners«, eine Anspielung auf die unbekannten, Blitze schleudernden Arkebusen. Auch ließe sich eine Chronik wunderbarer Erscheinungen aufstellen, Erscheinungen der Jungfrau Maria und des Santiago, so wie sie in den *Mexicana* des Gabriel Lasso de la Vega geschildert werden: »(...)Sie sahen auf einem weißen Pferd/Einen Mann, der unter ihnen grausame Verwüstungen anrichtete/Und den sie für ein himmlisches Wesen hielten/beim Anblick seiner glänzenden Gestalt und Kleidung …« Und da war noch die Wolke von Tlaxcala, die über Jahre hin über der Stadt stand wie ein Zeichen des Himmels, als Zeugnis der Dankbarkeit gegenüber der Stadt, die das Bündnis mit den Spaniern gewählt hatte: »Als sich die Christen aus der Stadt entfernt hatten, senkte sich eine gewaltige Wolke vom Himmel und wachte über ihre Verteidigung. Sie war weiß auf angenehmste und edelste Art, sie kam langsam aus den Lüften herab, streckte sich in Form einer Säule und hielt im rechten Winkel über dem Kreuz inne …« Und Francisco Cervantes de Salazar scheut sich nicht zu versichern, dass Cortez, nachdem er mit der Zerstörung der Götzenbilder die Überlegenheit des Christengottes über die einheimischen Gottheiten bewiesen hatte, allein durch die Anrufung seines Gottes, einige Regengüsse bewirken konnte, die seit der Zerstörung der aztekischen Götter ausgeblieben waren.[278]

Alles ist in rechter Ordnung. Der Held – um zu überleben, um die Erinnerung der Nachwelt zu beschäftigen – hat den unerlässlichen Beistand der Legende gewonnen.

Schlusswort

Ein cortesianisches Modell?

Hernán Cortez war keineswegs der erste *conquistador*. Lassen wir, trotz ihrer Ausdehnung, die »Insel Hispañola« (Santo Domingo) und Cuba beiseite, deren Bevölkerung den Europäern keinen dauerhaften Widerstand leisten konnte. Auf dem Kontinent waren der Expedition des Cortez nicht nur die Erkundungsfahrten des Hernández de Córdoba und des Juan de Grijalva vorangegangen. Ein erster Eroberungs- und Kolonisationsversuch unter Diego de Nicuesa und Alonso de Ojeda in Richtung auf den Golf von Urabá und die Region des heutigen Panama war gescheitert, obwohl ein Gefährte Ojedas, der aus der Estremadura stammende *hidalgo* Vasco Núñez de Balboa, sich im Lande niederlassen konnte, 1513 das »Südmeer« entdeckte und freundschaftliche Beziehungen zu den Kaziken und den Eingeborenen des Landes unterhielt.

Es existiert aber ein bedeutend wichtigerer Vorgänger: Im Jahre 1514 war eine gewaltige Armee, die größte und am besten vorbereitete in der gesamten Geschichte der Conquista, einem großen Mann anvertraut worden – Pedro Arias Dávila (Pedrarias), Sohn des Grafen von Puñonrostro, bei Hofe als Page des Königs Juan erzogen und mit einer weitreichenden, in Portugal, Granada und Nordafrika erworbenen militärischen Erfahrung ausgestattet. Ein einmaliger Fall: die Krone hatte diese Expedition organisiert! Pedrarias erhielt den Auftrag, das südliche Zentralamerika, »Goldkastilien«, zu erobern, weil es im Ruf erheblichen Reichtums stand. Er verfügte über zweiundzwanzig Schiffe und über fast zweitausend Mann. Er hatte genaue Instruktionen zur organisatorischen Einteilung der eroberten Gebiete, zur Gründung von Städten, zur Ansiedlung von Kolonisten, zum Handel mit den Indianern. Pedrarias war Inhaber des offiziellen, von Palacio Rubio redigierten Textes, das berühmte *requerimiento,* das als legale Grundlage für die Herrschaft der Kastilier dienen sollte.

Allerdings, trotz dieser günstigen Voraussetzungen missachtete Pedrarias aus Goldgier die Empfehlungen der Krone, ließ Núñez de Balboa verfolgen und hinrichten und beging tausenderlei Exzesse. Gewiss, die spanische Herrschaft wurde in Mittelmerika etabliert, aber die Gesamtbilanz des Pedrarias war negativ.

Cortez, der Sohn seiner eigenen Werke, war, abgesehen von den Anfangserfolgen des Pedrarias, in Wirklichkeit der erste *conquistador,* der sich zum Herrn eines großen Reiches machte, der kampfkräftige Armeen der Indianer besiegte, der es verstand, dauerhafte und effiziente Allianzen mit indianischen Völkern zu schließen, der die Grundlagen einer neuen Gesellschaft legte und in Amerika Pflanzen und Haustiere der Alten Welt einführte. Und das alles ohne Belastung des königlichen Fiskus', der im Gegenteil nur von den Edelmetalllieferungen profitierte. Die wahrhaftig außergewöhnlichen Taten des Cortez und seiner Männer, die durch eigene Texte und durch Berichte seiner Abgesandten in Spanien bekannt wurden, erregten höchtes Aufsehen. Natürlich stachelten die unerhörten Erfolge des Eroberers die Phantasie mächtig an, erweckten törichte Träume von Ruhm, Macht und Reichtum. Viele junge Männer mit Ehrgeiz aber ohne Geld, ausgestattet jedoch mit immensem Mut und festem Glauben an ihren guten Stern wollten dem Mann aus Medellín nacheifern.

Sollte das heißen, dass Cortez in gewisser Weise das Modell eines *conquistadors* geschaffen hat? Es ist offenkundig, dass er weitreichenden Einfluss ausübte. Der Intelligenteste seiner Nacheiferer, ein Francisco Pizarro – weniger ungehobelt, als man ihm nachsagt, mit längeren »indischen« Erfahrungen als Cortez, denn er gehörte mit zu den Entdeckern des Südmeeres unter Núñez de Balboa –, mehr noch Jiménez de Qusada, der *gelehrte Eroberer (conquistador letrado)*, dessen Memoiren leider verloren sind, sie alle wussten aus der Lektion des cortesianischen Epos ihre Lehren zu ziehen. Sie wussten, dass Cortez seine Erfolge aus einer beispielhaften Hartnäckigkeit schöpfte, aus dem Willen, nicht zu weichen und nicht den Mut zu verlieren, aus einer nie nachlassenden Energie. Jiménez de Quesada weigerte sich etliche Male, sich zu den Ufern des Golfs zurückzuziehen und erreichte die »Savanne« von Bogotá mit seinen 160 Mann und den 60 Pferden, die ihm geblieben waren. Auf der Insel Gallo hatte Pizarro nicht mehr als 16 Getreue bei sich, oder vielleicht nur dreizeh, die »dreizehn Ruhmreichen« (*los trece de la fama*), um sein aussichtsloses Unternehmen fortzuführen! Das ist Cortez in Tlaxcala oder nach der *Noche Triste*!

Diese Männer hatten die Bedeutung der Information begriffen, die absolute Notwendigkeit von Bündnissen mit Indianern, die einzige Möglichkeit, die Welt der Eingeborenen aufzuspalten: Pizarro und Almagro zogen die größten Vorteile aus den inneren Streitigkeiten zwischen den beiden Inkas Huascar und Atahualpa, so wie Cortez das Zerwürfnis zwischen Tlaxcala und Tenochtitlán nutzen konnte. Jiménez de Quesada verstand es, die *chibcha*-Gesellschaft zu spalten. Derselbe *conquistador* musste auch die Risiken erfahren, die aus Rivalitäten zwischen den *conquistadores* entstehen konnten: das Unternehmen des Pánfilo de Nárvaez brachte auch Cortez an den Rand des Abgrunds. Mit einem ausgeprägten Sinn für Kompromisse verstand es Quesada, Nikolaus Federmann und Sebastián Benalcázar, die das *chibcha*-Plateau zur selben Zeit erreicht hatten wie er, davon zu überzeugen, dass es besser wäre, einen Schiedsspruch der Krone zu fordern als eine Konfrontation der Konquistadoren unter den Augen der Indianer vom Zaun zu brechen.

Cortez' Loyalität gegenüber seinem König machte Schule. Der einzige Eroberer, der die Sezession riskierte und sich zum

Blick auf die heiligen Berge: die beiden Vulkane Ixtaccihuatl und Popocatepl.

König ausrief, Gonzalo Pizarro, bezahlte diesen Verrat mit dem Leben.

Indessen, das cortesianische Modell konnte nur auf dichtbesiedelte Gebiete angewendet werden, die von Menschen mit einem gehobenen technischen Niveau und einer politischen Organisation bewohnt waren und bei denen sich die Eroberer mit einer Koordinierung der gesellschaftlichen und wirtschaftlichen Kräfte begnügten. Es waren solche Bedingungen, die es Pedro de Alvarado erlaubten, seine Herrschaft über Guatemala zu errichten und den Eroberern des Andenhochlandes, sich auf die Kleinkönige der *chibchas* und die Inkakaiser zu stützen. Dagegen scheiterten selbst die erfahrensten, die am besten vorbereiteten Eroberer jedesmal, wenn sie auf Dschungel oder Wüstenregionen, auf die Weiten der Wald- und Präriegebiete stießen. Almagro in Chile, Alvar Cabeza de Vaca, Francisco Vázquez de Coronado und Hernando de Soto im großen nordamerikanischen Tiefland, Francisco de Orellana in Amazonien waren alle zum Scheitern, manchmal zum tödlichen Scheitern verdammt.

Letztlich aber war Cortez nicht nachzuahmen, denn er war

der einzige *conquistador* mit Genie. Niemand liebte das Land so sehr wie er, das er im märchenhaften Sommer des Jahres 1520 hingerissen betrachtet hatte, niemand sonst verfolgte mit größerer Hartnäckigkeit das Ziel, das Land gemäß den Vorstellungen seines Glaubens und seiner Ideale zu transformieren. Einzig und allein fehlte ihm die Liebe zu den Menschen, um eine anderes Mexico zu schaffen, vielleicht auch – wir wagen es zu schreiben – die Kraft, mit Spanien zu brechen, dessen Souverän ihn nicht verstand und dessen Bewohner, seine Landsleute, nur allzu sehr darauf aus waren, ihn und sein Werk zu zerstören. Aber allein die Idee eines Bruchs zu äußern, hieße das nicht, Cortez zu verraten?

Anmerkungen

[1] Hervorhebungen vom Autor.
[2] Die Schilderung des Traumes verdanken wir Francisco Cervantes de Salazar, Crónica de la Nueva España, Mexico, Biblioteca Porrua, 1985, Kap. 17, S.100.
[3] *»Die Söhne des Conquistadors«* ist eine der fünf Erzählungen im *Orangenbaum* von Carlos Fuentes.
[4] Die Passagen in Anführungsstrichen stammen von Carlos Fuentes, *Der Orangenbaum,* op.cit.
[5] Diese Behauptung mag paradox erscheinen angesichts der Masse verfügbarer Dokumente und der Bedeutung der »cortesianischen« Bibliografie. Aber die Dimension dieser Persönlichkeit ist so geartet, dass ich an meinem Vorsatz festhalte. Meinen Dank möchte ich den Chronisten abstatten, darunter dem bewundernswerten Bernal Díaz del Castillo; José Luis Martínez für die vier großen, äußerst wertvollen Bände seiner »Cortez-Dokumente«, nicht zu vergessen sein umfangreiches Werk Hernán Cortez, weiterhin den Autoren ausgezeichneter kritischer Editionen der *Cartas de relación* sowie den Autoren Silvio Zavala, Miguel León Portilla, Hugh Thomas und Bernard Grunberg, denen wir, neben anderen Werken, ein neues und großangelegtes *Dictionnaire* der Eroberer Mexicos verdanken. Die Ergebnisse dreier großer Kongresse in Badajoz und Salamanca, deren Akten veröffentlicht wurden, haben zu dem vorliegenden Buch beigetragen. Es ist schließlich bemerkenswert, dass die Person Cortez' zwar das lebhafte Interesse spanischer, mexicanischer, englischer und amerikanischer Autoren gefunden hat, überraschenderweise jedoch die französische Forschung nicht in dem Maße beschäftigt, auch wenn wertvolle Beiträge zur mexicanischen Kolonialzeit aus französischer Feder erschienen sind.
[6] Albrecht Dürer, Records of Journeys to Venice and the Low Countries, übers. v. Rudolph Tombo, Boston 1913, 47–48.
[7] Das Inventar findet sich beispielsweise in der Edition der *Cartas de relación* von Angel Delgado Gómez, Madrid 1993, 150–158.
[8] Ebda., 159–309.
[9] Zur wirklichen Bedeutung des von Cortez mit seiner zweiten *Carta de relación* übersandten Schatzes vgl. José Luis Martínez, Documentos Cortesianos I, 15–18–1528, Mexico, ed. Fondo de Cultura Economica, 1990, Dokumente 22, 23, 24. Diese Inventarlisten vermitteln einen hervorragenden Einblick in die Qualität und den Variationsreichum des mexicanischen Kunsthandwerks am Beginn des 16. Jahrhunderts.
[10] José Luis Martínez, op. cit. I, Dok. 33.
[11] Um die Kenntnis der Gesetze und Texte ermessen zu können, lese man u. a. die *Instrucciones de Hernán Cortez a los procuradores Francisco de Montejo y Alonso Hernández de Portocarrero, enviados a España,* sowie die *Escritura convenida entre el ayuntamiento de la Vera Cruz y Hernán Cortez* in José Luis Martínez, op. cit. Dokumente 4 und 5. Vgl. auch Francisco López de Gomara, *La Conquista de Mexico,* Madrid, ed. Historia 16, 1986, 92–95; weiterhin insbesondere Bernal Díaz del Castillo, *Historia verdadera de la conquista de Nu-*

eva España, Ed. Porrua, Mexico 1955, Kap. 40–43, denn der Bericht von Bernal Díaz zeichnet sich durch eine gewisse«Distanz« aus.

12 Vgl. José Luis Martínez, op. cit., Dokument 1: *Instrucciones de Diego Velázquez a Hernán Cortez.*

13 Vgl. Anmerkung 12.

14 Bernal Díaz del Castillo, op. cit., Kap. 41 und 43.

15 Vgl. den ausgezeichneten Artikel von John H. Elliott, The Mental World of Hernán Cortez, in: Spain and its World, 1500–1700, New Haven, London 1989, 27–41

16 Vgl. Anmerkung 12.

17 Bernal Díaz del Castillo, op. cit., Kap. 40 und 42.

18 José Luis Martínez, op. cit., Dokument 5, 86–90.

19 Angel Delgado Gómez, *Cartas de relación*, op.cit., 138:«Y hecho como convenia al servicio de Vuestras Majestades, lo recibimos en su real nombre en nuestro ayuntamiento y cabildo como justicia mayor y capitan …« Der Plural »Vuestras Majestades« entspricht der rechtlichen Realität. Johanna die Wahnsinnige ist immer noch Königin von Kastilien und Aragón; ihr Sohn Karl ist ihr zur Seite gestellt. Vgl. auch Bernal Díaz del Castillo, op. cit., Kap. 42, 43 und 50.

20 Angel Delgado, Cartas de relación, op. cit., 118.

21 Ebda., 135–137.

22 Ebda., 138, der Brief präzisiert: *estando todos ayuntados en nuestro cabildo* (da wir nun alle in unserem Ratsgremium versammelt waren).

23 Ebda., 146–149; Zitat S. 148: »en nombre de todos suplicasemos a Vuestras Majestades quo no proveyesen de los dichos cargos ni de alguno dellos al dicho Diego Velázquez, *antes le tomasen residencia.*« (im Namen aller ersuchen wir Eure Majestäten, nicht die genannten Befugnisse oder einige davon dem genannten Diego Velázquez zu übertragen, *bevor sie nicht dauerhaften Aufenthalt genommen hätten.*)

24 José Luis Martínez, op. cit., Dokumente 6–8.

25 Vgl. Anm. 12.

26 Vgl. die Untersuchung von Demetrio Ramos »El oculto objectivo con que se preparo la expedición de Hernán Cortés«, in: Actas del Primer Congreso de Americanistas, Badajoz 1985, Salamanca 1990, 7–24.

27 Vgl. Francisco López de Gomara, op. cit., 88–89.

28 Bernal Díaz del Castillo, op. cit., Kap. CCIV.

29 Francisco López de Gomara, op. cit., 35–41.

30 Angel Delgado Gómez, op. cit., 37–64

31 Vgl. Demetrio Ramos, Cortés en Salamanca, in: Actas del primer Congreso Internacional sobre Hernán Cortés …, ed. Alberto Navarro González, Salamanca 1986, Bd. 2, 403–414. Die Darlegung ist überzeugend.

32 Angel Delgado Gómez, op.cit., 43–47.

33 Francisco López de Gomara, op. cit., 36

34 Salvador de Madariaga, op. cit.,45. Diese Hypothese ist umso wahrscheinlicher, als Nicolas de Ovando mehrere junge Leute aus Medellín in seine Dienste nahm.

35 Juan Suárez de Peralta, Tratato de las Indias, in: José-Luis Martínez, Hernán Cortés, Mexico 1990, 114; Francisco López de Gomara, op. cit., 36.

36 Bernard Grunberg, L'univers des conquistadores, Paris 1993, 20–32. Der Autor hat seine Resultate in Tabellen und Karten anschaulich gemacht.

37 José Luis Martínez, Memorial de Hernán Cortés al Emperador con Relación de Servicios y Petición de Mercedes, Documentos Cortesianos, IV, Nr. 281.

38 Vgl. Hugh Thomas, La conquista de Mexico, 2. Aufl., Barcelona 2000. Das Dokument im Archivo de Protocolos de Sevilla, Oficio IV, Buch 29 ist auf Seite 694 abgedruckt.

39 Francisco Cervantes de Salazar, Crónica de la Nueva España, Mexico 1985, 2. Buch, 16. Kapitel.

40 Francisco López de Gomara, op. cit., 39.

41 Bartolomé de Las Casas, Historia de las Indias, 3 Bde., Mexico 1951, 3. Buch, 27. Kapitel.

42 Bernal Díaz del Castillo, op.cit., Kap. 1–18.

43 Ebda., Kap. 11.

44 Ebda., Kap. 19.

45 López de Gomara, op. cit., 49–50; Bernal Díaz del Castillo, op. cit., Kap. XXXVI, 42

46 Franciso López de Gomara, op. cit., 50–51.

47 Serge Gruzinski und Carmen Bernand handeln von dieser wachsenden Angst unter den Spaniern, obwohl sie durch den Ton der *Cartas de relación* des Cortez oder durch die zeitliche Distanz zu den Ereignissen in der *Historia verdadera* des Bernal Díaz kaschiert ist. Vgl. Histoire du Nouveau Monde, Paris 1991, Bd.I, 291–295.

48 Bernal Díaz del Castillo, op. cit., Kap. LVII, 133.

49 Angel Delgado Gómez, op. cit., 2. Carta de relación, 210–211; Bernal Díaz del Castillo, op. cit., Kap. LXXXIII, 150–151. Bernal Díaz erscheint umso glaubwürdiger, als er in der Folge die Exekution von Cuauhtémoc kritisiert.

50 Angel Delgado Gómez, op. cit., Zweite *Carta de relación*, 210–211; Francisco López de Gomara, op. cit., 164–165; Bernal Díaz del Castillo, op. cit., Kap. LXXXIX, 163. Es erscheint nicht ganz leicht, Eulalia Guzmán zu folgen, nach der die Rede eine reine Erfindung des Hernán Cortez gewesen sein soll.

51 Bernal Díaz del Castillo, op.cit. Kap. XCIII, 178. Trotz des einheimischen Informanten Sahagún ist es schwer festzustellen, zu welchem Zeitpunkt sich die Spanier des Schatzes bemächtigten. Man weiß, dass der größte Teil des Schatzes im Verlauf der *Noche Triste* verloren ging.

52 José Luis Martínez, Hernán Cortés, op. cit., 258.

53 Ebd., 274. Vgl. das vom Autor selbst verfertigte Bild. Zu Otumba vgl. Francisco Cervantes de Salazar, Crónica de la Nueva España, op. cit., Kap. CXXX und CXXXI, 504–506. Dieser Chronist, der gegenüber Zahlen keinerlei Bedenken hegt, behauptet, die Mexica hätten mehr als zweihunderttausend Kämpfer (sic!) auf dem Schlachtfeld von Otumba eingesetzt!

54 Vgl. die »Relación de meritos del conquistador Bernardino Vázquez de Tapia«, in: La Conquista de Tenochtitlán, ed. German Vázquez, Historia 16, 1988, 147.

55 Bernal Díaz del Castillo, op. cit., Kap. CXLVIII. Die von diesem Autor vorgenommene Bezifferung der indianischen Kräfte ist die niedrigste, die bekannt ist. Nach anderen Quellen waren die indianischen Verbündeten weitaus zahlreicher. Vgl. weiter unten.

56 In seiner dritten *Carta de relación*, in der er die Schlacht ausführlich schildert, erwähnt er nicht das Wüten einer Epidemie unter den Eingeborenen, obwohl die Seuche bedeutend gewesen sein muss. Bernal Díaz spricht von einer Hungersnot, nicht aber von einer Seuche. Sie ist jeden-

falls unbestritten und dürfte den Mexica wie ein Zeichen des Schicksals vorgekommen sein.

57 Ich möchte an dieser Stelle Jesús Salafranca Ortega danken, der mir freundlicherweise seinen bemerkenswerten Beitrag zu einem im Oktober 2000 in Las Palmas abgehaltenen Kolloquium zugänglich gemacht hat: *Diferencias tácticas y organicas entre el ejercito de Carlos V. y el de Cortés en la conquista de Mexico.*

58 Bernal Díaz del Castillo, op. cit., Kap. XLV und XLVI.

59 José-Luis Martínez, Documentos Cortesianos, op. cit., I, Nr. 6, 164–169.

60 Vgl. beispielsweise die dritte *Carta de relación* von Cortez in der Edition des Angel Delgado Gómez, op. cit., 371, 379 (4 mal), 382, 383 (2 mal), 384 (2 mal), 388–389, 391, 394–395 etc. Aber auch Bernal Díaz verwendet beständig den Ausdruck »*Nuestros amigos*«.

61 Wir stützen uns auf die Dissertation von Bernard Grunberg oder genauer auf den unveröffentlichten ersten Teil, den *Dictionnaire des Conquistadores*, Bd.I, Bücher 1–5. Der Autor trägt hier alle von den Historikern und Chronisten der Eroberung gelieferten Belegstellen zusammen.

62 Der legenäre *Sprung des Alvarado* hat einen prominenten Platz in den Berichten über die Konquista. Hernán Cortez erwähnt ihn nicht und Bernal Díaz zeigt sich zweifelnd, aber zahlreiche Chronisten schreiben darüber: Antonio de Herrera y Tordesillas, der genaueste und ausführlichste, dann Francisco Cervantes de Salazar, der Inka Garcilaso de la Vega, Francisco López de Gomara. Noch heute zeigt man in Mexico an der *rivera* von San Cosme eine breite Straße als Trasse eines ehemaligen Kanals, den Pedro de Alvarado mit einem außergewöhnlichen Sprung überwunden haben soll, der ihm sein Leben rettete.

63 Es handelt sich um die äußerst aufschlussreiche Chronik *Relación de algunas cosas de las que acaecieron al muy ilustre señor don Hernán Cortés, marqués del Valle, desde que se determino a descubrir tierra en la Tierra Firma del Mar Oceano.*, ed. German Vázquez in: La Conquista de Techochtitlán, Madrid (Historia 16, 1988, 61–123).

64 Bernal Díaz del Castillo, op. cit., Kap. XXXVII, 62–65

65 Ebda., Kap. XXIX, vergl. auch Bernard Grunberg, Dictionnaire ..., op. cit., Bd. I, Buch 1, 30

66 Georges Baudot hat zwei wichtige und engagierte Artikel über die Malintzin in *Mexico y los albores del discurso colonial*, Mexico 1996, verfasst. Vgl. insbesondere *Política y Discurso en la conquista de Mexico. Malintzin y el diálogo con Hernán Cortés*, ebda. 285–300.

67 Bernal Díaz del Castillo, op. cit., Kap. XXXVI, 58–62.

68 Georges Baudot, op. cit., 299.

69 Hugh Thomas, op. cit., 208–209.

70 Archivo General de Indias, Sección Patronato, 56, Nr. 3, r. 4, fol 1–56 (recto-verso). Zu möglichen Sinnentstellungen schreibt Hugh Thomas: »Es wäre wunderbar zu wissen, welche Fehler Aguilar und Marina bei ihren Übersetzungen machten, welche Nuancen sie hinzufügten oder wegließen« (op. cit. 336).

71 Georges Baudot, op. cit. 286. Hieraus stammt auch das Zitat von Octavio Paz.

72 Ebda., 292–295. Das Problem der Vorzeichen bei der Geburt der Malintzin wird an dieser Stelle behandelt. In seiner *Historia General de las Cosas de Nueva España*, Mexico 1981, Bd. I, studiert Bernardino de Sahagún diese Zeichen eingehend. Das der Malintzin, das achte oder *malinalli*, war ein böses Vorzeichen: »Diejenigen, die unter diesem »Unglückszeichen«

geboren wurden, hatten ein widriges Schicksal«, vgl. Kap.XV, 339–340. Einige Elemente des Zeichens waren zwar weniger unheilvoll, aber man weiß nicht genau, wie es im Falle der Malintzin aussah.

73 José María Garate Córdoba, La política indigenista de Hernán Cortés, in: Actas del primer Congreso Internacional sobre Hernán Cortés, Salamanca 1986, I, 135–166. Derselbe Autor spricht der Malintzin, nachdem sie Doña Marina geworden war, eine wichtige Rolle bei der Christianisierung zahlreicher Indianer zu.

74 Jesús Salafranca Ortega, op. cit.; José-Luis Martínez, Hernán Cortés, op. cit. 332.

75 Bernal Díaz del Castillo, op. cit., Kap. XLI, XLVI und XLVII, 69–81.

76 Angel Delgado Gómez, op. cit., 3e carta de relación, 369.

77 Diego Muñoz Camargo, Historia de Tlaxcala, ed. German Vásquez, Madrid (Historia 16), 1986, Buch I, Kap. XV.

78 Vgl. Bernard Grunberg, Dictionnaire ..., op.cit, Band I, Bücher 3 und 4.

79 Angel Delgado Gómez, op. cit., 3e carta de relación, 381; Bernal Díaz del Castillo, op. cit., Kap. CXXX, 267–281.

80 Ebda., 3e carta de relación, 365–366, 382, 385.

81 Es wurde bereits auf die großen Unterschiede zwischen den verschiedenen Größenangaben hingewiesen, die offenkundig auf Widersprüchen der jeweiligen Quellen basieren.

82 Jesús Salafranca Ortega, op. cit.

83 Vgl.Lucile und Bartolomé Bennassar, 1492. Un monde nouveau?, Paris 1991, 232–258.

84 Bernal Díaz del Castillo, Historia Verdadera ..., op. cit., Kap. LXIII, LXIV, LXVI.

85 Ebda., Kap. LII, LXXVI, XCIII.

86 Ebda., Kap. LII.

87 Vgl. Carmen Bernand und Serge Gruzinski, Histoire du Nouveau Monde, op. cit., Bd.1, 307–308.

88 Ebda., 308

89 Bernal Díaz del Castillo, op. cit, Kap. LXXVIII. Die Frage der freiwilligen Taufe und der Notwendigkeit der Unterweisung der Neophyten sollte zu einem strittigen Punkt vor allem zwischen Franziskanern und Dominikanern angesichts der Massentaufen durch Motolinía werden.

90 Ebda., Kap. XCVII.

91 Francisco López de Gomara, La Conquista de Mexico, op. cir., 198–200, bringt die Version des Cortez. Vgl. Angel Delgado Gómez, Cartas de relación, op. cit., 239: »In der ganzen Zeit meines Aufenhalts in dieser Stadt sah man niemals, dass irgendein lebendiges Wesen geopfert worden wäre.« Dagegen Francisco Cervantes de Salazar, Crónica de la Nueva España, op. cit., Buch IV, Kap. 30.

92 José Luis Martínez, Documentos Cortesianos, op. cit., Bd.1, Nr. 34 »Ordenanzas de buen gobierno dadas por Hernán Cortés para los vecinos y moradores de la Nueva España«, 279.

93 Carmen Bernand und Serge Gruzinski, op. cit., Bd.1, 350–351. Cortez' religiöses Engagement erscheint authentisch, auch wenn es bei einer so realistischen und berechnenden Persönlichkeit überraschen mag. Aber man hüte sich vor jedem Anachronismus. Eine ganze Reihe von *conquistadores* zeigten ein ähnliches Engagement, und einige fanden in Mexico zu ihrem Weg nach Damaskus: sie traten in die Mönchsorden ein, nachdem sie ihre Sklaven befreit und ihren Besitz unter ihnen verteilt hatten, so etwa wurde Bruder Francisco de Aguilar Dominikaner, Pedro de Escalante, Francisco

de Medina oder Francisco Morante traten dem Franziskanerorden bei, Gaspar Díaz zog sich in eine Einsiedelei zurück und verbrachte dort sein Leben in Armut. Das überraschendste Beispiel liefert Cindo de Portillo, der seine Indianer immer mit großer Grausamkeit behandelt hatte. Nachdem er auf wunderbare Weise dem Tode entronnen war, zeigte er Reue, befreite seine 500 indianischen Sklaven, entsagte allen seinen Gütern und wurde Konverse im Konvent San Francisco zu Mexico.

94 Bernal Díaz del Castillo, op. cit., Kap. CLXXI.

95 Die Frage der Evangelisation und ihrer Methoden in Mexico ist Gegenstand mehrerer gehaltvoller Untersuchungen in französischer Sprache. 1933 veröffentlichte Robert Picard ein Pionierwerk: *La conquête spirituelle du Mexique. Essai sur l'apostolat et les méthodes missionnaires des ordres mendiants au Nouvelle-Espagne de 1522–24 à 1572*, Paris, Institut d'Ethnologie. 1977 erschien die engagierte Studie von Georges Baudot, *Utopie et Histoire au Mexique. Les premiers chroniqueurs de la civilisation mexicaine, 1520–1569*, Toulouse, ed. Privat, über die zugleich utopischen wie konkreten Unternehmungen der Franziskanerprovinz Sankt Gabriel unter der Führung von Martín de Valencia, deren berühmtester Vertreter Bruder Toribio de Benavente, genannt Motolinía, werden sollte. Er erläutert, wie die vom Millenniumsgedanken des Joachim von Fiore geleiteten Franziskaner im Mexico ihrer Zeit, in dem die alten Götter, die Priester, die einheimischen Könige nicht mehr existierten und deren Völker nicht von materiellen Reichtümern verdorben waren, ein Experimentierfeld für die Errichtung eines »Tausendjährigen Reiches« sahen, das dem Jüngsten Gericht vorausgehen würde. Schließlich hat Serge Gruzinski auf anderem Gebiet gezeigt, wie die Evangelisation die »Kolonisation des Imaginären« praktizierte, indem sie sich regelrechter »Bilderwände« bediente, die in Mexico nicht nur die Bilder der christlichen Heiligen auf der Grundlage von aus Flandern, Deutschland, Italien importierten Kupferstichen und Holzschnitten propagierten, sondern auch durch Formen und Techniken der europäischen Renaissance, von denen sich in den mexicanischen Klöstern und Kirchen ungewöhnliche Interpretationen finden. Vgl. hierzu der selbe Autor in *La Guerre des Images de Christoph Colomb à Blade Runner*, Paris, Fayard 1990, sowie das ausgezeichnete Werk *De l'Aigle à la Sybille. Fresques indiennes du Mexique*, Paris 1994.

96 Unter den erwähnten Zeichen und Omen nach den »Ereignissen« nennt der berühmte florentinische Codex unter anderen das Erscheinen eines Kometen und sonstiger astronomischer Phänomene, eine auffällige Bewegung der Wasser der Lagune, das Auftreten doppelköpfiger Wesen, die Ankündigung der Zerstörung Mexicos durch einen Trunkenen, durch die Magier und Zauberer Moctezumas, die Verhüllung des Gottes Tezcatlipoca etc. – so, als habe sich das unabwendbare Schicksal zu Wort gemeldet.

97 Vgl. auch Carmen Bernand und Serge Gruzinski, Histoire du Nouveau Monde, op. cit., Bd.1, 330 u.341.

98 Hierzu Georges Baudot, La perceptión histórica del drama demográfico de Mexico en el siglo XVI, in: Mexico y los albores del discurso colonial, op. cit., 185–203. (Die demographische Forschung an der Universität Berkeley)

99 Vgl.hierzu Angel Delgado Gómez, Cartas de Relación, op. cit., 522–523, sowie einige bei José Luis Martínez veröffentlichte Dokumente in: Documentos Cortesianos, op. cit., Bd.1, Nr. 34, S. 281; Nr. 36, S. 288 und Nr. 44, S. 324–327.

[100] Bernard Grunberg, L'Univers des Conquistadores, Paris 1993. Dieses Buch ist die Zusammenfassung der enormen Arbeit des Autors. Um aber die 1212 Eintragungen zu erschließen, muss man auf die maschinenschriftliche Dissertation zurückgreifen (1. Buch, Bde. 1–5), wo diese aus einer Vielzahl von Quellen bestehenden Eintragungen in alphabetischer Reihenfolge angeordnet sind.

[101] Bernal Díaz del Castillo, op. cit., Kap. XLVII.

[102] Ebda., Kap. LXXVII und LXXVII.

[103] Ebda., Kap. LXXVII. Vgl. auch José María Garate de Córdoba, La política indigenista de Hernán Cortés, in: Actas del primer Encuentro internacional Hernán Cortés, Salamanca 1986, 135–166.

[104] Diego Muñoz de Camargo, Historia de Tlaxcala, op. cit. 195–197.

[105] Bernard Grunberg, L'Univers des conquistadores pendant la conquête de la Nouvelle-Espagne. Thèse dactylographiée, Université de Paris IV, 1. Buch 1. Bd., 300–302.

[106] Ebda., Anmerkung 18, 180–184.

[107] Carmen Bernand und Serge Gruzinski, Histoire du Nouveau Monde, op. cit., Bd.1, 396–397.

[108] José Luis Martínez, Documentos Cortesianos, op. cit., Bd.1, Nr. 37.

[109] Ebda., Nr. 36 und Nr. 37.

[110] Bernard Grunberg, L'univers des conquistadores, op. cit.; vgl. die Abb. auf den Seiten 271–275.

[111] José Luis Martínez, Documentos Cortesianos, op. cit., 1. Bd., Nr. 37.

[112] Bernal Díaz del Castillo, op. cit., Kap. LXXXVII und LXXXVIII.

[113] Vgl. hierzu den sehr interessanten Artikel von Georges Baudot, *Mexico, la ciudad que nadie esperaba*, in: *Mexico y los albores del discurso colonial*, op. cit., 123–141. Der Autor zitiert auch einige *cantares mexicanos*, die das Heimweh nach der verlorenen Welt besingen, vgl. die frz.Übersetzung in: Lettres précolombiennes, Toulouse 1976. Die ausgedehnte Beschreibung Mexicos durch Cortez findet sich in der zweiten *carta de relación*, ed. Angel Delgado Gómez, 233–248.

[114] Für diese Erweiterungen der Eroberung beziehen wir uns auf den Bericht des López de Gomara, op. cit., 316–339. Bernal Díaz widerspricht diesem Bericht nicht, zudem ist er vollständiger.

[115] Es sei daran erinnert, dass im Sprachgebrauch der zeitgenössischen Chronisten das »Südmeer« der Pazifik ist, während das »Nordmeer« den Atlantik bezeichnet. Der Verlauf des mittelamerikanischen Isthmus' erklärt recht gut diese Bezeichnungen.

[116] Garay hatte diese Ernennung der Fürsprache des Cortez feindlich gesinnten Bischofs von Burgos, Juan Rodríguez de Fonseca, zu verdanken, bevor dieser 1524 aus den Westindischen Angelegenheiten verdrängt wurde.

[117] Vgl. José Luis Martínez, Documentos Cortesianos, op. cit., Bd. II, Nr. 112, S. 120–121.

[118] Auch hier gibt es eine Übereinstimmung zwischen den Berichten des López de Gomara, op. cit., 323–332 und dem Bericht des Bernal Díaz del Castillo, op. cit., Kap. CLXII, 398–408.

[119] Bernal Díaz del Castillo, op. cit., Kap. CLXIV.

[120] Wir beziehen uns auf die Aufstellung bei Bernard Grunberg, L'univers des conquistadores, 1. Buch, Bd. 4, 1242–1245.

[121] Vgl. Bernal Díaz del Castillo, op. cit., Kap. CLXXII bis CLXXXVII. Man vergleiche seinen Bericht mit dem des Hernán Cortez, *Cartas de relación*, ed. Angel Delgado Gómez, op. cit., 525–662. Dieser umfängliche fünfte Bericht enthält nichts Triumphales. Cortez geling es nicht, eine überzeu-

gende Rechtfertigung seiner Fahrt zu liefern; der Ton ist von Bitternis geprägt. Man wird sehr schnell die Gründe dafür einsehen.

122 Bernal Díaz del Castillo, op. cit., Kap. CLXXIV.

123 Angel Delgado Gómez, Cartas de Relación, op. cit., 526.

124 Carlos Fuentes, Der Orangenbaum, op. cit., Es handelt sich um die zweite Novelle: *Die Söhne des Conquistadors.*

125 Bernal Díaz del Castillo, op. cit., Kap. CLXXV.

126 Es wird deutlich, dass Cortez die Bedeutung der Expedition nach Honduras heruntergespielt hat, deren Ergebnisse gleich Null waren, um vor Karl V. das Ausmaß der Verluste zu verbergen, ganz zu schweigen von den verheerenden Auswirkungen seiner Abwesenheit von Mexico. Vgl. Angel Delgado Gómez, Cartas ..., op. cit., 527–528. Leser, die diesen Teil Mexicos (Tabasco, Chiapas, Yucatán) und Honduras' nicht kennen, können sich mit Hilfe einer guten Karte ein Bild von der geradezu infernalischen Route der Expedition machen. Was ich selbst in Tabasco und Chiapas gesehen habe, hat mich vollständig von den Schwierigkeiten überzeugt.

127 Bernal Díaz del Castillo, op. cit., Kap. CLXXVII. Vgl. auch Angel Delgado Gómez, *Cartas* ..., op. cit., 562–565. José Luis Martínez hat die verschiedenen Quellen für dieses Ereignis untersucht. Außer den beiden unmittelbaren Zeugen, Cortez und Bernal Díaz, zieht er noch drei weitere Zeugnisse heran: Martín Ecatzin aus Tlatelolco, dem man die *Annalen von Tlatelolco* zuschreibt, und Paxbolonacha, Herr von Acalan, einem den Ereignissen nahe gelegener Ort, der nach dem *Chontal-Manuskript* der Denunziant gewesen sein soll. Letztere Quelle ist die einzige, die ausdrücklich die Komplott-These stützt. Die *Annalen von Tlateloco* bestätigen, dass die Instruktion unklar abgefasst gewesen sei. Vgl. José Luis Martínez, *Hernán Cortés,* op. cit., 433–436. Es ist verwunderlich, dass Salvador de Madariaga in seinem *Hernán Cortés,* op. cit, die Komplott-These ohne weiteres akzeptiert.

128 Vgl. José Luis Martínez, Documentos Cortesianos, op. cit., I, Nr. 36, 292–293. Vgl. auch Angel Delgado Gómez, Cartas de relación, op. cit., 4. Relación.

129 José Luis Martínez, Hernán Cortez, op. cit., liefert eine interessante Analyse dieser Ereignisse, 449–457.

130 Bernal Díaz del Castillo, op. cit., Kap. CLXXIV. »Oh fray Gordo de Salazar/Factor de las diferencias! Con tus falsas Reverencias/Engañastes al provincial.«

131 Ebda.

132 José Luis Martínez, Documentos Cortesianos, op. cit. I, Nr. 39, 304–307.

133 Vgl. Francisco López de Gomara, op. cit, 386; Bernal Díaz del Castillo, op. cit., Kap. CLXXXV, 490–495.

134 Ebda.

135 Vgl. die überzeugende Darstellung von Serge Gruzinski und Carmen Bernand in: Histoire du Nouveau Monde, op. cit., 349–352 »*Der Fürst in Mexico*«.

136 Francisco López de Gomara, op. cit., 452–461.

137 José Luis Martínez, Hernán Cortés, op. cit., 452–461

138 Pedrarias ist einer der *conquistadores* Mittelamerikas; er war für seine Gewalttätigkeit bekannt.

139 Vgl. José Luis Martínez, Documentos Cortesianos, op. cit., Nr. 60; Francisco López de Gomara, op. cit., 393–396.

140 José Luis Martínez, Hernán Cortés, op. cit., 472–473; Francisco López de Gomara, op. cit., 393. Vgl. auch das *requerimiento* (Aufforderung) des Mar-

cos de Aguilar vom 5. September 1526, mit dem er Cortez von seinen Funktionen entbindet, in: José Luis Martínez, Documentos Cortesianos, op. cit., Kap. CXCIC.

141 Bernal Díaz del Castillo, op. cit, Kap. CXCIC.

142 Angel Delgado Gómez, Cartas de Relación, op. cit., 654–655; José Luis Martínez, Documentos Cortesianos, op. cit., I, Nr. 63.

143 Ebda, Nr. 65. Tomas Ortiz' Motivationen sind schwer zu verstehen.

144 Ebda., Bd.III, Nr. 140. Eine der ersten Aktionen Nuños de Guzmán sollte die Aufstellung einer Liste mit – vollständig abwegigen – Anklagepunkten gegen Cortez sein: will man ihr glauben, waren Cortez, Estrada und Sandoval Freunde und tyrannisierten das Land, hatte Cortez Ponce de León getötet etc. Vgl. Nr. 147.

145 Bernal Díaz del Castillo, op. cit., Kap. CXCVI, widmet ein bitteres, aber gerechtfertigtes Kapitel über das Verhalten der ersten Audiencia, der er mit vollem Recht die zweite Audiencia mit ihren redlichen und gerechten Richtern gegenüberstellt. Vgl. auch José Luis Martínez, Documentos Cortesianos, op. cit., III, Nr. 142.

146 Francisco López de Gomara, op. cit., 402.

147 José Luis Martínez, Documentos Cortesianos, op. cit., I, Nr. 87.

148 Carlos Fuentes, Der Orangenbaum, op. cit., 67. Eine Mark in Gold oder Silber wog etwa 250 Gramm.

149 José Luis Martínez, Hernán Cortez, op. cit., 496, Anmerkung 53. Die dort vorgenommene Chronologie der Reise ist überzeugend.

150 Zu Francisco de Los Cobos existiert eine ausgezeichnete Biografie von Hayward Keniston, *Francisco de Los Cobos, Secretary of the Emperor Charls V.*, Pittsburgh, Univ. of Pittsburgh Press, 1959. Ich habe mich auf diese Biographie in meinem Buch *L'homme espagnol*, éd. Hachette, 1975 und éd. Complexe, 1992, 20–23, bezogen. Los Cobos spielte eine wichtige Rolle zwischen 1529 und seinem Tod im Jahre 1547.

151 José Luis Martínez, Hernán Cortés, op. cit. Nach dem Klosterinventar von 1743 befand sich das Ex-Voto in der Schatzkammer des Klosters, es ist aber seitdem verschwunden.

152 Bernal Díaz del Castillo, op. cit., Kap. CXCV.

153 José Luis Martínez, Documentos Cortesianos, op. cit., III, Nr. 145; der Vergleich zwischen den von Cortez vorgeschlagenen Dörfern und den vom König wirklich übertragenen ist interessant. Die Gegenüberstellung ist bei weitem nicht vollständig, aber mehrere Orte, und nicht die geringsten, finden sich in beiden Aufstellungen.

154 José Luis Martínez hat die meisten der uns interessierenden Dokumente in seinen *Documentos Cortesianos*, op. cit., III, Nr. 150, 151, 157–161 publiziert.

155 Wir wissen, dass Cortez bereits 1521 gegenüber dem König die Idee vertreten hatte, nicht die Macht zu teilen. Diese Machtaufteilung war jedoch eine Konstante in der Politik der Monarchie. Ein weiteres Beispiel dafür können wir später in Peru beobachten.

156 José Luis Martínez, Documentos Cortesianos, op. cit., III, Nr. 153 und 154.

157 Ebda., Nr. 163. Francisco der Terraza scheint sehr besorgt. Er empfiehlt Cortez, nicht nach Neuspanien zurückzukehren, ohne mit einer Macht ausgestattet zu sein, die ihn über die Audiencia stellte.

158 José Luis Martínez, *Hernán Cortés*, op. cit., 535. Vgl. auch vom selben Autor: *Documentos Cortesianos, op. cit., II, Juicio de Residencia. Primera Parte. Acusaciones*, Nr. 89–166, S. 9–198. Weiterhin existiert eine wichtige Biographie von Joaquín García Icazbalceta, *Don fray Juan de Zumárraga, primer obispo de*

Mexico, 1881. Sie wurde bei Porrua wieder neu aufgelegt (*Colección de Escritores Mexicanos,* 1947, 4 Bde.). Das Werk enthält mehrere Briefe des Bischofs; er war Akteur und Zeuge dieser wirren Periode der Geschichte Neuspaniens.

159 Den Brief zitiert Salvador de Madariaga, Hernán Cortés, op. cit., 412.

160 Vgl. José Luis Martínez, Documentos Cortesianos, op. cit., III, Nr. 172–173.

161 Ebda., Nr. 174

162 Ebda., Nr. 184. In diesem Brief steht Cortez am Rande eines rasenden Zorns, sogar der Revolte. Seine gewöhnliche Gelassenheit wird hier auf eine harte Probe gestellt.

163 Vgl. *Archivo General de la Nación,* Mexico, Bestände des Jesushospitals, Leg. 265. Dieser Bestand enthält eine große Anzahl unveröffentlichter Dokumente über Cortez oder über die problematischen Beziehungen zwischen *conquistadores* und Indianern. Wir haben einige davon untersucht, aber sicherlich noch zu wenige. Zur geografischen Lage der Güter des Eroberers, vgl. José Luis Martínez, *Documentos Cortesianos,* op. cit. I, Nr. 63; III, Nr. 145 und 157.

164 Ebda., I., Nr. 63.

165 Ebda., III, Nr. 199. Diese provisorische Übereinkunft diente als Rahmen für eine dauerhafte Lösung.

166 Ebda., III, Nr. 204. Dieses lange Dokument ist ein Vorbild an Mäßigung und Differenzierung.

167 Ebda., III, Nr. 212. Das galt für die 1530er Jahre um so mehr.

168 Ebda., III, Nr. 216.

169 Ebda., Nr. 204. Die Entscheidungsgründe bei der Anwendung der *merced* im Zusammenhang mit den 23 000 Untertanen, so wie sie von den Auditoren in diesem Dokument festgelegt wurden, zeigen deutlich, dass die zweite Audiencia Cortez nicht schaden wollte und seine Interessen berücksichtigte, zugleich aber bemüht war, seine Macht in Grenzen zu halten.

170 Ebda., III, Nr. 183 und 204.

171 In Bezug auf Antonio de Villaroel ist José Luis Martínez ein Fehler unterlaufen, wenn er sagt, dieser habe nicht zu Cortez' Anklägern gehört (op. cit., II, 222). Der Irrtum entstand wohl deshalb, weil Martínez nicht zu wissen scheint, dass Antonio de Villaroel 1522 oder 1523 aus unbekannten Gründen (um Verwechslungen mit namengleichen Personen zu vermeiden?) den Namen Antonio Serrano de Cardona angenommen hatte. Cortez jedenfalls zählt ihn zu seinen »Hauptfeinden« (II, 298). Zu seiner Person vgl. das *Dictionnaire des Conquistadores* von Bernhard Grunberg, op. cit. Buch I, Bd. 5, 1914–1917. José Luis Martínez, *Documentos Cortesianos,* op. cit., III, Nr. 204.

172 Archivo General de la Nación, Mexico. Bestände des Jesushospitals, leg. 249, exp. 7. Es ist verwunderlich, dass Cortez den Zuckerrohranbau eines anderen bekämpft, während er ihn selbst praktiziert!

173 Ebda., leg. 264, exp. 15.

174 Ebda., leg. 273, exp. 3.

175 José Luis Martínez, *Hernán Cortés,* op. cit., 569–606. Das Urteil des Cortez findet sich im *Archivo General de Indias* in Sevilla, Justicia-Bestände, leg. 223 und 224. José Luis Martínez hat wichtige Teilstücke daraus in seinen *Documentos Cortesianos,* op. cit., Buch II, veröffentlicht.

176 Vgl. Bernal Díaz. op. cit., Kap. CCI.

[177] Das ist die offenkundig gerechtfertigte Meinung von Serge Gruzinski, op. cit., Buch I, 378.

[178] José Luis Martínez, Documentos Cortesianos, op. cit., III, Nr. 166. Cortez bezog sich in der Folge häufig auf dieses Vorrecht, auf dem seine Legitimation der Entdeckungsfahrten beruhte.

[179] Angel Delgado Gómez, Cartas de Relación, op. cit., Dritte Carta, 432–433.

[180] Die Suche nach einer bequemen Passage zwischen Atlantik und Pazifik beschäftigte die europäischen Seefahrer bis ins 18. Jahrhundert hinein, bis sich die Wahrheit herausstellte: eine solche Passage existiert nicht. Der Wettlauf zwischen Spaniern und Portugiesen, einen Zugang zu den Gewürzinseln zu finden, war in den Jahren 1520–1550 in vollem Gange, denn die Grenzziehung zwischen den Einflusszonen war noch recht unklar.

[181] Angel Delgado Gómez, Cartas de Relación, op. cit., Vierte Carta, 493–396 und 509–511.

[182] José Luis Martínez, Documentos Cortesianos, op. cit, I, Nr. 213.

[183] Der Baske Andrés de Urdaneta (1508–1568) war erst 17 Jahre als, als er bei García de Loayasa und El Cano anheuerte. Obwohl er Augustinermönch geworden war, sollte er später, 1565–1566, die schnellste Pazifikroute zwischen Asien und Amerika ausfindig machen und damit die Verbindung Acapulco-Manila etablieren.

[184] Miguel León-Portilla, Hernán Cortes y la Mar del Sur, Madrid 1985, 66–75. Es handelt sich um eine gute Zusammenfassung aus der Feder des berühmten Autors von *Visión de los Vencidos.*

[185] Ebda.

[186] José Luis Martínez, Documentos Cortesianos, op. cit, III, Nr. 213.

[187] Man kann die bewundernswerte »Summe« des Jean-Pierre Sanchez, *Mythes et Légendes de la Conquête de l'Amérique,* 2 Bde. Rennes 1996, nicht dringend genug empfehlen. Vgl. Bd. II, 765. Es ist bekannt, dass der Name California von der imaginären Insel der Königin Califia abgeleitet ist; sie wird zum ersten Mal in dem Ritterroman *Die Taten des Esplandian* von Garci-Rodríguez de Montalvo erwähnt, der gleichsam eine Fortsetzung des großen Romans *Amadis von Gallien* in dessen fünftem Buch ist. Die Veröffentlichung der *Taten des Esplandian* datiert ins erste Viertel des 16. Jahrhunderts …

[188] Bernal Díaz del Castillo, op. cit., Kap. CXCVII.

[189] José Luis Martínez, Documentos Cortesianos, op. cit., Bd. III, Nr. 212, 213, 218.

[190] Ebda., III, Nr. 214, Vgl. auch Miguel León-Portilla, op. cit., 87–93.

[191] Ebda., IV, Nr. 223. Cortez' Forderungen, so wie sie in diesem Dokument ausgedrückt sind, wurden bei Hofe ungünstig aufgenommen.

[192] Der Name Revillagigedo wurde dem Archipel erst im 18. Jahrhundert verliehen und zwar zu Ehren des Francisco de Güemes, dem ersten Grafen von Revillagigedo (1681–1766), der zwischen 1746 und 1755 Vizekönig von Neuspanien war und eine wichtige Rolle bei der Kolonisation Kaliforniens mit Hilfe der Gesellschaft Jesu spielte.

[193] José Luis Martínez, Documentos Cortesianos, op. cit., IV, Nr. 252 und 253.

[194] Bernal Díaz del Castillo, op. cit., Kap. CC. Und dennoch, bei der Nachricht, Cortez würde die Leitung der Expedition selbst übernehmen, entschlossen sich auch conquistadores, die bereits in Haus und Hof sesshaft geworden waren, an dem Abenteuer teilzunehmen. Einige kamen in Begleitung ihrer Frauen: in dieser Gruppe befanden sich immerhin 36 verheiratete Frauen.

[195] Francisco López de Gomara, Bernal Díaz del Castillo, Alonso de Herrera, Francisco Cervantes de Salazar erzählen nicht genau dieselbe Geschichte, aber keiner von ihnen hatte auch an der Reise teilgenommen.

[196] Das Hochland von Cibcha entspricht den Binnenhochebenen von Kolumbien. Die Musicas gehörten zu den wichtigsten Kulturen dieser Gegend.

[197] Jean-Pierre Sanchez, op. cit. Bd. I, 301–302.

[198] Ebda., Bd. I, 349.

[199] Unter dem Titel *Relación del frayle para su Majestad* findet sich der Bericht des Marcos de Niza im Archivo General de Indias in Sevilla, Patronato, leg. 20, Nr. 5, ramo 10. Zu der Frage der Sieben Städte von Cíbola vgl. Jean-Pierre Sanchez, op. cit., Bd. I, 325–386. Dort findet sich eine bemerkenswerte, kritische Analyse der Expedition des Bruders Marcos de Niza.

[200] Vgl. José Luis Martínez, Documentos Cortesianos, op. cit., IV, Nr. 276.

[201] Ebda., IV, Nr. 277 und 278. Es ist auffällig, dass Bruder García de Loayasa, Vorsitzender des Westindischen Rates, und der Sekretär Juan de Samano beide Dokumente unterzeichneten.

[202] Jean-Pierre Sanchez, Mythes et Légendes de la conquête de l'Amérique, op. cit., Bd. I, 369–377.

[203] Ebda, 387–392. In ihrem Bestreben, sich die Konquistadoren mit allen Mitteln vom Leibe zu halten, machten sich die Indianer einen Spaß daraus, von märchenhaften Städten zu fabulieren.

[204] Wir folgen hier Manuel Fernández Alvárez, Carlos Quinto. El Cesar y el Hombre, Madrid 1999, 608–617.

[205] José Luis Martínez, Documentos Cortesianos, op. cit., IV, Nr. 281.

[206] Ebda., Nr. 285.

[207] Ebda., Nr. 286. Hier ein einfaches Beispiel üblicher Korruption: Frage XI des Fragekataloges (Nr. 286): »Ob sie etwas über die Parteilichkeit gegen den besagten Schatzmeister zu sagen haben, ohne Absicht und Notwendigkeit, das der genannte Antonio (der Vizekönig) vom Schatzmeister kaufte oder kaufen ließ große Mengen an Karren, Ochsen, Sklaven für Arbeiten an der Hafenmole und ihn mehr bezahlen ließ, als diese Käufe für das Budget der Mole wert waren.« Weitere Beispiele liegen vor. Zu Sittlichkeitsaffären, vgl. Frage XXIV.

[208] Ebda., Nr. 289; »No hay que reponder«.

[209] Eine *arroba* entsprach ungefähr 11,5 kg. Der *Maravedí* betrug etwa 1/34 vom Real und 1/375 vom Dukaten.

[210] Ein »Stück Indien« entsprach einem Sklaven von guter Gesundheit im Alter von 15 bis 25 oder 30 Jahren.

[211] Vergl. Luis Fernández Martín, Hernán Cortez y su familia en Valladolid (1542–1605), in: Primer Congreso de Americanistas, Badajoz 1986, op. cit., 309–349. Der Autor verwendet zahlreiche Notariatsverträge des Notars Domingo de Santa María, die im Zuge der Untersuchung entdeckt worden waren.

[212] Vgl. José Luis Martínez, Hernán Cortés, op. cit., 753–754 sowie Documentos Cortesianos, op. cit, IV, Nr. 302.

[213] Der vollständige Text des Testaments in José Luis Martínez, *Documentos Cortesianos*, op. cit., IV, Nr. 298 (313–341). Derselbe Autor kommentiert das Dokument in seinem Buch *Hernán Cortés*. Eine interessante Analyse der Handschriften verdanken wir Pedro Rubio Merino, *El Testamento de Hernán Cortés. Estudio Diplomatico …*, in: Primer Congreso de Americanistas, op. cit., 150–180. Dieser Autor befasst sich allerdings nicht mit der Ausführung des Testaments.

[214] José Luis Martínez, Documentos Cortesianos, op. cit., I, Nr. 112. Die Anklage empörte Cortez mit Recht. In seinem Wertesystem wäre dies eine Pflichtverletzung gewesen.

[215] Ebda., Nr. 15.

[216] Bernal Díaz del Castillo, op. cit., Kap. XLI bis XLIII, L, LII und LIV, LVII. Vgl. auch Bernard Grunberg, Histoire de la Conquête du Mexique, op. cit., 52–54, 58–61.

[217] Vgl. Bernal Díaz del Castillo, op. cit, Kap. LXI und Francisco Cervantes de Salazar, Buch III, Kap. XLIV.

[218] Wiederum ist die Gegenüberstellung der Quellen aufschlussreich. Man vergleiche die »natürliche« Rede bei Bernal Díaz (Kap. CXXIX und CXXXVI) mit der »literarischen« Rede bei Cervantes de Salazar (Buch V, Kap. IV und XXXIX). Die Version des López de Gomara nimmt eine Mittelstellung ein, op. cit., 248–251.

[219] Bernard Grunberg, op. cit., 115–116.

[220] Bernard Grunberg, Dictionnaire … . Eintrag Cristóbal de Olea. Die Taten dieses *conquistador* sind am Portal der Kirche San Francisco de Tlalteloco abgebildet.

[221] Bernal Díaz del Castillo, op. cit., Kap. CCV und CCVI.

[222] Angel Delgado Gómez, Cartas …, op. cit. Vgl. auch 229–232; weiterhin José Luis Martínez, Documentos …, I, Nr. 33.

[223] Bernard Grunberg, Histoire de la conquête du Mexique, op. cit.

[224] José Luis Martínez, Documentos …, op. cit., I, Nr. 93 und 112. Die Widersprüche oder Divergenzen dieser Dokumente sind deutlich. Bernardino Vázquez de Tapia vertauscht die Rolle der Stute. Cortez hat in seiner Erwiderung diese Widersprüche benutzt, um den Anklagepunkt zurückzuweisen. Vgl. Documentos I, Nr. 115, Antwort 29.

[225] Wir beziehen uns auf die Darlegungen von Demetrios Ramos, *Los requerimientos Cortesianos y sus pretensiones pacticas,* in: Actas del Congreso Hernán Cortés y su Tiempo, V Centenario, ed. Reginonal de Extremadura, 282–290. Das *requerimiento* musste den Betroffenen drei Mal vorgelesen werden. Aber Cortez hatte keine entsprechenden Verträge bei seiner Abreise erhalten und verfügte über keinerlei offizielle Texte; dies verschaffte ihm weitreichende Freiheiten.

[226] Ebda. Vgl. auch Roberto Bermudez Ruiz, La diplomacía de Cortés, in: Actas del primer Encuentro Internacional Hernán Cortés, op. cit., 89–94.

[227] Carlos Fuentes, L'Oranger, op. cit., 63.

[228] Vgl. José Luis Martínez, Documentos Cortesianos, op. cit., II, Nr. 93, 41–42. Die feindselige Einlassung des Bernardino Vásquez de Tapia war eine der längsten und wichtigsten des nicht zu Ende geführten Verfahrens, das von der ersten Audiencia von Mexico eingeleitet wurde.

[229] Ebda., Nr. 96, 53 und Nr. 94, 45.

[230] Ebda., Nr. 103, 95.

[231] Vgl. Carlos Fuentes, Der Orangenbaum, Paris 1995, 64. Der mexicanische Schriftsteller hat die Aussagen der Belastungszeugen des ersten Verfahrens aufmerksam gelesen und sich von ihnen inspirieren lassen, hat sie aber durch die Magie der Worte transzendiert.

[232] José Luis Martínez, Documentos Cortesianos, op. cit., II, Nr. 110, 95.

[233] Hugh Thomas, op. cit., 534–638. Der englische Autor beobachtet auch, dass die günstigen Zeugnisse der Franziskaner, freilich in anderen Zusammenhängen, nicht geäußert worden wären, hätten sie ihn für schuldig gehalten.

[234] José Luis Martínez, Documentos Cortesianos, op. cit., II, Nr. 99.

[235] Carlos Fuentes, op. cit. Dies ist die erste Novelle der Sammlung. 31

[236] Ebda., 27.

[237] José Luis Martínez, Documentos Cortesianos, op. cit., II, Nr. 99.

[238] Georges Baudot, op. cit., 316–317.

[239] Bernal Díaz del Castillo, op. cit., Kap. CC.

[240] Carlos Fuentes, op. cit., 74–75.

[241] Silvio Zavala, Hernán Cortés ante la encomienda, in: Actas del Congreso Hernán Cortés y su Tiempo, V Centenario ..., op. cit., 425–434. Für alle Fragen der encomienda sind Silvio Zavalas Werke unerlässlich.

[242] Diese These wird beispielsweise von Manuel Ballestros Gairbrois, Hernán Cortés y los Indigenas, in: Actas del Primer Encuentro Internacional Hernán Cortés, op. cit., 47–54, vertreten. Andere Autoren, so José María Garate Córdoba schließen sich dieser Interprtetion an, die das Manko hat, sich allein auf normative Texte zu beziehen.

[243] José Luis Martínez, Documentos ..., op. cit., IV, Nr. 291. Im selben Brief beschuldigt Gerónimo López die Mönche, sie predigten den Indianern, sie seien »frei« und würden damit den Respekt vor den Spaniern untergraben.

[244] So die Ansicht von Angel Delgado Gómez, op. cit., 37.

[245] Silvio Zavala, op. cit., 431. Vgl. auch vom selben Autor *Tributos y servicios personales de Indios para Hernán Cortés y su familia*, Mexico 1984. Der Autor hat viele Dokumente aus dem Bestand des Jesushospitals verwendet. Wir haben selbst einen Teil davon durchgesehen.

[246] José Luis Martínez, Documentos ..., op. cit., III, Nr. 197, 193–228. Dieses Dokument ist von großem Interesse. Die Zeichnungen finden sich im Codex Harkness de Huejotzingo der Harkness Collection in der Library of Congress in Washington (Mexicanische Manuskripte). Die bildlichen Darstellungen wurden von Howard J. Cline untersucht.

[247] Bernard Grunberg, L'Univers des Conquistadors, op. cit., 231–262. Der Autor hat Tafeln und Karten angefertigt, welche die Verteilung der encomiendas über das mexicanische Territorium sowie die Zusammensetzung der Abgaben verdeutlichen.

[248] José Luis Martínez, Documentos ..., op. cit., IV, Nr. 263; zum Testament vgl. Nr. 298, § 39.

[249] Ebda., III, Nr. 204; IV, Nr. 223.

[250] Archivo General de la Nación, Mexico, Bestand des Jesushospitals, leg. 293, exp. 144. Wie in den meisten Fällen fehlt der Richterspruch, aber wir kennen den Ausgang des Rechtsstreits.

[251] José Luis Martínez, Hernán Cortés, op. cit., 815.

[252] Man weiß, dass die Revolte der *Comunidades*, der Städte Kastiliens (Burgos, Segovia, Valladolid, Toledo), zwischen 1520 und 1521 die Macht Karls V., der sich in dieser Zeit in Deutschland aufhielt, erschütterte. Diese Revolte hat im Laufe der Jahrhundert widerspüchliche Interpretationen erfahren. Vgl. Joseph Pérez, *La Révolution des Comunidades de Castille*, Bordeaux 1970.

[253] Kardimal Adrian von Utrecht, der alte Lehrer Karls V., war 1522–1523 Papst unter dem Namen Adrian VI.

[254] Zwei der drei Karavellen, die den Schatz und die Briefe nach Spanien transportierten, wurden bei den Azoren von dem französischen Piraten Jean Florin (oder Fleury) abgefangen. Die dritte, die *Santa María de la Rábida*, auf der sich Juan de Ribera befand, erreichte Sevilla am 8. November 1522.

[255] José Luis Martínez, Documentos ..., op. cit., I, Nr. 26.

[256] Ebda., I, Nr. 25

[257] Ebda., I, Nr. 26 und 27; vgl. auch Nr. 36, 295. Alsonso de Aguilar wurde durch Gonzalo de Salazar ersetzt, der sich als der Übelste der vier herausstellen sollte.

[258] Ebda., I, Nr. 18. Segura de la Frontera und Medellín waren neu gegründete Städte, die mit einem Stadtrat, einem *cabildo*, versehen waren.

[259] Ebda., I, Nr. 36.

[260] Ebda., I, Nr. 49 und 55.

[261] Ebda., I, Nr. 48

[262] Ebda., IV, Nr. 303, 364–432. José Luis Martínez hat das wichtige Inventar der Domänen von Cuernavaca veröffentlicht und hat sie einer aufschlussreichen Synthese unterworfen. In den folgenden Seiten stützen wir uns auf dieses Dokument.

[263] Zu den 261 Sklaven müssen noch die 4 Sklaven der Mühle von Axomilco hinzugezählt werden. Die latinos genannten Afrikaner (oder auch Indianer) sind bereits akkulturiert. Einige der Sklaven müssen erst vor kürzerer Zeit gekauft worden sein, wie man ihren Herkunftländern entnehmen kann: Moçambique und Biafra, aus den Mandingogebieten, Ouolof etc.

[264] José Luis Martínez, Hernán Cortés ..., op. cit., 694–700; ich habe auch das von diesem Auto veröffentlichte Dokument benutzt, vgl. Documentos ... op. cit., IV, Nr. 257–260.

[265] Ebda., Nr. 289.

[266] Die Vorreiterin der Verdammungen ist Doña Eulalia de Guzmán, für die Cortez in erster Linie ein Meister der Täuschung ist und für die es »lächerlich ist, ihn als Held oder großen Capitán anzusehen; er hatte alles, nur keine Skrupel«; vgl. Eulalia Guzmán, *Relaciones de Hernán Cortés a Carlos V sobre la invasión de Anahuac*, Mexico, 1958, Einleitung. Dagegen feiert José Vasconcelos in *Breve Historia de Mexico*, Mexico 1937, Cortez als Schöpfer der mexicanischen Nation.

[267] Enrique Florescano, *El nuevo pasado mexicano*, Mexico 1991. Der Autor zieht eine bemerkenswerte historiografische Bilanz. Zu Cortez verweist er auf das Buch von José Luis Martínez, *Hernán Cortés*, sowie auf dessen Quellenveröffentlichungen, die auch für uns sehr wertvoll waren.

[268] Vgl. Winston A. Reynolds, Romancero de Hernán Cortés, Madrid 1967, 71.

[269] Jean-Pierre Sanchez, Mythes et légendes ..., op. cit. Bringt eine ganze Palette von Erwähnungen und Referenzen zu diesen Helden, I, 216–222.

[270] Winston A. Reynolds, op. cit., 55–69.

[271] Ebda., 25–26, vgl. auch Bernal Díaz del Castillo, op. cit., Kap. CXLV.

[272] Bernal Díaz del Castillo, op. cit., 15–19.

[273] Winston A. Reynolds, op. cit., 55–69.

[274] Wir folgen der Analyse von Jean-Pierre Sanchez, op. cit., I, 231–234.

[275] Ebda., I, 235.

[276] Man vergleiche die Texte des Cortez bei Angel Delgado Gómez, Cartas ..., op. cit., 5. carta, 550 und Bernal Díaz del Castillo, op. cit., Kap. CLXXV.

[277] Bernal Díaz ..., op. cit., Kap. CLXXVIII.

[278] Vgl. Jean-Pierre Sanchez, op. cit., I, 237–239, 260–262, 281–282.

Quellen – und Literaturverzeichnis

I. Quellen (in Auswahl)

A. Archive

Archivo General de Indias, Sevilla

Archivo General de la Nación, Mexico (bes. der Bestand: Hospital de Jesús)

Archivo Histórico Provincial, Valladolid (bes. der Bestand: Protocolos, dort die Akten des Notars Domingo de Santa María)

B. Gedruckte Quellen und Quellensammlungen

Hernán Cortes, Cartas de relación, hg. A. Delgado Gómez, Madrid 1993

Hernán Cortes, Die Eroberung Mexikos. Drei Berichte an Kaiser Karl V., Frankfurt a. M., 1980

Bernal Díaz del Castillo, Historia Verdadera de la Conquista de Nueva España, Mexico 1976

Bernal Díaz del Castillo, Wahrhafte Geschichte der Entdeckung und Eroberung von Mexiko, hg. A. Narciß, Frankfurt a. M. 1982

Francisco López de Gomara, La Conquista de Mexico, Madrid, Historia 16, 1986

Francisco Cervantès de Salazar, Crónica de la Nueva España, Mexico 1987

Bartolomé de Las Casas, Obras completas (Bibl. de Autores Españoles), Madrid 1957–1958

Bartolomé de Las Casas, Deutsche Werkauswahl, hg. M. Delgado, Paderborn 1994

Bartolomé de Las Casas, Kurzgefasster Bericht von der Verwüstung der Westindischen Länder, hg. H. M. Enzensberger, Frankfurt a. M. 1966
La conquista de Tenochtitlán, hg. J. Díaz u. a., Madrid 1998
Documentos cortesianos, hg. J. L. Martínez, 4 Bde, Mexico 1990–1991
Dokumente zur Geschichte der europäischen Expansion, hg. E. Schmitt, Ch. Verlinden u. a., 7 Bde (Bd 1, München 1986, Bd 2, München 1984)

II. Literatur (in Auswahl)

G. Baudot, Mexico y los Albores del Discurso Colonial, Mexico 1996
G. Baudot, Utopie et Histoire au Mexique. Les premiers chroniqueurs de la civilisation mexicaine, Toulouse 1969
U. Bitterli, Die Entdeckung Amerikas, München 1991
U. Bitterli, Die »Wilden« und die »Zivilisierten«, München 1991
U. Bitterli-E. Schmitt (Hg.), Die Kenntnis beider »Indien« im frühneuzeitlichen Europa, München 1991
A. Eggebrecht (Hg.), Glanz und Elend des alten Mexiko, 2 Bde, Mainz 1986
J. H. Elliott, The Mental World of Hernán Cortés (in: Spain in Its World), New Haven 1989
Ch. Gibson, Tlaxcala in the Sixteenth century, Stanford 1967
B. Grunberg, Dictionnaire des Conquistadores de Mexico, Paris 1995
B. Grunberg, Histoire de la Conquête du Mexique, Paris 1995
S. Gruzinski, Le destin brisé de l'empire aztèque, Paris 1991
S. Gruzinski, L'Univers des Conquistadores, Paris 1991
S. Gruzinski- Carmen Bernard, Histoire du Nouveau Monde, Bd 1, Paris 1991

R. Konetzke, Entdecker und Eroberer Amerikas, Frankfurt a. M. 1963
M. León Portilla, Hernán Cortés y la Mar del Sur, Madrid 1985
Lexikon des Mittelalters, 9 Bde, München/Zürich 1977–1998 (Beiträge u. a. von H. Pietschmann: Amerika, Conquista, Cortés, Indianer, Kolumbus u. v. a., mit bibliografischen Angaben)
S. de Madariaga, Cortés, Eroberer Mexikos, Stuttgart 1956
J. L. Martínez, Hernán Cortés, Mexico 1990
H. Pietschmann (Hg.), Mittel-, Südamerika und die Karibik bis 1760 (Hdb. der Geschichte Lateinamerikas, hg. W. Berneck u. a., Stuttgart 1995)
H. Pietschmann, Staat und staatliche Entwicklung am Beginn der spanischen Kolonisation Amerikas, Münster 1980
H. Pietschmann-J. Ruíz Rivera (Hg.), Encomienda, tributos y servicios personales, Münster 1984
D. Ramos, Hernán Cortés. Mentalidad, y propositos, Madrid 1992
W. Reinhard, Europäische Wirtschaft und Neue Welt 1500–1800, Münster 1998
W. A. Reynolds, Romancero de Hernán Cortés, Madrid/Alcala 1967
J.-P. Sanchez, Mythes et Légendes de la Conquête de l'Amérique, 2 Bde, Rennes 1994
E. Schmitt, Die Anfänge der europäischen Expansion, Idstein 1991
E. Straub, Das bellum iustum des Hernán Cortés in Mexiko, Köln 1976
H. Thomas, The Conquest of Mexico, 1993
Tz. Todorov, Die Eroberung Amerikas – das Problem des Anderen, Frankfurt a. M. 1985
S. Zavala, La Encomienda Americana, Mexico 1973
S. Zavala, El mundo americano en la epoca colonial, 2 Bde, Mexico 1967
S. Zavala, Tributos y servicios personales de Indios para Hernán Cortés y sua familia, Mexico 1984.